《グローバルヒストリーとしての「植民地主義批判」》第2巻

グローバル・サウスにおける「変革主体」像
―「21世紀型」社会運動の可能性―

小倉 英敬
Ogura　Hidetaka

揺籃社

── はじめに ──

　本書は、〈シリーズ『グローバルヒストリーとしての「植民地主義批判」』〉の第2巻である。このシリーズは、植民地主義は1415年のポルトガルによるセウタ占領から始まり、①重商主義期、②自由主義期、③帝国主義期、④新植民地主義期、⑤グローバル化加速期と経て、現在はグローバル化時代の植民地主義として、「〈新〉植民地主義」（西川長夫）とも言える、旧植民地諸国国のほとんどが独立した後になっても、旧植民地国・宗主国のポストコロニアルな状況に加えて、「植民地主義」が全世界に外貌を変えた形で継続しているとの問題意識から、現代に至る植民地主義を歴史的に段階区分した上で、現在の「植民地主義」的状況を含めて、「植民地主義論」の総論的な再構築を目指すものである。

　本書は、このシリーズの第2巻であり、国内植民地主義、グローバルシティ・ヒエラルキー、外国人移民問題、ホームグロウン型テロ、奴隷制賠償請求問題解決の喫緊性等々というような、「〈新〉植民地主義」の諸様相が生じている国際社会の現状において、〈新〉〈旧〉双方の植民地主義支配の下にある人々が、新自由主義的な「グローバル化」の下で、どのような変革を目指す主体を形成しているかを検証し、2010年代に登場してきた「21世紀型」の社会運動である「クラウド型」社会運動のポストモダン的な未来社会の形成に向けた可能性を考察するものである。

　世界的に2010年代に登場してきた新しい社会運動については、小熊英二氏が的確に指摘している。小熊は、2016年に出版した『首相官邸の前で』において、この新しい社会運動について、次のように論じている。

「グローバル化と情報化の進展のなかで、生活や雇用や心理の不安定さが増している。その状況のなかで、ニューヨークの"オキュパイ・ウォール・ストリート（OWS）"や、香港の「雨傘革命」など、大規模な抗議運動が起きています。それと類似の運動だと思いました。そしてそれが、2011年3月の原発事故をきっかけに、不連続に2015年の安保法制反対運動まで続いていったと考えています。（中略）

　2011年以降に目立ってきた抗議運動は、（中略）中心的な活動家は、デザインとかITとか音楽といった、知的サービスの専門職や非正規労働者が多かった。主催グループは、数十人くらいのネットワーク型の小グループ。それがSNSなどで情報を拡散し、参加者は勝手に集まってくる。そして参加する人は、老若男女あらゆる人々です。動員が学生自治会とか労働組合の回路ではないから、"学

生ばかり" "労働者ばかり" という形にならない。」[小熊 2016：30-31]

　「最近の世界各地の運動を見ると、中心になっているのは、知的サービスに就いている不安定雇用の人、あるいは小規模自営業の人が目立ちます。これは認知的プレカリアート cognitive precariat と呼ばれる人々です。そして政治の方は、こうした21世紀の社会の現実に適合していない。」[前掲書：34]

　筆者もこのような認識を共有するものである。しかし、不足していると思われる部分がある。それは、「21世紀型」の社会運動に参加する人々が、どのような歴史的経緯を経て、そのような新しい社会運動を担っているのか、という歴史認識を背景とした重層的な把握が十分でないと感じられる部分である。

　本書では、国際社会がどのような形で「〈新〉植民地主義」の支配下にあり、その中で世界がどのように編成されているかを、「グローバル・サウス」という概念を用いて分析し、「グローバル・サウス」に位置づけられる人々を「変革主体」とする「運動」が、未来社会の建設に向けてどれほどの可能性を有しているのかについて試論的に「主体変革」像を提示するとともに、現代世界において発生しつつある種々の政治的・社会的諸現象をどのように見るべきかという一つの「見方」を提示することを意図している。理論的展開に関しては、力量不測の面があることは自覚した上で、諸現象を総合的に認識する方法を敢えて試論的に提示するものである。本書の意図をご理解いただければ幸いである。

　　2018年6月吉日

　　　　　　　　　　　　　　　　　　　　　　　　小 倉 英 敬

目　次

はじめに …………………………………………………………　1

1.「グローバル・サウス」…………………………………………　5

　（1）「グローバル・サウス」の概念　5
　（2）「グローバル・サウス」の形成時期　8

2.「グローバル・サウス」の先行現象 ………………………　23

　（1）資本主義システム拡大への抵抗　23
　　（イ）周辺部資本主義社会における社会変動　23
　　（ロ）都市部の変化　28
　（2）1968年現象　33
　（3）アウトノミア運動　54
　（4）連帯経済（「市場経済」への選択肢）　58

3.　資本主義社会の変化 …………………………………………　68

　（1）非物質的労働の基軸化　68
　（2）「第4次産業革命」　77
　（3）認知資本主義　81

4.　グローバル・サウスにおける「変革主体」……………　88

　（1）マルチチュード論　88
　（2）労働者層の成層化と「多種多様性」　102

5．「ネットワーク型」社会運動の拡大 ………………………… 112

（1）シアトルWTO閣僚会議抗議デモ　112
（2）サミット・プロテスト運動　113
（3）世界社会フォーラム　122
（4）アルゼンチン新社会運動（RGTとピケローテス）　135
（5）イラク反戦デモ　140

6．「クラウド型」社会運動の登場 ………………………… 143

（1）「アラブの春」　144
（2）スペイン：「5月15日（15M）運動」　151
（3）チリ：2011年学生運動　161
（4）「オキュパイ・ウォール・ストリート（OWS）運動」　163
（5）メキシコ：「#YoSoy132」　175
（6）2013年：トルコ、ブラジル、エジプトの反政府運動　179
（7）台湾ひまわり学生運動　184
（8）香港雨傘運動　190
（9）日本：「反原発」運動から「安保法制反対」運動へ　203

7．「一時的自律空間（TAZ）」と社会運動論 ………………… 218

（1）「TAZ」論と「バルバリア海賊共和国」　218
（2）SNSの効用とリスク　223
（3）社会運動論との関係　226

8．終わりに ………………………………………………… 228

〈注釈〉 …………………………………………………… 231

〈参考文献〉 ……………………………………………… 256

あとがき ………………………………………………… 269

── 1.「グローバル・サウス」 ──

（1）「グローバル・サウス」の概念

　「グローバル・サウス」という用語が本格的に使用され始めたのは、21世紀に入ってからである。1950年代の「東西冷戦」構造の定着化の中で「南北問題」という視角が生まれ、その後1960年代に「南」の世界としての主体性の確立から、「経済ナショナリズム」に力点を置いて「南北問題」が設定され直された。しかし、1980年前後からの資本主義システムの新自由主義段階への移行と、1980年代末からのグローバル化の加速化に伴って、「南北問題」という視角の有効性が薄れ、「グローバル・サウス」という用語と概念が登場してきた。

　21世紀に入ってからの「グローバル・サウス」の用語の使用に先立って、1995年にタイのバンコックを拠点に設立されたNGO「フォーカス・オン・ザ・グローバル・サウス（FGS：Focus on the Global South）」が「グローバル・サウス」という用語を使用した。FGSは、新自由主義に対抗する選択肢的な政策の策定、提言を行うとともに、主にタイ、インド、フィリピン等の「南アジア」の農民の草の根的な自活能力の育成を目的とする組織である。FGSは、「グローバル・サウス」を、「（新自由主義的な）グローバル化によって周縁化され強奪された人類の大多数の人々」と定義している［https:focusweb.org］。この「グローバル・サウス」の定義が、現在の国際社会を分析する上で有効であると思われる。

　一方、21世紀に入って、国際社会を分析対象とする研究分野で「グローバル・サウス」という用語の使用が頻繁になってきたが、研究界においては「グローバル・サウス」の概念自体はまだ形成過程にあり、明確な定義は確立されていない。例えば、近年に出版された諸外国の「グローバル・サウス」に関する研究書を見ても、「グローバス・サウス」に関する統一的な明確な定義は見当たらない。21世紀に入り、「グローバル・サウス」をタイトルの一部に含む研究書が徐々に出版され始めているものの、「グローバル・サウス」の明確な概念を定義した上で論じているものはほぼ皆無である。旧来の「南」の概念と何ら変わらないものも多く見られ、また2013年に出版されたジャスティン・ダイギン（Justin Dargin）編の『グローバル・サウスの隆興』においては「南─南」協力を「グローバル・サウス」の同義語としている［Deniz Altinbas 2013:31、同書 Rita Giacalone：67］。一方、同年に出版されたダイアナ・マトリン（Diana Mitlin）とデイビッド・サタースウェイア（David Satterthwaire）共著『グ

ローバル・サウスにおける都市の貧困』(2013) においては、「グローバル・サウス」を世銀による定義に従って、アジア、アフリカ、及びラテンアメリカの低中所得の諸国との意味合いで定義している [Mitlin ／ Satterthwaite 2013：13]。また、2015年されたファラナク・ミラフツブ (Faranak Miraftub) 編による『グローバル・サウスの諸都市』(2015) においては「グローバル・サウス」は「第3世界」と同義語としている [Faranak Miraftub：2015：21] など、2015年頃までは、概念の統一化は進まなかった。

　他方、世界社会フォーラム (WSF) の国際委員であるボアベントゥラ・デ・ソウサ・サントス (Boaventura de Sousa Santos) は「グルーバル・サウス」という概念は用いていないが、「グローバル左翼」との用語を用いて、WSF による世界的な反新自由主義的なグローバル化に対する抗議・抵抗運動を表現していた [de Sousa 2006：13-34]。このようなデ・ソウサの問題意識を継承して、2017年に出版された『グローバル・サウスにおける貧困の政治経済学と社会変容』において編者のマリアーノ・フェリス (Mariano Félix) とアーロン・ソーゼンバーグ (Aaron L.Rosenbarg) は「グローバル・サウス」について、「グローバル・サウスの定義はその地政治学的でポストコロニアル的な次元を含むが、それだけでなく、デ・ソウザが指摘したように、グローバル資本主義によってもたらされたあらゆる苦難から結果した世界的な犠牲者のコミュニティ」と説明している [Félix ／ Rosenberg 2017：27]。この「グローバル・サウス」の定義は、FGS の定義と問題意識を共有していると言える。

　このような問題意識は日本の研究界においても表現されている。2016年に出版された『グローバル・サウスはいま』の第1巻『グローバル・サウスとは何か』において、岡野内正は、「21世紀初頭のグローバル化時代とは、もはや諸国家群の対立の時代ではない。グローバルな資本主義体制を守ろうとする少数のグローバル・エリートと、その体制が生み出す雇用不安にしたがって生活不安の中で翻弄される全人類の大多数の約70億人との間での対立の時代である。……というのが、筆者の現状認識であり、時代診断である」[松下／藤田 2016：304] と述べており、「グローバル・サウス」の概念を適切に表現している。いわば、「グローバル・サイス」とは、新自由主義的なグローバル化によってその恩恵から排除された人々の旧南北世界にまたがるコミュニティであると定義しうる。このように定義することで、「グローバル・サウス」の概念は明確になろう。

　この『グローバル・サウスとは何か』において、さらに次のように論じられている。

　「グローバル・サウスという概念は、ほぼ1980年代以降のグローバル化と新自

由主義の広がりを主要な契機として誕生している、「南」と「北」の諸関係を内包する呼称である。それは、こうした20世紀から21世紀への転換期に向かう時代的構造変容とその特徴を背景とした「南」と「北」の諸関係の相互浸透・依存あるいは融合・統合化の深まったグローバルな空間を前提としている。(中略)

グローバル・サウスという概念を採用するには、少なくとも次の3つの"問い"に答えておく必要があろう。

第1に、"途上国"や"南"といった概念が不十分になった背景と理由は何か。

第2に、"従来の区分"と"グローバル・サウス"概念の根本的相違はどこにあるのか。

第3に、"グローバ・サウス"概念を用いることで、われわれは21世紀の展望に向けてどのような視角を獲得できるのか。

第1の"問い"については、"グローバル・サウス"概念が登場する時代的背景と直接的な契機を確認する必要があろう。それは、新自由主義を生み出してきた20世紀型資本主義(国民国家を前提とした"フォード主義的 ── ケインズ主義的"資本主義)の限界および冷戦の終結を1つの契機にしたグローバル化の加速的進行である。そして、ここで言うグローバル化とは新自由主義的グローバル化である。(中略)

結局、グローバル化の時代には情報・通信・運輸技術の急速な発展により、カネ、モノ、ヒト、情報などが広範囲に普及し、国民国家の位置は相対化され、また"脱領域化"や"再領域化"の現象も現れている。そして、いまでは多くの人々の経験を通じて明らかになっているが、このグローバル化の展開のもとで実に多くの越境型の問題群が噴出してきた。たとえば、自然環境の悪化、世界的規模での格差拡大、不法移民・難民の増大、多様な形態の国境を越える犯罪、コモンズ ── 保健、水、輸送、エネルギー、知識、種子など ── の収奪などがすぐに挙げられる。これらの現象は、いまや国家と社会の安全保障のみならず、リージョナルおよびグローバルな社会を危うくする脅威と考えられるようになった。また、世界的規模で展開するアグリビジネスの戦略や投機的ビジネスは、庶民の日々の生活の様々な領域で直接影響を及ぼしている。こうして、グローバル化の影響は不均等ではあるが、リージョナルな空間のみならずローカルな場、普通の民衆の生活まで深く行き渡っていることは十分認識されている。

以上のような新自由主義型グローバル化の影響を受けているのは"南"の人々だけではない。"北"の人々も同様である。多国籍企業の権力と影響力の先例のない拡がり、そして、そのグローバルな生産の展開により、グローバルかつナショナルに富のへ激しい集中があり、超富裕層と大多数の人々とのギャップは拡

8

大している。新自由主義型グローバル化は“グローバル・ノース”と“グローバル・サウス”との間のみならず、また一国内においても急激な社会的不平等を生み出した。

　注目すべき現実は、“南”と同様の貧しい“北”にも多数存在し、同時に、“南”のエリートが富を蓄積している多くの裕福な地帯が“南”にもあることである。グローバル化の下で、国境を越えて組織され拡散されている新たな社会的ヒエラルキーや不平等の諸形態が出現している。

　こうした社会的ヒエラルキーと不平等のグローバルな存在は、グローバル時代の“南”は、かつての“南”ではなく“グローバル・サウス”なのである。冷戦終結後、“第２世界”の崩壊により“第３世界”概念は言うまでもなく使われなくなった。先進国へのキャッチアップをイメージした“発展途上”という用語も、“先進”と“途上”の二項対立も有効性を失いつつある。」[松下／藤田2016：1-3]

　そして、このように「“グローバル・サウス”は、グローバルな支配および抵抗の様式によって特徴づけられる理論的ルーツをもつ概念なのである。そして、新自由主義型グローバル化の下で、それは搾取や疎外や周辺化といった共通の経験を有するあらゆる被支配集団と“抵抗する”諸集団を包含する政治的アクターを示す概念でもある。“グローバル・サウス”は世界的規模で“不平等を伴って複合的に発展”する過程を伴うのである」[前掲書：5]。

　「グローバル・サウス」は「第３世界の置き換え」でもなく、「発展途上世界」というカテゴリーの変形でもない。「グローバル・サウス」の概念は、新自由主義型グローバル化という文脈で使われ、新自由主義型のグローバル化の下で差別や搾取、周辺化といった共通の経験を持つすべての諸グループを包含する概念である。従って、そこには世界中の虐げられた人々や抵抗する人々が含まれる[前掲書：45]。

　「グローバル・サウス」の概念をこのように理解することによって、グローバル化が正負の両面で進展する国際社会の現状と、今後の方向性がよりよく理解できることになろう。

（２）「グローバル・サウス」の形成時期
　次に、「グローバル・サウス」における変革主体は具体的にいつ頃から形成され始め、またいつ頃その形成が完了したと見ることができるか。

　まず、「変革主体」が旧南北世界にまたがって形成され始める契機となったのは、1996年７月にメキシコのサパティスタ民族解放軍（EZLN）が「人類のため

に、新自由主義に反対する大陸間会議」（以下、「反新自由主義大陸間会議」）を、EZLN が拠点とする同国チアパス州内のラカンドン密林やチアパス高地において開催することを呼びかけて、テーマ毎に 5 ヶ所に分散実施したことであると考えられる。

1994年1月1日、NAFTA（北米自由貿易協定）発効日に、メキシコ南部チアパス州においてマヤ系先住民を主力とする EZLN が武装蜂起した。彼らは古都のサンクリストバル・デ・ラス・カサス市、オコシンゴ町、アルタミラノ町、ラス・マルガリタス町の 4 ヶ所を占拠すると同時に「ラカンドン宣言」（注1）を発表し、メキシコに民主主義と自由と正義を実現するため、当時のサリナス（Carlos Salinas de Gortari, 1948～）政権（1988～1994）に対する宣戦を布告した。

これに対しサリーナス政府は、武装蜂起がテロ専門家によって煽動されたものであるとして、数日後に空爆と陸上部隊による反撃を開始、EZLN をその本拠地であるラカンドン密林に追い詰めた。しかしながら、国会でも、国内外の市民社会でも、武力に訴えることには反対するが、EZLN の主張に共鳴する声が上がり、1994年1月12日、メキシコ市では和平を求める大規模なデモ行進が実施された。このような世論に押される形で、サリナス大統領は同日、停戦を発表、EZLN も政府との和平交渉に同意した。

しかし、連邦政府との最初の和平交渉は決裂、EZLN は「第2ラカンドン密林宣言」（1994年6月12日）を発表し、闘争の継続を訴えた。そして蜂起1年後の「第3ラカンドン宣言」（1995年1月15日）、さらにその1年後の「第4ラカンドン宣言」（1996年1月1日）を経た後、1996年2月16日には前年4月から再開されていた一連の和平協議に基づき、「先住民の権利と文化に関する協定」（サン・アンドレス協定）を締結した。

しかし、続く「民主主義と正義に関する作業部会」での交渉がまったく進展せず、先住民の権利と文化の擁護を憲法に盛り込むとの当初の合意も果たされないまま、1996年9月2日、EZLN は、① EZLN 政治犯の釈放、②政府全権代表の任命、③監視委員会の設置。④「民主主義と正義」に関する政府側の真摯かつ具体的な提案、⑤先住民共同体に対する軍事的迫害の停止、の5条件が満たされるまで交渉は中断すると発表した。

その後、超党派国会議員を中心メンバーとする和平調停委員会（COCOPA：Comisión de Concordia y Pacificación）が、1996年11月サン・アンドレス協定に基づく憲法改正原案（COCOPA 原案）を作成し、当事者双方に提示した。EZLN とチュアイフェット（Emilio Chuayffet Chermo, 1951～）内相は

いったんこれに同意するが、セディージョ（Ernesto Zedillo Ponde de León, 1951 ～ ）大統領の反対にあって交渉再開の道は再び閉ざされた。

連邦政府は、暗礁に乗り上げた交渉再開の糸口を見出すため、1996年12月と1998年３月に憲法改正に関する政府提案を行ったが、EZLN はこれを拒否した。そして長い沈黙の後、1998年７月に EZLN は「第５ラカンドン密林宣言」（1998年７月19日）を発表して、憲法改正原案の成立を訴えた。

セディージョ大統領は対 EZLN には強硬姿勢を貫く一方、国民と EZLN の民主化要求に応える選挙制度の改革を実施した。しかし、変革を求める世論は衰えず、2000年７月の大統領選挙でついに71年間の政権の座にあった制度的革命党（PRI）が右派の国民行動党（PAN）に敗れて下野した。PAN のフォックス候補は選挙運動中からチアパス紛争解決に積極的な発言を繰り返していたが、その公約を実現すべく、大統領就任直後の2000年12月５日に憲法改正原案を国会に上程した。

EZLN はこれに呼応し、2001年２月末から１ヶ月ほどの間、マルコス副司令官を含む幹部24人が首都へのバス行進とその途中各地での連続集会を実施した。そして同年３月28日にはメキシコ憲政史上初めて先住民が国会に招かれて演説し、彼らの窮状と憲法改正原案成立を訴えた。

このように和平交渉再開への明かるい兆しが見えたものの、結局同原案は与野党（PAN と PRI）議員の反対にあって成立せず、議員提案された別の「改正」案が国会で可決されたため、2001年４月29日、EZLN はフォックス政権との和平交渉再開には応じないと発表した ［山本：267–273］。

チアパス州の州都トゥクストラ・グティエレスはメキシコ市の南東約670キロにあり、州面積は７万５千数百平方キロ、太平洋に面した沿岸部を除けばそのほとんどが高地か山岳地帯、東部にはラカンドンの密林が広がり、南隣のグァテマラに接している。人口は2010年国勢調査の時点で約480万人、その４分の１がマヤ系先住民である。EZLN の武装蜂起が発生した当時、非識字率は30%、スペイン語を解さない人口約30万人、無収入・最低賃金以下の人口比率は約60%、メキシコ最貧の州と呼ばれていた。しかし、原油、天然ガス、ウラン等の地下資源、水力発電ではメキシコ全体の22%を生産し、コーヒーなどの農作物や木材などを産出する豊饒な土地である。1994年１月１日、EZLN がかつてスペイン植民地時代にチアパス州の州都であったサンクリストバル・デ・ラス・カサス市などの４ヶ所を占拠し、サンクリストバル市のラジオ放送局を占拠して、蜂起に先立つ前年12月に作成した、以下のように始まる『ラカンドン密林宣言』を発表した。

1.「グローバル・サウス」　11

　「いまわれわれは宣言する。もうたくさんだ。　メヒコの人民へ、メヒコの仲間たちへ。
　われわれは500年に及ぶ戦いから生まれた。初めは奴隷制との闘いであった。ついで蜂起者が指導するスペインからの独立戦争、その後は北アメリカの拡張主義に吸収されることを回避する戦いがあった。そして、われわれの憲法を制定し、われわれの領土からフランス帝国を追い出すために戦った。ポルフィリオ・ディアス独裁体制は改革諸法をわれわれに適正に適用することを拒んだが、人民は自らの指導者を創りだし決起した。こうしてサパタとビリャが登場したのである。彼らはわれわれと同じように貧しき人間であった。われわれ貧しき人間には、人間形成にもっとも基本的なことすら認められなかったが、それは、単なる肉弾としてわれわれを利用し、われわれの祖国から資源を略奪するためであった。飢えや治療可能な病気でわれわれが死んでも、彼らは何ら痛痒を感じない。われわれが何もない無一物でも、彼らは心を痛めることはない。われわれに雨露の凌げる家屋、土地、仕事、健康、食物、教育がなくても構わない。しかも、われわれの手には、自由かつ民主的に自分たちの権力執行者を選ぶ権利もなければ、外国勢力からの独立もなく、われわれやこどものための平和も正義もない。しかし、いまわれわれはもうたくさんだと宣言する。メヒコという民族性を本当に創り上げた者の後継者は、われわれである。われわれ持たざる者は無数にいる。われわれはあらゆる仲間に呼びかける。われわれのこの呼びかけに応じてほしい。」[EZLN 1994＝1995：57-58]
　この宣言全文は、戦争宣言、EZLN指揮官ならびに将校幹部への指令、戦争税法、闘争する人民の権利と義務に関する法律、革命軍の権利を義務に関する法律、革命農地法、女性に関する革命法、都市改革法、労働法・現行法の補足、産業・商業法等13項目から成っていた。EZLNは彼らの戦いは、スペインによる侵略から始まった500年に及ぶ戦いであると主張した。まさに、「われわれ」と「彼ら」という表現が、スペインによる侵略に対する反植民地闘争が現在も続いて国内植民地主義に対する闘争に転化しているとの認識を示している。
　EZLNは、同州北部からラカンドン密林地帯に居住するマヤ系のツォツィル、ツェルタル、トホラーバル、チョルの４部族の約10万人を基盤とし、参加した戦闘員は２千数百人程度と見られた。1994年１月１日の武装蜂起で最も激烈な戦闘が行われたのはオコシンゴ町であった。この町での戦闘は、まさにマヤ系先住民がいかに国内植民地的支配を受けていたかを象徴するものであった。オコシンゴ町では、1991年に農民たちが耕作地を求めて、大土地所有者所有の農牧地を占拠した。これに対して大土地所有者側は、軍や警察によって訓練された数百名の私

兵を編成して先住民を排除した。先住民を実力で排除した私兵たちはパトロン達が提供したトラックに乗り込んでオコシンゴ町に乗り込んで凱旋行進した。彼らはカトリック教会関係者を、占拠を煽動したとの理由で暗殺する画策までしていた。先住民はその後、1992年10月12日のコロンブスのアメリカ到達500年周年の日に、500年を「屈辱と抵抗の500年」と称してサンクリストバル・デ・ラス・カサス市で1万人以上が参加したデモ行進を行ったが、先住民が同市市内を堂々と行進したのは史上初めてであったと言われる。この当時から組織化された先住民の武装蜂起が予想される情勢にあった。

チアパス州では、15世紀初頭のスペイン人の入植以来、先住民に対する非人道的な抑圧が間断なく続いてきた。1545年3月にチアパス司祭として赴任した、ドミニコ会の神父バルトロメー・デ・ラス・カサス（Bartolomé de las Casas, 1484～1566）は、「インディアス新法」の提言者であったことや、着任後に先住民を虐待したエンコメンデーロ達に死の直前の懺悔聴取を拒否したために、同州のエンコメンデーロ達に忌避され、暴力的な圧力を前に、教会からほとんど外出できず、1546年3月には離任しなければならない事態となった。チアパス州では、このような大土地所有者層による封建的・半封建的な支配が400年以上にわたって続いていた。

EZLNは1983年にチアパス州に入った都市部出身の青年層によるゲリラ運動である民族解放戦線（FLN）によって結成され、1994年1月当時、指導部は24人の先住民「司令官」と3人のチアパス州外出身の3人の「副司令官」から成っていた。その後、「副司令官」の1名が武装蜂起の戦闘中に戦死し、1人が組織的に脱落したため、マルコス副司令官が唯一の副司令官として、EZLNの事実上の最高司令官として、対外的なスポークスマンの役割も担っていた。1995年2月に離脱者の密告によって、内務省はマルコス副司令官はメキシコ市のメトロポリタン自治大学の教員であったマルクス主義構造主義哲学のアルチュセールの研究者であった、タマウリパス州タンピコ出身のラファエル・セバスティアン・キジェン・ビセンテ（Rafael Sebastian Guillen Vicente, 1957～）であると公表した。マルコス副司令官自身はこれを肯定したことはない。

EZLNは武装蜂起後、同年1月6日付けのコミュニケで次の4条件を提示し、それに基づいて全国仲裁委員会を結成せよとメキシコ政府に呼びかけた。4条件とは、①EZLNを交戦団体であると認めること、②すべての戦闘地域において双方が停戦すること、③連邦軍部隊は農村住民の人権を尊重しつつすべての町村から撤退して兵営地に戻ること、④農村地域にたいする無差別爆撃を停止すること、であった。この呼びかけから5日後、サリナス大統領はマヌエル・カマ

チョ・ソリス（Manuel Camacho Solis, 1946 ～ 2015）外相を和平調停責任者に任命し、1月12日に一方的に連邦軍に停戦命令を下した。

2月21日にはサンクリストバル司教サムエル・ルイス（Samuel Ruiz, 1924～ 2011）が全国仲裁委員会の代表委員となり同市カトリック大聖堂で第1回和平会議が開催されたが、3月2日に EZLN は要求は満たされていないと発表、先住民農民による2万人以上の抗議デモを実施し、4月10日にはメキシコ市に向けた先住民デモが行われた。

1995年2月9日には、連邦軍による EZLN に対する全面攻撃が行われ、EZLN 側の解放区が次々に破壊されていった。1ケ月後、セディージョ（Ernest Sedillo Ponce de León, 1951 ～）新政権が30日間の EZLN 指導者逮捕猶予を発表し、新たな和平委員会の設立を呼びかけた。EZLN は当初呼びかけの拒否を表明したが、「人権保障が確実であれば交渉に応じる」と発表、サンクリストバル市内で和平交渉が開始されたが、交渉は難航した。なぜなら、EZLN が主張した、NAFTA（北米自由貿易協定）反対、先住民自治、民主化要求を政府側が受け入れなかったためである。

交渉は1995年9月から実施され、（1）先住民の権利と文化、（2）民主主義と正義、（3）福祉と開発、（4）チアパス社会の諸セクターの仲裁、（5）チアパスにおける女性の権利、（6）対立の停止の6項目が協議された。1996年2月に（1）のテーマについて合意がなされ、「サンアンドレス合意」として調印が行われた。同年3月から（2）のテーマについての協議が続けられたが、意見の対立から8月29日に EZLN 側から話合いを中断する宣言が出された。しかも、その後のビセンテ・フォックス・ケサダ（Vicente Fox Quesada, 1942 ～）PAN（国民行動党）政権、フェリペ・デ・ヘスス・カルデロン・イノホサ（Felipe de Jesús Calderón Hinojosa, 1962 ～）PAN 政権、エンリケ・ペニャ・ニエト（Enrique Peña Pieto, 1966 ～）PRI（制度的革命党）政権の歴代政権のいずれにおいても、「サンアンドレス合意」に基づいた先住民自治は実施に移されていない。

一方、EZLN は先住民社会と市民社会との連携を進め、前者については全国規模の全国先住民会議（CNI）を結成し、市民社会との間では1997年9月に FZLN（サパティスタ民族解放戦線）を結成した。こうした中で、当時の与党であった PRI を背景として私兵組織が結成され、EZLN を支持する先住民共同体に対する襲撃事件が続発し、1997年12月22日にはチェナロー地区にあるアクテアル村で、EZLN の傘下ではなくサムエル・ルイス司教が支援する住民組織「蜜蜂」に属する村民45人が虐殺される事件が発生するなど、チアパス情勢は紛争が長期

化するに伴って悪化の一途をたどった。

EZLN は歴代政権との交渉が難航する中で、蜂起 7 年後の2001年 9 月に「大地の色の行進」を実施したが、その後、市民社会との関係を総括して、市民社会との交流の場としてきた「アグアスカリエンテス」を解消し、2003年 8 月には EZLN を支持する村落共同体で構成されるサパティスタ叛乱自治区（MRAEZ）と、それらの各地区が抱える諸問題を調整する機関として「善き統治評議会（JBG）」を発足させた。その評議会が置かれる場所が、「カラコレス（蝸牛）」と呼ばれることになった。その後、EZLN と市民社会との関係は希薄になり、EZLN 系の村落共同体の孤立化が深まっている。

EZLN の蜂起から20年以上を経て、EZLN から脱落する共同体が増える一方で、歴代政権の「新自由主義」経済政策の下で推進される観光開発や鉱業開発のために強制的に立ち退かされる共同体農民が増加してきた。一部は EZLN に参加しているものの、残りの先住民農民に EZLN が影響力を行使しえない状態も発生しており、私兵集団による先住民農民の強制立ち退きが続発するなど先住民の苦難が続いている。このような状態は、EZLN が先住民もが参加しうる新しいネイションを求めているものの、それは未だに実現されていないことを示すものである［小倉 2007：226-230］。

EZLN は、1996年 7 月27日〜 8 月 3 日に、チアパス州内において「人類のため、新自由主義に反対する大陸間会議」を開催した。EZLN の各種「宣言文」に新自由主義という用語が登場するのは、1995年 1 月 1 日付けの「第 3 宣言」以降であるが、マルコス副司令官の話を聞く限り、武装蜂起直後のインタビューで反新自由主義の立場をとっているとすでに明言している。しかしながら、当初は新自由主義については深く言及せず、マルコス副司令官による本格的な新自由主義批判が展開されたのは、1997年 7 月に『サパティスタの夢』とのタイトルで出版されることになるイボン・ル・ボ（Yvon Le Bot）との対話の中であった［Marcos 1997a］。そしてこの間、1996年 1 月30日の「第 1 ラ・リアリダー宣言」で「人類のため、新自由主義に反対する大陸間会議」の呼びかけが行われ、同年 7 月27日〜 8 月 3 日にチアパスで同会議が開催された。

山本純一が2002年に出版した『インターネットを使った〈ゲリラ〉』が言及している、同会議に参加したテクサス州立大学オースティン校のハリー・クリーバーに拠ると、討議は参加者が中心で、サパティスタ側は「接待役」「聞き役」であった。そしてクリーバー自身が用意した新自由主義に関するパンフレットが歓迎されたことなどを考えると、マルコス副指令官を含むサパティスタは、この会議において新自由主義について「学習」したのではないか。

1. 「グローバル・サウス」　15

　政府が発表したように、マルコス副司令官が哲文学部出身であれば、経済学には疎遠であったろうし、なによりも、武装蜂起当初は理論的な新自由主義批判はなされていなかった。また、EZLN は新自由主義、とくにその経済政策に代わるオルタナティブを直接提起しているわけではない。彼らが求めたのは新しい経済政策ではなく、新しい社会関係であり、彼らが主張したのは様々な人々が参加・議論できる、自由で民主的な公共空間の創出であった。

　第1回「反新自由主義大陸間会議」には42ヶ国から5000人が参加し、その後1997年7月27日〜8月3日にはスペインで第2回会議が開催され、EZLN のメンバーもこれに参加している。

　さらに、1999年11月シアトルでの WTO 閣僚会議や2001年1月の世界経済フォーラム（ダボス会議）、2001年7月のジェノヴァ・サミットにおける「反グローバリズム＝反新自由主義」のデモがマスコミでも大きく取り上げられたが、EZLN はこの運動の急進派グループ「白い作業服」とも連帯していたと言われている。

　グローバリズムに反対するサパティスタの闘争・言説はポストモダンというよりも、むしろポストモダンに向けたアンチモダンである。そしてその闘争の方向性を提示しているのが、1996年1月30日に行った、第1回「人類のため、新自由主義に反対する大陸間会議」の、次のような呼びかけであった。

「第1回「人類のため、新自由主義に反対する大陸間会議」
世界の人びとへ
兄弟よ
　ここ数年、カネの力はその犯罪的な顔の上に新たな仮面をつけた。国境を越え、人種や膚の色など関係なく、カネの力は宣言を傷つけ、誠実を侮辱し、希望を暗殺している。"新自由主義"と呼ばれる、特権や富や免罪符が一部の人に集中する歴史的な犯罪は、悲惨と絶望を民衆に広める。

　新たな世界大戦が勃発している。だが今やその被害者は人類全体である。あらゆる世界大戦と同様に、求められているのは世界の新たな分割である。

　人を殺し、人を忘却させるこの近代戦争を、人びとは"グローバリゼーション"という名前で呼ぶ。世界の新たな分割とは、権力を権力の手に、悲惨を悲惨の中に集中させることにほかならない。

　世界の新たな分割は、先住民、若者、女性、ホモセクシュアル、レスビアン、有色の人びと、移民、労働者、農民という"マイノリティ"を排除する。世界の地下を形成するこれらのマジョリティは、権力にとって、排除可能なマイノリ

ティとして立ち現れる。世界の新たな分割はマジョリティを排除するのである。

　金融資本と腐敗した政府の近代群は、可能な唯一の方法で侵略、進撃する。その方法とは破壊である。

　世界の新たな分割は、カネとその追随者のみが居場所を得る。男と女と軌かは同じ奴隷で、排除可能になる。嘘が支配し、メディアと儀礼によって嘘は倍加する。

（中略）

　人間らしさの代わりにわれわれに提供されるのは株価指数、尊厳の代わりにわれわれに提供されるのは悲惨のグローバル化、希望の代わりにわれわれに提供されるのは虚しさ、生の代わりにわれわれに提供されるのは恐怖のインターナショナルである。

　新自由主義が代表する恐怖のインターナショナルに反対し、われわれは希望のインターナショナルを立ち上げなければならない。国境や言語や膚の色や文化や性別や戦略や思想を超え、生き生きとした人間らしさを欲するすべての人は団結しなければならない。」（「第1リアリダー宣言」より）

　そして、1996年4月の5大陸での準備集会を経た後、同年7月27日から8月3日にかけ、チアパスの新アグアスカリエンテスで下記の部会より成る第1回「人類のため、新自由主義に反対する大陸間会議」を開催することを宣言したのである。会議では、次のような4つの部会が設定された。

　第1部会　経済問題
　第2部会　政治問題
　第3部会　社会問題
　第4部会　文化問題

　このテーマ設定でもわかるように、サパチェイスタはグローバリゼーションを経済的側面に限定せず、政治的社会的文化的問題でもあると認識している。部会はそれぞれ、ロベルト・バリオス（経済問題）、ラ・リアリダー（政治問題）、オベンティック（社会問題）、モレリア（文化問題）、ラ・ガルーチャ（世界の多様性）で実施され、42ヶ国から5000人ほどの人が参加、討議した。そして最後にはラ・レアリダーで総会が開かれ、次のような、「第2ラ・レアリダー」宣言が採択されている。

「アフリカ、アジア、アメリカ、ヨーロッパ、オセアニアの兄弟姉妹よ
われわれが、
死のインターナショナル、戦争と軍備のグローバリゼーション、
独裁、権威主義、抑圧、

1.「グローバル・サウス」　17

経済的自由化政策、飢餓、貧困、強盗、汚職、

家父長制、排外主義、差別、人種主義、犯罪、環境破壊、軍国主義、

愚かさ、嘘、無知

奴隷制、不寛容、不正義、周辺化、忘却、

そして新自由主義に

反対していることを考慮し、また、

われわれが、

希望のインターナショナル、新たな、公正な、そして尊厳ある平和、

新しい政治、民主主義、政治的自由、

正義、尊厳ある生活と労働、

市民社会、あらゆる点での女性の完全な権利、老人、若者、子どもに対する尊厳、環境保護、

叡智、文化、教育、真実、

自由、寛容、包容、記憶、

そして人間らしさに賛同することを考慮し、

われわれは次のように宣言する。

一、われわれは、われわれすべての闘争と個別の抵抗を集合するネットワークをつくる。新自由主義に反対する国際的抵抗ネットワーク、人類のための国際的ネットワークを。

　この国際的ネットワークは、差異を認め、類似性を承認し、ほかのあらゆる人の抵抗と力を合わせることを模索する。この国際抵抗ネットワークは、様々な抵抗が互いに互いを支援する手段となる。この国際抵抗ネットワークは、組織ではなく、長や理事会や指令部やヒエラルキーをもたない。抵抗するわれわれ全員がネットワークである。

二、われわれは、われわれすべての闘争と抵抗を結ぶ通信ネットワークをつくる。新自由主義に反対するオルタナティブな国際通信ネットワーク、人類のためのオルタナティブな国際通信ネットワークを。

　このオルタナティブな国際通信ネットワークは、あらゆる抵抗経路に言葉が届くように構築する。このオルタナティブな国際通信ネットワークは、様々な抵抗がコミュニケーションする手段となる。

　このオルタナティブな国際通信ネットワークは、組織ではなく、長や理事会や指令部やヒエラルキーをもたない。われわれに語りかけ、われわれの言葉を聞くわれわれ全員がネットワークである」[山本：248-252]。

　このヒエラルキーを持たない水平型ネットワークは、その後アクシオン・サパ

ティスタのメンバー一人を含むワーキング・グループによって反資本主義・反新自由主義を基本理念とし、ネットを通じたグローバル・コミュニティの創設を目的とする具体案が作成され、1999年11月シアトルでのWTO閣僚会議抗議デモ、2001年1月ダボスでの世界経済フォーラム抗議デモ、2001年7月20日ジェノヴァでのG8サミット抗議デモにも大きな影響を及ぼした。しかしながら、暴力的な抵抗はサパティスタの本意ではない。それは低強度戦争の中止と平和を訴えた「第5宣言」からも明らかである。

　「反新自由主義大陸間会議」のために、前出のクリーバーが作成した討議資料には次のような闘い方が提案されている。

　「これらの闘争の力の源泉はローカルな社会関係を再構築し、攻撃を防ぐとともに、共同もしくは補完的な自前のプロジェクトを立案する能力にある。互いに孤立し、分裂することは弱さである。われわれは抑圧するグローバル資本主義の攻撃を抑止しうるグローバルなレベルの協力関係を築き、地域やセクターや習慣や言語を超えた闘争を組織しなければならない。新自由主義のグローバル性そのものがその根本的な脆弱性、すなわち共通の敵という存在をつくりあげている。IMFとか政府とかいった組織の実を対象とするのではなく、想定される被害者すべてが、それぞれの価値観やオルタナティブな社会組織に基づき、あらゆる方向からそれら組織の政策に反撃を加えることができる。

　われわれはまた、これらの新しいオルタナティブな組織方法、富の分配方法をリンクし、統合的な活動を俯瞰しなければならない。世界中には実験中のプロジェクトがあり、その経験と創造性を共有することができる。このことは、社会主義とかその他の統合的なポスト資本主義"経済"秩序のための団結ではなく、むしろ多様なプロジェクトの間の協同主義的な相互連結を意味する。リンクしていない、分裂したローカル主義を意味するのではない。それは、われわれのニーズを満たし、われわれの欲求を叶える複数のオルタナティブ・アプローチが相互に織り成すモザイクを作り上げることを意味するのだ。」[前掲書：254]

　グスタボ・エステーバは、同様な戦略をよりわかりやすく説明している。すなわち、新自由主義を原理とする"グローバル・プロジェクト"によって抑圧されている"社会的マジョリティ"は、利己的な個人主義を超えた共同体とそれを支える人びとを再生することによって草の根レベルのラジカル・デモクラシーを発展させ、その力を結集して支配者たる"社会的マイノリティ"に対抗しなければならないと。

　実際の討議の会場でも、「希望はここにある」「みんなが一緒に活動することが重要だ」「人びとのための経済政策を実施することが重要だが、経済政策だけで

なく、それ以外の分野の政策も変更しなければならない」「人間のニーズに基づいた共同プロジェクトを構想しなければならない」という意見が出た［前掲書：254-255］。

前述のように、第1回「反新自由主義大陸間会議」の開催は「グローバル・サウス」の形成の開始を画する出来事であったが、その決議文には、以下に見られるように、「グローバル・サウス」の概念が示されていた。

「〈誰もが被害を受けるグローバル権力〉

国民国家と各国諸政府の上に、多国籍的で、多国家的な自己批判的な権力の構築が新しい舞台の一部を形成している。今日、これまでよりも増して、一握りのビジネス界と金融界の人々が統制管理し、何十億人の人類の生活と未来を決定しており、各国政府はグローバル権力を構成する国際金融機関であるIMFと世界銀行が策定する政策の単なる執行者に成り果てている。今日の世界では、諸国民国家の統制管理は益々縮小している。経済は諸政府の支配から徐々に抜け出す傾向にある。これらは今やビジネス界がより安価な価格で必要とするインフラ提供者の機能を果たしている。コミュニケーション手段、コミュニケーション類、生産的投資を含む資本の流れはナショナルな枠組みを失いつつある。主権の解体はこれらのプロセスの影響の一つである。解放のプロジェクト、特に周辺諸国においては、戦略的闘争の一つとして主権の回復を統合しなければならない。そのためには、新しい支配の被害を受けている諸国民の連携した行動が必要である。例えば、資本流通に関する社会的統制の確立、脱税天国の廃止、総じて国際的な資本移動に関する社会的統制が必要である。就中、資本の巡回的投資に関する規則を確立し、巨大な多国籍企業による不平等競争に対して生産能力を保護するための権利を回復することが必要である。国家介入主義に戻ることを求めるのではない。また、諸国政府が世界的な金融権力の荒波から我々を保護してくれることを期待するわけではない。諸国政府は新自由主義政策の保証者であり保護者である。彼らはそのために存在しているのであり、他の役割を期待することはできない。寧ろ、我々は、我々の生命、我々の資源、我々の未来を決定する権利の回復である、自決権として理解されている主権の回復を求める。これを効果的にするために、形態においてナショナルな、内容において大衆的で国際的なこの闘いは、中心的な諸国の被支配者と排除された人々による連帯と抵抗の諸形態を伴われていかねばならない。」［EZLN 1996：41］

「〈グローバル権力にどのように抵抗するか〉

経済的・政治的な権力のグローバル化の結果に対する回答は、多種多様な闘争の形態に示されてきた。政党や組合その他の伝統的な諸組織は、新自由主義によ

20

る危機に直面しており、都市や農村の労働者、農業従事者や移民、女性や青年、総じて我々の国々の多数を占める人々は、新自由主義に抗して、防衛し抵抗するために新しい組織形態を早急に構築しなければならなかった。低開発諸国では、闘争は大衆的な貧困の先鋭化のためにさらに困難であった。闘争しなければ消滅や死を避けることの出来ない、先住民、貧農、移民、児童・女性のような貧しく周縁化されてきた、大多数の人びとの生き残りのための最低必需品の充足が重視された。先進諸国では、労働者は、ストライキ、組合闘争等の古い闘争方法を、先端技術によって量的に減少し、新しい労働・生活条件に従わされた新しい構成が、資本主義の歴史が始まって以来の産業予備軍を形成する大量の低賃金労働者の出現を前に使用することを減らすことを余儀なくされた。ここでも、闘いは生き残りを賭けるものである。」[前掲書：46-47]

このように、EZLN が呼びかけた第 1 回「反新自由主義大陸間会議」の議論において、新自由主義的な「グローバル化」の進展の中で迫害される周辺諸国の「排除された人々」とともに、社会構造の変化を前に闘争形態を変更せざるをえなくなった先進諸国の労働者層の連携と連帯が主張され、「グローバル・サウス」の概念が明確に示されていたのである。

この第 1 回「反新自由主義大陸間会議」において、翌1997年 7 月に第 2 回会議をスペインで開催することが決定され、国際社会に呼びかけが行われ、同年 7 月27日から 8 月 3 日にマドリッド、バルセロナ、ルエスタ（アラゴン州）、アルムニェカル、エル・インディアノ（アンダルシア州）のスペイン国内 5 ヶ所で第 2 回会議が分散開催された。開催前日の 7 月26日にマドリッドで作成された第 2 回会議の宣言文には、「この第 2 回会議は、女性、男性、老年、青少年が 5 大陸から EZLN の 5 つのアグアスカリエンテスに集まり、新旧の戦いの虹を形成することができた 1 年前に生まれた衝動を維持している」と表現され、「5 大陸」の人々の連帯と共闘が強調された [http:www.nodo50.org/encuentro/manif.]。

こうして、EZLN が1996 〜 97年に開催を呼びかけた「反新自由主義大陸間会議」に新自由主義的なグローバル化を問題視する「5 大陸」の人々が参加するとともに、メキシコとスペインで連続的に開催されることで、新自由主義がもたらす諸問題を協議する「南北」両世界をまたがる協議の場が設置されたことにより、「グローバル・サウス」形成が具体的に開始されたと評価しうる。

この EZLN が呼びかけて開催された「反新自由主義大陸間会議」と並行して、旧「南北」世界から新自由主義的なグローバル化に反発する種々の社会運動が活動を活発化させたが、それらの「南北」双方に起源を有する諸運動が結集する形で、「反（新自由主義的な）グローバル化」運動と総称しうる諸運動が登場した。

1．「グローバル・サウス」　21

これらの諸運動が関係した出来事をクロノロジー的に整理すれば、次の通りとなる。

（イ）1998年5月、バーミンガムG8サミット「ジュビリー2000債務帳消し」行動

（ロ）1999年11月、WHOシアトル閣僚会議抗議デモ（第5章第1節）

（ハ）2000年1月、第1回世界社会フォーラム（於ブラジル・ポルトアレグレ）（第5章第3節）

（ニ）同年6月、ジェノヴァG8サミット抗議デモ（第5章第2節）

（ホ）2001年5月、ユーロ・メーデーの開始（ミラノで開始）

（ヘ）2001年11月、アルゼンチン新社会運動（RGTとピケテーロス）（第5章第4節）

（ト）2003年3月、イラク反戦デモ（第5章第5節）

（チ）2010年12月、チュニジア・ジャスミン革命から「アラブの春」（第6章第1節）

（リ）2011年5月、スペインの「5月15日運動（15M）」（第6章第2節）

（ヌ）同年6月、日本の反原発運動（反原連）（第6章第9節）

（ル）同年6月、チリ学生運動（第6章第3節）

（ヲ）同年10月、ニューヨークの「オキュパイ・ウォール・ストリート（OWS）」（第6章第4節）

（ワ）2012年4月、メキシコの「#Yo Soy 132運動」（第6章第5節）

（カ）2013年：トルコ、ブラジル、エジプトの反政府運動（第6章第6節）

（ヨ）2014年、香港雨傘運動（第6章第7節）

（タ）同年、台湾ひまわり学生運動（第6章第8節）

（レ）2015年7〜8月、日本の反安保法制抗議デモ（第6章第9節）

（ソ）2017年7月、ハンブルグG20抗議デモ

　これらの出来事から析出しうる過去20年間余の期間は、2つの段階に区分できる。第1段階は1996年7月のEZLNの呼びかけによって開催された「反新自由主義大陸間会議」から「ネットワーク型」の運動が登場した社会運動の「新しいサイクル」が開始した時期であり、第2段階は2010年12月に始まった「アラブの春」において顕著になった「クライド型」社会運動が世界各地に登場した時期である。これら2段階の特徴をまとめると、①「ネットワーク型」運動の登場、②SNSの普及による「クラウド型」社会運動の登場、③サミット・プロテスト運動の変質（対G8抗議から対G20抗議へ）であると言える。③に関しては、2017年7月に開催されたG20サミットが、それまでのG20サミットから変質したことが、「グローバル・サウス」の形成の完了を見る上で重要な意味を有する。

　2008年9月に発生したリーマン・ブラザーズの破綻に発した世界的な金融・通

22

貨危機に際して、同年11月にワシントンで開催された第1回G20金融サミット、翌2009年5月にロンドンで開催された第2回G20金融サミットを経て、同年8月にピッツバーグで開催された第3回G20金融サミットにおいて、G20をG8に置き換えて、G20を国際経済の問題を協議する最上位の場と位置付けて、同時にG8を国際政治を協議する場に限定したことにより、中国、インドとともにブラジル、メキシコ、アルゼンチンなどの新興国・途上国もG20メンバーとなったため、G20に対する期待感も高まった。その背景には、1999年2月にチャベス（Hugo Rafael Chávez Frías, 1954〜2013）政権がベネズエラに成立して以来、ラテンアメリカ諸国33か国のうち一時は最大で17ヶ国に左派・中道左派政権が登場し、就中、ブラジルのルセフ（Dilma Vana Rousseff, 1947〜）政権（2011-2016）とアルゼンチンのフェルナンデス（Cristina Elisabet Fernández de Kirchner, 1953〜）政権（2007-2015）が「グローバル・サウス」の立場を代表しうる位置にあったことが影響した。

　しかしながら、2015〜2016年に変化が生じた。2015年11月にアルゼンチンで実施された大統領選挙において、中道左派のペロン派左派であったフェルナンデス政権の脱新自由主義路線を継承する姿勢を示したダニエル・シオリ（Daniel Scioli, 1957〜）ブエノスアイレス州知事が、中道右派のマウリシオ・マクリ（Maurico Macri, 1959〜）ブエノスアイレス市長に僅差で敗北した。さらにそれに続いて、2016年4〜5月にブラジルのルセル大統領が野党勢力によって会計粉飾疑惑で告発され、上院（賛成55、反対22）・下院（賛成367、反対167）で弾劾手続きを開始する決議が採択され、同8月に上院が弾劾裁判による罷免決議を採択（賛成61、反対20）したため失職した。これにより、ラテンアメリカの左派・中道左派ブロックの重要拠点が失われた。このため、G20内には「グローバル・サウス」の立場を代表する進歩的政権が皆無となった。これにより、G20に対する「グローバル・サウス」の期待感や幻想が消滅し、G20サミットもサミット・プロテストの対象に転じることになった。こうして、G20サミットはたとえ新興国・途上国をメンバー国に加えているものの、「グローバル・ノース」の利益のみを代表する機関となったと判断され、これによって1996〜97年に開始された「グローバル・サウス」の形成はほぼ完了したと判断しうる。

2. 「グローバル・サウス」の先行現象　23

―― 2. 「グローバル・サウス」の先行現象 ――

（1）資本主義システム拡大への抵抗
（イ）周辺部資本主義社会における社会変動

　南米ペルーの沿岸部北部の太平洋岸に流れ込む多くの河川の流域は、スペインによる植民地化以前より、流域の灌漑化によって権力を得た諸王朝によって農耕地化され、植民地化後も前資本制的な労働制度に基づく中小規模土地所有制が発展してきた。1879〜83年に勃発した太平洋戦争（南米太平洋岸の硝石資源の利権をめぐって、ペルーおよびボリビアと、イギリス資本の支援を得たチリとの間で戦われた戦争）におけるペルーの敗北後、砂糖生産の国際市場への統合が進展するに伴って、外国資本の流入が顕著になり、資本主義的経営の大土地所有制が拡大した。

　沿岸部北部に19世紀末から20世紀初頭にかけて拡大した大土地所有の大農園として、ラ・リベルタ県トルヒーヨ地方のカサ・グランデ農園（ドイツ系のイルデメイステル家所有）、カルタビオ農園（イギリス系のグレイス家所有）、ロマ農園（イタリア系のラルコ・エレラ家所有）、ラレド農園（チョビテア家所有）など、ランバイエケ県チクラーヨ地方のトゥマン農園（パルド家所有）、プカラー農園、パタボ農園、ポマルカ農園、アスメンドラル農園（ガジョソ家所有）、カヤルティ農園（アスピヤガ家所有）、アンカシュ県チンボテ地方のタンボ・レアル農園（イギリス系のローン家所有）などが挙げられる。

　カサ・グランデ農園の収穫量は1859年に250ファネガダ（1ファネガダは穀物の容量単位で55.5リットルであり、1ファネガダの種をまくには64アールを要する）であったのだが、その後拡大して、1918年には7216ファネガダに、1927年には1万3460ファナガダ（約7610ヘクタールに相当）に拡大した。ロマ農園は1850年には500ファネガダであったが、1918年には6244ファネガダに拡大し、その後カサ・グランデ農園に吸収された。これらの大農園においては、没落した小規模農民や山岳部北部から移住してきた先住民をエンガンチェと呼ばれる前資本制的な労働関係によって使用していた［小倉2015：16-17］。

　大土地所有制の拡大に伴って、大農園周辺の中小規模農場が土地の抵当化などを通じて大土地所有制によって吸収されて没落していった。また、大農園内においては大土地所有者は自らの手で、あるいは商業資本を通じて、先進工業諸国から工業製品を輸入し、それらの商品を、農園内の労働者に法定通貨以外の金券を渡し、その金券で農園内に設置した売店で買わせるなど消費面でも拘

束したため、その影響を受けて大農園周辺の小規模商店も次々と没落していった。これらの没落した旧中間層である旧中小規模農園主や小商人は、彼らを基盤として地方的影響を持っていた経済的基盤を喪失しつつあった知識人・専門職業家（弁護士、医師、会計士、ジャーナリスト等）層に指導され、1920年代にビクトル・ラウル・アヤ・デ・ラ・トーレ（Víctor Raúl Haya de la Totte, 1895〜1979）を中心に、ラテンアメリカ全体の反帝国主義運動として登場したアプラ（APRA：Alianza Popular Revolucionaria Americana）運動のペルー一国党として1930年に結成されたペルー・アプラ党（PAP：Partido Aprista Peruano）の急進的な運動に吸収されていった。アプラ運動及びPAPは、沿岸部北部における19世紀末以降の現地産品（主に砂糖、その後綿花等に拡大）の国際市場への統合を契機とした資本主義システムの浸透を通じて生じた社会変化を背景として形成された運動であり、この沿岸部北部の拠点を出発点として、その後同様の経緯をたどった沿岸部南部や山岳部の新旧中間層を中心とした階層に基盤を拡大して成長していった［前掲書：17-18］。

　一方、ペルーの山岳部南部に位置するクスコ県およびプーノ県においては、19世紀半ばよりイギリスの毛織物工場に向けた羊毛の輸出が成長し始めた。羊毛の生産は拡大した大土地所有制の下で行われたが、労働力は近隣の先住民共同体から半封建的な経済外的強制を伴う方法によって確保されていた。山岳部南部の大土地所有制の下で生産された羊毛は、アレキパの商業資本家によって買収され、イギリス資本のペルー・コーポレーションが運航する鉄道によってアレキパを経て太平洋岸のモジェンド港に搬送され、同港より輸出された。アレキパ商業資本によって輸出された羊毛は、1896年には211.32キンタールであったが、1922年の最盛期には7643.01キンタールにまで増加した。

　こうした羊毛の国際市場への統合が進展すると、山岳部南部における大土地所有者と商業資本家層による土地集中が進行し、これに抵抗する先住民農民の反乱が頻発することになった。例えばプーノ県における大土地所有制の農場は、1886年の703農場から1915年には4402農場に増加した。先住民反乱は1930年街前半まで頻発した。

2.「グローバル・サウス」の先行現象　25

〈ペルー山岳部南部における先住民農民騒擾事件　1904～1924年〉

発生時期	場所	概要	備考
1904年10月	プーノ県チュクイト郡ポマタ地区	大土地所有による土地簒奪に抗議した先住民農民の騒擾事件	個人農マヌエル・スニガ（学校運営）が反乱扇動で逮捕
1910年7月	プーノ県アサンガロ郡カッカラコ地区	先住民共同体農民の虐殺事件	詳細不明
1911年2月	プーノ県アサンガロ郡クティン地区	先住民共同体農民の虐殺事件	詳細不明
1913年2～3月	プーノ県アサンガロ郡アシリョ地区	大土地所有者勢力による共同体農民への襲撃事件	詳細不明
1913年9月	プーノ県アサンガロ郡サマン地区	先住民農民多数が治安部隊と衝突	詳細不明
1915年12月	プーノ県アサンガロ郡サン・ホセ農園、ワンカネ郡ラ・ウニオン農園	大土地所有者アリアス・エチェニケ家による共有地簒奪に反発した先住民農民約2000名が農園を襲撃	指揮者はルミ・マキ（陸軍大尉テオドミロ・グティエレス・クエバス）。治安部隊の弾圧により大量の死傷者発生
1917年1月	プーノ県アサンガロ郡ワサコナ地区	大土地所有者による共有地簒奪に抗議した先住民反乱	詳細不明
1918年5月	クスコ県パルーロ郡クシバンバ地区	大土地所有者による共有地簒奪に抗議した先住民反乱	詳細不明
1918年7月	プーノ県サンディア郡、アサンガロ郡	サンディア郡アンコヨ農園等を所有していた大土地所有者レオン・カブレラ家に対する蜂起	指導者はフェリシアノ・コルネッホ・カストロ及びフリオ・ルイス・メルカド（ルミ・マキの部下）
1918年	プーノ県内	先住民農民約2万5000名が蜂起	詳細不明
1920～22年	クスコ県キスピカンチス郡ラウラマルカ農園	大土地所有者による労働強制への講義から土地奪還闘争に発展	指導者はミゲル・キスペ。県内広範囲に先住民を組織し、先住民の間にインカ社会復活願望を発生
1920年前半	クスコ県カナス郡ラヨ地区	大土地所有者との対立から武力衝突発生	指導者はルイス・コンドリ
1920年9月	プーノ県アヤビリ郡、アサンガロ郡	共同体共有地の簒奪に抗議して約2000名が蜂起	先住民擁護委員会が調査
1921年	プーノ県ランパ郡ビナヤ農園	大土地所有者ロペス・デ・ロマーニャ家による土地簒奪に抗議	農園を襲撃して支配人らを殺害

1921年7月	クスコ県エスピナル郡ランギ及びラヨ地区	大土地所有者による土地簒奪に抗議して約2500名が蜂起	指導者はルイス・コンドリ。インカ社会再生を訴える
1921年12月	クスコ県エスピナル郡トクロヨック地区	道路建設強制労働法による動員及び中間業者の搾取に対する抗議運動	指導者はドミンゴ・ワルカ。インカ社会の再生を訴える
1922年3月	プーノ県ワンカネ郡インチュパヤ地区	大土地所有者による土地簒奪に抗議して約4000名が蜂起	弾圧により約500名が死傷
1922年10月	クスコ県シクアニ市周辺	先住民蜂起	詳細不明
1922年10月～23年12月	アプリマック県ワイラ地区	地域の先住民農民と大土地所有者層が全面対立。大土地所有者バルバニオが殺害される	指導者はクリソストモ・モリナら。治安部隊が弾圧
1922年12月	クスコ県カンチス郡サンパブロ地区	先住民蜂起	詳細不明
1923年1月	クスコ県カンチス郡マルカパタ地区	大土地所有者による土地簒奪に対する抗議行動	指導者はファウスティーノ・メンドサ
1923年1月	アプリパック県グラウ郡	大土地所有の拡大に対して蜂起	詳細不明
1923年1月	クスコ県キスピカンチス郡モジェバンバ農園	先住民農民1000名が蜂起	詳細不明
1923年2月	クスコ県パルーロ郡ヤウリスケ地区等	土地を簒奪した大土地所有者を拘束し、警察に引き渡して処分を要求	指導者は徴兵経験者のサントス・リマチ
1923年2月	クスコ県アンタ郡チンシャプキオ地区	大土地所有者層の横暴に対して先住民農民が実力行使	クスコ大司教が介入したが解決せず
1923年2月	クスコ県チュンビビルカス郡キンバレテ地区	先住民蜂起	詳細不明
1923年4月	クスコ県チュンビビルカス郡コロチュア農園	先住民蜂起	詳細不明
1923年4月	クスコ県チュンビビリカス郡サントトマス地区	先住民蜂起	詳細不明
1923年4～11月	アプリマック県アコマーヨ地区	大土地所有者層が先住民を支援したとして郡知事を拘束。先住民が反発	詳細不明

1923年11月	クスコ県カンチス郡コンパパタ地区	先住民蜂起	詳細不明
1923年12月	プーノ県ワンカネ郡サンティアゴ及びアラホパ地区	大土地所有者による共有地簒奪に抗議して約2万名が蜂起	指導者はカルロス・コンドリ。トゥパク・アマルII反乱を模範とする
1923年12月～1924年1月	プーノ県ワンカネ郡ワンチョ地区	地域全体の収奪構造に対する抗議行動が先鋭化。他地域にも拡大	大土地所有者側が反撃。治安部隊が武力弾圧

　これらの先住民農民による騒擾事件の中で特記すべきは、1915年12月にプーノ県アサンガロ郡を中心に広域的に発生した「ルミ・マキの反乱」である。この騒擾事件は、1780年にクスコ県東南部から発生してボリビアにまで拡大した「トゥパク・アマル2世の反乱」以後、ペルー国内で発生した最大規模の先住民反乱であった。「ルミ・マキ（アイマラ語で「石の手」の意）」とは沿岸部出身のメスティソ（混血）の軍人テオドミロ・グティエレス・クエバス大尉（Teodoro Gutiérez Cuevas, 1864～没年不詳）である。グティエレスは1902年にチュクイト群知事に任命されたが、現地で先住民農民が大土地所有の拡大によって共同体共有地を簒奪され、また労働力として強制的に酷使されている状況に同情した姿勢をとったために、大土地所有者層に忌避されて解任された。その後、ビリングウルスト（Guillermo Enrique Billinghurst Angulo, Perú, 1851～1915）政権期の1913年9月に同年アサンガロ群サマン地区で発生した先住民農民による騒擾事件を調査するための調査委員会委員長に任命されて現地調査し、報告書を提出して大土地所有者層の横暴を告発したにもかかわらず、同報告書が無視されたため、1915年半ばにアサンガロ郡に個人的意図で潜入し、蜂起に向けて先住民農民の組織化を進めた。グティエレスは「ルミ・マキ」と称し、「タワンティンスーユ（インカ社会）連邦国家」の樹立を訴えた。グティエレスの例は、外部の人間が先住民が直面している社会的現実に同情して、自律的な組織化の力がまだ備わっていなかった先住民を広範囲に組織化した例である。しかし、その後先住民の中から自らを組織化する能力を有する指導者が輩出されていくことになる。その契機となったのは、山岳部のメスティソ出身の知識人を中心としてインディヘニスモと呼ばれる先住民擁護運動が登場したことであった。山岳部南部においては、レギア政権下の1922年10月から1923年末にかけて、同政権による先住民を制度内的な存在に押しと留めようとする官製インディヘニスモにも鼓舞される一方で、地域的には孤立して相互間の連携を欠いたために早期に武力弾圧されることになる先住民農民反乱が多発した［前掲書：169–170］。

また、山岳部におけるもう一つの社会変動として、大土地所有の拡大にともなって、土地を失った共同体農民や独立農が郷里を離れて地方都市部に異動するケースが増加し始めた。その結果、例えばクスコ県クスコ市の人口は、1876年の1万7370人から、1905年には1万8167人、1923年に1万9825人、1927年に2万4000人、1940年に4万6066人に増加していった。1910年代のクスコ市にはまだ製造業部門が発展していなかったため、人口面で増加したのは職人と家事労働者であった。

　このような農村部から都市部への人口移動は、その後1940年代末以後資本主義システムの農村社会への浸透が、都市部に依存する消費社会化を進めた結果、農村社会の崩壊を促進させ、大規模な社会変動（土地喪失、人口移動）が生じた。このような社会変動は、周辺農村部から地方都市部への人口移動から始まり、最終的にはアンデスの農村部から首都リマ首都圏への大規模な人口移動を生じさせることになる。

　19世紀後半以降の資本主義システムの周辺部社会への浸透によって、国際市場での商品化によって国際価格が上昇した現地生産物を生産する地域においては大土地所有制（あるいは地主制）が拡大し、それに伴って土地を失う独立農や共同体農民の叛乱・騒擾事件が世界各地に勃発した。

　日本においては、幕末期の1859年に行われた横浜開港にともなって、長野県東部の佐久地方から、群馬県西部、埼玉県秩父地方、神奈川県南多摩地方（現東京都八王子市）、現神奈川県北部にまたがる養蚕地帯で地主制の拡大によって農地を失う危機に瀕した独立農による反抗が1894年に秩父地方で、所謂「秩父事件」と呼ばれる武装蜂起事件に発展し、また同年から1895年には当時の南多摩郡一帯で武相困民党事件と称される騒擾事件を発生させた［小倉2002：19-25］。

　メキシコにおいては、メキシコ市に隣接するモレーロス州において19世紀後半に砂糖生産を行う大土地所有が拡大し、その結果農地を失った土地なし農民が、中農出身のエミリアーノ・サパタ（Emiliano Zapata, 1879～1919）に率いられて南部革命軍を組織し、1910年に始まるメキシコ革命の一翼を担った。

　このように資本主義システムの浸透は、19世紀末から20世紀初頭に世界各地で国際市場に輸出される現地生産物の生産増を目指した大土地所有の拡大をもたらし、農地喪失の危機に直面した独立農・共同体農民による騒擾事件が多発するという社会変動をもたらした。

（ロ）都市部の変化

　ペルーにおいては、1950年代末以降、農村から都市に移動し、先住民文化とク

2.「グローバル・サウス」の先行現象　29

リオーヨ文化を混淆した「チョロ文化」の担い手となる「チョロ層」が「新しい
都市大衆層」として形成され、ペルー社会の「チョロ化」が進展した。「チョロ
層」は、職業的には都市部に労働力として国内移民層を吸収するような製造業も
サービス業も十分に発展していなかったため、露天商や家内工業をはじめとする
インフォーマル経済セクターに属し、住居の面では、首都圏周縁部の公有地・私
有地を不法占拠して低所得者層住宅街を建設していった。こうして、このような
山岳部からの移住者及び彼らの2・3世以後の世代が総人口の大多数を占めるに
いたる社会的変化が生じた。

　こうして大量に出現した新しい都市大衆層は、1950〜1960年代には寡頭支配
層によって操作されたパターナリスティックな保守派的な政治勢力に操られる
ことが多く、彼らを社会変革に向けてどのように組織化するかが社会的な課題
となった。1968年にクーデターによって成立したベラスコ左翼軍事政権は、「全
国社会動員機構（SINAMOS）」を設立して、大土地所有を接収して組織化した
農村の各種協同組合構成員とともに、新都市大衆層を政権の社会的基盤として
組織化を図った。しかし、陸軍急進派内部の対立や1975年8月に発生した軍内
での保守派による軍内クーデターの結果、SINAMOS は解体された。その後は、
SINAMOS によって刺激された社会的底辺層の組織化・意識化の進展を背景と
した政治参加意識の高揚を基盤として、新都市大衆層は左翼系の政治勢力及び社
会運動に包摂されていった。しかし、1990年代のソ連・東欧社会主義圏の崩壊・
解体によって強まった国際的な社会主義運動の影響力の低下と並行して、ペルー
においては都市大衆層に対する左翼勢力の影響力も急速に低下していった。

　1962年に第2バチカン会議会が開催され、同会議以後ラテンアメリカのカ
トリック聖職者の間に社会的諸問題に対して常に意識の目を向け、批判的立
場に立つ聖職者が登場した。彼らは、ペルー出身のグスタボ・グティエレス
（Gsutavo Gutiérrez, 1928〜）神父を中心に「解放の神学」派を結成し、ペ
ルーにおいても革新派聖職者200名余（司祭全体の数％）によって「社会情報分
析機関（ONIS）」が組織され、農民共同体、労働組合、都市住民組織などの社
会運動と連携して、人びとを社会変革と解放に向けた実践へと導いていく傾向を
強めた。

　他方、1980年4月に中国共産党の文革左派に位置する毛沢東主義のペルー共産
党「センデロ・ルミノソ（SL）」が武装闘争を開始し、1982年からは都市部での
無差別テロも辞さない武闘路線を強化した。1983年からはこれに対抗する「トゥ
パク・アマル革命運動（MRTA）」の武装闘争が始まった。特に、「センデロ・
ルミノソ」の活動が活発化したアヤクチョ県、アプリマック県、ワンカベリカ県

などの山岳部中南部においては、「センデロ・ルミノソ」と治安部隊による戦闘の狭間で難民化して都市部に移動する先住民を中心とした山岳部住民が増加した。

　1980年代の中道右派の人民行動党（AP）と右派のキリスト教人民党（PPC）の連立を基盤としたベラウンデ（Fernando Belauúde Terry, 1912〜）政権下で加速した都市部底辺層の生活水準の悪化や、それと並行して、さらに山岳部における治安情勢の悪化のために生じた沿岸部都市部への人口移動の拡大の結果、就学年齢にあるにもかかわらず、通学できずに、家計支援のために街頭で働く子供たちが増加していった。「解放の神学」派の聖職者の中には、このような都市部の街頭で働く子供たちの支援に尽力する指導者が現れた。1976年には彼らが指導して子供たち自身によって「キリスト教労働者の息子たちである働く子ども・青少年の運動（MANTHOC：Movimiento de Addolescentes y Niños Trabajadores Hijos de Obreros Cristianos）」が結成され、また1992年には「働く子ども・青少年のための教育者養成機関（IFEJANT）が設立され、働く子どもたちに寄り添う教師の支援によって働く子ども組織の連合体である「ペルーの働く子ども・青少年全国運動（MNNATSOP：Movimiento Nacional de NATs Organizados del Perú）」が結成され、約1万4000人の働く子どもたちが組織された。1999年にはMNNATSOP運動の要請により、運動を側面的に支援し、主に子どもたちの諸権利について共に学び促進していく場を提供するための機関として「永山則夫・働く子ども・青少年のための教育機関（INFANT － NAGAYAMA NORIO）が結成された。

　他方、国際的には1996年にインドのクンダプールでラテンアメリカ、アフリカ、アジアの働く子どもたちの団体が集まってクンダプール会議が開催され、次のような〈クンダループ宣言〉が採択された。この宣言には、ペルーのMNNATSOPも参加している。

〈クンダプール宣言〉
① わたしたちは、私たちの問題、わたしたちの主導権、わたしたちの提案、わたしたちの組織過程を認めるよう求める。
② わたしたちは、子どもたちによって生産された製品がボイコットされることに反対する。
③ わたしたちは、わたしたちの労働に対して経緯が払われ、その安全が確保されることを望む。
④ わたしたちは、わたしたちの状況に適した方法による教育を望む。
⑤ わたしたちは、わたしたちの状況に適した職業訓練を望む。

2．「グローバル・サウス」の先行現象　　31

⑥　わたしたちは、良い条件の健康管理を望む。

⑦　わたしたちは、わたしたちに関係する、地方、国家、国際レベルのあらゆる決定に意見を求められることを望む。

⑧　わたしたちは、わたしたちの置かれた状況の原因、まず第一に貧困に対する闘いが推進されることを望む。

⑨　わたしたちは、子どもたちが都市へ移住させられることがないように、もっと多くの活動が地方でなされることを望む。

⑩　わたしたちは、わたしたちの労働を搾取することに反対するが、わたしたちが教育と余暇の時間を持てるような労働に賛成する。

　このMANTHOCやMNNATSOPの運動の最大の特徴は、「解放の神学」派の聖職者などによって指導されながらも、働く子どもたちが自主的に自分たちの組織化を進めていったことにある。同様の運動はブラジル等の諸国にも発生したが、MNNATSOPの場合、リマ市だけでなく、全国的には1万数千名の子どもたちが網羅されるにいたった。彼らは、「主役論：プロタゴニスモ（Protagonismo）」と呼ばれる独自の主体性論（社会的主体論）を構築した。そもそも「主役論：プロタゴニスモ」は、「解放の神学」派の聖職者によって提起されたものであり、被抑圧者自身が政治的主体として社会変革に携わることが自己の解放につながると主張した思想であり、この思想がMNNATSOPにおいて継承され、権利主体としての「子ども」という認識が運動内で培われた（クシアノビッチ2006＝2016：29-36）。

　「主役論：プロタゴニスモ」は、1970年代のペルーにおける大衆運動の高揚の中で主張された「民衆主役論（Protagonismo Popular）」に刺激されて、1976年にMANTHOCが結成された際に考案された「働く青少年の主役論」の延長線上に完成された概念である。この概念は、大人を中心とした援助主義や保護主義によって子どもを客体にするのではなく、大人も子どもも分け隔てなく社会に働きかける「主役」であることを意味する。

　このようにペルーの働く子ども・青少年の運動であるMNNATSOPは、周辺部資本主義社会において、1980年代以降の新自由主義経済モデルの下で加速する農村部および都市部における貧困化の結果として、「解放の神学」派の聖職者たちの指導を受けているとはいえ、子ども・青少年自身が社会変化に向けた「主体化」を目指した一つの好例であると見ることができよう。

　ペルーと同様に、ベネズエラ、ブラジル、メキシコ等のラテンアメリカ諸国においても、20世紀中葉以降、資本主義システムの浸透と新自由主義経済モデルの下での農村部から都市部への大規模な人口移動が生じ、都市部周辺に低所得者層

32

の簡易住宅が多数建設される形で都市化が進展した。

　ベネズエラにおいては、1970年代半ばに都市中間層の住民組織により開始された「近隣住民委員会（Asociación de Vecinos）」が組織され、1979年3月に公布された新体制組織法で法的組織と規定された。しかし、1980年代半ばには、伝統政党が都市中間階層居住区に影響力を及ぼすための票田とすることを目的として政治的介入を進めたため、「プント・フィホ」と称された労使協調型の二大政党制の支配に取り込まれた組織となっていった［林 2007：36］。

　他方、1980年に発生した経済危機を経て、「プント・フィホ」体制が弱体化して、都市部住民の貧困の拡大と中間層の没落が進行し、1990年前半には「プント・フィホ」体制の崩壊に至る。その過程で、都市部に浸透してきた新しい都市大衆層が二大政党などの既成政党や労働組合運動の枠内に吸収されなくなり、社会変革を目指す新たな階層として台頭した。1999年2月に反「新自由主義」を掲げて発足したアウトロー的なウーゴ・チャベス（Hugo Rafael Chávez Frías, 1954 ～ 2013）政権の主要な基盤となったのは、「バリオ」、「ランチョ」と呼ばれた低所得者層居住地域に定着した新しい都市大衆層であった。チャベス政権は、「プント・フィホ」体制に対抗する参加型民主主義を掲げ、下からの民衆政治参加を主張し、これに連携して住民側は「地域住民委員会」組織を拡大して貧困セクターの基本的必要性を居住者自身の参加によって充足させ、協同組合的な消費者ネットワークを形成してチャベス政権の社会的基盤となった。

　チャベス政権は、さらに学生、労働者、農民、貧困者居住区などのセクターを人民権力として政権の基盤に組織化するため、地域住民委員会と並ぶ、「学生委員会」、「労働者委員会」、「農民委員会」その他の結成に重点を置いた。地域住民委員会は、2006年4月に国会において可決された「地域住民委員会法」に基づく法人格を有する組織として発足した。この「地域住民委員会」の結成は、行政組織法71条に基づき、大統領が主催する「人民権力大統領委員会」が推進し、参加型民主主義、住民主役の民主制、諸共同体の生活の質を向上させる統合された人間的発展を目指して内発的発展を推進し人民権力を強化することを目的とした。地域、地方、全国の段階で結成を促進し、調整し、評価した。財源として住民自治体全国基金が設置された。この目的推進のために、「人民権力大統領委員会」は各州に「人民権力地方大統領委員会」を、また、各地方にも「人民権力地方大統領委員会」を、大統領の承認のもとに任命する。国会には地域住民委員会結成の経過を監督するために特別委員会が設置された［河合2006：198］。

　「地域住民委員会法」第2条には、地域住民委員会が参加型民主主義の枠組みにおいて、種々のコミュニティ組織や社会団体の参加、連携及び統合を図る組織

2. 「グローバル・サウス」の先行現象　　33

であり、各コミュニティのニーズに対応しつつ、平等、公平、社会正義を目指す
旨が明記された。同委員会は、都市部において200〜400家族、農村部では20家
族、先住民居住地区では10家族を基準として構成され（第4条）、教育、医療、
住宅・インフラ問題解決といったコミュニティの基本的必要性に対応するととも
に、治安維持活動や不正取引や便乗値上げの監視等の社会・経済的側面にも関与
するものとされ、こうした様々な議題が、15歳以上の住民により構成され、週末
等に開催される「市民会議」（第6条）で議論、決定されるが、その前段階とし
て下位機関に当たる衛生、教育、土地、住居といった個別委員会で具体的な問題
が取り上げされるとされた［林 2007：34］。このような委員会が、全国で2万以
上設置された。2007年8月には地方自治体の機能が地域住民委員会に移管される
ことが宣言された。
　地域住民委員会プロジェクトは、官僚主義と汚職から離れた民衆の直接政治参
加の場であり、正義と公正に下支えされた下からの地方自治は、社会主義国家建
設に不可欠な第4次共和政制度の駆逐の最重要拠点とされた。しかし、莫大な資
金還流が見られる一方で、同委員会をめぐる公金流用や非効率をはじめとする問
題が生じた［前掲論文：35］。
　このように「地域住民委員会」制度は、1980年代に急速に進行した農村から都
市への人口移動の結果、既成制度の枠外に置かれた都市貧困層を新たに組織化
し、体制の支持基盤に転化して、体制内化を図るベネズエラ型の都市貧困層の包
摂プロセスであり、ラテンアメリカ諸国において1960年代以降加速化した農村か
らの人口移動の結果として出現した都市貧困層を社会変革に包摂することを目指
して進行したプロセスの一例であった。

（2）1968年現象
　1968年前後には、先進諸国、一部の社会主義諸国、周辺部・途上諸国におい
て、その後の世界史過程の先駆となり、時代転換となるような社会運動が連続的
に発生した。象徴的に「1968年現象」と呼ばれ、「1968年歴史転換論」も提起さ
れた。
　「1968年歴史転換論」を世界的にも先駆的に取り上げたのはイマニュエル・
ウォーラーステイン（Immanuel Wallerstein, 1930〜）である。世界システム
論の提唱者であるウォーラーステインは、1988年秋に雑誌『理論と社会』第18巻
第2号に「1968年」と題する論稿を発表した。この論稿の中でウォーラーステイ
ンは次のように論じた。
　「1968年の革命は、典型的な革命であり、単一の革命であった。世界の随所に

おけるデモ、秩序破壊、暴力行為という形をとり、3年以上の期間に及んだ。その起源、帰結、教訓を正しく分析するためには、この全地球的現象のうちの局部的表現にあたる特定の状況に関心を集中するだけでは、不十分である。ただし、それぞれの局部における政治、社会闘争の細部を相当程度決定づけたものは、局部的要因であった。

　一つの事象としては、"1968年"ははるか以前に終わっている。にもかかわらず、これは近代世界システムの歴史形成に関わる重大な事象の一つであり、分水嶺的事象と呼ぶべき性格のものである。すなわち、世界システムの文化・イデオロギー的実体が、この事象によって明確に変化したことを意味する。その事象自体は、システムが長期間機能する間に形成された一定の構造的趨勢が具体化したものである」。

　ウォーラーステインは、「1968年歴史転換論」に関して、このように「近代世界システムの歴史形成に関わる重大な事象」であり、「一定の構造的趨勢が具体化したもの」と分析した。この論稿を発表する直前の同年夏にウォーラーステインは、雑誌『選択』第14巻第3号に『資本主義世界経済 ── その中期的展望』を発表し、その中で、1945年から1987年は米国の覇権が拡大する時期であり、1967年から世界経済はコンドラチェフのB局面に入り、1968年は米国の覇権が崩壊に向かい始めた年であり、1968年の全世界的な革命は、米国の覇権に挑戦する反乱であったばかりでなく、システムの側と密約関係にあると見なされた古典的反システム諸運動 ── 社会主義運動及び民族主義運動の双方 ── そのものにも挑戦するものとなったと論じた。このようにウォーラーステインは、1968年は米国の覇権が崩壊に向かうという意味での歴史的転換点であると論じたのである［小倉2005：15-18］。

　ウォーラーステインは、翌1989年に出版した『反システム運動』において、1968年の「遺産」として、「4つの主要変化を挙げることができる」と論じ、その4つを「第一に、　西と東の軍事バランスは、1968年以来、目に見えて変化したが、南に対する影響力は西も東も限られたものとなった。1968年初めのテト攻勢は、今日にいたるまで、資本集約的な戦争行動が第三世界諸民族の知性と意志を抑制することに無力であることのシンボルである」、「第二に、1968年革命の主要な結果である、世代、ジェンダー、エスニシティ別の諸集団間の力関係の変化もまた、世界の注目をひきつけたインテリや学生の運動よりもはるかに持続的な影響を持ったことも明らかになった。これらの変化は、主に日常生活の目立たないところで起こり、インターステイトな力関係の変化よりも見分けにくいものである。にもかかわらず、（ほとんどの運動が鎮静した）1973年以後でさえ、概し

て、支配的集団（年長世代、男性、マジョリティ）の命令に対して、1968年以前よりも従属的集団（年少世代、女性、マイノリティ）が従いたがってくれることが少なくなったことは、確かなことである。この支配的集団の力の減少は、特に中心諸国で顕著であるが、半周辺や周辺諸国でも、程度の差はあれ見うけられる」、「第三に、上述のことに密接に関連するが、1968年以前の労使関係は復活しなかった。この点については、労使関係についての個々の国民の経験と、全般的関係の短期的な変化に目をくらまされてはならない。資本主義世界経済の全空間的な領域で、（資本の）命令と（労働者の）応答の関係が清算と資源配分の諸関係に影響を及ぼすのに十分なほどの期間にわたって、資本機能の遂行者の命令に従属者が従う可能性が検討されねばならない。この観点からみると、1970年代および1980年代の重要問題は、労働規律の保証された場を世界的規模でさがすのに、資本機能遂行者が失敗することが多くなったことである」、「最後に、1970年代と1980年代に、市民社会は全体として、1968年以前よりも国家権力の掌握者（あるいは、自称掌握者）の命令にたいして、ずっと従順でなくなっている。市民社会に対する国家のこの減少は一般的な現象ではあるが、半周辺において最も顕著である」と論じ、「世界の社会システムの権力バランスを従属諸集団に有利な方向へ変えるという目標が大いに成功したという意味で、1968年は死ななかったのである」と主張した［前掲書：15–17］。

　その後、1989年の東西冷戦の終焉を踏まえて、ウォーラーステインは日本の論壇誌『世界』1990年10月号に「80年代の教訓」と題する論稿を特別寄稿したが、その中で、冷戦の終焉はウィルソン的終末論とレーニン的終末論の終焉を表現したものであるとし、それを結果づけた1989年の出来事は「1968年の余震にすぎなかった」と論じ、1968年は1989年を上回る重要な歴史的転換点であったとの見方を表明した。

　著者は、世界資本主義システムを、（a）重商主義、（b）自由主義、（c）帝国主義、（d）新自由主義、（e）管理型資本主義へ向けたポスト新自由主義の5段階に区分するが、2008年9月に発生したリーマン・ブラザーズの破綻は（d）から（e）への移行を画期づけた出来事であり、現在は脱「新自由主義」化が進展しつつあるポスト新自由主義期であると判断する。そして、1968年は（c）の帝国主義段階を終焉させるとともに、さらに（d）の新自由主義段階を経て、国際社会が脱欧米化を開始する契機を形成した年であったと位置づける。

　それらは2008〜09年に始まる欧米諸国の地盤沈下、即ち約200年に及んだ欧米諸国による世界支配の崩壊の開始の伏線となった諸事件であった。1968年現象が生じた主要国において1968年前後に発生した事態の概要をまとめておく。

36

（イ）ベトナム：1968年「テト攻勢」

　ベトナムにおいては、1945年8月の第2次世界大戦における日本の敗北直後よりベトナム共産党が全土で蜂起し、9月にベトナム民主共和国が建国されたが、これに対して11月に失地回復を狙うフランス軍がサイゴンに上陸し、翌1946年12月にはフランス軍が北ベトナムを攻撃して、第一次インドシナ戦争が開始された。しかし、1954年5月にディエン・ビエン・フーでベトナム人民軍がフランス軍を撃破して決定的勝利を得て、同年7月にはジュネーブ協定が調印され、北緯17度線を暫定軍事境界線とした停戦が成立した。南ベトナムにはベトナム共和国が建国され、米国が軍事援助顧問団を派遣して支援した傀儡政権であるゴ・ジン・ジェム（Ngo Dinh Diem, 1901〜1963）政権が成立した。

　その後、1960年12月に南ベトナム民族解放戦線（NLF）が結成された頃よりベトナム戦争（第二次インドシナ戦争）が始まり（1961年1月にケネディ政権が反乱鎮圧計画を承認、また特殊部隊400名を派遣）、1964年8月に米国海軍艦艇が北ベトナムのミサイル艇によって攻撃を受けたと米国が主張するトンキン湾事件を口実として、米国議会がジョンソン大統領に対して戦時権限を付与、米軍は1965年3月に米軍は北爆を開始、海兵隊をダナンに上陸させて全面戦争に突入した。

　1968年1月30日、ベトナム人民軍とNLFが全土でテト（旧正月）攻勢をかけたが、以後米軍と南ベトナム政府軍が劣勢に追い込まれ始め、同年3月16日にはソンミ村ミライ部落での米国陸軍第23歩兵師団第11軽歩兵旅団バーカー機動部隊指揮下の第20歩兵連隊第1大隊C中隊によって引き起こされた村民504人の虐殺事件（ソンミ村事件）が発生して、世界的なベトナム反戦運動が高揚するきっかけとなる。同年5月にはパリで和平交渉が開始され、その後7月には米軍がケサン基地を放棄、1969年7月8日には米軍が第一次撤兵を開始、1973年1月にパリ和平協定が調印されて、同年3月に米軍は撤退を完了することになった。NLFは1969年6月に南ベトナム臨時人民革命政府を樹立していたが、1975年3月にベトナム人民軍とともに全面攻撃を開始し、翌4月にサイゴンを陥落させて、反帝国主義・民族解放闘争に勝利して南北統一を達成した。

　このようなベトナム戦争のプロセスの中で、1968年1月下旬のテト攻勢の10日前にベトナム人民軍の精鋭2個師団がヘサン基地を攻撃、これに続いて旧正月に当たる1月30日にベトナム人民軍とNLFによって行われたテト攻勢は、6万7000人を動員してダナン空軍基地のほか、南ベトナム全土44省のうちの36の省都、242の地方都市のうちの64都市、6自治都市のうちサイゴンなどの5都市に対する攻撃が実行された。特に、サイゴンでは、米国大使館に19人の特攻隊が突

入し、6時間にわたって占拠した後、特攻隊は全員玉砕した。さらに同市内では大統領官邸、タンソンニュット空軍基地（サイゴン国際空港）、南ベトナム政府軍統合参謀本部、国軍・海軍司令部、ビエンホア空軍基地、ロンビン米軍基地が同時攻撃を受けた。古都フエでは戦闘は、ベトナム人民軍とNLFが撤退した2月24日まで続いた。また、2月18日には第二波、3月4日には第三波の攻撃が行われて、ケサン基地を包囲した。4月5日にベトナム人民軍は同基地の包囲を終えて撤退したが、6月27日には米軍が同基地から撤退した。軍事的にも米軍の敗北が始まった。

テト攻勢は約1週間に及んだ戦闘の結果、NLFは戦闘部隊の約半分を失うという人的損害を出し、それ以後南ベトナムにおける軍事的指導権をベトナム人民軍に掌握されることになったが、それ以上に54万人の米軍と84万人の南ベトナム政府軍が受けた精神的打撃が大きく、3月16日に発生した米軍部隊によって引き起こされたソンミ村事件をきっかけとしたベトナム反戦運動の高揚の中で高まった国際的非難を背景として、米国が戦争の大義を失い、3月31日にジョンソン大統領が北爆の一方的停止と和平交渉の開始を声明し、5月13日にはパリ和平交渉が開始されるに至った。

しかし、テト攻勢は初期の軍事的目標を達成できず、1973年のベトナム労働党中央委員会において、「情勢判断に主観主義があり、当時の状況に見合わない過大な目標を追求した結果、多大な犠牲を出した」と総括されることとなり、一時的には米国の軍事的勝利となったと評価された。しかし、政治的・心理的には米国が完敗を強いられるものとなる。テト攻勢は、反帝国主義・民族解放戦争を戦ったNLFと北ベトナムの勝利を導く戦局転換への大きな契機となり、米国の国際政治上の覇権の喪失の開始を印象づける出来事となった。

（ロ）米国：1968年「ベトナム反戦運動」

米国においては、1967年10月16日に全米30都市でベトナム反戦デモが行われ、10月21日にはワシントンで10万人規模の反戦集会が開催され、12月5日からは「反戦と徴兵拒否週間」と名づけられた反戦デモが全米で実施されるなど、ベトナム反戦運動が拡大していった。

ベトナムにおいてテト攻勢がしかけられてから10日後の2月11日から15日まで、米国のハーバード大学、ラドクリフ大学、ボストン大学において学生たちがベトナム戦争に反対するハンガーストライキを開始し、この動きは1カ月の間に全国で30数大学に広がった。

また、このベトナム反戦の波は、同14日にはフランス、18日にはドイツへと

広がり、3月3日にはロンドンで3000人、4日にはブリュッセルで2万人、17日にはロンドンで1万数千人、ニュルンベルグで3000人、23日にはニューヨークで3000人、パリで5000人、ローマで1000人の反戦デモが行われ、日米欧の先進諸国全体に拡大していった。

米国においては、さらに3月半ばにはコロンビア大学の学生3500人と教職員1000人が授業ボイコットを行い、ウィスコンシン大学では約3000人の学生が大学本部建物前で戦争抗議行動を行い、黒人大学の草分けであったハワード大学では数百人の学生が大学本部建物を占拠した。このような学生によるベトナム反戦運動にヒッピーや高校生が合流しただけでなく、黒人解放運動や先住民解放運動が合流していくことになる。

米国では、1954年に連邦最高裁がブラウン判決において人種隔離原則の合法性を否定したが、黒人の解放闘争はこの判決を盾にとって人種差別を実質的に温存しようとする白人社会に対して闘われ続けた。1955年末から1年間続けられたアラバマ州モンゴメリーでの市営バス・ボイコット運動の中からマーティン・ルーサー・キング（Martin Luther King,Jr., 1929〜1968）牧師を指導者とするSCLC（南部キリスト教指導会議）が結成され、公民権運動が活発化した。翌1956年には、連邦最高裁判所が「バス車内における人種分離」を違憲とする判決を出すと、アラバマ州をはじめとする南部諸州各地で黒人の反人種差別運動が盛り上がった。

公民権運動はキング牧師らの呼びかけに応じて、人種差別や人種隔離の撤廃を求める20万人以上の参加者を集めた1963年8月28日にワシントンで行われた「ワシントン大行進」で最高潮に達した。1964年7月2日に公民権法が成立した。

他方、1965年7月のSCLCの集会でキング牧師は「私は、戦争が拡大していくのを黙って座視する訳にはいきません。（中略）ベトナムにおける戦争はやめなければならない。ベトコン相手にしても、話し合いによる解決がなされなければならない」と述べ、公民権運動がベトナム反戦運動と連携する契機となっていった。キング牧師は、ベトナム戦争に直面して、新たな、より根底的な改革を掲げた運動を構築しようとしていた。

公民権法は公布されたものの、黒人を囲む環境に即効的な効果はなく、公布直後の8月11日にはロサンゼルスのワッツ地区で大規模な黒人暴動が発生したなど根本的な解決には至っていなかった。黒人解放運動の中では、ブラック・パワーを掲げるブラック・パンサー党などの急進派がベトナム反戦を主張し始め、このように黒人解放運動がベトナム反戦運動との連携を深める中で、1968年4月4日にキング牧師が暗殺され、キング牧師暗殺のニュースが広まると全米の40以上の

都市で暴動が発生、暴力事件は120都市の黒人居住区にまで広がり、多くの都市で放火や略奪が起こり、州兵が動員された。

　このような黒人解放運動の拡大がベトナム反戦と連動していった。SDS（民主的社会を求める学生たち）が反戦運動を進めていたコロンビア大学において４月９日に行われたキング牧師追悼集会には、大学がハーレムに敷地拡大していたためにハーレム住民も参加する集会となり、黒人解放運動との連携を背景として、学生は大学当局が構内でのデモを禁止したことをきっかけとして行動を急進化させ、全国の学生や高校生が授業ボイコット行動を実施した４月26日にはコロンビア大学の SDS は４つの大学施設を占拠した。

　黒人解放運動の中で最も急進的であったブラック・パンサー党にとって、1968年は飛躍の年であった。共同創始者であるヒューイ・ニュートン（Huey Percy Newton, 1942 ～ 1989）は獄中にあったが、エルドリッジ・クリーバー（Eldridge Cleaver, 1935 ～ 1998）が中心となって情宣活動を拡大して、1968年末までに全米25都市に1000名を越えるメンバーを擁するまでになり、フーバー（John Edgar Hoover, 1895 ～ 1972）FBI 長官から「国内治安にたいする最大の脅威」と目されるにいたった。しかし、ブラック・パンサー党などの急進組織は、その後勢力を減衰させていった。ベトナム反戦運動が、政治色を薄める一方でサブカルチャー運動の色彩を強めていき、その中で黒人解放運動の急進派の影響力も低下し、黒人大衆の多くは合法的な政治的参加を追求する道を選択していくことになる。

（ハ）チェコ：1968年「プラハの春」

　チェコスロバキアは、戦後当初「東西の架け橋」となることを目指したが、1948年２月以降、急速にソ連圏に組み入れられ、一連のソ連型社会主義化が進められた。同国は、東欧社会主義諸国の中でもスターリン批判が最も遅れ、ノボトニー（Antonín Novotný, 1904 ～ 1975）体制の圧政が続き、1950年代後半には飛躍的成長を遂げたが、1960年代に入ると経済成長は顕著に停滞し、1966年に開始された経済低調克服策も失敗していた。このような実情を打破する動きが1967年６月末に開催された第４回作家同盟大会で口火が切られ、翌1968年１月３～５日に開催された共産党中央委員会総会においてノボトニーに代って改革派でスロバキア共産党第一書記であったアレクサンドル・ドプチェフ（Alexander Dubcek, 1921 ～ 1992）がチェコスロバキア共産党第一書記に選出されて事態は急変した。３月30日にはノボトニーの後任としてスヴォボダ（Ludvík Svoboda, 1895 ～ 1992）が大統領に就任し、首相にはチェルニー

ク（Oldñch Cernik, 1921 ～ 1992）、国会議長には改革派のスムルコフスキー（Josef Smrkovský, 1911 ～ 1974）が登場し、「プラハの春」が開始された。

　同年4月に開催された共産党中央委員会総会で採択された「行動綱領」は、当面している社会的危機を直視し、共産党が国家機関、経済機関、社会機関の任務を代行している一党独裁と官僚主義を批判し、「いかなる党も、いかなる政治連合も、社会主義的国家権力を独占することはできない」として、民主主義を発展させる必要性を強調した。また、経済の民主化については企業の自主性を尊重すること、文化・科学・芸術は政治に隷属するのではなく、人間と人間社会の改革を目的としなければならないというような内容を持つ画期的な社会主義の民主的改革を提起していた。6月27日には『2000語宣言』が発せられ、民衆が能動化したことで民主主義が前進した。

　このような民主化の前進を前に、ソ連や他の東欧社会主義諸国の間に懸念が広がり、7月14 ～ 15日にワルシャワでチェコスロバキアを除くワルシャワ条約機構加盟国の会議が持たれ、チェコスロバキア共産党指導部に警告を発した。また、7月29日～8月1日には国境の町チェルナ＝ナト＝ティソウでソ連とチェコスロバキア両国指導部の会談が行われ、その直後の8月3日にはワルシャワ条約機構加盟国によるプラティスラヴァ会談が催されたが、チェコスロバキア指導部とその他の諸国の指導部との間の溝は埋まらなかった。

　6月20 ～ 30日にチェコスロバキア領内でワルシャワ条約機構軍の合同演習が実施され、演習終了後も演習に参加したワルシャワ条約機構軍の撤退は遅々として進まず、チェコスロバキア国民に不安を与えていたが、8月21日にワルシャワ条約機構軍が領内に侵攻し、チェコスロバキア指導部はソ連領内に連行された。指導部抜きに8月22日に開催された共産党第14回臨時大会では改革の続行が謳われ、民衆の多彩な抵抗運動も展開され、緊張が高まっていった。しかし、8月27日「正常化」を定めた共同コミュニケであるモスクワ議定書にドプチェフは「人々が何も武器をもたずに戦車に立ち向かう事態を防ぎたかった」との理由で署名した。帰国後、ドプチェフは国民に忍耐を訴えたが、ドプチェフやスポヴォダに対する支持は衰えることはなかった。そして、皮肉にもドプチェフの指導下で「正常化」が進められ、改革は終息させられた。しかし、認識しておかねばならないことは、「プラハの春」の前後に数回にわたって実施された世論調査の結果からもうかがえるように、チェコスロバキアの指導部と民衆が求めたものは、社会主義体制の解体ではなく、社会主義体制の枠内での民主化であったという点であり、1989年の「ビロードの革命」とは質を異にするものであったという事実である。

2.「グローバル・サウス」の先行現象　41

「プラハの春」と言われたチェコスロバキアにおける改革は、同国の国民から強い支持と積極的な協力の姿勢を生み出し、失われつつあった共産党に対する信頼を回復させ、国際的にも大きな注目を浴びた。民主化改革は経済改革と結合して、先進工業国社会主義の「新しいモデル」を打ち出すことになる一方で、国家主義的な社会主義における民主的改革の道を歴史的に閉ざしてしまい、次に国際共産主義運動の分裂と対立を修復不可能な状態に追い込むことになる。そして、軍事介入によるチェコスロバキアにおける民主化の圧殺は、社会主義のその後の方向性に大きな傷跡を残すことになり、国際共産主義運動史の一つの転換点をなすことになる。

（二）フランス：〈5月革命〉

　フランスは1962年にようやくアルジェリア戦争を終結させ、20世紀の中で数少ない平和で安定した時期を迎えた。1960年代に入るとフランスでは大幅な経済成長が始まり、1963年から1969年の間に実質賃金は3.6％増え、これによりフランスは消費社会へと移行した。1960年代半ばには物価が高騰し、政府はインフレが経済を脅かすと懸念するようになった。1967年に政府は経済問題を是正するための一連の対策を打ち出したため、労働者の賃金が抑え込まれ、農業労働者は社会保障費として給与天引きされる額が増やされた。

　他方、1960年代に国民の生活水準が向上したことで高等教育を受ける者が増え、フランスには1958年に17万5000人の学生がいたが、1968年には53万人に増加した。しかし、大学施設は学生数の増加に見合って拡大されなかったため、学生たちの待遇改善を求める声は高まり、また成績評価が厳しかったために卒業者は25％にすぎなかったことから、大学改革を求める声も強まった。

　こうした大学の状況を背景として、1967年3月にパリ大学ナンテール校で男女共用の学生寮の運営方式を問題視して学生たちが抗議運動を開始、翌1968年1月26日に警察が大学構内に踏み込んで抗議集会を解散させようとしたことで紛争が拡大した。3月22日にベトナム反戦運動の活動家が器物破壊行為で逮捕され、そのうちの一人がナンテール校の学生であったことから、ナンテール校で学生たちが抗議行動を起こして管理棟を占拠した。この時にダニエル・ベンディット（Daniel Cohn-Bendit, 1945～）を指導者とする「3月22日運動」が形成された。「3月22日運動」はトロツキスト系のアラン・クリビーヌ（Alain Krivine, 1941～）を指導者とするJCR（革命的共産主義青年同盟）とともに〈5月革命〉の指導的組織に成長した。

　5月2日に大学側がナンテール校を閉鎖したが、これにより闘争はソルボンヌ

校へと飛び火し、警察による学生の逮捕・起訴は学生の抗議運動を急進化させた。5月10日夜にはバリケードが築かれて警官隊との衝突が発生した。警察による弾圧は、世論の中に学生への同情を高め、反体制的な街頭行動を伴う運動は自然発生的に全国に拡大した。学生たちの運動は、その後労働者にも影響を広げ、シトロエンなどの企業や国立オデオン座などの劇場などにも「革命行動委員会」が結成されていった。彼らはブルジョア文化・抑圧的な消費社会への異議申し立てを行うと同時に、あらゆる形態の疎外からの解放を強調した。

彼らは、大衆の自律性、創造性、闘争性を束縛するものとして、政治党派や労働組合組織を批判し、自然発生性や個人・集団の創造力、直接民主主義を重視した。彼らの指向性は、自主管理という組織原理に結実していった。大学やカルチェラタンのような地域空間に解放された地域を樹立し、直接民主主義的に運動を構築していった点でも、彼らの反権威主義的で共同性を重視する傾向が示されている。このように1968年5月前半を支配したのは、思想性においても行動スタイルにおいても斬新な運動であり、日常生活における管理され疎外された現実を告発した。この時期が〈5月革命〉を象徴した時期であった。

5月の後半になると学生たちの要求は大学の枠を超えて社会改革へと拡大していった。自然発生的な運動である「3月22日運動」のビラにも資本主義の廃絶、労働者権力への言及が見られた。しかし、具体的な政治的プロジェクトは提示されなかった。他方トロツキスト系やマオイスト系からは、共産党批判を行ったものの、マルクス・レーニン主義の原理的厳格化を追求し、中央権力の奪取によって革命を実現するというような政治主義・権力主義的発想で貫かれており、〈5月革命〉が孕んでいた新しい革命観とは相容れないものであった。

学生たちから「革命の本体」と期待された労働者たちは、5月中旬頃から学生の闘争に刺激されて自然発生的なストライキへと突入していった。スト参加者は増え続け、5月24日には900万人に達し、農業労働者も含めてすべての産業部門に波及していった。5月13日にはUNEF（フランス全学連）がCGT（労働総同盟）、CFDT（フランス民主労働同盟）とともに政府・警察による弾圧に反対して共同の抗議行動が実施され、労働者ストライキと同時にパリで実施された抗議デモには20万人（警察発表）が結集した。しかし、学生たちの労働者の闘争との連携は実現されなかった。ストライキの拡大が学生と労働者の接触の機会を減らす結果となり、労働者側、特にCGTは物的諸要求を優先する一方で、CFDTは「自主管理」や「構造改革」を掲げてはいたが、その内容は必ずしも明確ではなかった。結局、労働者のストにおいては体制の変革につながる要求は抽象的テーマ以上には発展されず、極左派の浸透による政治的急進化は労働運動にとって阻

2．「グローバル・サウス」の先行現象　　43

害要因となっていった。

　しかし、5月末になり政府側に有利な2つの条件が形成されていった。第一に、ゼネストによる国民の疲弊の進行であり、第二に〈5月革命〉が具体的な政治的プロジェクを有していなかったという弱点が運動側のそれ以上の攻勢を不可能にしたことであった。ド・ゴール（Charles André Joseph Pierre Marie de Gaulle, 1890〜1970）政権は5月29日より反攻を開始し、ラジオ放送を行って国民の間に蔓延し始めた不安と倦怠の感情に働きかけることに重点を置く演説を行い、翌30日にはコンコルド広場で「共和国防衛委員会」が主催した100万人を動員した保守側の対抗運動を組織し、反攻デモは地方にも拡大した。ド・ゴール政権は、秩序の回復を訴えることで〈5月革命〉を圧殺した。危機に揺すぶられた体制の制度的組織である既成政党、労組もこれに同調した。

　〈5月革命〉はド・ゴール体制によって圧殺されたが、新しい価値観が普及していく契機となり、「新社会運動」や自主管理型の労働運動が登場する契機となった。従って、フランスにおいては「若者の叛乱」は冷却しても、思想面においてはその余波は「1968年の思想」として発展され、次の時代に向けて「新しい意識」を延長・拡大させていくことになった。特に、社会問題においては、1968年5月の時点では大きくは意識されなかった移民問題が、その後のフランス社会において大きく浮上してくることになった。

（ホ）中国：文化大革命

　中国において生じた文化大革命の発端は、1965年11月10日の上海の『文匯報』に発表された文芸評論家姚文元（1931〜2005）の論文「新編歴史劇"海瑞罷官"を評す」であった。姚論文の発表以後、文化大革命は中国全土に波及し、党官僚と行政機関の混乱に加え、生産と流通の停滞を招いた。運動を担った紅衛兵グループの分裂と武闘の頻発で、1960年代末から約10年間中国は政治動乱に陥った。1968年は中国にとって「動乱」に特徴づけられる時期であった。文化大革命は、情報が極度に統制された政治環境の中で進められたこと、そこで掲げられた理念が高邁であったがために、海外では「文革幻想」とも呼ぶべき現象が拡大し、文化大革命は中国だけでなく世界的に大きな影響をもつことになった。

　1956年のソ連共産党第20回大会におけるスターリン批判に続いた東欧諸国での民主化の動きを背景として、中国では同年半ば以降、党批判を許容する「百花斎放、百家争鳴」運動が開始されたが、一年後には共産党の反撃で反右派闘争に反転した。反右派闘争は建国以来の国家建設に対する民衆意識の高揚を背景としていたとはいえ、発言の自由を強権で封じ、恣意的で超法規的な弾圧への逸脱の道

を開き、文化大革命路線の伏線となっていった。1957年以後中国は「大躍進」政策を推進した。この影響もあり1960～61年には農村部で飢餓が発生し、2000万人とも言われる餓死者が生じた。この政策上の責任をとる形で、毛沢東（1893～1976）は国家主席を劉少奇に譲り、路線は毛沢東の理念を反映した急進路線から右旋回して、劉少奇（1898～1969）や鄧小平（1904～1997）の指導下で経済調整路線が党実務官僚によって進められた。

　このような劉少奇や鄧小平による現実的な政策の導入は、雌伏中の毛沢東にとっては革命路線の形骸化と認識され、文芸思想において生じた新たな潮流も毛沢東の危惧を倍加させた。中でも毛沢東が注目したのが、著名な歴史学者で北京市副市長の呉晗が北京市党委員会の理論誌『前線』に連載した「歴史劇"海瑞罷官"」であった。この論稿は清時代の故事を論じて、大躍進政策を批判して失脚した彭徳懐を擁護しようとする筆者の意図が見えた。これに対して、「階級闘争は客観的存在であり、それは必然的に意識形態の分野に反映し、あれこれの作家の筆にも反映する。これはわれわれが意識するかしないかにかかわらず出てくるものであり、人びとの意志によって変えることのできないもの」であると論じて、彭徳懐の擁護者に対する階級闘争が発動された。

　1966年5月、共産党中央は政治局拡大会議を開催し、「5・16通知」を採択した。この通知は毛沢東の権限下で実権派に対する宣戦布告とも見られる文化大革命の綱領的文書であった。同文書は、「学術界、教育界、報道界、文学・芸術界のブルジョア反動思想を徹底的に批判し、これらの文化領域における指導権を奪取しなければならい」と表現されていた。この文書の採択と同時に、文化大革命を開始するにあたって障害となる党、政府、北京市、軍の4部門の代表の職務停止と解任が決定された。次に、共産党第8期第11中央委員会総会（8期11中全会）が開催され、中央政治局常務委員11名を選出し、実権派の最高指導者である劉少奇を党内序列第8位に格下げし、代わって林彪を副主席として第2位に昇格させた。同総会はまた、「プロレタリア文化大革命についての決定」を採択し、16条からなる綱領（「16条」）を提起した。これに依れば、文化大革命は「わが国の社会主義革命のより深く、より新たな発展段階」であり、その目的は「社会主義の経済的土台に適合しないすべての上部構造を改革すること、その闘争の対象は「資本主義の道を歩む党内の実権派」であると明示された。「5・16通知」を受けて、北京の清華大学付属中学に紅衛兵組織が結成されたのを皮切りに紅衛兵の組織化が全国に波及した。

　1967年に入り文化大革命は新たな局面を迎えた。実権派との闘争は北京市党委員会第一書記であった彭真（1902～1997）を中心とするグループに対する闘争

2.「グローバル・サウス」の先行現象　45

から、毛沢東と劉少奇に代表される二つの路線の間の全面闘争に発展し、文化大革命中で最大の悪法と言われる「公安6条」が公布され、毛沢東と林彪（1907～1971）を攻撃すること自体が反革命行為とされたばかりか、多くの冤罪を生む温床となった。また、大衆組織間の対立と武闘の頻発は、党・政府機関の混乱に加え、生産点の混乱を生じさせた。ここにいたり、軍の全面的な介入が決定され、造反運動への規制措置が採られるようになった。革命プロセスが毛沢東の意図を越えて激化したのは、中国社会に厳然として存在した社会的矛盾の深刻さであり、造反運動の中心となったのは、都市部で劣悪な労働条件の下で低賃金で社会底辺に周縁化された「半工半読」の学生や臨時工、契約工や過剰労働力の対策上地方の国営農場に移住させられた都市出身の青年たちであった。

　紅衛兵組織が急速に拡大し、運動が急進化するに伴い、造反組織は四分五裂し相互に武闘を演じ、党・政府組織への打撃に拍車をかけた。混乱が頂点に達した1967年半ば以後、毛沢東は文化大革命の収拾と党組織の再建を促すため、造反組織の大連合を指示した。この指示にもかかわらず闘争が拡大した時点で、毛沢東自らの手で紅衛兵運動の幕が引かれ、1968年7月に紅衛兵運動は事実上終焉することになる。

　しかし、1968年元旦の『人民日報』『紅旗』『解放軍報』の各紙は「プロレタリア文化大革命の全面的勝利を迎えよう」と社説で訴えた。また、ラジオ・アナウンサーも「光り輝く1968年がやってきた。（中略）わが偉大な領袖毛主席の天才的な指導のもと、人類史上はじめてのプロレタリア文化大革命は、すでに1967年において決定的な勝利をおさめた」と社説を引用した。だが、紅衛兵ら造反組織が壊滅されたため、青年学生の共感を呼ぶことはなくなっていた。紅衛兵ら造反組織の壊滅と同時に、その批判の対象とされた幹部らは農場に下放され、思想改造を強いられた。劉少奇は、1968年10月に開催された第8期12中全会で党除名と党内外のすべての職務を解任され、翌1969年11月獄死した。文化大革命における最大の攻撃目標であった劉少奇の処分が決着したのを受けて、文革派は共産党第9回大会の開催準備を進め、ここで狭義の文化大革命は終盤に入った。1969年4月、9全大会が開催され、党規約の改定後、毛沢東の後継者として林彪が決定された。しかし、林彪は1970年6月から公式の場から消え、1971年9月にソ連への国外逃亡途中でモンゴル領内において搭乗機が墜落して死亡した（と発表されている）。林彪事件後、文革受難者の復活が進められ、1976年9月には毛沢東が死去した。その直後に江青（1914～1991）ら「4人組」が逮捕され、広義の文化大革命が終了する。1977年7月に開催された第10期3中全会は鄧小平の全職務の回復と「4人組」の全職務の解任を決定した。1981年6月に開催された第11期6

中全会では、文化大革命は「毛沢東同志が起こし、指導したもので（中略）それが反革命集団に利用されて、党と国家と各民族人民に大きな災害をもたらした内乱である」と断罪された。

中国国内の政治運動としての文化大革命の敗北は否定しがたいが、他方で文化大革命が対外的に与えた影響は大きい。1968年前後に世界中に登場した新左翼運動だけでなく、反体制運動全般、そして各国の思想界、論壇は大きな思想的インパクトを受けた。文化大革命は既存の社会主義体制への挑戦であり、その超克を目指す試みであると論じられた。海外においては、中国国内で展開された壮絶な実態についての情報は乏しく、文化大革命のあるべき理念だけが理想化された。毛沢東らの文革推進派がどのような目的で文化大革命を発動したにせよ、権力が共産党中央に一元的に集中した体制下では、政策論争は陰湿な権力闘争に転化し、人間性を追求した文革の理念に共鳴して立ち上がった造反運動も、潜在的な社会的不満を背景とした統制不能な状態に陥って自壊した。

（ヘ）パレスチナの1968年

中東においては1968年という問題以前に、第３次中東戦争（アラブ側では６月戦争、イスラエル側では６日戦争と呼ばれる）が発生した1967年が重要である。同年７月イスラエルが周辺のエジプト、ヨルダン、シリアに奇襲攻撃を仕掛け、わずか６日間のうちにエジプトに属したガザ地区、ヨルダンに属したヨルダン川西岸地域、シリアのゴラン高原を占領して一挙に支配地域を拡大した。その後現在に至る中東問題は第３次中東戦争の後始末をどのようにつけるかという問題として残されている。

このことを理解するには、1947年11月の国連総会におけるパレスチナ分割決議に基づくと言われる、イスラエルが建国された1948年に遡って歴史的経緯を踏まえる必要がある。しかし、そもそもパレスチナ分割決議は、パレスチナをアラブ国家、ユダヤ人国家、国際化されたエルサレムの３地域に分割するものであり、パレスチナに住む人々の自決権を踏みにじるものであって、また民族自決権を保障する国連憲章に違反するものであった。従って、この決議に基づいたとされるイスラエルの建国は、そもそも国際法上の問題を有するものであった。

イギリスの委任統治の終了のタイミングに合わせて、同年５月14日にイスラエルが一方的に独立宣言を行った。直ちにこれに反対する周辺アラブ諸国（エジプト、サウジアラビア、ヨルダン、シリア、レバノン及びパレスチナのアラブ人部隊）がパレスチナに進軍し、第１次中東戦争に発展した。しかし、戦局は次第にイスラエルに有利になり、翌1949年６月に双方が国連の停戦決議を受け入れた。

2. 「グローバル・サウス」の先行現象　47

その結果、イスラエルの領土は国連の分割決議以上の範囲が確保され、ヨルダン川西岸地域はヨルダン領に、ガザ地区はエジプト領に分割され、パレスチナは、イスラエル、ヨルダン、エジプトの3ヶ国に分割された。これによりエルサレムの町は東西に分断され、ヨルダンが東エルサレムを支配し、イスラエルが西エルサレムを支配することになった。

　その後、1956年にエジプトのナセル（Gamal Abdel Nasser, 1918～1970）大統領がスエズ運河の国有化を発表したことから、同年10月29日にイギリスとフランスがイスラエルを巻き込んでエジプト侵略を図った第2次中東戦争が発生した（アラブ側では「スエズ戦争」、イスラエルでは「シナイ戦争」と呼ばれる）。まずイスラエルがエジプトを攻撃し、イギリスとフランスが仲介者として介入するというシナリオであったが、この謀略はすぐに発覚し、米国とソ連がイギリスとフランスを非難したため、挫折した。イギリスは1955年にソ連への対抗を目的にイラク、トルコ、パキスタン、イランとの間でバグダッド条約を締結し、戦争中にはこの条約に基づいてイラクから発進したイギリス軍機がカイロを爆撃したが、1958年にイラク革命が発生し、イラクが同条約から離脱したためにバグダッド条約は解体され、米国主導の中央条約機構（CENTRO）に組み替えられた。フランスも第2次中東戦争の結果、アルジェリアの独立闘争が激化し、最終的には1962年にアルジェリアが独立したことから、東西冷戦下でソ連を共犯者としながら、西側には米国主導の世界秩序が確立された。

　1966年2月にシリアでクーデターが発生し、1964年にヨルダンに結成されたパレスチナ解放機構（PLO）を支持するアタシ政権が発足すると、シリアはゴラン高原からイスラエル領内に砲撃を開始した。これに対して、イスラエルは住民保護を理由として同年7月にシリアと交戦した。翌67年4月にはヨルダンがエジプトと共同防衛条約を結びイスラエルの侵攻に備える一方で、同年5月16日にはエジプトが国連緊急軍を撤退させるなど中東情勢が緊迫化した。

　こうして、同年6月5日、イスラエル空軍機がエジプト、シリア、ヨルダン、イラクの領空を侵犯して各国の空軍基地を攻撃し、制空権を奪った上でイスラエルは地上軍を侵攻させ、短期間のうちにシナイ半島、ゴラン高原、ヨルダン川西岸地域を占領し、イスラエルの占領地域は4倍以上に拡大した。

　この第3次中東戦争は、パレスチナ人にとってもアラブ民族主義に基づくアラブ統一運動の敗北ではあったが、同時にパレスチナ解放運動から見れば、思想的なインパクトとしての転換点になり、パレスチナ解放運動およびイスラム復興運動の胎動の契機となった。新たなイスラム運動の出発点は時期的には1979年のイラン・イスラム革命を待たねばならないが、「イスラムの覚醒」の出発点となっ

たのは1967年に発生した第3次中東戦争であった。

　その後、ナセル死後の後継者となったサダト（Muhammad Anwar-al-Sadat, 1918～1981）が、シナイ半島を奪還する目的で、1973年10月6日にシリアとともにイスラエルに対する攻撃を開始し、第4次中東戦争が始まった。開戦当初はエジプト軍がスエズ運河東岸に上陸し、イスラエル機甲部隊を撃破したが、その後15日にイスラエル軍がエジプト軍の後方兵站線を断つ目的でスエズ西岸に2個機甲師団が上陸して反攻に転じた。また、シリア方面では、2個戦車師団と3個歩兵師団をゴラン高原への攻撃を開始したが、これに対してイスラエルは迅速に予備役を投入して6個戦車旅団で反撃し、制空権も奪還すると主導権はイスラエル側に移った。

　こうして、エジプト戦線及びシリア戦線のいずれにおいても攻撃を開始したアラブ諸国側が逆に苦境に陥り、23日に国連の停戦決議を受け入れた。この結果、周辺アラブ諸国は第3次中東戦争で喪失した地域の奪還に失敗することになった。

　従って、中東問題とは第3次中東戦争で周辺アラブ諸国が失った地域を回復し、パレスチナの独立を達成することが大義とされるようになり、パレスチナ民族主義が急進化し、さらにイスラム復興主義が拡大していくことになった。

　いずれにせよ、第3次中東戦争後のパレスチナ民族主義の高揚は、世界的なパレスチナ支持機運に大きな影響を与え、世界各地で1968年に生じた急進的な運動がパレスチナとの連帯を掲げる契機となり、ベトナム戦争とパレスチナの大義が国際的な改革運動の結集軸になったことも世界史的に重要な意味を持つものとなった。(注1)

(ト) 日本：1968年「若者の叛乱」

　日本の1968年は「若者の叛乱」と表現され、特に、全共闘運動、新左翼運動、およびベ平連（「ベトナムに平和を！」市民連合）の運動が1968年を象徴するとされる。しかし、これら三つの運動はそれぞれ質を異にする運動であると同時に、複雑な重なりを有する一体の現象でもあった。

　1960年代の日本は、高度経済成長の時期であり、経済成長に伴う都市部における製造業の発展と、それに呼応した農村から都市への人口移動、中間層の増加等の社会変動が生じた。その結果、大学進学者も増加し、大学でのマスプロ教育に象徴される教育内容の希薄化や、大学進学が中間層上層以上への社会的上昇を保障する条件ではなくなるというように、学生の間に疎外感やアイデンティティの喪失感が高まった時期であった。そのような新たな状況が生まれる中で、1965年

の慶応義塾大学、高崎経済大学、近畿大学、1966年の早稲田大学、明治大学において大学紛争が発生したが、大学紛争の直接の原因となったのは授業料値上げ問題であった。

　しかし、1968年1月に学園紛争が発生した東京大学、1969年5月に発生した日本大学においては、直接の原因となったのは東京大学では医学部の民主化問題（医療法改正問題が発端）、日本大学では抑圧的な学内体制に対する抗議運動（大学の経理不明追求が発端）であった。このように大学紛争の要因は、経済的問題から政治的問題へと質的に変化し、そこに新左翼運動が介入することで、1968～70年に「若者の叛乱」と呼ばれるような大規模な社会運動に発展していった。

　日本における新左翼運動は、ソ連において1956年2月に開催されたソ連共産党第20回大会においてニキータ・フルシチョフ（Nikita Sergeyevich Khrushchev, 1894～1971）共産党第一書記・首相によって行われたスターリン批判と同年10月にハンガリーに発生したいわゆる「ハンガリー事件」（ハンガリー労働者党のスターリン主義的独裁に対する民衆反乱をソ連が翌1957年までの2回にわたって軍事介入で鎮圧した事件）であった。日本の新左翼運動は、スターリン批判とハンガリー事件の間の矛盾を主要な課題として、1957年1月に日本トロツキスト同盟が結成された、その後1960年安保闘争の前後に日本共産党を批判した学生層を中心に共産主義者同盟が結成され、さらに1960年代に日本共産党からの除名・離党を経て構造改革派系の諸党派、および同党から分離した毛沢東主義系の諸党派が形成された。これら新左翼系の諸党派は、1965年の日韓闘争後に低迷化した運動を全共闘運動とベトナム反戦運動に介入することで再生を図り、また青年労働者の間に反戦青年員会運動を拡大させて、1968～70年が新左翼運動の全盛期であるかのような足跡を残した。しかし、1970年代初頭に世論の支持喪失をもたらした過激化（赤軍派の武闘路線、連合赤軍事件、東アジア反日武装戦線の爆破事件等）と内ゲバ（革共同革マル派対同中核派、革マル派対革労協）を経て、影響力を喪失していくこととなった。

　日本においてベトナム反戦を目的に市民が中心に結集したのはベ平連（当初は「ベトナムに平和を！」市民・文化団体連合と呼ばれた）であった。ベ平連は1965年4月24日に東京で最初のデモを行ったが、それに先立って3月30日に新左翼の共産同・社学同、革共同中核派、社青同解放派（後の革労協）の三派が日韓闘争と絡めて「日韓会談粉砕・ベトナム侵略反対全国学生総決起集会」を実施していた。ベ平連はその後全国各地に拡大して1969～70年には数万人規模のデモを実施する動員力をもつほどに成長した。ベ平連は、既成党派や労組などの組織には包摂されない無党派の「ただの市民」の運動として「非暴力直接行動」に徹

した運動と見なされるようになるが、他方で、べ平連に関しては、その無党派性に疑問を付す、後述のような絓秀実の見解も見られる。絓は、べ平連の主要なリーダーであった小田実、開高健、鶴見俊輔らは無党派層と言えたが、いいだももも、吉川勇一らが構造改革派系の共労党（共産主義労働者党）の幹部であったことから、共労党の戦略がべ平連の運動の背後にあった可能性を指摘している。しかし、べ平連の運動の中に共労党の戦略が持ち込まれていたにせよ、運動全体には無党派市民層が多く参加していたことは事実であり、その側面を歴史的にも認識しておく必要があるだろう。

　こうして日本の1968年は、ベトナム反戦運動の延長線上に大学紛争に発した全共闘運動という運動のあり方が加味され、それがもたらした大衆的な高揚を新左翼運動が乗じるという形で大きな社会的現象を引き起こしていった。その幕引きとなったのは、1967年10月８日に佐藤栄作首相が南ベトナムを含む東南アジア・オセアニア諸国訪問の出発に抗議して行われた反日共系３派（共産同・社学同、革共同中核派、社青同解放派）全学連による阻止行動（第１次羽田事件）と、同11月12日に佐藤首相の訪米に抗議した３派全学連による阻止行動（第２次羽田事件）であった。訪米した佐藤首相は、同15日にジョンソン大統領との間で日米共同声明を発表、それに対して野党各派が共同声明に抗議し、沖縄では７万規模の抗議県民集会が催された。

　こうしたベトナム戦争への協力を目的とした日米同盟強化の中で、1967年９月に米国から原子力艦隊の日本への寄港が申し込まれ、11月２日の閣議で佐藤政権は寄港を承認した。これを受け11月８日辻一三佐世保市長が翌68年１月に原子力空母エンタープライズを含む艦隊が佐世保に寄港がすることを公表した。佐世保市内では、社会党、共産党、地区労が中心となって、1964年11月の原潜シードラゴン入港以降続いていた反対運動を再編成してエンタープライズ入港阻止運動を開始した。第２次羽田事件直後に「エンタープライズの寄港阻止に全力をあげ、来年中に佐藤内閣を打倒する」と述べていた秋山勝三派全学連書記長は、68年１月に福岡で開催された反戦会議において「原子力艦艇寄港阻止のため佐世保に3000人から3500人を動員し、第３の羽田にしたい」と語っていた。佐世保では18日に社共両党と地区労による「５万人抗議集会」が、21日には「２万人抗議集会」が催されたほか、公明党も17日に１万5000人規模の抗議集会を、民社党も22日に抗議集会を実施した。三派全学連はエンタープライズ寄港予定日の前日の１月17日午前に急行西海で佐世保入りし、平瀬橋での最初の衝突をして以来、21日までに機動隊と４回衝突し、市民の関心を引き寄せた。佐世保に入った学生は延べ9300人に達した。

2．「グローバル・サウス」の先行現象　51

　その後、三派全学連を主軸とする新左翼運動は、1月29日の東京大学医学部自治会の無期限スト突入、2月5日の沖縄嘉手納基地へのB52の飛来（11月19日には爆薬搭載のB52が爆発）を経て、3月28日には米軍キャンプの王子病院開設に反対する病院内将校クラブを占拠する抗議行動を行った。また、5月27日の日本大学での経理不明追求を目的とした全学共闘会議の結成や、6月2日のF4Cファントム戦闘機の九州大学構内への墜落事故に対する抗議デモの実施を経て、6月15日にはベ平連を中心に全国各地でベトナム反戦「6月行動」が実施された。その後、6月26日には東京教育大学で筑波移転に反対する学生ストに突入、6月28日には東京大学で全学共闘会議が結成され、7月2日には安田講堂が占拠された。10月21日には国際反戦デーの集会・デモが全国600ケ所で実施され、東京では三派全学連が新宿駅を占拠、警察庁は騒乱罪を適用して734人が逮捕された。12月7日には那覇市でB52撤去・原潜寄港阻止県民共闘会議が結成され（140団体が参加）、同14日に嘉手納で総決起集会を実施し、3万人が嘉手納基地へ抗議デモを行った。

　このように、1968年は全共闘運動、新左翼運動、ベ平連だけでなく、佐世保市民や沖縄県民もベトナム戦争に日本が荷担することに反対する大衆的な行動に参加した。他方、当局側は各大学当局の意向を受けて、翌69年1月18～19日に東京大学安田講堂を占拠していた学生を排除するため機動隊を導入して631人を逮捕、2月18日には日本大学が機動隊を導入して全学封鎖を解除したが、大学紛争はその後全国に拡大していき、同年中に機動隊が導入された大学は41大学に達した。

　4月28日には沖縄デーが闘われたが、新左翼各派は霞ケ関占拠を掲げたものの、機動隊が大量に配置された霞ヶ関には向かわずに群衆を加えて銀座・新橋地区を5時間ほど占拠するにとどまるなど、機動隊を前にした新左翼・全共闘の街頭戦闘力は既に低下傾向にあった。そして、7月30日に全国全共闘代表者会議が89大学の代表の参加で催され、9月5日には全国から178の全共闘代表が日比谷野外音楽堂に集まり「全国全共闘」が結成された。しかし、議長・副議長には無党派が選ばれたが、実務を握る書記局員は全員が8派連合の新左翼各派から選出されたなど、無党派層を主体とした全共闘運動は終焉する。同年10月21日の国際反戦デーには、社共統一行動に全国600ケ所で86万人が参加する一方で、新左翼各派が東京で新宿駅占拠などを行って、1505人が逮捕された。さらに11月16日には8派連合の主導で佐藤首相訪米阻止闘争が闘われたが、各派は羽田空港近くの蒲田現地に到着する前に主要駅で機動隊によって規制され、1689人が逮捕された。

　このように、1970年の日米安保条約の自動延長に向けて大衆的な反対運動が高

揚していった。その中で新左翼各派が行動を急進化させていき、各大学での機動
隊導入によって敗北を喫した全共闘運動が新左翼各派の行動に巻き込まれていく
ようになった。また、新左翼各派は、1970年7月7日に行われた入管闘争に関連
する集会で華青闘から行われた「差別意識」批判を前に、自己批判を迫られるな
ど、その限界を露呈し始めた。そして、世論の中では佐世保でのエンタープライ
ズ寄港阻止闘争の際に見られたような、市民の関心は低下し、新左翼運動に収斂
されていった「若者の叛乱」は社会的に孤立化を余儀なくされていった［小倉
2015：19-41］。

（チ）メキシコ：「トラテロルコの夜」
　メキシコにおいて1968年に発生した出来事は、同年7月22日に生じたライバル
的関係にあった大学進学課程校3校の生徒間の騒乱事件に端を発して10月2日に
発生した治安部隊による集会参加者に対する大量虐殺事件であるトラテロルコ事
件に至るプロセスである。このプロセスは、本質的に学生運動が主導した運動に
教師、知識人、主婦、労働者、専門家層が階層横断的に広範囲に参加した社会運
動であったと評価される。このプロセスは次の5段階に区分できる。
　①　7月22日〜31日、運動の開始期。国立自治大学（UNAM）と国立工科大
　　　学（IPN）の進学課程校の学生の間で街頭騒擾が発生し、治安部隊の介入
　　　で紛争が拡大した時期。
　②　8月1日〜同22日、全国スト評議会（CNH）が6項目要求を提示して、
　　　教員・一般市民もこれを支持して紛争が拡大した時期。
　③　8月23日〜9月17日、政府が譲歩して公開対話を受け入れる用意があると
　　　表明しつつも公開対話が実現しない時期。
　④　9月18日〜10月1日、政府の弾圧が強化された時期。
　⑤　10月2日にトラテロルコ広場で権力犯罪が発生して弾圧された学生運動等
　　　が低迷に向かう時期。
　10月2日、エチャベリア内相がディアス・オルダス大統領との会談後、9月
1日の大統領教書によって、休戦ではなく解決への道が開かれたと信じると表
明。同時刻、UNAMのルイス・ゴンサレス・デ・アルバ（Luis González de
Alba, 1944 〜 2016）とIPNのアンセルモ・ムニョス（Anselmo Muñoz, 生年
不詳）のCNH代表が政府代表のホルヘ・デ・ラ・ベガ・ドミンゲス（Jorge
de la Vega Domíngiez, 1931 〜）とアンドレス・カソ・ロンバルド（Andrés
Caso Lombardo, 1924 〜 08）と会見。午後4時半、トラテロルコ団地と外務省
建物に隣接する「三文化広場」で開催される集会に参加する学生のほか、学生運

動に共鳴する教職員、知識人、主婦、労働者が結集し始めた。家族ぐるみで参加した人々も多数いた。午後5時15分には広場は1万人の参加者で埋まっていた。集会は午後5時40分から実施され、指導者たちが演説した演壇は、トラテロルコ団地内の「三文化広場」に面したチワワ棟に設置されていた。

　午後5時50分、軍と警察のヘリコプター2機が飛来して上空を飛行し始めた。その直後に外務省の建物の方向から上空に向けて信号弾が発射された。その時点で兵士5000名と200両の戦車・装甲車・輸送車両が広場を包囲していた。その時、信号弾に呼応するかのように、チワワ棟方面から広場に集まった集会参加者と広場を包囲する陸軍部隊に対して銃撃が行われた。これに対して、軍に対する攻撃が行われたと理解した陸軍部隊が応戦し、広場及びチワワ棟方向に銃撃が開始された。そのため、集会参加者は恐慌状態に陥ったが、広場は軍によって包囲されていたため広場から脱出することはできず、多くの参加者は広場にうずくまるか、チワワ棟を含むトラテロルコ団地の住宅に助けを求めて逃げ込んだ。まもなく、チワワ棟内や広場に散会的に私服で潜伏していた「オリンピア大隊」メンバーはCHN幹部層を逮捕する命令を受けた。大統領警護部隊の一部である「オリンピア大隊」の存在は、広場を包囲した陸軍部隊には知らされていなかった。「オリンピア大隊」のメンバーは左手に白色の手袋か、白いハンカチを着用して識別できるようになっていた。「オリンピア大隊」のメンバーは、混乱を増幅させる目的で集会参加者や軍部隊に対して銃撃を継続した。

　チワワ棟内では「オリンピア大隊」のメンバーが、集会当初から同棟にいた学生や同棟に逃げ込んだ人々に対して床に伏せるよう命じると同時に彼らに暴行を加え、また同棟内の住宅に匿われたCNH幹部層を逮捕するために全棟の住宅に対して家宅捜索を行って学生たちの身柄を拘束して治安部隊に引き渡した。治安部隊による集会参加者に対する弾圧は翌3日未明まで続いた。2日夜に発生した「オリンピア大隊」と広場を包囲した治安部隊によって行われた弾圧により、政府発表（内務省連邦安全保障局）では死者26人、負傷100人と発表されたが、3日付けの現地紙等は、死者は20人から28人、負傷者は数百人に達したと報じた。現在でも「10月2日事件」での死傷者数については諸説があるが、ノーベル賞作家オクタビオ・パス（Octavio Irineo Paz Lozano, 1914～1988）が英紙『ザ・ガーディアン』紙のジョン・ロッダ（John Rodda, 生年不詳～1978）記者が1968年に挙げた死者325人説を最も信頼における数字として挙げ、この数字が実態に近いとの評価が一般化したが、同記者は4年後の1972年に微調整して死者267人、負傷者1200人という数字を示しており、この数字が現在でも最も現実的な数字とされている。また、集会に参加しただけで不当に拘束された者は1536

54

人に達した。

政府は、事件は広場に面した建物に潜伏した挑発者から銃撃が行われ、これに対して陸軍部隊が銃撃が行われた方向に応戦したものであると説明した。政府によって強く統制されていた多くの現地メディアも、学生の挑発によって陸軍部隊が広場に面する方向に狙撃で応戦したことが事件を引き起こしたと、学生側に原因があるかのような報道を行った。しかし、2001年にフォックス（Vicente Fox Quesada, 1942～）PAN（国民行動党）政権期に実施された調査は、銃撃は「オリンピア大隊」に配属された大統領護衛隊のメンバーによって行われたとの結論を公表している。

10月2日事件後、メキシコ・オリンピックが開催されたこともあり、事態は鎮静化し、10月末にCNHはその後の活動方針として、①拘束者の無条件解放、②大学・学校の返還、③弾圧の停止を求めることを決定し、政府は大学・学校の返還に応じたが、学生側は11月初旬に各大学学部・学校ごとに拘束者の釈放されない限り、ストを継続することを決定した。事態は沈静化に向かい、12月4日にすべての大学・学校で授業が再開され、同6日にCNHは解散した。しかし、ディアス・オルダス（Gustavo Díaz Órdaz Bolaños, 1911～1979）政権の下では民主化は実現されることなかった。その後、民主化はエチェベリア（Luis Echeverría Álvarez, 1922～）次期政権の下で、政府が許容する範囲でその一部が実現されることになる［小倉2015：96-138］。

これらの1968年に先進諸国、社会主義諸国、周辺部途上国を問わずに発生した社会現象の背景に関しては、多くの先進諸国において新左翼系の諸組織が規定したような「プロレタリア革命」ではなく、中間層の運動であったことが指摘されている。資本主義社会は、後述するように（第3章）、既に「モノの生産」から「記号の生産」へと移行し始める段階に達しており工場労働者の社会的重要性が相対的に低下する一方で、戦後の経済成長を達成した先進諸国や一部の途上諸国においては中間層が増加し、その中間層が大学に進学はしても、在学中に教育の質の低下と授業料の値上げに、また卒業時には就職難に直面するなど社会的な不満を増大させ、この社会的不満が各国共通に「社会的叛乱」の根源となった。このように、本書で論じる、「変革主体」の多様化が1960年代末には既に発生し始めていたのである。

（3）アウトノミア運動

資本主義システムの価値増殖が「記号の生産」に基づく非物質的労働が主流となっていった時期に燃えた運動がイタリアのアウトノミア運動であり、ポスト工

業主義段階における初期の社会運動であった。しかし、この運動はイタリア治安当局によって暴力的な弾圧を受けて壊滅した。

1977年に最盛期に達したアウトノミア運動は、1969年にピサで結成された革命的左翼の集団である「ポテーレ・オペライオ（PO：Potere Operaio）（労働者の権力）」に発する。中心的指導者にはローマのオレステ・スカルツォーネ（Oreste Scalzone, 1947 ～）、フランコ・ピペルノ（Franco Piperno, 1943 ～）、パドヴァのアントニオ・ネグリ（Antonio Negri, 1933 ～）らがいた。イタリアでも活発化した1968年の学生運動、1969年の「暑い夏」と呼ばれた労働運動の季節が過ぎ去った後、PO は、より戦略的に「革命」に向けて準備を開始した。この時期、イタリア全土では暴力的な労働運動、学生運動が高揚しつつあった。特に、CUB（底辺統一委員会、後にアウトノミア・オペライアの起源となる）を中心とした、伝統的な組合の戦術を逸脱した戦闘的労働運動が爆発し、一種の都市ゲリラ的な戦術をとるまでに至っていた。

1977年運動に先立って、1973年３月にトリノにあるフィアットの自動車工場であるミラフィオーリの占拠闘争が発生した。ネグリは、この闘争において、「ストライキがその極限に達し武装占拠に変容した」と評した。実際、２週間のストライキを経て労働者たちが労組の指導もないままに工場を占拠したということで、その変容の中に工場労働者たちの組織化を通じた「量から質への飛躍」（「分子状に分散した」経済闘争の量的蓄積が質的飛躍としての政治闘争においてその頂点に達すること）を見出し、「大衆労働者」を体現する工場労働者たちが、組織化を通じて「大衆組織」として即自的＝対自的に自らを結晶化させ、まさしく「労働に抗する労働者党」と呼ぶにふさわしい「文化水準の高い」「新たな労働者たち」を登場させた［廣瀬2010：57-58］。

次に1976年には都市部の住宅問題への対応として不法占拠闘争が行われ、それが単なる住宅問題への対応だけでなく政治的、文化的センターとして意味合いを帯びて不法占拠を拡大した。このようにして、1968年に端を発した文化的アイデンティティや表現のレベルでの動きが、1968年以来の長期にわたる議会外左翼の既存の左翼組織からも含む自律を志向した運動を発展させた。彼らは1968年世代の新左翼とも一線を画する新たな集団性、1977年運動の高揚の源泉であった新たな政治的主体性としての「若者プロレタリア」の形成に一役を買った。

このような先駆的な運動を経て、1977年２月９日に1977年運動が開始した。同日、約３万人の学生がアウトノミアに指導されてローマの街頭でデモを実行し、彼らはデモの中で、歌い、踊り、またさまざまな創造的な試みを街頭で展開した。このような動きの中で、共産党と同党系のイタリア労働総同盟はアウトノミ

ア系の運動と街頭衝突を生じるようになり、指導権を喪失した。その後、運動は労働者の山猫スト、治安部隊との街頭衝突など、政治的指向性、あるいは軍事行動への指向性を帯びていった。

同年3月には、就中、ローマとボローニャで大規模な蜂起があった。3月11日にはカトリックの教育活動の普及を目指す団体の会議が、ボローニャ大学で開かれたが、その会場に大衆運動に関わっていた学生が現れたところ、警官隊によって追い出された。これに抗議するため運動から応援が駆けつけたが、国家警備隊が介入して銃弾を発射した。この銃撃により学生1人が殺害された。この事件は「自由ラジオ」によって報じられ、大規模な抗議デモとなってボローニャ大学をバリケード占拠したほか、学生たちは町中の贅沢な商店のガラスを割り、鉄道駅を占拠し、キリスト教民主党の事務所を襲撃した。街頭行動や占拠行動への動員の呼びかけは、「若者プロレタリアート」、「自由ラジオ」、工場や街区での自律化委員会、大学での自律化政治集団などによって数ヶ月間にわたって行われた。 (注2)

1977年運動は両義性を孕む運動であった。それは文化的・知的・哲学的な両義性を有していた。この両義性は、近代化と社会における自律性の創出過程に対する二つの理解が重なり合っている事態を指していた。一方には、政治的行為の中心に文化、コミュニケーションを位置づけた創造的な運動であり、他方で国家こそが決定的な役割を有しており、古典的な政治のやり方で国家に対して組織された主観性を対峙させなければならなかった。

1977年運動の参加者たちは、3つの分類できる。第一に文化運動（自由ラジオ、雑誌運動）等々の〈創造的〉なグループであり、〈自律〉（アウトノミア）を体現する人々であり、第二にイデオロギーを代表するネグリらのパドヴァの教授グループであり、第三が既成政党・労組の枠からはみ出した下層労働者、失業者、失業予備軍としての学生を中心に、ブルジョア国家に対する有効な一撃としての都市ゲリラ（武装蜂起）を目指して、全国的な大衆的武装政党の建設を追求した人々であった。

イタリアの1977年アウトノミア運動は、20世紀最後の共産主義運動であると同時に、資本主義システムのポスト工業主義段階における最初の運動として理解できる。このイタリアの激動期に生まれ、1989年以後に登場した運動の中で注目されたのが、1975年にミラノに結成された「レオンカヴァッロ」を起源とする「社会センター（Centri Sociali）」である。社会センターは、都市周辺部で生まれ育ち、変容する都市空間の中で居場所をなくした若者たちの「出会いの場」、「たまり場」として当初は出現したが、社会センターには自らの位置する場所（地区または都市）の中へと自らを開いていくこと、すなわち近隣地区、都市住民との

2.「グローバル・サウス」の先行現象　57

協働関係を形成していくことも求められた。そして、「社会センター」は、後述（第7章で言及）するように、「一時的自律空間（TAZ）」として機能したと指摘する向きもある。

　「社会センター」を特徴づける実践は、スクウォッティングが挙げられる。用いられなくなった工場跡地、使われられなくなった学校や映画館などが占拠の対象とされたが、この占拠という行為には、都市における過剰な土地投機の否定、資本制の私的所有権の否定などの意味合いを持つが、それ以上に「占拠」がイタリアの運動の中に、一つの実践として存在したことが重要であると思われる。「占拠」という行為が、人々を集め、人々の間をつなぎ、集団性を表出させてきた。

　「社会センター」の活動は自主管理という方式で運営されている。メンバーシップや意思決定において、できる限り水平的な直接民主主義の形態が採用されている。「社会センター」の活動の射程を広げる上で、1994年に起こった2つの出来事のインパクトは大きかった。一つは、メキシコのチアパス州でのEZLNの蜂起であった。「社会センター」は、EZLNが呼びかけた「反新自由主義大陸間会議」への参加をEZLNと連携して進め、「社会センター」内外のネットワークを通じて運動を拡大させた。

　もう一つの重要な現象は、「白いツナギ（Tute Blanche）」の出現である。「白いツナギ」は、EZLNとほぼ同じ時期に、流動性や柔軟性が原理となった社会の中で生きる人々が抱えざるをえない問題、「不安定性」の問題を最も明確かつ的確に提起していた。「白いツナギ」は、1994年の「レオンカヴァッロ」の強制撤去に対する闘争の中で最初に出現したと言われる。「レオンカヴァッロ」の支持者たちは、同年9月8日にミラノ市ヴァトー通り7番地にある旧印刷工場を再占拠し、その2日後、9月10日には「自主管理と自己組織化、それは社会的対抗のプログラムだ」と書かれた横断幕とともに、イタリアの様々な都市からミラノに結集した2万人のデモを実行した。デモは、ミラノ市街地での警官隊との激しい衝突へと発展したが、「レオンカヴァッロ」の防衛隊は、自らすすんで亡霊になることを選択し、可視性を欠いた存在になるべく「白いツナギ」を身にまとった［北川　2010：139-146］。

　このようにして、アウトノミア運動の中から生まれた「社会センター」が、EZLNや「白いツナギ」の運動と連動することによって、後に「グローバル・サウス」によって体現されることにある旧「南北」世界の被抑圧者の連帯を先駆的に実現していたのある。

（4）連帯経済（「市場経済」への選択肢）

　1980年代末に新自由主義的なグローバル化が加速して、「市場経済」が至上視され、それに伴って社会格差の拡大や社会的排除が悪化するにつれて、「市場経済」に対抗して使用され始めたのが「連帯経済」という概念であった。

　「連帯経済」に関して、西川潤は2007年に出版した『連帯経済』において、次のように説明している。

　「フランスで出版されている『連帯主義辞典』によると、「連帯」という言葉は、ラテン語の"in solido"（みなのために）から派生したものであり、法律的には複数の人々が共通の義務に応える行為を指す（1804年のナポレオン法典）。ここから、人々が相互依存関係にあることや、お互いに助け合うことを意味するようになった。「連帯経済」という用語が最初に現れたのは19世紀中葉、資本主義経済が発達を始めた時に、そこから脱落せざるをえない失業者や破産者をどのように社会の中に組み入れていくか、という関心に発する。この言葉が21世紀になって再び復活したのは、グローバリゼーションという形で、資本主義市場経済がグローバル規模に拡大していく中、失業、南北格差や貧富格差、貧困、環境破壊や生態系悪化の問題が深刻化してきたからである」［西川2017：11-12］。

　「連帯経済」という概念は、1999年1月にキューバが呼びかけて開催された「グローバル化国際研究会議」においてより本格的に使用され始め、2001年1月にブラジルのポルト・アレグレ市で開催された「世界社会フォーラム（WSF）」で、新自由主義のグローバル化運動に対抗して、「社会正義と連帯を求めるグローバル運動」として、市民社会が担う社会運動のメッセージを表現する用語として用いられた。このようなグローバル化加速期に先立って、スペインのバスク地方に形成されたモンドラゴン協同組合社会において「連帯経済」という理念は使用され始めていた。

　連帯経済の理念は、市場経済が本質的にもつ欠陥を補完し、市場経済や資本主義経済に代わる生産関係と社会関係の創造を目的としている。その原理は、自主・協同・民主・平等・持続性などである。資本主義経済では人間の労働は利潤追求の手段となり、人間は労働力という商品として資本のもとに従属する存在になる。個別の資本間で行なわれる短期的視点でのむき出しの競争は、貧困や経済格差、環境破壊などをもたらし、社会に嫉妬、憎しみ、対立、暴力を生み出す。資本による利潤追求、資本蓄積競争はまた、過剰な生産能力と利潤の低下をひきおこし、資本主義経済システムの維持を困難にさせる。

　現実の連帯経済は、経済の自由化以降に悪化した雇用状況、すなわち失業と雇用のインフォーマル化、それらに伴う貧困に対して、雇用を創造し生活水準を改

2. 「グローバル・サウス」の先行現象　59

善する生存戦略という性格を強くもっている。その意味では、市場経済や資本主義経済の「オルタナティブ」として実行されているわけではない。しかし、こうした運動が広がることによって、市場経済や資本主義経済のなかに連帯経済の原理を埋め込み、さらに市場経済と資本主義経済を連帯経済のなかに埋め込むことを可能にさせる。

　スペインにおける協同組合は、19世紀にヨーロッパで始まった。急速な産業革命と都市化にとって労働者や農民の生活が根底から転換した「激動の1840年代」に、人々は最初の継続的で組織化された協同組合を設立した。協同組合のルーツとしては、1844年にロッチデールの労働者が「正直な価格」で「混ぜ物のない食品」を提供するために組織した生協、1840年代にフランスの労働者が自らのイニシアチブと責任をもって設立した労働者協同組合、1840年代から1850年代にかけて、ドイツのライファイゼンやシュルツェ・デーリッチの指導のもとに商工業者や農民が自らの金融ニーズを満たすために組織した信用協同組合、1880年代にデンマーク、ドイツ、イギリスにおいて農産物の共同販売や農業資材の共同融資のために農民が設立した農協、19世紀末にヨーロッパの複数の地域で、人々が自らのニーズを満たすために設立した保険や住宅、保育などの各種サービスの協同組合など、5つの伝統が生まれ、ヨーロッパ全体に広がっていった。ヨーロッパの協同組合が中心となって1895年に設立された国際協同組合連合（ICA）(注3) は、(2005年現在) 88ヶ国の8億人の組合員を擁する222の協同組合が加盟する世界最大の国際 NGO となっている［栗本 2007：206-207］。

　20世紀に入って、協同組合は南北アメリカ、オセアニア、アジア、アフリカへ広がり、グローバルな存在となった。新しい協同組合の多くは移民や国際交流、開発援助を通じてヨーロッパの協同組合の直接の影響の下に始められたが、社会経済レジームや歴史的文化的伝統の違いにより独特の制度的枠組みを形成した。協同組合社会として国際的に有名なのは、スペインのバスク地方のモンドラゴン協同組合社会である。

　スペインでは第2共和政下の1931年9月に最初の協同組合法が制定された。協同組合法は、中立原則を定め、協同組合の種類を5区分に分け、その一つとして、「生産協同組合」を規定し、さらにそれを「労働者協同組合」と「専門家生産組合」とに分類した。消費者協同組合の最低組合員数は200名とされた。

　1932年の協同組合全国連合の大会では、協同組合の中立原則を守りつつも、次第に社会主義運動に共鳴していった。これは1931年4月に第2共和政が成立して、共和主義勢力、とりわけ社会党と労働者総同盟（UGT）の影響力が高まったことによる。

一方、バスク労働者連帯派は1930年代に入って独自に活発な展開を行った。連帯派は1933年のビトリア会議で、協同組合についてのプログラムを採択した。その主要な活動家である宣伝司祭たちは、協同組合の最終目的に「賃金労働者の廃止」を置いていた。1933年の連帯派の協同組合プログラムは以下の内容を含んでいる。

（イ）バスク労働者グループのある所に、消費協同組合を作る。

（ロ）バスク消費協同組合地域連盟を設立し、それにより製品価格の値下げをすすめる。

（ハ）連合する協同組合に必要な銀行業務を行う信用協同組合を設立する。

（ニ）個人貯蓄を集めて信用協同組合の中に貯蓄金庫を設立する。

（ホ）産業・農業・漁業協同組合の設立。生産協同組合間および消費協同組合と生産協同組合との連携の確立。それにより生産と消費を直結し中間マージンを廃止する。

（ヘ）生産協同組合と信用協同組合との連携を確立する。

バスク労働者連帯派のこの協同組合プログラムは1930年代において「連帯経済」の理念から見て、高い水準を示している。スペイン内戦の始まる1936年までの数年間、連帯派はこのプログラムに基づいて協同組合作りに取り組んだ。

1934年10月5日に社会党と労働者総同盟（UGT）が出したゼネストの指令は、いわゆるアストリアス革命または10月革命と呼ばれる動きとなった。バスク地方の隣にあるアストリアス地方の鉱山労働者たちの蜂起は約3000名の死者と7000名の負傷者を出して鎮圧された。バスク地方でも金属労働者たちのゼネストの動きがあった。モンドラゴンでは、伝統主義派の国会議員でありまた製鉄会社ウニオン・セラヘラの幹部であった人物が暗殺され、またエイバルでもカルリスタ派の地主が暗殺された。バスクではこの10月革命の失敗により、社会主義者への弾圧とともにバスク民族主義者までも同列に弾圧されたことがバスク地方のその後の動向に微妙な影を投げかけた。

1937年6月18日にビルバオが陥落し、バスコの内戦は実質的に終了したが、バスク地方での戦争犠牲者は、フランコ叛乱軍により銃殺された人数2万1780人、戦闘での死亡者数2万9000人（そのうち空襲で死んだ市民1万500人）、負傷者3万2000人、戦後投獄された者3万4550人。フランコ時代を通じて亡命した者6万人。これらの数字は、当時バスク地方の人口が130万人であったことを見るならば、バスクが自由と社会正義に払った犠牲と役割がどのようなものであったかが想像できる。

内戦後のスペイン全体の残存協同組合の数については、3000弱と推定されてい

2.「グローバル・サウス」の先行現象　61

る。そのうち約2000はカトリック系農業組合だった。消費者協同組合は約300、組合員数15万人。生産協同組合は約100、組合員数は１万人だった。

　1941年には組合統一法が公布され、協調組合機構と協同体最高評議会が設置された。1942年に協同組合法が1931年の同法とは全く異なった内容で公布され、垂直型の国家機関である組合機構（OS）の中に協同組合を強制的に囲い込んだ。1974年の協同組合法まではこうした政治的制限で協同組合運動は全体として締め付けられていた。しかし、1975年のフランコ（Francisco Franco Bahamonde, 1892 ~ 1975）死後、民主化が進み、1978年の憲法制定をはじめとして、協同組合法の改正が行われ、1987年の現行法の制定に至っている［石塚 1991：114-120］。

　モンドラゴン協同組合社会が形成されたバスク地方のプスコア県アラサテ・モンドラゴンは、その指導者であったホセ・マリア・アリスメンディアリスタ（José María Arismendiarrieta, 1915 ~ 1976）が聖職者として着任した1941年当時は人口約7000人の町であった（2016年現在では２万1987人）。アリスメンディアリスタはこの街に小さな技術系学校を設立し、この学校は地元企業の労働者、技師、管理者の養成所となっていったが、1955年にこの学校を卒業して地元の製鉄会社ウニオン・セラヘラ社で働いていた５人がアリスメンディアリスタに選ばれ、この５人が灯油ストーブを製造する小さなワークショップであるウルゴール社を設立して、協同組合社会の基礎を構築した。彼らは1956年に、郷里の町に工場を移し、16人の働く仲間とともに、その企業を協同組合に再組織した。

　1956年にはカハ・ラボラル（信用協同組合）が、1959年には社会福祉事業としてラグン・アロ（社会保障・健康保険協同組合）が、1960年には協同組合銀行である労働人民金庫（カハ・ラボラール・ポプラル）が、1969年には地元にあった９つの消費者生活協同組合を統合してエロスキ（バスク語で「買物」の意）が、1997年には教育機関としてモンドラゴン大学が設立された。

　モンドラゴン・グループの各協同組合の支援機関としてのラグン・アロは、医療、失業、労働不能、退職、家族手当、年金、融資など様々な種類の交付金を提供している。独特であるのは、経営状態の変化により過剰な人員を抱えた協同組合から他の協同組合に職種移動する必要が生じた場合に、その斡旋調整と賃金保障を行っていることである。ラグン・アロには140の協同組合が加盟し、利用組合員数約２万人、保障対象者約５万人の規模に拡大した。

　1960年に設立された労働人民金庫の目的は、モンドラゴン・グループに投資を行い、新しく協同組合を設立することを支援して雇用を増大させ、地域の社会経済に貢献することである。労働人民金庫には160の協同組合（組合員数２万2000

人）が加盟しており、支店はマドリッドとバルセロナを除いて全店がバスク地方に置かれている。労働人民金庫の労働者組合員数は約1300人で、預金者は約50万人にたっしている。

消費者協同組合であるエロスキは、流通スーパーマーケット業界ではスペイン最大であり、エロスレと呼ばれるフランチャイズ店舗を含めて322店舗をバスク地方全域に有している。エロスキ生協は労働者組合員1800名と消費者組合員約16万人を有しており、EC・EU市場自由化に向けて各地に大型店舗を増設した。

1987年10月にモンドラゴン・グループは全体会議を開催して10基本原則を採択した。これはそれまでも実行されていたことだったが、改めて成文化したものだ。この基本原則はロッチディールの協同組合原則と国際協同組合同盟（ICA）の協同組合原則の基礎の上に立ったものである。この２つの原則に共通するのは、利用高（剰余金）の比例配分、出資金に対する利子の制限、利益の一部による教育促進、一人一票に基づく民主的管理という原則である。

労働者協同組合の在り方にとって大きな指針となるモンドラゴン基本原則の大要は次の通りである。

①自由加入

モンドラゴン協同組合は、この基本原則を認めるすべての人々に開かれており、その労働能力に応じて職務を保障する。職務の任命にあたっては宗教、政治、民族、性別を理由にして差別を行わない。自由加入は協同組合の発展のための、組合員の活動と人間関係の本質的な原則である。

②民主的組織

組合員は一人一票とする。民主的選挙により指導運営機関を選出する。

③労働の優越

モンドラゴン協同組合は、労働が自然、社会、人間を変革する基本的な要素と考える。そのためには、(a) 賃金労働者を原則として雇用しない。(b) 協同組合企業における労働の完全な優越性の確認。(c) 生産された富の配分については労働が本質的な尺度である。(d) 社会のすべての人が仕事に就けるように雇用の拡大を目指す。

④資本の道具的・従属的性格

モンドラゴン協同組合は、資本を企業の発展のための道具として労働に従属するものと見なす。そのために報酬の分配については必要な財源を配分したうえで適切に分配すること。報酬は最終損益直接連動しないこと。資本は協同組合のために自由に処分できること。

⑤管理への参加

モンドラゴン協同組合においては、協同組合の民主的性格は、その組織的側面ばかりでなく、企業経営管理においても組合員の自主管理すなわち組合員参加を進歩的に展開することを含む。そのためには、(a) 参加の適切な機構と方法の発展。(b) 管理についての基本的情報の公開。(c) 組合員とその代表が、経済・組織・労働上の決定について検討、交渉する方法の確立と実施。(d) 組合員の組織教育と専門教育の推進。(e) 内部昇進制度の確立。

⑥給与の連帯性

協同組合の実状に応じた十分な給与。内部的には労働評価基準に基づいた連帯。外部的には地域社会の平均給与基準に基づいた連帯。ただし、地域の賃金水準が適切でないときはその限りではない。

⑦協同組合の間での協同

(a) 個別協同組合間での基本的に同質な社会労働体制の実現を目指して、グループ化をすすめ、また会計の共同化を行い、人事異動を組合間で行う。(b) グループ間での上部機関を作り、民主的管理を行う。(c) バスクのそのための協同組合との関係強化。(d) スペインや世界の協同組合運動との協同の発展を目指す。

⑧社会変革

モンドラゴン協同組合は、人民と連帯して社会変革を行うことを決意し、バスク地域において活動し、経済と社会の再建、自由と公正と連帯のバスク社会の構築を目指す。そのために、(a) 剰余金の大部分を協同組合での雇用拡大の基金とする。(b) 社会事業基金による共同体発展の支援。(c) 競争組合に適合した連帯的な社会保障制度をすすめる。(d) バスクのその他の社会経済組織、とりわけ労働者階級が推進している組織との協同。(e) 民族言語であるバスク語とバスク文化の発展のための協同。

⑨国際性

モンドラゴン協同組合は、国際協働組合運動の平和、公正、発展の目的をみずからのものとして、経済民主主義に基づいて活動するすべての者と連帯する。

⑪教育

以上の原則の実行のために、教育に十分な人材と財源をあてる。組合員と組合諸機関の教育、経営・専門教育、とくに将来を担う青年層の教育を強化する [前掲書：144-146]。

モンドラゴンの10基本原則が、国際協同組合同盟の原則と較べて特徴的なのは、労働の資本に対する優越と社会変革を目標としているところである。資本を道具として十分に活用する協同労働の協同組合が目指されているのである。給与

はモンドラゴン・グループでは、正式には「前払い金」と呼ばれているのもこの労働概念に基づくものだ。

　モンドラゴン協同組合企業は、4つの活動領域（金融、工業、小売、知識産業）において機能しており、2015年現在で256の企業で約7万5000人近い人々が雇用を得ており、スペインでは工業分野で第4番目、金融分野で第7番目の規模の企業集団を構成している。また、モンドラゴン協同組合企業集団は、グローバル化の進展の中で米国やメキシコなどで協同組合形態のプラント輸出を行って、協同組合社会の拡大に力を入れている。

　ブラジルにおいても「連帯経済」の運動が積極的に展開されてきた。特に、ブラジルの「連帯経済」は、1980年代から90年代の経済危機のなかで雇用が失われ、多くの人々が社会的に排除されていくなかで、大衆の生存戦略として登場した。「連帯経済」は協同組合、労働者自主管理企業、地方通貨の交換クラブ、零細企業が組織したアソシエーションなど様々な形態をとった。「連帯経済」が拡大した背景には、経済自由化以降の悪化した雇用状況、すなわち失業と雇用のインフォーマル化、それらに伴う貧困がある。従って、ブラジルの「連帯経済」では、雇用を創出し生活水準を改善することが重視された。

　ブラジルの協同組合は19世紀末を起源とするが、リオ・グランデ・ド・スル州は協同組合運動が最も活発な地域である。ブラジルで最も古い協同組合は、1887年にサンパウロ、ミナスジェライス州で組織された従業員の消費組合であったが、1902年にはリオ・グランデ・ド・スル州のノーバペトロポリスでワイン生産者によって最初の信用組合が、1906年には同州で最初の農業協同組合が設立された。その後リオ・グランデ・ド・スル州をはじめブラジル南部で数多くの農業協同組合が設立された。この背景にはブラジル南部の農業が独立自営農によって営まれ、彼らの間で生産・流通・資金面での協力関係が目指されたことがある。1930年に誕生したバルガス（Getúlio Dornelles Vargas, 1882 ～ 1954）政権は協同組合運動の庇護者となり、1932年に協同組合法を公布し、1951年には国立協同組合信用銀行（BNCC）を設立した。1971年には軍事政権によって新たな協同組合法が制定され、全国の協同組合を代表する組織（ブラジル協同組合組織：OCB）が設立された。リオ・グランデ・ド・スル州では OCB の地域組織としてリオ・グランデ・ド・スル協同組合組織（OCERGS）が設立された。輸出向け農業が発展した軍政期には、協同組合は資本主義的企業のように行動したが、リオ・グランデ・ド・スル州など南部の協同組合の多くはそうした傾向には組せず、互助的な性格を維持した。

　またブラジルではヨーロッパの影響を受けて、数多くの労働者協同組合が組織

2.「グローバル・サウス」の先行現象　　65

された。1932年に初めて組織された労働者協同組合は、1980年代以降の経済危機のなかでブラジル南部・東南部を中心に急増した。労働者協同組合は、主に半熟練・肉体労働者と専門職によって組織され、企業との交渉力を高め、労働条件を改善することを目的としている。労働者協同組合は連合組織（FETRBALHO）を形成し、リオ・グランデ・ド・スル州でも FETRBALHO-RG が置かれた。

　連帯経済のもう一つの形は、労働者による倒産企業の取得と自主管理協同組合としての再生である。それは直接的には雇用の回復を目的としているが、同時に、労働者の資本からの解放を究極の目的としている。1991年に倒産したサンパウロ州フランカの製靴企業マカーリ（Makerli）の経営を労働者が引き継いだことを契機に、組織的な運動が始まった。1993年には全国自主管理企業・株式参加労働者協会（ANTEAG）が設立され、リオ・グランデ・ド・スル州を含むブラジル各地で労働者による企業の自主管理への支援を行なっている。

　ポルト・アレグレ市あるいはリオ・グランデ・ド・スル州には、連帯経済を支援するさまざまな組織が存在する。キリスト教団体カリタスは連帯経済への支援組織としては先駆的な存在であり、1980年代に都市・農村の周辺や、貧困地域の住民に雇用と所得を創造する事業に資金を提供する「共同オルタナティブ・プロジェクト」（PACS: Projectos Alternativos Comunitarios）を設立。その最初のプロジェクトは1985年、リオ・グランデ・ド・スル州で実施された。ポルト・アレグレを拠点に活動する NGO「職業支援センター（CAMP）」は、1992年にマイクロ・クレジット（ミニプロジェクト基金）を設立し、都市のインフォーマル・セクターに零細金融を行なってきた。

　一方、行政も連帯経済に積極的に取り組んできた。ポルト・アレグレ市では1994年から生産商工部（SMIC）に連帯経済支援プログラムを設立した。SMICの活動で最も重要なのは、連帯経済に技術的支援を与えて自立させるインキュベータ（孵化器）機能である。リオ・グランデ・ド・スル州政府も2000年に開発・国際支援局（SEDAI）に、連帯経済に経営、技術的な支援を与える大衆連帯経済プログラム（ECOPOSOL）を設立した。

　こうした制度に支援され、ポルト・アレグレ市では数多くの連帯経済が活動している。例えば縫製協同組合（UNIVENS）は、常に協同組合運動のモデルとされている。ここでは25人の組合員がTシャツなど衣服の裁断、縫製、染付け、仕上げなどを、主に注文生産によって行ない、できあがった製品は市中心の公共市場やイベントなどで販売される。

　ポルト・アレグレでは、1998年から2004年まで市政を運営した労働者党（PT）のイニシアチブの下で、国際的にも有名になった、市民参加による参加型予算

（COP）方式が実践されてきた。

　ポルト・アレグレでは、1989年に誕生したオリヴィオ・ドゥトラ（Olivio Dutra, 1941 ～）市長が率いる労働者党（PT）市政の下で、住民・市民が予算編成に直接参加する参加型予算が開始された。参加型予算は、効率的で効果的な支出を可能にし、社会的な公正を向上させた。道路や上下水道、公共交通、保健、環境、教育、託児施設などの公共サービスが、これまでそれらにアクセスできなかった低所得層やスラムの住民などを中心に提供されたのである。同時に、予算決定の過程が透明になることによって、汚職の発生も抑制された。

　1993年以降、参加型予算は同じく労働者党のタルソ・ジェンロ（Tarso Genro, 1947 ～）市政、ラウル・ポンテ（Raul Jorge Anglada Pont, 1944 ～）市政、ジョアン・ヴェルレ（João Acir Verle, 1939 ～ 2015）市政と、4期16年にわたる労働者党政権のもとで、参加型予算はその基盤を強固なものにした。2003年に誕生したルラ政権は連邦レベルでも参加型予算制度の導入を試みた。

　ポルト・アレグレの毎年の参加型予算のプロセスは、複数の段階から構成されていた。そのプロセスは4段階から成っている。まず、3月に市の16の地域別・部門別領域ごとの市民フォーラムによって開始される。500人から700人から成る地域別・部門別フォーラムは、1年間予算会議に従事する2人の代表者と、2人の補欠を選出する。4月と5月には、地域別・部門別代表者たちのフォーラムが、次年度の公共予算の優先事項を提案するために、小規模な会合を組織する。5月と7月半ばの間には、提案された予選の優先事項は、現地の民主的方法で選出された33人の議員から成る市議会に送られる。同時に、地域別・部門別フォーラムの代表者たちは、市財政についての訓練授業に出席する。予算案は、予算会議と市の官僚によって作成され、協議を行うために市長と市議会に送付される。10月から12月の間に、参加型予算会議は市議会からの最終的な承認と、1月の最終的な施行のために、予算の修正を行う［Fisher 2003：16］。この4つの段階は、市の社会的・経済的発展の優先順位を設定した上で、最大限に市民が関与することを可能にしていた。

　代議制民主主義（間接民主主義）では、代理人である議員が依頼人である市民の意向や利益に沿って行動しないという「エージェンシー問題」がしばしば発生する。ポルト・アレグレの参加型予算は、このような欠陥を補完・克服する仕組みである。しかし、参加型予算は代議制民主主義にとって替わるものではない。予算案は市議会によって審議され決議され初めて正式なものとなる。行政は住民と協力して予算案の詳細を作成していく。社会サービスのニーズを最もよく知っている住民の参加によって、行政は優れた予算案を作成することができる。こう

2. 「グローバル・サウス」の先行現象　67

して参加型予算はむしろ議会や行政の機能と正統性を高め、民主主義を深化させる制度となってきた。

　ポルト・アレグレの労働者党政権の第2代市長であったタルソ・ジェンロは、参加型予算は伝統的な代表民主政治と市民の任意の直接的な政治参加を統合したものであり、両者による政治の共同運営形態であるとした。住民相互の議論、利害調整によって予算を決定する参加型予算は、討議民主主義（Deliberative Democracy）の形態と言える。

　ブラジルは、1980年代半ば、20年間に及んだ軍政を脱し、権威主義体制から民主制へと転換を遂げた。民主制の下では、新たな参加型制度の創設が模索され、市民が広範な市民的・政治的要求に基づいて参加した。これらの参加型制度構築の過程で、ローカルなレベルで市民の諸権利や都市サービスへの新たな主張が広範に議論された。市民運動や多様な社会運動は、中央政府ローカル政府との間での権力配分の機会を効果的に創出し、市民権を拡大してきた。ブラジルの参加型制度は、特に貧しい市民の参加を促進し、また公共財を効果的に再配分する制度的能力が世界的に知られるようになった。

　ブラジルの参加型制度の中で最も重要なのが参加型予算である。バイオッシ（Gianpaolo Baiocchi）らは、2011年に出版した『つまみ上げられた民主主義（Bootstrapping Democracy）』において、参加型予算制度は「モデルや青写真ではなく、社会運動やそれまでのローカル・ガヴァナンスの経験によって発展させられた多岐な参加型の実践や理念の総合」であると評価した［Baocchi 2011：xii］。

　ブラジルにおいては、1985年に行われた民主化以降の決定的問題は、分権化の問題であった。1988年に公布された1988年憲法は、参加型民主主義の制度的基盤として決定的な役割を果たした。1988年憲法はブラジルの政治機会に劇的な変化を画したのである。同憲法は、明らかにローカルな参加型民主主義の促進に向けられていた。その結果が、ポルト・アレグレなどにおける参加型予算制度の展開となって結実したのである。ポルト・アレグレは、参加型制度と分権化を通じて、市場経済至上的な世界秩序に対抗するオルタナティブな「連帯経済」を模索する上で重要な経験を蓄積した。

── 3．資本主義社会の変化 ──

（1）非物質的労働の基軸化

　第2章第2節において扱った「1968年現象」が生じた時期から、資本主義社会の変化が進行し始めていた。端的に言えば、生産過程における価値増殖が「モノ」の生産から「記号」の生産に変化し始めていたということであり、それに伴って資本主義社会における「変革主体」の主力が、工場労働者（工業労働者）が量的な面では主力であり続けたものの、社会的な重要性においては、徐々に非物質的生産労働者に移り始めた。資本主義システムにおける価値増殖の「記号」の生産への移行は、工場労働者に基盤を置いた伝統的な革命理論の有効性を低下させると同時に、「ポスト工業化（脱工業化）社会」として資本主義システムの次の段階へ移行であると評価される。

　「ポスト工業化（脱工業化）社会」という語は、1962年に初めて米国の社会学者ダニエル・ベル（Daniel Bell, 1919〜 2011）によって定式化された。ベルは、それまでの伝統社会／産業社会（ないし近代社会）の二分法による社会学的歴史区分では当時の社会変動を読み解けないとして、「ポスト工業化（脱工業化）社会」を第三の区分として導入した。その後、「ポスト工業化（脱工業化）社会」という言葉は論者によって意味やニュアンスの差を伴いながらも使用されるようになるが、アラン・トゥレーヌ（Alain Touraine, 1925〜）やアルビン・トフラー（Alvin Toffler, 1928〜2016）など多くの論者は、情報・知識・サービスなどを扱う産業が社会において重要な役割を担うに従い、社会の支配構造の変容が見られることを指摘した。

　ベルが主張した「ポスト工業化（脱工業化）社会」とは、財の生産からサービス（高度情報サービスなど）に経済活動の重心が移行し、理論的知識が社会の「中軸原則」となり改革や政策形成の源泉となる社会である。ここから、「知識階級」と呼ばれる専門・技術職層の役割が大きくなり、組織運営の様式も経済外的な要因を配慮する「社会学化様式」に変わっていく社会、すなわち、「人間相互間のゲームを基本的な原理として運営される社会」が導かれる。しかし、この社会でも、社会計画に関しては必ずしも合理性だけで押しとおすことはできず、最終的な政策決定をめぐっては、効率性を追求するテクノクラート（官僚層）と各集団の利害を代表する政治家との間の矛盾が続くことになる。

　ベルは、1973年に出版した『脱工業化社会の到来』において、次のように述べている。

3. 資本主義社会の変化　69

　「"脱工業化社会"という理念は、技術的知識の中心性を強調する。それを軸として、新しい技術、経済成長、社会成層が組織される。この中軸の原則が先進工業社会でますます支配的になりつつあるということは経験的に示され得る」[Bell 1973=1975：157]

　「封建制〜資本主義〜社会主義という系列と前工業社会〜脱工業社会という系列はともにマルクスに由来しているといえよう。マルクスは生産様式は社会的関係と生産"諸力"（すなわち技術）を含むと定義した。彼は現在の生産様式を資本主義的と呼んだが、もし資本主義という言葉を社会的関係に、工業という言葉を技術にそれぞれ限ってみれば、分析上、いかに異なった結果が展開されるかがわかる。この意味で、ソ連と米国が所有の問題を中軸にして相互に離反しているとはいえ、ともに工業社会であるのと同様、資本主義的脱工業社会がありうるように社会主義的脱工業化もありうるであろう」[前掲書：160]

　「脱工業化の概念は、工業社会や資本主義の理念と同じように、概念図式としてのみ意味を持っている。それは社会組織の新しい中軸的原則を明確化し、ますます脱工業的になった社会が直面しなければならない共通の核を定義するものである。脱工業化の理念は、（中略）社会システムの概念に依存するものではない。（中略）現在私の主たる理論的関心は、西側社会における文化と社会構造の乖離、ますます反体制的に、反戒律的になりつつなる文化と機能的合理性と実力主義を志向する社会構造に向けられている。脱工業という概念は〈社会構造〉の変化を明確化しようとする努力のあらわれである。しかし、私が繰り返し論じてきたように、社会の他の2つの分析次元、すなわち政治と文化の次元の変化とは違って、この領域の変化には必然的相関はないのである」[前掲書：159]。

　このように論じた上で、ベルは、前工業社会、工業社会、脱工業社会を地域区分し、それぞれの特徴を〈社会変化の一般的図式〉として、次のように明示した。

〈社会変化の一般的図式〉

	前工業社会	工業社会	脱工業社会
地　域	アジア アフリカ ラテンアメリカ	西ヨーロッパ ソ連 日本	アメリカ

経済部門	第1次（採取業）農業鉱業漁業林業	第2次（製造業）	第3次　輸送、レクリエーション第4次　貿易、金融、保険、不動産第5次　保健、教育、研究、統治
職業スロープ	農夫、工夫、漁師、未熟練労働者	半熟練労働者技術者	専門職・技術職科学者
技　　術	資源	エネルギー	情報
構　　図	自然に対するゲーム	つくられた自然に対するゲーム	人間相互間のゲーム
方　　法	常識、体験	経験主義、実験	抽象的理論　モデル、シミュレーション、決定理論、システム分析
時間的展望	過去志向アド・ホック的対応	アド・ホック的順応企画	未来志向予測
中軸的原則	伝統主義 ──　土地・資源の限界	経済成長 ──　投資決定の国家的・私的統制	理論的知識の中心性およびその集成化（コーディフィケーション）

[出典：前掲書：162]

　このように図式化した上で、ベルはポスト工業化（脱工業化）社会における労働者の問題を考察し、「先進工業社会の問題は、労働者階級とは何か、ということなのである。それは"工場労働者"であるのか、"工業労働者"であるのか、それともさらに広義の"ブルーカラー労働者"であるのか。（中略）古典的なプロレタリアートは工場労働者から成り、その階級意識は、彼らの労働条件から生まれた。しかしそれを最も包括的に定義した場合においてさえ、ブルーカラー集団は、先進社会または脱工業社会の中で、しだいに少数者になりつつある。プロレタリアートあるいは労働者階級とは、賃金・俸給のために働く〈すべての〉人々のことなのであろうか。しかしそれでは、概念が拡大されすぎて歪曲され、実体が見失われてしまう」と論じ、ポスト工業化（脱工業化）社会において重要性を増してくる非物質的生産労働者を「新しい中間階級」や「ホワイト・カラー」として把握することを否定して、「新しい労働者階級」という概念を参考にしつつも、さらにそれを精査してハーバート・ギンタス（Haerbert Gintis, 1940～）が主張した「教育ある労働者」、即ち知的産業労働者と見たが、しかし

3. 資本主義社会の変化　71

その傾向は「伝統的な専門家主義を（イデオロギーの水準ではたしかに）主張する可能性が大きい集団と見なした［前掲書：207］。

　一方、1969年に『脱工業化の社会』を出版したフランスのアラン・トゥレーヌ（Alain Touraine, 1925 ～）は、1968年の学生叛乱現象の分析から、「ポスト工業化（脱工業化）社会」を論じた。トゥレーヌは「学生運動こそは、脱工業化社会の特徴的な最初の社会運動と思われるのであり、この社会運動は脱工業化社会にあっては、チャーチスト運動が、パリ・コミューンが19世紀の工業社会に占めたのと比肩しうる地位を占めているのだ」と述べ［Touraine 1969=1970：3］、さらに「新しい型の社会がわれわれの眼下で随所に形成されつつある。これらに先行した産業社会とこれらの社会との距離をはっきり示そうとするなら、これは脱工業化社会と呼ばれることになろう。もっとも、今日なお資本主義的であろうと社会主義的であろうと、その形態こそちがえ先行した諸種の工業化社会はこの脱工業化社会と同じように混じりあっている。これら新しい型の社会を、その支配的権力の性質によって名づけようとするならば、テクノクラシー社会と呼ばれよう。これらの社会を、まずその生産様式および経済組織のパターンの示す性格から規定しようとするならば、プログラム化社会と呼ばれよう。この最後のプログラム化社会という用語は、この新しい型の社会における労働および経済活動の性格をいちばん直接的に示すものであるから、これからの問題の分析にいちばん有効だと思われる」［前掲書：11］と述べ、テクノクラート化とプログラム化を「脱工業化社会」の特徴と見なした。

　そして、このような「脱工業化社会」において、学生らが叛乱する理由について次のように論じた。

　「変化しつつある社会では、デクノクラシーに対してもっとも直接の形で蜂起するのは、変化にたいしていちばん抵抗の少ない、また変化によっていちばん有利な立場を与えられる部類の人々なのである。

　経済の領域での蜂起という以上に既存の社会・文化にたいする蜂起が生じる。なぜかといえば、かつてと同様今日の社会的闘争も、民衆の側から2つの相互補完的な種類の反発を動員するからである。

　つまり、一方の側からは、指導的階級によって社会の方向づけが私的にほしいままにされているという事態に対して、社会の方向づけそのものを自分たちの手で規定しようというアピールが現れる。他方の側からは、集合体によって統御されることのないさまざまな変化にたいして、個人または集団としての経験から生ずる犯行が現れる。

　青年層、もしくは他の社会的部類が闘争に入りこむ理由は、自分たちが変化に

方向づけられているためであり、同時にまた支配的諸勢力が背後に身を潜めている非人間的な疑似合理性に抗して自分たちの"私生活"を守るためである。

しかし資本主義が他の工業化過程にある社会では、この私生活による抵抗は先ず労働の擁護という大前提の影響を受けており、自分たちの職業や地方的集合体を基礎とするのが常であった。しかし、いまや社会生活の諸領域にくまなく攻撃の手を伸ばす操作・統合・侵害を行う権力に直面して、抵抗には全人格が動員されることになる。」[前掲書：20]

しかしながらトゥレーヌは、「脱工業化社会」において，「労働者階級や労働組合運動」が弱体化するとは考えず、「脱工業化社会」においては，「新しい社会紛争とは、生産体系の外側に位置するのではなく、生産体系の中枢に位置するものである」とし、さらに「これらの紛争は、社会生活の新しい諸領域に広がっているが、その理由はもっぱら情報・教育あるいは消費がかつて以上に生産の領域と密接に結びついていることにある。それゆえ、社会闘争を政治生活・経済権力と分離するようなことは断じてしてはならない。もし今日の現実の社会運動が文化を攻撃するのが通例だとすると、その理由は、社会運動が経済的諸問題とはなれたものであるからというよりは、この社会運動がまだ序の口のものにすぎないからである。またこの運動は、むしろ一個の全体としての社会と文化に総体的に反抗しているから文化を攻撃するのである。それはこの運動が新しい指導的権力の攻撃を正面から行いえないから文化を攻撃するという理由にとどまらないことはいうまでもない。それは、就中、次のことに起因している。すなわちプログラム化社会の形成の今日的段階では、また特に新しい指導的階級が依然資本主義的ブルジョアジーから十分自由に分離するまでに至っていない段階では、自らを経済成長と豊かさへの到達それ自体とを同一視してしまうような社会に対して社会運動が起こっている、ということである。

自らを進歩そのものと一体化している指導的階級のユートピアにたいして、反ユートピアが起こってくることは避けがたい。この反ユートピアは、消費社会あるいは生産組織の行使する拘束力をひっくるめて拒否すると同時に、経済上・政治上の旧来の権力と新しい指導的諸勢力を拒否するのだ」と述べ、学生層による叛乱は、「文化的異議申し立て」であり、「文化的異議申し立ては、新しい社会紛争の前衛にほかならな。」と論じた［前掲書：29］。

トゥレーヌは、さらに「脱工業化社会」を「新しい産業社会」であるとして、その階級構造を次のような表で示した。

支配階級	被支配階級	疎外の極端な場合	独立的階層	支配階級に対する抵抗の核
テクノクラシー	被支配者	衰退過程にある諸共同体成員	専門職業人（教授・研究者・医師等）	専門職業人、給料稼得者、学生
ビュロクラシー	事務労働者	〈現場〉技術者	専門技術者	エンジニアリング研究部門の技術者
合理的担当者	運転・操作労働者	高年労働者	サービス部門の職能労働者	保全労働者

（出典：前掲書：84）

　そしてトゥレーヌは、「脱工業化社会」においては、労働者階級の問題は社会的問題の討論の中心主題ではなくなったとして、次のように論じた。

　「プロレタリアの状況は、すべての人が富み、労働紛争が制度化されつつある社会においては、もはや社会的問題の討論の中心主題とはもはやなりえないのだ。今日社会運動が組織されることができ、また実際に組織されているような目標というのは、これとは反対に、情報の統制、地方自治体の自主性、大学制度の自由と“国家からの解放”、労働を人間の能力に順応させること、真の所得政策、などである。

　次のような仮説を立てることもできよう。すなわち最も“敏感な”社会問題は、テクノクラシー、消費者たち、そして専門職業人たちがもっとも直接的に相互に向かい合うような問題、すなわち教育、公衆衛生そして社会空間の組織などが提起する諸問題であるという仮説である。世論はこれらの問題を労働の問題ほど容易に把握はしない。なぜなら労働問題は、長い間組合組織によって説明され取り扱われてきたからだ。そうかといって世論がこれらの問題に敏感でないというのではない。反対にこれらの問題は労働問題においては見出されないような普遍性を持っている。」［前掲書：86］

　このように、トゥレーヌは、社会的問題の広範化を論じた上で、これらの諸問題を適切に分析するためには「資本主義の研究」こそ「社会階級の分析」には必要であるとして、「テクノ＝ビュロークラシー権力の支配を特徴とする一つの産業社会」の分析にとどまらず、「今から新しい社会構造、新しい社会紛争、新しい社会運動の形を明確にしておくことに務めなければならない」と主張した［前掲書：99］。

　他方、米国の未来学者であるトフラー（Alvin Toffler, 1928 ～ 2016）は、1980年に出版した『第3の波』の中で、人類の歴史における大きな技術革新の

「波」の概念に基づいて三種類の社会を描いた。そして、それぞれの波は「古い社会と文化を脇へと押しやる」とした。

　第1の波は農業革命の後の社会であり、約1万5000年ほど前から農耕を開始したことにより、それ以前の狩猟採集社会の文化を置換した。第2の波は産業革命であり、18世紀から19世紀にかけて起こった。工業化により、それまでの農耕社会から産業社会へと移り変わる。社会の主な構成要素は、核家族、工場型の教育システム、企業である。トフラーは次のように書いている。

　「第2の波の社会は産業社会であり、大量生産、大量流通、大量教育、マスメディア、大量のレクリエーション、大衆娯楽、大量破壊兵器などに基づくものである。それらを標準化と中央集権、集中化、同期化などで結合し、官僚制と呼ばれる組織のスタイルで仕上げをする。」

　「石炭、鉄道、繊維、鉄鋼、自動車、ゴム、耕作機械製造 —— これらは第二の波の古典的産業である。基本的には単純な電気メカニックの応用であり、大量のエネルギーを消費し、巨大な産業廃棄汚物を吐き出し、公害をもたらす。その特色は、長時間労働、不熟練労働、反復作業、規格化された製品、高度に集中化された管理体制などである。

　先進工業国では、1950年代の中頃から、これらの産業が明らかに時代遅れのものとなり、衰退し始めた。米国を例にとると、1965年から1974年までの10年間に、労働人口は21％増加したにもかかわらず、繊維産業の従業員数は6％しか増えず、鉄鋼産業の従業員は逆に10％減となったのである。スウェーデン、チェコスロバキア、日本などの第二の波の国家でも、こういうパターンが顕著であった。

　これらの時代遅れの産業は、安い労働力を持ち、技術水準の低い、いわゆる「開発途上国」へ移っていき、それとともに、社会におよぼす影響力も弱まった。もっとダイナミックな、新しい産業が次々に出現したのである」[Tofler 1980＝1980：202]

　他方、第3の波はポスト工業社会である。トフラーは1950年代末には、多くの国が第2の波から第3の波に乗り換えつつあるとした。彼は、それを説明する造語を多数作り出し、他の人々が発明した情報化時代、情報化社会、情報革命のような造語にも言及した。トフラーは、第3の波で主軸となる産業分野について次の通り論じた。

　「新しい産業は、いくつかの点で、前の時代の産業と著しく異なっている。新しい産業は、まず第一に電気メカニックではないし、第二の波の時代の古典的科学理論にもとづいたものでもない。量子電子工学、情報理論、分子生物学、海洋学、原子核物理学、社会生態学、宇宙科学といったような、ここ4半世紀の間に

3. 資本主義社会の変化　75

生まれ育った新しい学問の最先端で開発された産業なのである。これらの新しい学問のおかげで、われわれは第2の波時代の産業が尺度としていた時間や空間より、はるかに微小な単位を手にするようになった。（中略）これらの新しい科学と現代の急速に進んだ計測技術が、コンピューターとデータ処理、航空宇宙産業、合成石油化学、半導体、革新的な通信産業など、新しい産業を生み出したのである。」「前掲書：203」

　また、地域的に第3の波の産業が進出した地域について次のように論じ、「第3の波」が拡大する方向を指摘するとともに、「第3の波」の中で主軸となる産業について次の通り指摘した。

　「技術の分野で、第2の波から第3の波への移行がいちばん早く訪れたのは米国で、1950年代の中頃であった。東部、ニューイングランドのメリマック・バレーのような旧産業の町は不況の底に沈む一方、ボストン郊外の国道128号線沿いや、カリフォルニア州の“シリコン・バレー”と呼ばれる地帯は一躍脚光を浴びるようになった。郊外には、ソリッド・ステートのトランジスターなどを研究する物理学者とか、システム・エンジニアリング、人工頭脳、高分子化学などの専門家がどんどん移り住んだ。

　技術の移動を追うように、仕事と富が移動した。南の“サンベルト地帯”の各州には、大口の軍需産業の受注によって最新の技術施設が次から次へと建設され、一方、東北部や5大湖周辺の旧産業地帯は疲弊し、破産しかねない状況に落ち込んだ。ニューヨーク市の長期的な財政危機は、まさに、この技術変動を反映するものだった。フランスの鉄鋼業の中心地だったロレーヌ地方の不況も同様である。そして、やや次元を異にするが、イギリス社会主義の衰退についても、同じことが言えるのである。第2次大戦後、イギリス労働党政府は、産業のとりでを確保すると発表し、かつ、実行した。ところが労働党政府が国有化したとりででは、石炭、鉄道、鉄鋼と、いずれも後日技術革新が迂回して通り過ぎるものばかり、いってみれば前時代のとりでだったのである。

　第3の産業を持つ地域が栄え、第2の波の産業地域は衰えた。この変換はいま始まったばかりである。今日、多くの国で、政府は移行に伴う弊害を最小限におさえながら、意識的にこの構造改革を促進している。たとえば、日本の通産省の企画担当の役人は将来のサービス業の発展に役立つ新しい技術を研究しているし、西ドイツのシュミット首相と彼の顧問は、“構造的政治”を唱え、ヨーロッパ投資銀行の協力によって、従来の大量生産型の産業からの脱皮をはかっている。

　今後、大幅に成長し、第三の時代のバックボーンになろうとしている産業は、

相互に関連を持つ4つのグループに大別できる。これらの産業の成長に伴って、ふたたび、経済界や社会の権力構造に変動が起こり、政治の地図が塗り替えられることは必至である。

　相互に関連の深い4つのグループの第一は、言うまでもなくコンピューターとエレクトロニクスである。エレクトロニクス産業がこの世界に登場したのは比較的最近のことであるが、現在、すでに年間10億ドルの売り上げがあり、1980年代後半には、3250億ドルから4000億ドルに達するのではないかと予測されている。この数字は、鉄鋼、自動車、化学工業について、世界の第4位の産業になるということなのだ」［前掲書：203-204］。

　トフラーは「第3の波」に抵抗する人々について、「どう見ても貧しいとは言えず、無学でもない人びと、必ずしも反技術でもなく、経済成長に反対しているわけでもないが、野放図な技術革新が自分自身と世界全体の生存を脅かすと考える人びとが、この反抗に加わっている。そして、こうした人びとの数が、急速に増加しているのだ。このなかの過激派は、機会があれば、ラッダイトと同じ手段に訴えるかもしれない。コンピューター装置や、遺伝子学研究室、建設中の原子炉などが爆破される可能性は十分にありうる」［前掲書：216］と述べ、さらに「こういう運動は、しばしば反動的だと非難されるが、実は、台頭しつつある第3の波の重要な一部なのである。（中略）各国で、技術への叛乱の核になる人々が、徐々にその数を増している。彼らは、自分では意識していないが、第3の波の代理人なのである」［前掲書：219-220］と指摘している。しかし、トフラーは、「第3の波」によって生じる雇用形態の変化、労働者層の変化については十分に分析していない。

　トフラーが、唯一言及している労働システムは「フレックスタイム」であり、これにつき「あらかじめ決められた時間の範囲で、労働者に自分の労働時間を選ばせるシステムである。フレックスタイムを採用している企業は、全従業員を同一時刻に出勤させることをやめてしまう。単なる時差出勤でもない。全員が必ず勤務につく“中心時間”というものを設定し、残りの時間を自由にし、そのなかから労働者に、自分の希望する労働時間を選ばせるのである」と論じているに過ぎず、労働者層に与える変化についての「労働組合の側は、より保守的で、フレックスタイムに消極的な態度を示しているものもある」［前掲書：352］と指摘しているものの、社会科学的な深い分析はない。

　他方、政治面については、「第2の波の時代が、“多数派優先の政治”であったとすれば、おそらく明日の社会は“少数派と多数派の政治”、つまり多数決とマイノリティー・パワーを融合させたものになるであろう。明日の政治体系を築

3. 資本主義社会の変化　77

くための第2の骨組みは、半直接民主主義という原理にほかならない。選ばれた代表者への依存から、自分たち自身が代表となることへの、転換である。つまり間接代表と直接代表の双方を取り入れたものが、半直接民主主義である」[前掲書：613-614] と述べ「代議制の概念そのものが崩壊している」として、「多数派優先の政治」からの脱却を論じた。

（2）「第4次産業革命」

　1971年に「世界経済フォーラム」を創設したクラウス・シュワブ（Klaus Schwab, 1938〜）は、2016年に『第4次産業革命』を出版し、エマージング・テクノロジー（先端的技術）の開発と実行により、第4次産業革命と呼ぶべきプロセスが進展していると主張した。シュワルブは、これまでの産業革命のプロセスは3段階を経過してきたとして、次のように説明する。

　「蒸気機関の発明と鉄道建設とによりもたらされた第1次産業革命（1760年代〜1840年代）は、機械による生産の到来を告げるものだった。電気と流れ作業の登場によってもたらされた第2次産業革命（19世紀後半〜20世紀初頭）は、大量生産を可能にした。1960年代に始まった第3次産業革命は、半導体、メインフレームコンピューター（1960年代）、パーソナルコンピューター（1970年代〜1980年代）の開発とインターネット（1990年代）によって推進されたことから、一般的にコンピューター革命あるいはデジタル革命と呼ばれている」[Schwab 2016＝2016：17]。

　そして、人類はその次の「第4産業革命の入り口」にいると主張し、「第4次産業革命は、今世紀に入ってから始まり、デジタル革命の上に成り立っている。第4次産業革命を特徴づけるのは、これまでとは比較にならないほど偏在化しモバイル化したインターネット、小型化し強力になったセンサーの低価格化、AI、機械学習である。コンピューターのハードウェア、ソフトウェア、ネットワークを中核とするデジタルテクノロジーは、第3次産業革命で大きく発展したものであり目新しいものではないが、より高度で統合されたものとなりつつあり、その結果として社会やグローバル経済を変容させている」と述べ、「第4次産業革命では、認知力の向上が人間の生産量を増加させている」と論じた [前掲書：17]。

　そして、第4次産業革命の影響がもたらす規模の大きさを次のように指摘した。

　「第4次産業革命ではエマージング・テクノロジーと幅広いイノベーションが、これまでの産業革命をはるかに凌駕する速度と範囲で普及している。世界人口の17％、約13億人は電気を利用できないため第2次産業革命を十分に経験してさえ

いない。第3次産業革命についても同じことがいえる。インターネットにアクセスできない人が40億人（世界人口の半分強）もいて、ほとんどが発展途上国に住んでいる。紡績機（第1次産業革命の代表的発明）がヨーロッパ外に普及するのに約120年かかったが、インターネットが世界中に浸透するのに10年もかからなかった。（中略）

私は第4次産業革命が過去の3度の産業革命とまったく同じように強烈で、影響が大きく、歴史的にも重要なものになると確信している。とはいえ、第4次産業革命が効果的かつ集約的に実現される可能性を制限しかねない要因として、主な懸念点が2つある。

第一に、第4次産業革命に対応するには私たちの経済、社会、政治のシステムを考え直す必要があるが、各分野においてリーダーシップ不足と変革への理解不足を感じている。一国で見てもグローバルで見ても、イノベーションの普及を管理し、混乱を防止するための制度的枠組みが不十分か、まったく存在していない状態だ。

第二に、世界は第4次産業革命が創出する機会と問題の概略に関する一貫性のある建設的な共通構想もなければ、さまざまな個々人やコミュニティに力を与えつつ、根本的な変革に対する大衆の反発を避けるのに必要な説明もない」［前掲書：19-20］

しかしシュワブは、第4次産業革命はプラスの社会的・経済的効果をもたらすものの、その一方で、構造的な不平等を助長しかねないと指摘する。

「第4次産業革命では、大きな利益がもたらされるが、それと同じくらい大きな問題が生じることになる。とくに懸念されるのは、不平等の悪化だ。不平等が高まることによる問題は、私たちの大半が消費者であり生産者でもあることから定量化が難しく、イノベーションと破壊が私たちの生活水準と幸福に好影響と悪影響の両方をおよぼすことになる。

最も得をしているように見えるのは消費者だ。第4次産業革命は、実質無料で消費者の個人生活の効率を高める新たな製品やサービスを可能にしている。タクシーを予約する、フライトを確保する、製品を購入する、支払いを行う、音楽を聴く、映画を見る ── どれもいまや手元で行うことができる。すべての消費者にとってテクノロジーが有用なものであることに議論の余地はない。インターネット、スマートフォン、数千ものアプリは、私たちの生活を楽にし、概して生産性の高いものにしている。私たちが読書、インターネットの閲覧、コミュニケーションに使うタブレットのようなシンプルなデバイスには、30年前のデスクトップコンピューター5000台分の処理能力があるが、情報の保存コストはほぼゼロ

だ（1ギガバイトの保存コストの平均は、20年前は1万ドルを超えていたのに対し。今日では年間0.03ドル未満）。

　第4次産業革命により生じた問題のほとんどは、供給側（すなわち労働と生産の世界）で起こったように思われる。過去数年にわたり、最先進国の圧倒的大部分や、中国のような成長著しい経済大国で、労働分配率が大幅に低下した。この低下の半分は、投資財の相対的な価格下落で説明できる。この価格下落自体、イノベーションの進展が要因である（これにより企業は資本を労働で代替するようになった）。

　その結果、第4次産業革命の大きな受益者は、知的資本または物的資本の提供者であるイノベーターや投資家、株主になっている。これにより、労働に依存する人々と資本を有する人々の間に、富の差が拡大していることがわかる。それはまた、実質所得が一生増えないことや子供の暮らしが自分たちよりよくならない可能性があると確信した多くの労働者の間に幻滅感が広がっていることの説明になる」［前掲書：24］。

　また、エマージング・テクノロジーが労働市場に与える影響について、「大規模な技術的失業の発生により段階的に社会的、政治的なハルマゲドンに至ると信じる人々」［前掲書：54］がいると指摘する一方で、さらに機械が人間にとって代わる可能性に関して次のように指摘する。

　「いまのところの兆候として、第4次産業革命では過去の産業革命時よりも新産業で生み出される仕事が少なく終わりそうだ。"テクノロジーと雇用に関するオックスフォード・マーティン・プログラム"の推計によれば、米国の労働人口のわずか0.5％が今世紀の変わり目には存在しなかった職業に就いている。1980年代に労働人口の約8％が新産業で生まれた職業に就いており、1990年代には同約4.4％だったので、21世紀初頭のこの数字は少ない。これを裏づけているのが、技術と失業の興味深い関係性を浮き彫りにした直近の米国経済国勢調査だ。この調査によると、情報技術の革新とその他の破壊的技術は、製造にさらなる労働力を必要とする新たな製品を生み出すのではなく、既存労働者を代替して生産性を向上させる傾向にあるという」［前掲書：57］。

　そして、シュワブは、オックスフォード大学マーティン・スクールのカール・ベネディクト・フレイ（Carl Benedikt Frey）とマイケル・オズボーン（Michael Osborne）の調査に基づいて、「自動化されるリスクが最も高い職業」を次のように図式化した。

〈自動化されるリスクが最も高い職業〉

可能性	職　業
0.99	テレマーケーター（電話営業員）
0.99	税務申告書作成業
0.98	保険査定人（自動車損害）
0.98	審判、レフェリー、その他スポーツ関係者
0.98	弁護士秘書
0.97	飲食店員（レストラン、ラウンジ、喫茶店）
0.97	不動産仲介業
0.97	農作業請負業
0.96	秘書、管理アシスタント（法律関係、医療、経営幹部を除く）
0.94	宅配業者、メッセンジャー

（出典：前掲書：59）

　シュワブによれば、ベネディクト・フレイらの研究は、米国における全雇用の約47％が10〜20年間に消滅するリスクがあると示した。この結果、男女間の雇用ギャップが拡大する可能性があるという。シュワブは、「第４次産業革命によって男女の役割にさらなるギャップが生まれる可能性がある。これは第４次産業革命の負の結果といえる。全体的不平等とジェンダー・ギャップの双方を増加させ、女性が才能を活用し、将来の労働力となることを一層困難にするからだ。さらに、多様性の増大から生まれる価値や、組織内のあらゆる階層で男女バランスが取れたチームが生み出す優れた創造性と効率性が企業にもたらす利益もリスクにさらわれる」と指摘している［前掲書：63］。

　このような雇用面で大きな影響をもたらす可能性があるある第４次産業革命に関して、シュワブは、次のように述べて、「負」の影響をもたらすリスクを警告する。

　「私たちが直面している課題は、変わりゆく労働力と進化する労働の性質に合致した、新たな形態での社会契約と雇用契約の考案である。労働市場の成長を阻害したり、人々の就労形態を制限したりしないで、ヒューマン・クラウドによる搾取というマイナス面を抑えてなければならない。それらが叶わなければ、ロンドン・ビジネス・スクールの経営組織論教授であるリンダ・グラッドマンが『ワーク・シフト』で述べているように、第４次産業革命は「仕事の未来」の負の側面 —— 社会における細分化、隔絶、排斥レベルの上昇 —— をもたらす可能性がある」［前掲書：69-70］

「第４次産業革命の進展によって、さらに不平等が拡大する可能性がある。ロボットやアルゴリズムにより、労働力ではなく資本の必要性が高まる一方、投資（より正確には、デジタル経済における事業開発）には大きな資本があまり必要としなくなっている。かたや労働市場では求められる技術的スキルセットに偏りが生じ、世界的に統合されたデジタル・プラットフォームや市場は少数の"スター"に桁外れの報酬をもたらしている。こうしたトレンドの誕生で勝者となるのは、熟練度の低い労働または普通資本のみを提供可能な人々ではなく、新たなアイデアやビジネスモデル、製品やサービスの提供を通じて、イノベーション主導のエコシステムに本格的に参加できる人々である」[前掲書：124]

（３）認知資本主義

　前節で示したように、種々の研究が、資本主義システムが1960年代後半より物質的生産から非物質的生産が主流となる時代に入ったことを指摘してきた。そして、シュワブの「第４次産業革命論」では、IT技術の進展によって1990年代頃より「第４次産業革命」に伴う社会変化が生じており、それとともに社会格差の拡大や男女間の雇用ギャップの拡大が生じる可能性が論じられた。

　では、1990年代以降の資本主義システムのプロセスを、単にIT技術の進展という側面だけでなく、資本主義システム全体の問題として捉えるならば、どうように捉えるべきなのか。それに応えうる議論が「認知資本主義」論である。しかし、「認知資本主義」論は難解な議論である。

　山本泰三は、2016年に編集・出版した『認知資本主義』において、Y・ムーリエ＝ブータン（Yann Moulier-Boutang, 1949〜）やC・ヴェルチェッローネ（Carlo Vercellone）に依拠して、「認知資本主義」論を整理している。山本はまず、「認知資本主義」について、「商人資本主義および産業資本主義の時代を経て、1990年代に姿を見せ始めた、第３のタイプの資本主義であり」、「認知資本主義は知識によって知識を、生きているものによって生きているものを生産する」と述べ、さらにC・マラッツィ（Christian Marazzi, 1951〜）を引用して「変貌を遂げた価値増殖プロセスは、もはや価値の抽出が財・サービス生産という委託地に限定されているとは見なさず、工場の鉄柵を越えて拡大し、資本が流通する領域、すなわち財とサービスが交換される領域に直接入ってゆく。つまり価値を抽出するプロセスが、再生産と分配の領域にまで拡大している」と述べている[山本 2016：2]。

　山本に従って議論を整理してみる。山本は、[認知資本主義]論の意義について、次のように述べている。

「認知資本主義論は、"知識社会"や"クリエイティブ経済"などといった観点に近い面がある。一般にグローバリゼーションという言葉で指し示される情勢において重視されるべき特質を、これらを問うものであろう。しかし認知資本主義という仮説の構えについては、まず以下の点に留意すべきである。すなわちそれは、ある時期を単線的な時間の流れからただ単に切り取る、あるいは時間の矢の先端というだけの理由で現状に関心を払う、といったものではない。近代以降の社会・経済システムを資本主義という枠組みによって理解し、その資本主義の構成、性質の重大な変化に着目することで、現代を歴史的に位置づけようとしているのである」［山本 2016：2］

認知資本主義のマクロ経済レジームの特徴は、①フォーディズムとは異なる労働のあり方、すなわち、非物質的労働の拡大が情報通信技術の発展とともに、雇用形態だけでなく、企業の組織と戦略も変化させ、非物質的な商品の生産と知識を軸にした新たな生産に基づく一つのマクロ的なチャンネルを生み出している。②他方で、金融の役割の増大、すなわち、金融化によって、マクロ経済全体の調整が行われるようになっている点である。認知資本主義レジームはフォーディズムに比べ、本質的に不安定である。

認知資本主義は、蓄積において知・イメージ・ネットワーク・組織能力などのような無形のもの、あるいは"非物質的なもの"の意義が増大しているという点によって、資本主義の現代的な趨勢を特徴づけるわけである。先述のように、ムーリエ＝ブータンは、これを知と生の生産として要約した。知識の重要性はイノベーションの必要性と関係しているが、イノベーションへの強迫は、かつてのような連続的な成長の見通しが失われたことの裏返しである。

また、認知資本主義でいう「知識」は、専門的知識のようなものだけに限定されない、広い意味をもつと考えなければならない。それは現場で見出されたコツ、会話の中でふと閃いたアイデア、口承されてきた薬草の処方、顧客の多様な意見、ある分野に通暁している人物の連絡先、コミュニティにおける作法、交通手段の利用法、あるいは料理の味わい方かもしれない。このような知は、さまざまな程度の広さにおいて分有、共有されており、分有・共有されることによって存在できる。知識それ自体という次元を語ることが可能なのは、明示化・形式化され流通可能となっている知識の形態に限られる。むしろ知識と生活・生命はそもそも密接につながっていたのであり、だからこそ「知識による知識の生産」と「生による生の生産」は結びつけられることができる。このような生産の変容を準備したのは、直接的には福祉国家が促進した集合的サービス、とりわけ教育の普及であるが、戦後資本主義の成長と危機に関わる、社会的コンフリクトおよび

3. 資本主義社会の変化　83

新たな主体性の発展については後述する。また、医療や健康産業、バイオテクノロジーが今後の有望な分野と目されていることも、知と生と資本の現代的関係を如実に示している［前掲書：4］。

　なぜそれが認知資本主義と呼ばれるのか。知識そのものや情報通信技術が今日の世界の重要な前提となっていることはもちろんだが、客体としての知識や情報技術は、実際にそれを様々に用い加工する、人間の生きた労働、そして人間に体化された生きた知識によって現実に機能することができる。すなわち知識や情報は人間の認知能力にこそ依存している。“最近のテクノロジーは技能を判断で置き換える”。いまや情報は希少であるどころか圧倒的に過剰というべきであり、むしろその情報へ向けられる注意が希少なのである。現代の資本主義においてもっぱら動員されるのは、このような認知的な活動一般だといえる。それが労働であれ消費であれ、1960年代と1990年代の間における資本主義の精神の変容と、それとほぼ同時期に起こった、脳構造における目差しの変化との間に対応関係が存在する。認知科学の展開を参照するならば、認知という問題設定は、狭義の知覚にとどまらず、情報の入力と出力の間で起こる内的過程を捉えようとするところから始まっている。5感はもちろん、思考、記憶、言語活動、意識下の知覚、感情が焦点となるが、そこからコミュニケーション、さらに意味の解釈、知識の社会的生産、審美的判断などに至る諸活動へと問題は広がっていくことになる。実のところ、それは個体の心理あるいは内的な過程にとどまるものではない［前掲書：5］。

　「こうして労働は、個別の技能や作業ではなく、種としての人間の一般的能力の発揮となる。とりわけそれは、言語を典型とする人間の認知能力である。労働の変容は、フレキシビリティとコミュニケーションという2点から捉えられる。オートメーション、そして近年の生産システムのさらなる高度化は、物質的生産に直接必要な労働量の着実な減少をもたらしている。そして少品種大量生産が行き詰まったことで、労働内容においても雇用形態においてもフレキシビリティが要請され、コミュニケーションが重視される。消費が多様化し、商品・サービスを構成する“意味”が主要な使用価値となるに至り、労働における非物質的な属性が前景化したともいえよう。この状況において、情報伝達は新たな意義をもち、コミュニケーション自体がフレキシブルでなければならない。コミュニケーション的な労働は、知や感情や人間関係の形成などと深く結びついている活動なので、その過程は社会的資源全般に依存している。またその性質上、労働のリズムは著しく不均質になり、勤務時間内に労働が完結しないことも珍しくない。いわゆる知的労働の場合には典型的だが、生活と労働の区別があいまいになるとい

うことが、非物資的労働と呼ばれる現代の労働の特徴といえる。ここで、労働の自律・自由の拡大と、その過酷さ・搾取の強化という両面が同時に嵩じているという点を見逃すことはできない。一方で、商品・サービスの知的価値、象徴的・審美的な質、真正性（本物らしさ）、それがもたす情動的・身体的経験などが重要になったということは、顧客が意味を読み取り、利用・体験・評価し、ときに表現するという積極的な関与がなければ、商品は商品として成り立たないということでもある。消費、サービスの享受とは、非物質的な生産の一部を担う」［前掲書：5-6］

　山本に依れば、ヴェルチェッローネは、生産および生産の社会関係の変容を知識—権力関係の歴史的動態から捉えるという観点から、資本主義の長期的歴史を以下の３つに区分する。まず、形式的包摂の段階（16 〜 18世紀）。これは前貸制に基づく、商人的・金融的な蓄積メカニズムである。この段階では生産の主導権は手工業者および労働者の側にある。次に実質的包摂の段階であるが、これはいわゆる産業資本主義に相当し、産業革命に始まり20世紀中葉において完成を見る生産システムといえる。これは生産現場から知を剥奪し、複雑労働を単純労働へと還元し、知識は固定資本とヒエラルキー型企業組織に体化される（テイラー主義が典型）。そして第三が「一般的知性」の段階、すなわち認知資本主義である。ここでは生産における認知的次元の重要性が回帰し、非物質的労働が拡張するのだが、同時に商人的・金融的メカニズムが再び優勢となる。現代の分散的知性、あるいは「脳の協働」とは、生きた知識に依拠する自律的な協働である。こうして資本主義による労働の包摂は、ある意味で再び「形式的」なものとなる。

　以上のような図式化によってヴェルチェローネは現代資本主義の特異性を位置づけ、現代の諸問題を分析するための視座を確立している。これはかなり長期の歴史的パースペクティヴにおける仮説である。これまでみてきたような諸傾向は多方面で持続的に拡がり強まっている。今後これが新たな段階と呼びうる一つの体制の形成に至るのかどうかは別にして、「趨勢」としての認知資本主義という仮説を立てることは現時点で可能と考えられる。

　問題なのは、認知資本主義の諸契機がいかにして形成されてきたのか、である。ヴェルチェッローネの示した資本主義の段階はさらに細かく区分できるが、山本は、ここでは産業資本主義の最後のターム、いわゆるフォーディズムとその瓦解を注視しなければならないと述べ、次のように指摘する。

　1960年代後半からしだいにフォーディズムは行き詰まり、70年代に入って明確に破綻する。1971年の金—ドル交換停止（ニクソン・ショック）は、米国の威信の凋落を示すとともに、金融のグローバリゼーションを本格化させることにな

3. 資本主義社会の変化   85

る重大な制度変化であった。また二度のオイルショックの後、米国の成熟産業な
どは、「南」の諸国へ生産移転を始めた。フォーディズムが行き詰まった原因と
しては、市場の飽和（特に耐久消費財）、システムの硬直性、インフレ傾向、欠
勤やストライキの増加などの労使コンフリクト、米国のヘゲモニー喪失などが挙
げられている。これらの要因を新たな資本主義への萌芽という視角から連関させ
て理解しようとするならば、1968という数字が象徴する社会的・政治的・文化
的激動に中心的な意義を与えることができる［前掲書：14］。
　「認知資本主義論」は、レギュラシオン理論における新たな試みとして登場し
たが、1990年代以降形成された新たなレジームへの移行の要因としては、非物質
的労働に注目したネグリやハートのマルチチュード論を導入している。マルチ
チュード論については次章で詳述するが、マルチチュード論においては、労働の
変容を非物質的労働という概念を中心に検討している。
　認知資本主義レジームにおいては、非物質的労働が中心に位置するため、知識
が重要となる。非物質的労働とは、「知・イメージ・サービス・ネットワーク・
情動などの非物質的なものを生産する労働」と定義しうる。非物質的労働は、認
知労働と感情労働の区分できるが、現実には多くの労働において両者の性質が混
在している［前掲書：58］。
　非物質的労働によって生み出される非物質的商品の一つとして、知識が存在す
る。知識が重要になった理由としては、「非物質的なものの重要性は、新情報通
信技術、それゆえ、データのデジタル化に依存している」という点である。他
方、現在の経済においてはイノヴェーションの重要性が学術的な分析においてだ
けでなく、企業経営や国家の政策における重要問題として取り上げられる。
　新たな情報通信技術の発展と知識の役割の変化によって、労働の変容が生産に
関係するために、企業と企業間の組織に変化が生じる。フォーディズムの崩壊
後、金融主導型レジームが登場するが、単に金融が重要であるだけでなく、新た
な情報通信技術と労働の変容に基づくマクロ経済的な連関を有するため、認知資
本主義レジームと呼びうる。
　この認知資本主義レジームの特徴は、第一に、非物質的労働と情報通信技術に
基づく新たな規模の経済により、生産性が上昇する。ここでは、単に物質的な財
だけでなく、非物質的財の生産が行われ、利潤とレントが生み出される。利潤と
レントから新たな投資が行われ、投資と動学的な規模の経済により生産性が上昇
する。すなわち、フォーディズムにおけると同様に、好循環の可能性が存在して
いる。
　第二に、フォーディズムにおいては団体交渉制度に支えられた生産性インデッ

クス賃金が生産性上昇の成果の分配を調整し、マクロ的好循環をもたらす役割を果たしていた。しかし、認知資本主義においては、そのようなメカニズムは存在しない。調整のメカニズムは認知資本主義においては2つ存在する。第一に、コーポレート・ガバナンス、あるいは金融市場からの影響である。第二に、ここでは生産性上昇に影響する点であるが、すなわち、過剰な知的財産権の主張が生産性に及ぼす効果である［前掲書：39-40］。

　山本は、認知資本主義レジームは基本的に不安定である傾向を有すると論じ、その原因として、金融市場が果たす役割が増大していることと、「賃金〜生産性ネクサス」が欠如していることが需要の弱さの原因となっているという2点を指摘する。

　まず、金融市場の果たす役割が増大しているため、本質的に不安定で、持続性も乏しいシステムであると論じる。認知資本主義レジームにおいては、フォーディズムとは異なり、生産性の上昇と賃金上昇の間には安定した関係は存在しないが、不安定な賃金所得と需要を補う役割を果たしており、「金融市場が総需要に対する乗数としての役割を果たし」ている。金融は3種のマクロ経済的な経路において実際に作用している。第一に、資産市場を通じる経路である。例えば、株価や地価の上昇により、金融収益が増大し、その一部は家計の金融所得の増大となる。それによって、家計の消費が刺激され、需要も増大する。第二に、投資との関係は単純ではない。資産価格の上昇は投資を刺激するが、フォーディズムとは異なり、物的投資は抑制される可能性が存在する。というのは、物的投資からの収益は常に金融収益と比較されるからである。第三に、資産市場を通じた好循環の可能性が存在する。すなわち、資産価格の上昇によって刺激された消費と投資の増大は総需要を増大させ、さらに利潤を増大させる。この利潤の増大により資産価格はさらに上昇する。これが金融市場を通じるマクロ経済連関であり、コーポレート・ガバナンスによって調整されている。これは、資産価格の上昇が金融収益の増大をもたらす点に作用している。すなわち、証券市場の影響力が増大することによって、企業は配当を増大させたり、証券価格が増大するような経営を行うようになってきている［前掲書：40-41］。

　さらに山本は、認知資本主義レジームが不安定な要因として、金融的なものと並んで、景気回復の緩慢さがもたらすものが存在すると指摘する。緩慢な景気回復をもたらす最大の要因は需要の弱さであり、フォーディズムにおいては、生産性の上昇に応じて賃金が上昇する生産性インデックス賃金が制度化、あるいは慣習化しており、家計による安定した消費需要をもたらし、大量生産―大量消費を実現させていた。このいわゆるフォーディズム的妥協が崩壊したことは確か

に、認知資本主義の不安定性の大きな要因である。

山本は、認知資本主義の特徴は次のようにまとめている。

「第一に、耐久消費財の普及や需要の飽和により、単純な大量生産がもはや困難であることである。このため、安定した需要が見込まれる状態ではないが、さらに、②企業組織と雇用もそれに応じて変化しており、これが第二に要因となっている。不安定な需要に対応するために、リーン生産方式（1980年代に米国のマサチューセッツ工科大学で、日本の自動車産業における生産方式を研究し、その成果を再体系化・一般化した生産管理方式）が普及するだけでなく、フレキシブルな雇用、すなわち非正規雇用が増大している。非正規雇用は正規雇用よりも低賃金であることが多いため、需要は小さくなる。③所得格差の拡大も需要の低迷の原因である。これは非正規雇用の増大も一因ではあるが、他方で、役員や経営幹部層の報酬の増大も原因となっている。これは賃金システムの問題であるが、認知資本主義においては、生産性を単なる物的なもので測るのは困難であり、また、不確実となっている。他方で、グローバルな競争の激化により、低い報酬は低賃金となって現れる。いずれにせよ、賃金は低く抑えられる傾向が存在する。④賃金所得を補う所得再分配や福祉国家制度は、近年、機能低下しつつある。所得再分配や社会保障は、先進国においてはいまだに機能しているが、社会保障支出全体はネオリベラリズム的緊縮政策の下で抑制されている。⑤こういった引き締め政策自体も、需要の弱さの原因となっている。引き締め政策は小さな政府と健全財政を目指す財政面での緊縮政策だけでなく、金融政策においても指向されている。というのは1990年代以降の金融政策の目的はインフレーションの抑制であった。インフレーション目標政策は世界的に普及しているが、本来、デフレ的な政策であり、完全雇用という目標は実際にはほぼ放棄されている」[前掲書：42-43]。

要するに、認知資本主義レジームにおいては、フォーディズムにおいて存在した制度的要因が崩壊、あるいは弱体化したため、基本的に需要が弱くなっている。それでも、マクロ経済が一定の好循環をみせたのは、需要不足を穴埋めする金融所得と輸出需要が存在するからであるが、どちらも金融市場と海外の景気に依存するという意味で不安定であるため、認知資本主義レジーム全体としての不安定性は避けられない。認知資本主義レジームが本質的にこのような特徴を有するのであれば、経済モデルとして新自由主義モデルが支配的であり続けるならば、さらに金融市場への依存と需要不足が高じるために、認知資本主義段階は安定した段階とはなり難いと考えられるのでなかろうか。

4. グローバル・サウスにおける「変革主体」

（1）マルチチュード論

　前節で触れたような「認知資本主義」段階における労働者の存在形態の変化を論じ、「マルチチュード」の概念を最も早く提起したのは、ネグリ（Antonio Negri, 1933 ～）とハート（Michael Hardt, 1960 ～）である。彼らは、資本主義システムの進展の中で、非物資的労働が持つ重要性を指摘し、非物質的労働に従事する労働者の存在に注目して「マルチチュード」論を論じ始め、それをフーコーの「生政治」の概念と結びつけた。二人は、①2000年に出版した『帝国』から、②2003年にネグリが行った『〈帝国〉をめぐる五つ講義』、③共著で2004年に出版した『マルチチュード』、④2006年にネグリがラフ・バルボラ・シェルジ（Raf Valvola Scelsi, 1957 ～）が行ったインタビューに応えた『社会主義よ、さらば』、及び⑤共著で2007年に出版した『コモンウェルス』において、次々に「マルチチュード」について論じ、概念の精査を図っていた。これらの著作で論じられた「マルチチュード」論をフォローすれば次のように整理できよう。

　2000年に出版した『帝国』において、ネグリとハートは「マルチチュードが〈帝国〉という文脈の中でいかにして政治的主体に生成しうるのかをより視点を絞って探る必要がある」と主張し、「マルチチュード」は「〈帝国〉の指令によって生み出されるものであるかのように見えてしまう可能性がある」が、そうではなく、「搾取され従属を強いられた生産者たちからなるマルチチュードの形成は、20世紀の革命史のなかにもっとはっきりと読み取ることができる。1917年、1949年の共産主義革命、1930年代と40年代の反ファシズム闘争と、60年代から1989年にいたるまでの数多くの解放闘争のあいだにマルチチュードの市民権の条件が生まれ、広がり、そして強化された。打ち負かされるどころか、20世紀の革命はそれぞれ前進を続け、新しい政治的主体性、すなわち、〈帝国〉の権力に抗して叛乱するマルチチュードの条件を突きつけることで、階級対立の争点を変容させてしまったのだ。革命運動が確立したリズムは、新たな生の時間の脈動、つまり、新しい時間の成熟と変態なのである」と論じた［Negri ／ Hardt 2000=2002：489］。

　さらに続けて、「〈帝国〉の構成は、これら諸力の台頭の帰結であって原因ではない。だから、〈帝国〉が、社会的・経済的諸関係のグローバル化という新しい現実に適合した権利の体系を、その努力もむなしく構築できないでいるのも不思議ではない。（中略）この不可能性の原因は、マルチチュードの革命的性質に求

4．グローバル・サウスにおける「変革主体」　89

められる。マルチチュードの闘争こそが、自己のイメージの逆立像としての〈帝国〉を産み出した」［前掲書：490］と論じた。

　そして、政治的主体としてのマルチチュードは、「生政治的な自己組織化のことにほかならない」として、フーコー的な「生政治」の概念と結びつけた。

　ネグリは、2003年に行った『〈帝国〉をめぐる五つの講義』において、さらにマルチチュード論を詳論し、「マルチチュードは以前になかったものをすべてそれ自身で表現する概念である。動機は、行為、プロセスになり、民主主義とは、マルチチュードが（特異性の相互作用に通して）、共同意思、つまり外部を持たないまったく自律したそれゆえわれわれが絶対意思と呼ぶ共同意思を表現するような形態である」［Negri 2003-2004：145］と述べた上で、マルチチュードの概念について次のように論じた。

　「近代の最終局面ではマルチチュードに関する別の定義にわれわれはしばしば向き合ってきた。大概は、人民と言う概念のもとでマルチチュードを定式化しようとするのは不可能であることから出てくる定義である。資本主義の発展と、諸階級に著しく分節化された複合的社会の成功に伴い、大衆としてのマルチチュードの観念が不可欠となっている。この場合、マルチチュードは大衆化し混乱し不明確ではあるが、それでいて衝突または抵抗の力を持ち合わせている集合として描かれる。このように定義された大衆の概念が、大工業の生産形態のもとで資本主義の発展に従属するマルチチュードの何らかの特徴的要素を現していることは疑いない。しかし、同様に、このような大衆に関する概念が同時代に実現する労働組織つまり労働力の展開と結びつけるのには、あまり適していないことも事実である。実際マルチチュードの概念が新しい形態の労働組織や社会と対比され始める瞬間に、つまりマルチチュードの概念が、技術的・政治的な階級構成の形で分析される時、他でもなくその時、（16世紀から18世紀に至る共和主義的潮流に起きたように）単に政治的用語ではなく、まさに資本主義の、社会の、―― これがさらに重要であるが ―― 主観性の発展の新たなる局面に関する物質的・存在論的な標識としてマルチチュードの概念を再構築することが可能なのである。

　ポスト近代の局面では、マルチチュードの概念は、非物質的労働を表現するマルチチュードの能力と、非物質的労働を通して（活動を通して）生産を自己再領有できる潜勢力とによって規定される特異性の存在と結びついている。ポスト近代の労働力はマルチチュードの形態の中に現れると言うことができよう」［前掲書：149］

　「概括し概念化して言えば、マルチチュードを語る場合、われわれは基本的に３つのことを主張している。社会学的及び社会に関する哲学的観点から、なによ

りもまず、集合として、主観性の、つまり特異性の多様性（多数性）としてのマルチチュードについて語るのだ。第二番目に、非労働者的社会階級としてのマルチチュードを語ることになる（この場合、その典型は、フォーディズムからポストフォーディズムへの、物質的労働のヘゲモニーから非物質的労働のヘゲモニーへの移行における労働の移行の経験である）。最後に第三番目に、マルチチュードを語る場合、大衆の中で押しつぶされずに、自律的、独立的、知的な展開の能力がある多様性（多数性）について言及することにしよう。労働の潜勢力の展開によって、労働力は、労働手段と協働の配置の再領有化を通して、隷属と主権の弁証法に終止符を打つことができるようになる。この観点からこのテーマを政治的用語に翻訳すると、民主主義的な潜勢力としてのマルチチュードの仮説を提出することができるであろう。というのもマルチチュードは、自由と労働を一緒にしそれらを〈共同的なもの〉の生産の中で結合させるからである。これらの用語で語られれば、政治的なものと社会的なもの、生産性と〈生〉の倫理のあらゆる区別がなくなることは明らかである。このように定義されたマルチチュードは、開かれた動態的な構成的な概念として現前する。われわれは生政治的な状況にある。ここでマルチチュードの概念は生政治的な状況で全面的に生きることを開始する。

　生産的なカテゴリーから政治的なカテゴリーへの移行は、マルチチュードの概念の定義に関する限り、歴史的プロセスと深く関連している。私の考えでは、非物質的労働に基づいて組織される生産的なカテゴリーから切り離してマルチチュードの概念を読み取らないように、かなりの注意を払うことが必要である。しかし同時に歴史的に規定された移行として、物質的労働から非物質的労働への移行（〈一般的知性〉の構築を具体化する移行）を考慮することが重要である。」
［前掲書：150-151］

　2004年にネグリとハートは共著で『マルチチュード』を出版した。同書には、『帝国』出版後の2001年9月11日に発生した、所謂〈9・11〉と、2003年3月に始まったイラク戦争とイラク反戦運動、及び「世界社会フォーラム」の開始などの反グローバル化運動の進展という国際情勢の変化が考慮に入れられた。

　同書において、二人はマルチチュードの概念について次のように論じた。

「概念的レベルにおいてマルチチュードを、人民・大衆・労働者階級といった、社会的主体を表すその他の概念から区別しておこう。人民は、伝統的に統一的な概念として構成されてきたものである。いうまでもなく、人びとの集まりはあらゆる種類の差異を特徴とするが、人民という概念はそうした多様性を統一性へと縮減し、人びとの集まりを単一の同一性とみなす。"人民"とは一なるものなの

だ。これとは対照的に、マルチチュードは多なるものである。マルチチュードは、単一の同一性には決して縮減できない無数の内的差異から成る。その差異は、異なる文化・人種・民族性・ジェンダー・性的指向性、異なる労働形態、異なる生活様式、異なる世界観、異なる欲望など多岐にわたる。マルチチュードとは、これらすべての特異な差異から成る多数多様性にほかならない。

　大衆という概念もまた、単一の同一性に縮減できないという点で人民と対称をなす。確かに大衆はあらゆるタイプや種類から成るものだが、互いに異なる社会的主体が大衆を構成するという言い方は本来すべきではない。大衆の本質は差異の欠如にこそあるのだ。すべての差異は大衆のなかで覆い隠され、かき消されてしまう。人びとのもつさまざまな色合いは薄められ、灰色一色になってしまうのだ。大衆が一斉に動くことができるのは、彼らが均一で識別不可能な塊となっているからにすぎない。これに対してマルチチュードでは、さまざまな社会的差異はそのまま差異として存在し続ける —— 鮮やかな色彩はそのままで。したがってマルチチュードという概念が提起する課題は、いかにして社会的な多数多様性が、内的に異なるものでありながら、互いにコミュニケートしつつともに行動することができるのか、ということである。

　最後に、マルチチュードを労働者階級から区別しておかねばならない。労働者階級という概念は今や、生活を維持するために働く必要のない所有者から労働者を区別するだけでなく、労働者階級をそれ以外の働く人びとから切り離すための排他的な概念として用いられている。この概念は、もっとも狭い意味では工業労働者のみを指し（この場合は農業やサービスその他の部門に従事する労働者から切り離される）、もっとも広い意味ではすべての賃金労働者を指す（この場合は貧者や不払いの家事労働者など、賃金を受け取らないすべての人びとから切り離される）。

　これに対してマルチチュードは包括的で開かれた概念であり、近年のグローバル経済に見られる重要な転換を取り込もうとするものだ。すなわち、一方で産業労働者階級の数は世界的規模では減少していないものの、この階級はもはやグローバル経済において主導的役割を果たしてはいない。他方、今日における生産は、単に経済的な見地からだけででではなく、社会的生産（物質的な財の生産のみならず、コミュニケーション・さまざまな関係性・生の形態といった"非物質的な"ものの生産をも含む）という、より一般的な見地から考えられなければならない。

　このようにマルチチュードは、これら多様な社会的生産の担い手すべてを潜勢的に含んでいるのである。」[Negri/Hardt 2004=2005上巻：19-20]

さらに、二人は同書において、「マルチチュードの成立条件」を次のように論じた。

「マルチチュードの概念はある意味で、経済的階級理論にとって統一性か多様性かという二者択一は不必要だということを裏づけているともいえる。マルチチュードとは、それ以上縮減できない多数多様性であり、マルチチュードを構成する特異な社会的差異は、常に表現されなければならず、決して統一性や同一性、無差別性に平板化することはできない。しかもマルチチュードは、断片的でバラバラに散らばった多数多様性ではないのだ。」［前掲書：180］

「マルチチュードを資本の支配のもとで働くすべての人びと、したがって潜在的に資本の支配を拒否する人びととからなる階級としてとらえてみよう。

このマルチチュードの概念は、労働者階級の概念 —— 少なくとも19世紀から20世紀にかけてこの概念が使われ始めた頃の —— とはまったく違うものである。労働者階級とは基本的に排除にもとづく限定的な概念であり、もっとも限定的な意味においては工業労働者のみを指すため、それ以外の労働する階級はすべて排除される。またもっとも広い意味では、すべての賃金労働者を指すが、その場合も賃金収入のない階級は排除される。

労働者階級という概念からその他の労働形態が排除されるのは、たとえば男性の工業労働と出産・子育てにまつわる女性の再生産労働、工業労働と農業労働、就労者と失業者、労働者と貧者といったものの間に種類の違いがあるとする考え方に基づく。労働者階級は主要な生産的階級であり、資本の直接的な支配下に置かれているため、資本に対抗して効果的に行動できる唯一の主体だと考えられているのだ。それ以外の被搾取階級は資本と闘うことがあっても、労働者階級の指揮に従う場合に限られる。

これが過去に事実だったかどうかはともかく、マルチチュードの概念は、もはやそうした考えが今日にはあてはまらないという事実に立脚している。別の言い方をすれば、マルチチュードの概念は、どんな労働形態も政治的優先権をもたないという主張にもとづいているのだ。」［前掲書：182］

そして、マルチチュード論を展開する上で、二人は「非物質的労働」が重要性を増してきたという労働形態の変化を強調した。

「従来、労働者階級から排除されてきた労働の形象について話を進める前に、まず労働者階級そのものが変化してきた一般的な道筋を、とりわけ経済における主導的立場に関して簡単に見ておくべきだろう。どんな経済システムにおいても数多くの異なる労働形態が共存しているが、そこには常に、あるひとつの労働の形象が他のものに対して主導権を行使するという状況が存在する。そしてこの主

4．グローバル・サウスにおける「変革主体」　93

導的な立場にある労働の形象がいわば渦のような役目を果たし、他の労働の形象に、その中心的な特性を徐々に採り入れるように仕向けるのだ。この主導的な形象が支配的なのは量的な意味ではなく、他の形象に対してそれらを変質させる力を行使するという意味においてである。ここでの主導権は（他のものすべてを）巻き込みつつ質的な変容と移行を促す傾向を意味する。

　19世紀から20世紀にかけて、工業労働は量的には農業のような他の生産形態と比べて依然、少数派にととまっていたものの、グローバル経済においては主導的な立場を占めていた。工業は自らの渦のなかに他の生産形態を引き込むという意味において、主導的だったのである。その結果、農業や鉱業、さらには社会そのものまでが工業化を余儀なくされた。単にその機械的な営みだけでなく、工業労働が刻む生のリズムとそれが規定する労働日が家族や学校、軍隊をはじめ、すべての社会制度を徐々に変質させていったのだ。変質した労働慣行は、工業化された農業などの分野のように、当然ながら工業のそれとは異なっていたものの、共有される要素は増大していった。このプロセスで私たちがもっとも興味を惹かれるのは、特定の具体的な労働形態の多数多様性はそのまま保たれながらも、共通する要素はどんどん増えていく傾向にあるということだ。

　20世紀末の数十年間に、工業労働はその主導権を失い、代わりに主導権を握ったのは"非物質的労働"だった。非物質的労働とは、知識や情報、コミュニケーション、関係性、情緒的反応といった非物質的な生産物を創り出す労働である。サービス労働や知的労働といった従来使われてきた用語はこうした非物質的労働のある側面を表しているが、その全容をとらえるものではない。まず最初に、非物質的労働には二つの基本的な形態があるという点を押さえておこう。第一の形態は、問題解決や象徴的・分析的な作業、そして言語的表現といった、主として知的ないしは言語的な労働を示す。この種の非物質的労働はアイデアやシンボル、コード、テクスト、言語的形象、イメージその他の生産物を産み出す。

　非物質労働のもうひとつの主要な形態は、"情動労働"と私たちが呼ぶものである。心的現象である感情とは異なり、情動とは精神と身体の両方に等しく関連する。喜びや悲しみといった情動は、一定の思考の様態と一定の身体の状態をともに表現することで、人間という有機体全体の現在の生の状態を明らかにするのだ。したがって情動労働とは、安心感や幸福感、満足、興奮、情熱といった情動を生み出したり操作したりする労働を指す。具体的には、弁護士補助員やフライトアテンダント、ファーストフード店の店員（笑顔でのサービス）といった仕事に、情動労働を見出すことができる。少なくとも支配諸国において情動労働の重要性が増していることは、たとえば雇用者が被雇用者に対して、教育や好ましい

態度、性格、「向社会的」行動を主要なスキルとして強調し、それらを身につけるよう要求する傾向に表れている。好ましい態度と社会的なスキルを身につけた労働者とは、情動労働に熟達した労働者と同義なのである。

非物質的労働を伴う実際の仕事には、ほとんどの場合、この両方の形態が混在している。たとえばコミュニケーションの創造にかかわる仕事は、明らかに言語的で知的な作業であると同時に、コミュニケーションし合う当事者同士の関係には必然的に情動的要素が含まれる。ジャーナリストやメディアはただ単に情報を伝えるだけでなく、ニュースを魅力的でエキサイティングな、好ましいものとして提供しなければならないとよく言われる。つまりメディアは、情動と生の形態を創造しななければならない。実際、あらゆるコミュニケーションの形態はシンボルや言語、情報の生産と、情動の生産とを組み合わせているのである。さらに非物質的労働は必ずといっていいほど、物質的な労働形態と混ざり合う。医療労働者が情動的・認知的・言語的な仕事と並行して、簡易便器を洗ったり包帯を替えたりといった物質的労働を行うのはその一例だ。

すべての非物質的生産に伴う労働は物質的なものでもあることを、ここで強調しておかなければならない。どんな労働もそうであるように、それには人間と頭脳とがかかわっている。非物質的なのはあくまでもその生産物なのである。この点で、非物質的労働が非常に曖昧な用語であることを私たちは認識している。むしろこの新たに主導権を握った労働形態を、"生政治的労働"として —— 物質的財だけでなく、さまざまな関係性や、最終的には社会的生そのものを創り出す労働として、理解したほうが適切なのかもしれない。このように生政治的という語は、経済的なものと政治的なもの、社会的なもの、そして文化的なものを分けてきた従来の区別がどんどん不鮮明になってきたことを示唆する。とはいえ、生政治という用語はほかにも数多くの概念上の複雑さを伴うものであり、そのため曖昧さはあるものの、非物質性という概念のほうが最初は理解しやすく、経済的変容の一般的傾向をより適切に示すものだと思われる。

非物質的労働が今や主導的な立場を獲得しつつあると主張するとき、私たちは何も世界の労働者の大半が主として非物質的な財を生産していると言っているわけではない。それどころか農業労働者はこれまで何世紀にもわたってそうだったように、今も量的な意味では優位を占めているし、工業労働も地球全体も数としては減っていない。非物質的労働は地球全体の労働からするとあくまで少数派であり、それが行われる場所も地球上の支配的な地域に集中している。

私たちが主張したいのは、今や非物質的労働が質的な意味での主導権を握るにいたり、他の労働形態や社会そのものにある傾向を強いているということであ

る。言い換えれば非物質的労働は今日、工業労働が1950年前に占めていたのと同じ立場にあるのだ。当時、工業労働は地球全体の生産のほんの一部を占めるにすぎず、ごく一部の地域でのみ行われていたにもかかわらず、それ以外のあらゆる生産形態に対して主導権を行使した。あらゆる労働形態と社会そのものが工業化を強いられた当時と同様、今日の労働と社会は情報化を強いられ、知性やコミュニケーションや情動を重視するものへと変容を強いられているのだ。」[前掲書：183-187]

　そして、ネグリとハートは、1970年代以降、フォーディズム的生産からポストフォーディズム的生産構造に移行するとともに、マルチチュードの闘争形態がネットワーク型に移行し、それが生政治的領域で生起するという特徴を見せるようになったと指摘した。こうしたゲリラ組織のネットワーク型組織への転換を象徴した運動として、二人は1987年12月と2000年9月にパレスチナに噴出したインティファーダ（民衆蜂起）と1994年1月にメキシコのチアパス州に登場したEZLNを挙げ、特にEZLNは「旧いゲリラ組織と生政治的ネットワーク構造を持つ新しいモデルとの間のいわば蝶番のようなもの」であると論じた［前掲書：149-152］。

　こうしてゲリラ型運動からの転換が生じ、さらに「闘争の新しい国際的サイクル」が、「1990年代末、グローバリゼーションの諸問題をめぐって」[前掲書下巻：5]登場した。「闘争の新しいサイクルの発端となったのは、1999年にシアトルで開かれたWTO閣僚会議に対する抗議行動である」。それ以後、IMFや世銀、NAFTAといった「新しいグローバル権力構造を代表する機関に抗して、それ以前からグローバル・サウスで起きていた無数の闘争のなかに、抗議行動サイクルの真の起源があることを明らかにしてみせた」と論じ、グローバル・サウスで生じる種々の抗議運動が、「共通の闘争サイクルの一部」であることが明らかになったと論じた。ここで留意しておくべきことは、ネグリとハートが「グローバル・サウス」という用語を用いている点であろう。

　こうした新しい闘争スタイルに見られるマルチチュードのもつネットワーク型の組織形態の新しさについて、ネグリとハートは次のように論じた。

　「20世紀後半の抵抗運動や反乱には、主として踏襲すべき2つのモデルがあった。一つ目は闘いの同一性に基づいて組織が形成される伝統的な形態で、その統一性はたとえば党のような中心的指導部の下で作り上げられる。この場合、（階級の）ほかにも重要な対立軸 —— たとえば（人種・民族性・ジェンダー・セクシュアリティなどの）マイノリティの地位にかかわるものは存在するかもしれないが、あくまでも闘いの統一性が優先されるため、それらは副次的なものとみな

される。労働者階級の政治史はこうしたモデルであふれている。二つ目の支配的モデルは最初のモデルの対極に位置しており、個々の集団がそれ以外の集団との差異を表明し、自らの闘いを自律的に行う権利にもとづく。差異を重視するこちらのモデルは、主として人種、ジェンダー、セクシュアリティを柱とするさまざまな闘いをとおして発展してきた。

　この二つの支配的モデルの提示する選択肢は明確だ —— 中心的な同一性の下にひとつに統合された闘いか、それとも私たちのもつさまざまな差異を肯定するバラバラの闘いか、である。ところが、マルチチュードの新しいネットワーク型モデルは、この二つのモデルを選択肢から外してしまう —— というより、それらの旧いモデルを否定するのではなく、それらに別の形の新しい生を吹き込む。（中略）　概念的に言えば、マルチチュードは同一性／差異性という相対立する対のかわりに、〈共〉性／特異性という相補的な対をもたらす。そして実践において、マルチチュードは個々の人間の特異性の表明が、共闘する他者たちとのコミュニケーションや協働によって、あるいは共通の習慣や実践、行為、欲望をさらに大きく形づくるための営み —— 言い換えれば〈共〉のグローバルな動員と拡大 —— とのコミュニケーションや協働によって、減じられたり損なわれたりしないようなモデルをもたらすのである。」［下巻：58］

　次に、ネグリは2006年にイタリアの研究者兼ジャーナリストであるラフ・バルボラ・シェルジ（Raf Valvola Scelsi, 1957〜）が行ったインタビュー『社会主義よ、さらば』（邦訳『未来派左翼』）において、1999年11月のシアトルWHO閣僚会議抗議デモ以後の変化を「新たなサイクルが始まった」［Negri 2006=2008：116］と指摘し、この事実を既成の左翼は理解できなかったと論じた。ネグリは、シアトルの抗議デモの新規性は、これまでの運動とは異なり、「ひとりひとりが〈共〉を循環させたということ」であり、「根本的なのはむしろ、マルチチュードのただなかにおいてヘゲモニーをもつようなおおいなる政治路線が形成されてきたということ」であると主張した。そして、このような「新しいサイクル」への移行について、「マルチチュードをばらばらの状態で出現させ、それからこれを社会的に、そして政治的に再構成するという移行が起きている」と論じた［前掲書：168］。

　そして、ネグリはシアトル以後の時代について、次のように論じた。

　「あらゆる点から見て、われわれはいま、“中間期”あるいは“空位期”とでも呼べる時期に身を置いている。つまりわれわれは、〈帝国〉的な統治形態が一般化し、階級関係が変容を遂げつつある移行期のただなかに身を置きながら、その一方で、移民たちの大移動とマルチチュードの構造をどう結び付ければいいのか

4. グローバル・サウスにおける「変革主体」　97

まだわからずにいるということです。

　知的労働に携わるプレカリアート、従来の〈大衆労働者〉、そして移民たちを皆で団結させるということが何を意味するのか、われわれはまだよくわかっていません。自分たちがいったい何のためにデモをやっているのか、われわれはまだよくわかっていないのです。したがって、われわれは理論にもとづいて行動しているわけではなく、ひたすら実利的に行動しているだけなのです。」[前掲書：179]

　そして、マルチチュードを構成する人々については、「マルチチュードを構成するのは、中レヴェルから高レヴェルの教育を受け、知識労働に従事する賃金労働者たちです。彼らは最新の IT 機器を使って働くことに慣れていますが、その IT 機器はたんなるコミュニケーションの手段であるというだけではなく、サービスの生産とも結びついている。彼らは商品の生産と流通の価値を新たに形成する力をもった、生産労働力の典型として台頭してきました」[下巻：157] と説明し、さらに「認知労働」について、「認知労働とは"想像力＋自由＋労働"のことであり、経営者が計測できる時間の外にある労働のことです。なぜならこの労働は時間を支配するのであって、時間によって支配されるものではないからです」[前掲書：107] と論じた。

　次に、ネグリがハートとの共著で、リーマン・ショック後の2009年に出版した『コモンウェルス』において、マルチチュードを「別の近代性」論と絡ませるとともに、マルチチュードの闘争の基盤を〈共〉にあるとして、マルチチュードの「生政治的行動」を通じた政治的主体を形成していく方向性を論じた。

　二人は同書において、〈共〉の実践に基づくマルチチュードの方向性は「反近代性」ではなく、「別の近代性」であると述べ、「別の近代性」について、「別の近代性は反近代性と同じく近代性の階層秩序と衝突する概念ではあるが、抵抗の諸力を反近代性より明瞭な形で、自律的領域のほうへと差し向けようとする」[Negri/Hardt 2009=2012上巻：172] ものであると説明し、「別の近代性」を追求した知識人としてフランツ・ファノン（Frantz Omar Fanon, 1925 ～ 1961）を、さらに運動としてメキシコの EZLN、政治のあり方としてボリビアのエボ・モラレス（Juan Evo Morales Aima, 1959～）政権を挙げた。そして、EZLN の特徴として、「固定したアイデンティティに基づくものではない」、「彼らは自分たちが"欲するものになるための"権利を求めた」[前掲書：177] と指摘した上で、特にボリビアの例について次のように述べている。「近年のボリビアでの一連の闘争の経験が明らかにしているのは、マルチチュード形態が労働者階級を構成する多様な要素間や、人種的・民族的領域における多種多様性の間で

政治的組織を構築できるばかりではなく、これら２つの軸の間においても政治的組織を構築することができるということである。"さまざまな運動の断片化は、社会そのものが民族的・文化的・政治的・階層的・地域的に区分されている現実を表している"と、ボリビアのアルバロ・ガルシア・リネラ（Árvaro Marcelo García Linera, 1962〜）副大統領は書いている。"このことは私たちに、社会的なるものを階層的な融合としてではなく、一時的な水平的ネットワークとして接合するための新たな方法を考案するよう迫るものだ。"

マルチチュード形態は、決してすべての扉を開けるオールマイティなカギではない。だがそれは、現実の政治的問題を適切な形で提起し、その問題に取り組むためのモデルとして、自律的で対等な社会的特異性たちから成る開かれた集合体を措定する。それらの社会的特異性が一緒になって、それぞれの行動を水平的なネットワークのなかで並行した道筋に沿って接合することにより、社会変革は可能になるのだ。

このようにマルチチュードは並行論を応用した概念であり、これによって別の近代性を織り成すさまざまな闘争 —— 多数多様な拡がりを見せる諸々の特異性の間の自律性・平等性・相互依存性の関係を特徴とする —— の種別性を把握することが可能になる。世界中の多くの同様の闘争がそうであるように、ボリビアの闘争においても、特定の労働者の形象（たとえば鉱山労働者といった）がすべての労働者を指導したり、その代表であると主張することはできない。そうではなく、鉱山労働者も産業労働者も、農民や失業者、学生、家庭内労働者、その他数多くの労働部門に属する人びとが、みな平等な立場で闘争に参加するのである。また同じくボリビアの闘争は、非先住民グループが先導しているわけではないし、先住民グループが先導しているわけでもない。文化や民族あるいいは労働の地位によっておおよそ規定される多数多様な社会的特異性が、それぞれの闘争を対等なものとして連携させながら、マルチチュードをともに形づくっているのである」[上巻183–184]。

ネグリとハートは、マルチチュードにおける諸々の特異性の存在のあり方を論じ、さらにボリビアの例から、「マルチチュード」は「常に変化し続けること、混交と運動を繰り返す」「不断の変貌のプロセスのなかにある社会のことでもある」[前掲書：187] と、その可変性を強調した。

そして、マルチチュードの実践によって「生政治的労働」が自律性を主張する可能性が開かれたが、それを実現するためには「好機は、政治的主体によってしっかりとつかまえなければならない」として、「政治的組織化」の必要性を主張した [前掲書：263]。その上で、①一貫性のある政治的行動をとるマルチ

チュードの能力、②マルチチュードの行動のもつ進歩性ないし解放的な性格について疑問を呈する向きもあると認めて、具体的には、マルチチュードの内在性と多数性が政治のための暴力の障害になる（ラクラウ　Ernesto Laclau, 1935～2014）、マルチチュードの政治にアンビバレンスが伴う（ヴィルノ　Paolo Virno, 1952～）、内的な政治的基準が欠如する（バリバール　Étienne Balibar, 1942～）、マルチチュードは支配権力に同調する（シジェク　Slavoj Zizek, 1949～）などの批判を取り上げた。これらの批判に対しては、①「マルチチュードであることからマルチチュードを作ることへと視点を移し、マルチチュードを〈共〉に基づく絶え間ない変貌のプロセスだと認識すること」[前掲書：276]、②「マルチチュードが自然成長的な政治的主体ではなく、政治的組織化のプロジェクトであることを示す」こと [（前掲書：270）、③「家族や企業、ネーションなどの社会的制度に蓄積された、」あらゆる腐敗した〈共〉の逸脱形態から脱出すること、を認識し、「マルチチュードにふさわしい政治的組織化の理論を構築すべき」だと主張した [前掲書：283]。

　そして、マルチチュードが進むべき方向性として、「マルチチュードを構成する諸々の特異性は、マルチチュードによる種々の反乱と反逆の事例に即して並行的に接合され、力強く持続的な〈共〉的プロセスを形づくっていくのである」と論じた [前掲書下巻：272]。

　このように、ネグリとハートは、「マルチチュード」を論じる際に、『帝国』から『マルチチュード』までは、非物質的労働という面を重視していたが、『コモンウェルス』においては、フーコー的な「生政治」概念をより重視する姿勢を表明した。

　ネグリとハートはフーコーの「生政治」の概念に大きく影響された形で、〈共〉的プロセスを形成していくマルチチュードの政治的主体論を論じたが、一方ヴィルノはフーコーに依拠しないマルチチュード論を展開した。ヴィルノは、ネグリとハートが『マルチチュード』を出版した2004年より3年前の2001年に『マルチチュードの文法』を出版し、ネグリらが『帝国』等において展開してきた「マルチチュード」論の立論の在り方を批判した独自の「マルチチュード」論を展開した。ヴィルノは2003年8月に執筆した『マルチチュードの文法』の「日本語版のための序文」において、次のように述べた。

　「マイケル・ハートとアントニオ・ネグリは、『帝国』の中で現代の労働の言語活動的・認知的特徴についてのこの議論を認めてくれています。しかし、彼らはまた、ちょっとした短気から、言語活動がすべてではないと異議を唱えています。身体があるじゃないかと。生きた身体が、その欲望、その衝動、その情動と

ともあるじゃないか。現行の生産過程やそれを内部から動揺させ始めている抵抗運動を語る際に、どうしたらそうした身体を無視できるのかと、彼らは言うのです。彼らによれば、私は、言葉による思考の中心性しか強調しないために、ポストフォーディズム的労働の"生政治的な"特徴を、すなわちポストフォーディズム的労働のなかに"生"そのものが巻き込まれていることを見落としてしまっているというわけです。ハートとネグリは、おおよそ、そのように異議を唱えています。しかし、私には、この二人の友人が本質的な点を誤解しているように思われるのです。すなわち、"言語活動"とは人間だけに特別な身体と生のことの謂いだという点を。彼らは、言語活動による精神を、私にはわからない理由から、血の気を欠き蝕知できないものに仕立て上げたうえで、それを肉体の身体性に対置しているのですが、これは非常に観念論的な議論だと言わざるを得ません。どうして、キリスト教的な厚かましい二元論（魂と身体）あるいはデカルト的なそれ（「延長するもの」と「思惟するもの」）を多めに見てあげる必要などあるのでしょうか。幾ばくかの唯物論のほうがましなのではないでしょうか。言葉による言説による言説は、声であり、口であり、気管であり、肺であり、呼吸です。比喩表現、エスプリのきいたセリフ、命令、願い、計算、愛情表現といったものは、いずれも私たちの身体組織の生物学的な発現なのです。言語活動は、喜びや苦しみといった直接的な知覚に、すなわち、様々な情念からなる織物に、隅々まで形を与えるものなのです。多くの感覚そして多くの欲望は、命題に基づくことで初めて把握可能となります。私たちは、あらゆる点において、言語活動的動物なのです。物語ること、感動させること、嘘をつくこと、計算すること、否定すること、仮説を立てること、選択すること、。そうしたことから、私たちの類の〈博物学＝自然誌〉は成り立っているのです。ポストフォーディズム的資本主義とグローバルな社会構想運動は、それぞれ対立的なやり方で、この〈博物学＝自然誌（ナチュラル・ヒストリー）〉を強調するものです。"生政治"を語るより先に、"生言語学"とでも呼べるようなものに狙いを定めるべきではないでしょうか。

それでもやはり、私がこの本のなかで示そうと努めてもいる通り、"生政治"という概念が駆り出される際の目的のいかがわしさには目にあまるものがあります。"生政治"とは何を意味するのでしょうか。生の統治、一切の個別な形容を欠いた生そのものの統治。なるほど、しかしそうだとしたら、この生の統治は何に由来するものなのでしょうか」[Virno 2001=2004：8]。

ヴィルノはこのように「生政治」に依拠したネグリらを批判した上で、自らの「マルチチュード」論を次の通り論じている。

4．グローバル・サウスにおける「変革主体」　101

　「政治哲学のすべての概念にとってそうであるように、“マルチチュード”概念もまた、その対極が示されない限り、規定されないままにとどまります。私の考え方では、“マルチチュード”は、“マス（大衆）”の生彩のある同義語といったものでは全くなく、何よりもまず、“人民”の反対語です。マルチチュードあるところに人民なし、人民あるところにマルチチュードなし。そして、この点こそが、善かれ悪しかれ、この概念の定義一般に対して私自身が寄与した部分となっています。（中略）
　マルチチュードとは、“多数的なもの”あるいは複数性を意味します。マルチチュードとは、国家という“政治的決定の独占”に身を任せることなく、公的領域のなかで協力して行動する各人の総体のことを意味するのです。（「人民」は、これとは異なり、「国家」へと収斂するものです）。「多数的なもの」とは、今日、ポストフォーディズム的労働者たちのことを意味します。すなわち、労働するために、類としての人間のすべての能力に —— なかでもとりわけ言語的活動能力に —— 訴える人々のことです。これらの能力は共有的なものであり、また分有的なものです。したがって、マルチチュードをばらばらの断片からなるひとつの渦巻きのようにみなしてはなりません。問題は、別のところにあるのです。人民にとっての普遍性がひとつの“約束”であるとすれば、マルチチュードにとっての普遍性がひとつの“前提”です。“約束”としての普遍性は国家的統合と一体となったものですが、「前提」としての普遍性は言語活動そのものです。言語活動的マルチチュードの目には、国家はひとつの周縁的集団のようなもので、ときに獰猛なものであっても、つねにマージナルであり続けます。（中略）マルチチュードとは、ひとつの存在様態であって、互いに矛盾する様々な展開に開かれたものなのです。蜂起か、あるいは隷属か。国家的であることをついにやめた公的領域か、あるいは数々の独裁政府に基づく公的領域か。従属状態の廃棄か、あるいは無際限な“フレキシビリティ”か。マルチチュードとは、ポストフォーディズムと〈一般的知性〉とに対応する存在様態であり、不可避にして両義的なひとつの出発点に過ぎないのです」[前掲書：12-14]。
　さらに他の部分で、ヴィルノはマルチチュードについて次のように説明している。
　「現代のマルチチュードは、“市民”からなるのでも、“生産者”からなるのでもありません。マルチチュードは、“個体的なもの”と“集団的なもの”の間の中間領域を占めているのです。」[前掲書：31]
　「マルチチュードは自らのうちに労働社会の危機を映し出している。労働社会の危機は、もちろん、労働時間の直線的縮減というようなものと同じではあり

ません。（中略）労働社会の危機はむしろ、社会的富が、各自の供給する労働によってではなく、科学によって、すなわち〈一般的知性〉によって生産されているということに存しているのです。支配労働は、人生のほとんど取るに足らない一部へと潜在的には縮減され得るかのようです。そして反対に、科学、情報、知一般、協働というものが生産の支柱として姿を見せるのです。重要なのはそれらであって、もはや労働時間ではないのです。しかしながら、この労働時間は、発展と社会的富とのパラメーターとして価値をもち続けています」[前掲書：190]。

　「マルチチュードはひとつの存在様態です。そして、存在様態とは、世界との、他人との、生との関係にとって基本的なもの、基礎的なもののことです。当然、ひとつひとつの存在形態は両義的なものです。重要なことは、すべての存在形態におけるこの両義性が基礎的な存在形態に送り返され得るということを理解することです」[前掲書：234]。

　2009年にネグリとハートは『コモンウェルス』を出版したが、その中でヴィルノとの相違点をヴィルノが2003年に行った講義と2004年から2005年に発表した論文をまとめた著書『ポストフォーディズムの資本主義』を批判する形で取り上げている。

　「第二の問いを提起する論者たちはマルチチュードの政治的意思決定や行動が、自由への生成に向けられると考えられる理由は何もないという。

　たとえば、マルチチュードの概念をもっとも実りある形で推進してきた一人であるパオロ・ヴィルノは、マルチチュードの政治には重大なアンビバレンスが伴うと見る。彼の見解によれば、マルチチュードには社会的連帯性と攻撃性がほぼ同じ割合で備わっているというのだ。政治哲学の長い伝統が、自然状態にある人間は間違いなく善であると前提するのは、あまりに無邪気であり、無責任だと警告するように、ヴィルノもまた生政治的生産によって特徴づけられる「自然状態」のアンビバレンスを強調する。マルチチュードが手にした新しい強力な道具──言語的ツールやコミュニケーション、情動、知識などのツール──は必ずしも良い方向にのみ用いられるようにできているわけではなく、容易に悪にも使われる可能性があるという。こうしてヴィルノは"現実主義的な"立場に立つことを提唱し、マルチチュードの肯定的かつ積極的な政治的能力を議論する際には、必ずその否定的な側面にも、冷静で厳しい目を向ける必要があるというのである。」[Negri／Hardt 2009=2012：265]

（2）労働者層の成層化と「多種多様性」

　以上のように、「マルチチュード」論を展開したネグリとハート、及びヴィル

ノとの間には「マルチチュード」を分析する視角において基本的な違いが存在する。いわば「マルチチュード」論は一様ではないのである。ネグリやハートはフーコーの「生政治」の概念に依拠し、「マルチチュード」の生政治的行動を通じた政治的主体を形成していく方向性を論じたのに対し、ヴィルノは「生活諸様式と言語ゲームを一元的に命名するために、マルチチュードと言う概念を利用した」[Virno 2001：182]。分析方法において明確な違いが存在する。筆者はヴィルノと同様に、「マルチチュード」論における「生政治」論の一元的な応用には否定的立場をとる。

　筆者は、新自由主義的なグローバル化が進展する中で、ネグリやハートが主張するようなグローバル化した世界の新しい権力である〈帝国〉が出現しているとの指摘に同意するとともに、新自由主義的な「勝者総どり」の論理が大多数の人々を収奪し周縁化している状況に抗議し抵抗して、その変革を求める主体は「多種多様性」の人々であると見る。この「多種多様性」はネグリやヴィルノが掲げるそれぞれ異なる「マルチチュード」論に類似しているが、あくまで独自の概念として提起したいと考える。

　ネグリとハートにしろ、ヴィルノにしろ、「マルチチュード」論において展開している本質的な問題意識は資本主義システムの変化の中で変革主体がどのように変容しているかという点である。資本主義システムが「ポスト工業化社会」に移行し「記号資本主義」さらには「認知資本主義」へと進化していくにつれて労働者層が成層化し、もはや「プロレタリアート」という概念では捉ええない階層分化した単一的でない複雑な社会集団となってきた。特に、非物質的労働に従事する「認知労働者」の重要性が増大してくる中で、ネグリは2006年に出版した『社会主義よ、さらば』（邦語訳『未来派左翼』）において「認知労働者」を「コニタリアート（Cognitariat）」という用語で表現している。

　まずネグリは、「プロレタリアート」と「コニタリアート」の関係について、次のように示唆している。

　「今日の社会階層化は、左翼の主張とは異なり、中流層が拡大する方向に変化してきていないのは明らかでしょう。現実はむしろ、プロレタリアートが拡大する方向に向かっている。その原因は、かつては中流層に典型であった生産機能をいまやプロレタリアートが担わされつつあるからです。左翼はこの事実を理解できないために、従来の社会階層化のあり方に固執し、中流層との政治的同盟を目指しています。コニタリアートの出現によって中流層の像が修正を迫られているなどとは思ってもいません。」[Negri 2006=2008：下巻158]

　このように述べた上で、「（左翼は）コニタリアートの不安定性という根本的問

題を理解していません」［前掲書：159］と述べている。

　ここで示されたネグリの認識には基本的な誤りがある。それは、先進資本主義諸国において見られる新自由主義の下での中間層（中流層）の地盤沈下は事実であるにしても、新興・途上諸国においては過去20数年ほどの間に底辺層が中間下層に上昇してきたという事実が配慮されていないため、先進資本主義諸国で生じたことが、あたかも世界全体に生じているかのように誤って提示されている。少なくとも、新興・途上諸国で生じてきた現象を正確にフォローできているとは思われない。(注1)

　このネグリの誤謬を含めて「コニタリアート」の問題を見れば、資本主義システムの「認知資本主義」化にともなって労働者層の成層化が生じ、「コニタリアート」化した労働者層が中間層（中流層）化しているという事実を確認しなければならない。従って、労働者層の成層化にともなって生じた「コニタリアート」の出現によって、ネグリの主張には反して、労働者層と中間層（中流層）の政治的同盟の可能性は拡大し、それが「変革主体」の「多種多様化」の一面を成しているのである。

　他方、21世紀に入り、2003年にイタリアの路上で落書きとして「プレカリアート」という用語が登場し、これを契機として「プレカリアート」の概念化が進んできた。当初は単純に「不安的な状態にあるプロレタリアート」という意味で理解されたが、その後必ずしもこのような理解が正確ではないとして、「プレカリアート」概念の理論化の作業が進められてきた。

　2009年に『プレカリアートの詩』を出版した、かつてイタリアのアウトミア運動に参加していたフランコ・ベラルディ（Franco Berardi, 1949 ～）も、生産活動において非物質的生産に基づく認知労働が進展しているとの認識を、ネグリやヴィルノとともに共有している。彼は認知労働の進展に関し、次のように述べている。

　「ここ数十年のあいだ、生産サイクルにおける主要部門の知性化と非物質化とともに、機械の情報化が労働のフレックス化にとって大きな役割を果たした。新たな電子的諸技術と生産回路の情報化が導入されたことで、脱領域的で脱地域的で脱個人的な情報生産のグローバル・ネットワークをつくる道が開かれた。労働の主体がますます情報生産のグローバル・ネットワークに同一化されるようになってきたのである。

　産業労働者は工場における役割を拒否して資本主義支配からの自由を獲得してきた。しかしながらこの情況は、資本家を、労働集約性を低下させる技術への投資と、労働過程の技術的組成を変えることへと駆り立てたのである。組織化され

た産業労働者を排除して、もっとずっとフレックスな労働の新体制をつくるために。

労働の知性化と非物質化は、生産形態の社会的変化の一側面であって、惑星規模のグローバル化がその裏の顔である。非物質化とグローバル化は相互に補完的な両面なのだ」[Berardi 2009-2009：125]

その上で、ベラルディは、プレカリアートについて、「"プレカリアート"という言葉は一般的に、労働運動、賃金、そして労働日の長短に関連付けられた固定的ルールにもはや規定されない労働領域を象徴している」[Berardi 2009=2009：46] と述べているが、その意味について、「一定の期間、社会を資本の暴力から保護してきたこの法的義務は、いつも政治的かつ物質的な力関係（資本の暴力に対峙する労働者の暴力）の存在に基礎づけられてきた。権利の主張、法の確立、人格的権利としての保護といったことは、政治的な力によって可能となってきた。労働運動の政治力が衰退したのにともない、資本主義における労働関係の本性的不安定性とその残忍さが再び出現したのである」と説明し、その上でこの「新たな現象であるのは、労働市場の不安的性ではなく、情報労働を不安定なものにしている技術的かつ文化的な諸条件の方なのだ」と述べ、「情報労働のデジタル再結合」という技術的条件と、「大衆的な教育と消費への期待」という文化的条件が「情報労働の不安定」なものにするという新しい状況を生じさせていると論じた。[前掲書：46]

ベラルディはこのように、認知労働の進展の中で「情報労働」が不安定化していることが、「プレカリアート」の出現の背景にあると論じた。

他方、イギリスの労働市場問題の専門家でありILO（国際労働機構）の調査役として協力した経験もあるガイ・スタンディング（Guy Standing, 1949〜）は、2011年に出版した『プレカリアート：新しい危険な階級』において、詳細な「プレカリアート」論を展開した。スタンディングは、「プレカリアート」を論じる際に、「最も基本的なことは、グローバル化する階級構造が、所得分配の20世紀型システム崩壊の反映として、出現していることだ。ますます多くの所得が、資産所有者や、独占や寡占による超過利益を追求するレントシーキングを行う人々の手に入るようになっている」[Standing 2011=2016：vi] と述べ、新自主主義の下での格差の拡大という状況が「プレカリアート」を論じる際に最も基本的なことであると論じた、そして、「プレカリアート」の定義について次のように論じた。

「プレカリアートという言葉を定義する２つの方法がある。第一の方法は、それが社会経済的集団の一つであるとすることで、この定義によってある人物がそ

の集団に属するか属さないかが決められる。この方法は、イメージをはっきりさせ、分析をするために役立つ。(中略)。こうして、プレカリアートは"不安定な"という形容詞と"プロレタリアート"という名詞を組み合わせて作られた新語だということになる。(中略) ある範囲内でだが、プレカリアートという言葉をしばしばこの意味で使うことにする」[前掲書：10]

しかしながら、スタンディングは「プレカリアートをワーキングプアあるいは不安的な雇用と同一視するのは正しくない」[前掲書：14]、「プレカリアートは、資本あるいは国家に対して、最小限の信頼関係しかもたない人々からなる。(中略) 服従および条件付きの忠誠と引き換えに、労働の安定を提供される」[前掲書：13] と論じ、「形成途上にある階級」であるとして、次のように説明する。

「プレカリアートとは、異なった生産関係、異なった分配関係、異なった国家との関係を持ち、異なった階級意識を生み出しつつある存在として定義される。プレカリアートは、形成途上にある階級だ。なぜなら、プレカリアートは、いまだに次の3つのグループに分裂したままだからだ。第一は、ほとんど教育がなく、幾分かは現実のものも含まれるかもしれないが、想像されただけの過去を振り返って、右派のポピュリズム的な政治家を支持しがちな人々、第二に、移民か「よそ者」であって、現在の幸せと安心できる家庭だけを求めて、政治的には中立を保ちがちな人々、第三に、教育があるのに、未来を拒否された人々だ。進歩的な政治的対応を形作ることになるのは、この最後のグループだ。」[前掲 viii-ix]

その上で、スタンディングは「プレカリアート」が位置する階級関係を次のように描いている。

「7つの集団を見分けることができる。頂点には"エリート階級"がいる。この集団は、数は少ないが圧倒的に金持ちのグローバル化市民だ。(中略) このエリート階級の下に、"サラリーマン階級（サラリアート）"がいる。今でも安定した常勤雇用の下にある。その内の幾人かはエリート階級になろうと望んでいるが、大多数はそのままだ。しばしば国家からの補助金による年金、有給休暇、そして企業内福祉（福利厚生）の恩恵を受けている。サラリーマン階級は、大企業、政府系機関、そして公務員を含む行政組織に集中している。サラリーマン階級と並んで、さまざまな種類の職業からなる、より小さな集団である"専門技術職階級（プロフィシャン）"がいる。(中略) それは多様な種類のスキル（技能）を含むが、そのスキルによって自ら市場で取引、契約し、コンサルタントあるいは独立した自営労働者として高い所得を得ることができるような人々のことだ。(中略) この人々は、一つの企業で長期間の常勤雇用を得ようなどとは思わない。

思い通りの生活をし、自由にあちこちを移動したいと思っている。いわゆる“標準的な雇用関係”とは無関係な人々だ。

　専門技術職階級の下に、所得の面では縮小しつつある“核”である手仕事の被雇用者、かつての“労働者階級”の中心部分がいる。福祉国家はこの人々の精神に沿って作られた。労働に関する既成の諸制度もそうであった。しかし労働運動を形成してきた工業労働者部隊はすでにしなびて縮小し、社会的連帯の感覚を失ってしまった。

　これらの４つの集団の下に、ますます増大する“プレカリアート”がいる。その両脇には失業者集団と、社会的に順応できず社会の屑のような暮らしを送る、やや離れた集団がいる」[前掲書：11-12]

　次にスタンディングは、「プレカリアート」は労働の安全保障の７つの形態が欠いている人々だと定義できるとして７つの形態を次のように挙げている。

　「〈産業的シチズンシップを構成する労働の安全保障の７つの形態〉

①労働市場の安全保障：適切な額の所得を得る機会の保障。マクロレベルでは政府が「完全雇用」を保障すること。

②雇用の安全保障：恣意的な解雇からの保護、雇用や解雇に関する規制に従わなかった場合に生じる費用を雇用者負担にすることだ。

③職務（job）の安全保障：雇用において適切な職務を保持することができ、その機会があること、技能の希薄化への対抗措置、そして地位と所得の点での「上昇」移動の機会。

④仕事（work）の安全保障：仕事場での自己や病気からの保護、たとえば、労働時間や非社会的な時間帯での労働や女性の深夜労働の制限、自己の際の補償を通じての、安全や健康に関する規制。

⑤技能再生産の安全保障：見習い制度、職場研修などを通じての技能獲得の機会、また高業績者の行動時性を見習うコンピテンシー向上の機会。

⑥所得の安全保障：適切で安定した所得の確保。たとえば、最低賃金保障制度、物価スライド賃上げ、包括的社会保障、不平等を減らし低所得者に補助するための累進課税。

⑦代表権の安全保障：労働市場で集団的な発言権をもつこと。たとえば、ストライキをする権利をもつ独立した労働組合など」[前掲書：15-22]

　スタンディングはさらに、「プレカリアートは均一のものではない」として、「プレカリアートを記述する一つの道は“デニズン（寄留民）”として描くことだ」と述べ、デニズンとは「人々がもつ権利、すなわち市民的（法の前の平等、犯罪や物理的期外から保護される権利）、文化的（文化を平等に享受し、共同体

の文化的生活に参加する権利）、社会的（年金や保険医療を含む社会保護の諸形態への平等なアクセス）、経済的（所得を得る活動を行う平等な権利）、そして政治的（投票し立候補し共同体の政治生活に参加する平等な権利）」[前掲書：21]、これらの権利のうちの一つを失っている人々であり、「一時雇用のキャリアにならない仕事をする労働者たち、移民であるデニズンたち、犯罪者とされた闘士たち、社会福祉給付の申請者たち、……そんな人々を加えてプレカリアートの数は増えていく」[同上]と論じ、「多くの国々で、成人人口の少なくとも4分の1がプレカリアートになっていると推定」できると指摘している［前掲書：36]。

スタンディングには、自らの専門である労働市場論から見る視角が強く反映しているが、「プレカリアート」の問題を論じる上で、有益な指摘が多く見られる。最も重要な指摘は、前述の、「最も基本的なことは、グローバル化する階級構造が、所得分配の20世紀的システム崩壊の反映として、出現していることだ」と述べているように、新自由主義システムの下での社会格差の拡大が「プレカリアート」の増加の最大の要因と見ている点であろう。

以上、資本主義システムの認知資本主義化と新自由主義的なグローバル化の進展の中で登場してきた「コニタリアート」と「プレカリアート」を取り上げてきたが、ここでグローバル・サウスの「変革主体」となりうる「多種多様性」と表現しうる階層と集団について整理しておきたい。

「変革主体」には、①従来の「プロレタリアート」、②認知資本主義化にともなって登場してきた「コニタリアート」、③労働の不安定化と社会格差の拡大によって増加してきた「プレカリアート」、さらに④（新自由主義の下で窮乏化し急進化しているとの条件下での）中間層の諸集団（小農・独立農民、個人経営漁民・林業従事者、小商店主、専門家層、知識人・学生等）、⑤給与報酬を受けない家事労働従事者、⑥土地なし農民、さら⑦スタンディングが階級的編成の中で「プレカリアート」の横に位置すると指摘した⑧⑨「失業者集団と、社会的に順応できず社会の屑のような暮らしを送る、やや離れた集団がいる」を挙げ得るであろう。後者の⑨「社会的に順応できず社会の屑のような暮らしを送る、やや離れた集団がいる」集団とは、「ルンペン・プロレタリアート」と見ることもできよう。さらに、⑩「ノマド（遊牧民）」と称される、グローバル時代に国境を越えて生きる人々も含まれよう。

まず、「プロレタリアート」とは、雇用する側の資本家階級を指すブルジョワジーと対になった概念で、カール・マルクスとフリードリヒ・エンゲルスが『共産党宣言』で使った例によって広く普及した。資本主義社会における賃金労働者階級のことであり。無産階級とも称される。マルクスとエンゲルスは、1848年に

４．グローバル・サウスにおける「変革主体」　109

刊行された『共産党宣言』の中で、「今日まであらゆる社会の歴史は、階級闘争の歴史である」[Marx & Engels 1848=1951：33] という歴史観を述べた上で、近代ブルジョワ社会においては全社会的に階級対立が激化すると論じ、特に両極分解論を主張して中間層がブルジョワジーとプロレタリアートに分かれていくこと、そして最終的にはプロレタリア革命によってプロレタリアートが勝利し、階級対立の歴史が終わることを予言した。この「プロレタリアート」は「工業労働者」という意味で、量的には現在もなお重要な存在でありながらも、認知資本主義化に伴う非物質的労働に従事する「コニタリアート」の社会的重要性の増大によって、相対的に重要性を縮小させている階層である。

　他方、「コニタリアート」は、第４次産業革命の進展の中で、ますます社会的重要性を増してきている階層であるが、内部的には成層化が進み、その一部は「中間層」化していると言えるが、「中間層」化しつつあるとはいえ、労働者層の同盟者としてグローバル・サウスの「変革主体」としては不可欠な重要な存在であると同時に、内部的には国家や企業との関係において「プレカリアート」化する可能性も有する集団である。

　「プレカリアート」は、前述の通りであるが、「プロレタリアート」に相当する人々も、「コニタリアート」に分類し得る人々も、基本的に「プレカリアート」化する可能性もあり、従って、「プレカリアート」は「プロレタリアート」や「コニタリアート」と別々の階層や集団ではなく、かなり重なり合う集団であると考えるべきであろう。

　他方、「ルンペン・プロレタリアート」に関しては、マルクスが1852年に執筆した著作『ルイ・ボナパルトのブリュメール18日』において、ルイ・ボナパルトが率いる「12月10日会」の秘密の諸支部には、「ルンペン・プロレタリアート」が組織されたが、彼らは「あらゆる階級のくず、ゴミ、かす」であると論じ、「ルンペン・プロレタリアート」について次のように述べた。

　「なんで生計を立てているのかも、どんな素性の人間かもはっきりしない、おちぶれた放蕩者とか、ぐれて冒険的な生活を送っているブルジョアの子弟とかのほかに、浮浪人、兵隊くずれ、前科者、逃亡した漕役囚、ぺてん師、香具師、ラッツァローニ（注2）、すり、手品師、ばくち打ち、ぜげん、女郎屋の亭主、荷かつぎ人夫、文士、風琴ひき、くず屋、鋏とぎ屋、鋳かけ屋、こじき、要するに、はっきりしない、ばらばらになった、浮草のようにただよっている大衆、フランス人がラ・ボエムと呼んでいる連中」[Marx 1852=1971：89 ～ 90]

　このように、マルクスは「ルンペン・プロレタリアート」が社会変革の主体になりうるかについては、否定的に捉えたが、1968年に多くの諸国で発生した

「若者の叛乱」や「学生の叛乱」と言われた出来事の中で、彼らの「教祖」と目されていたヘルベルト・マルクーゼ（Herbert Marcuse, 1898 ～ 1979）によって「ルンペン・プロレタリアート」も変革主体になりうることが主張されてきた。マルクーゼは、1964年に刊行した『一次元的人間』において、民主主義的なプロセスの外部に生きる「保守的な民衆基盤の下に、被追放者やアウトサイダー、種族や色の異なる搾取され迫害されている人々、失業者、働けない者たちの層がある」と数え上げ、彼らの持つ「反抗の自然権」を説いた［Marcuse 1964=1974：280］(注3)

　さらには、マルクーゼが指摘したように、失業者集団もその時点では企業や資本に対する対自的な主体とはなっていないとしても、資本主義社会の中で失業状態あるいは半失業状態を強いられているとの実態を考慮すれば、変革主体となりうる集団である。

　中間層の諸集団は、「コニタリアート」の一部と同様に、「新自由主義経済モデルの下で窮乏を強いられ、周縁化されているとの条件」の下で急進化し、変革主体になりうる集団と考えるべきであろう。

　さらに、アルベルト・メルッチ（Alberto Melucci, 1943 ～ 2001年）が1989年に出版した『現在に生きるノマド（遊牧民）』において、現代の複合化した西欧社会の社会運動を分析する新しいフレームワークを提示した、「ノマド（遊牧民）」を挙げ得るだろう。また、ジャック・アタリ（Jacques Attali, 1943年～）も、「ノマド」論を展開した。アタリは、20世紀的な「第３世界」から先進工業諸国への移住者（難民、亡命者、出稼ぎ、移民労働者）だけに限定せず、先進工業諸国を含めて世界のすべての人々の生活と消費の様式が今後ますます〈移民化〉するとの意味合いで「ノマド（遊牧民）」化の現象を予想した。

　「人々は次第に伝統的な生活と人間関係から脱して、遊牧民のように地球をあけめぐるようになるであろう。この人々のノマド化を推し進めたのは、〈ハイパー産業社会〉の出現である。ハイパー産業社会とは、さまざまなサービス（教育、医療、交通、コミュニケーション、安全保障など）が大量生産される工業製品に置き換えられる社会のことである。だから現代の高度産業社会とは、通常言われている〈サービス社会〉あるいは〈ポスト産業社会〉のように工業製品がサービス・知識・情報に置き換えられていく社会ではなく、むしろその逆の傾向が強い社会だ、というのが当たりの主張である。テクノロジーの発展は、これまで市場の外に置かれていた諸々のサービスをポータブルなものの機能に転換し、従ってこれらのサービスを市場化することを可能にした。（中略）人々のコミュニケーション・メディアとして機能するこのポータブルな物を、彼は〈ノマド

4．グローバル・サウスにおける「変革主体」　111

物〉と呼ぶ。ノマド物を手に入れることは、個人が自立と移動能力と情報と権力を手に入れることを意味する。それは、制度や官僚組織に縛られていた個人がそこから自立しておのれの生活の主人になる可能性を手に入れることである。（中略）だが、この工業製品の普及は、その所有をめぐる不平等な社会関係を産み出す。それは、地球上のすべての人々がこのポータブルな消費財を平等に入手しうるわけではないからである。（中略）ノマド物を入手できない非先進工業地帯の人々は、難民・移民という形で先進地域への流入を図る」[斉藤 1999：186-188]

　さらに、このような「ノマド物」を入手した人々の中に、「ノマド（遊牧民）」の概念から発した「ノマド・ワーカー」と呼ばれる人々がいる。「ノマド・ワーカー」は、ノートパソコン、スマートフォン、タブレット端末などを使い、Wi-Fi 環境のある喫茶店など、通常のオフィス以外のさまざまな場所で仕事をする人々のことである。この「ノマド・ワーカー」も、「コニタリアート」であり、かつ「プレカリアート」的な流動性を有する人々として、グローバル・サウスの「変革主体」の一部をなす人々に分類することもできよう。

　以上の通り、グローバル・サウスにおける「変革主体」となりうる社会階層・集団としては、それぞれの間に明確な境界線が存在する訳ではなく、また重複する場合もありうるが、「プロレタリアート」、「コニタリアート」、「プレカリアート」等の労働者の諸層、新自由主義経済モデルに対抗する中間層諸集団、給与報酬を受けない家事労働従事者、土地なし農民、ルンペン・プロレタリアート、失業者集団、「ノマド（遊牧民）」、「ノマド・ワーカー」を挙げ得るが、しかし単に人々がこれらの階層・集団に属するからといって、ただちにグローバル・サウスの「変革主体」になりうるわけではない。これらの階層・集団に属することが客観的条件であり、さらに彼らが、次章以下で見ていくような、21世紀型の社会運動である「ネットワーク」型で、かつ「クラウド型」の社会運動を通して、現状の打破を目指す大規模な「街頭行動」に主体的に参加し、「TAZ（一時的自律空間）」を創出していくことが、主観的条件として必要となる。これらが、「グローバル・サウス」の「変革主体」となるための必要十分条件である。

―― 5.「ネットワーク型」社会運動の拡大 ――

（1）シアトルWTO閣僚会議抗議デモ

　1980年代末から進行した新自由主義的な「グローバル化」の進展に相まって、反新自由主義的な「グローバル化」運動が台頭するようになった。第4章第1節で触れたような、社会運動の「新しいサイクル」が開始した。しかし、ここで明らかにしておく必要があるのは、「グローバル化」には広義の「グローバル化」と、狭義の「グローバル化」があり、1980年代末に加速化した「経済のグローバル化」は、ヨーロッパの植民地主義的拡大をもたらした「大航海時代」を歴史的起点とする広義の「グローバル化」の最新の段階であるという事実である。

　1980年代末以降に語られるようになった「経済のグローバル化」は、「グローバル化」の最新の段階にある狭義の「グローバル化」と理解されるべきである。それは、1980年代以降、新自由主義をイデオロギーとする市場原理主義の世界的強制によって生じた現象である。反「グローバル化」運動が抵抗し抗議しているのは、この狭義の新自由主義的な「経済のグローバル化」である。しかし、反「グローバル化」運動の中には、狭義の「経済のグローバル化」に対抗するだけでなく、ヨーロッパの世界的拡大に発した過去600年にわたる、植民地主義支配とも換言しうる、広義の「グローバル化」に対抗する反「グローバル化」運動も、「グローバル・サウス」を主体として存在する。1996年7月にメキシコのEZLNが掲げた「人類のために、新自由主義に反対する大陸間会議」（「反自由主義大陸間会議」）は、新自由主義に対抗すると同時に、ヨーロッパの植民地主義的な拡大によって開始された広義の「グローバル化」に対抗する意味を有するものであった。

　1999年11月30日から12月3日までシアトルで行われた第3回WTO閣僚会議に対する抗議デモは、社会運動の「新しいサイクル」を画するものであり、以後旧「南北」双方の新自由主義に抵抗する人々、即ち「グローバル・サウス」の人々が地球規模に広がる端緒となった。この閣僚会議への抗議デモには全世界から7万人の市民、500を超えるNGO・社会運動が参加した。そして、その後の反「グローバル化」運動は「シアトルのように」という合言葉の下に闘われることになった。(注1)

　シアトルWTO閣僚会議抗議デモから始まった新自由主義的な「グローバル化」に対する抗議デモが、数万人規模から十数万人以上の規模の街頭行動に拡大していった背景には、1990年代にNGOや社会運動が国連関係の国際会議に参加

5．「ネットワーク型」社会運動の拡大　113

したり、あるいは国連や先進諸国主導の政府間会議に並行的な国際フォーラムが
開催されてきた歴史を振り返る必要がある。このような形態が常態化し始めたの
は、1992年にブラジルのリオ・デ・ジャネイロで開催された「国連環境開発会議」
からであった。この会議では、政府間会議に3万人が参加し、並行して開催され
たNGOフォーラムには1万8000人が参加した。その後、1993年の国連人口会議、
1994年の国際人口開発会議の際にはNGOフォーラムにそれぞれ5000人、4200人
が参加した。このような動向が決定的な意味を持つようになったのは、1995年に
コペンハーゲンで開催された世界社会開発サミットであった。この会議では政府
間会議に1万4000人が、NGOフォーラムに1万2000人が参加した。また北京で
開催された第4回世界女性会議には、政府間会議に1万7000人、NGOファーラ
ムに3万人が参加した。社会開発関係の国際会議にNGOが参加するとともに、
並行的にNGOファーラムが開催されるようになった。これらの社会開発関係
の国連主導による国際会議には、NGOも参加できるという枠組みが確立された。
いわば資本、技術、情報、ヒト等が展開するトランスナショナルな（越境的な）
グローバル・ガバナンスの一角に、NGOが参加するようになった。

　第3回シアトルWTO閣僚会議以来顕著になったのは、労働運動、農民運動
などの既成の大衆的な社会運動や既成の左翼政党が反「グローバル化」運動に合
流し始めたことである。「反グローバル化」の対抗運動への参加者が増加したの
も、意識的な個人の集まりである各種のNGO組織に加え、これらの大衆動員
力を有する運動が合流し始めたことによる。これは「反グローバル化」運動が、
もはや一部のNGO組織の孤立的な運動ではなく、「新自由主義」経済政策の結
果である社会格差の拡大に対する選択肢の模索が、先進諸国を含めて世界的な規
模に拡大したことを意味する。しかし、世紀転換期には、抗議行動への参加者
がSNSを通じて大規模に増加するという現象はまだ部分的にしか見られず、こ
の現象は、次節以降で詳述するように、その後21世紀最初の10年間に徐々に拡大
し、2010年代に本格化していった。

（2）サミット・プロテスト運動

　WHOシアトル閣僚会議抗議デモは、行動面では、サミット・プロテスト運動
の恒常化と、全世界のNGO・社会運動の連携という意味では「世界社会フォー
ラム（WSF）」の進展につながった。

　サミット・プロテスト運動が、WHOシアトル閣僚会議抗議デモの延長線上で
大規模に展開されたのは、2001年7月20日から22日まで、イタリアのジェノヴァ
において開催された第27回G8サミット（初回のG6サミットは1975年）に対す

る抗議デモからであった。(注2)

　ジェノバ・サミットの以前にも、サミット・プロテストの先駆的な運動が始まっていた。しかし、ジェノバ・サミットは、サミット・プロテスト運動が恒常化する大きな転換点になった。サミット・プロテストの先駆的な現象が始まったのは、1980年代からであり、最初は1981年7月20〜21日にカナダのオタワで開催された第7回G7サミットの際に、反戦団体、環境団体、左翼系諸団体等約60団体による「民衆サミット」が対抗して開催された。次に、1984年6月7〜9日にロンドンで開催された第10回G7サミットにおいては、イラン・イラク戦争に反対する抗議デモが行われたほか、市民による「もう一つの経済サミット」が初めて開催された。

　1984年の第10回G7ロンドン・サミットにおいては、欧米系のNGOと市民団体が集まって、G7を直接標的とする行動を開始して、サミットに対抗する「もう一つの経済サミット（TOES：The Other Economic Summit）」が抗議デモを組織した。また、これと並行して、環境問題の研究者、市民団体の活動家、反核運動の活動家等が参集し、G7参加国に対して、主に「南」との関係や環境問題に関して呼びかけを行った。その後、TOESが中心となって、1984年から1988年の間、サミット開催国の様々な市民ネットワークやNGOとの共同によって「対抗サミット」が開催され、これらの諸運動はG7を新自由主義的な「グローバル化」の象徴として名指しして非難するようになった。しかし、この頃は、「対抗サミット」の影響は限定的であった。その後、東西冷戦構造の消滅と「ワシントン・コンセンサス」の確立による新自由主義的政策の公式化に伴って、「対抗サミット」の必要性に関する認識が強まっていった。特に、国際的な諸機関や組織、G7（その後G8）、IMF、世界銀行、WTOが、1995年以降、新自由主義的な「グローバル化」を推進する積極的なアクターに転じ、グローバルな権力、所謂、『帝国』が形成されたことが抗議行動を活発化させる背景となった。

　この時期、まず1988年にベルリンで開催されたIMF・世界銀行の年次総会に、国際連帯を訴える団体や多くの市民団体が抗議デモを行った。また、フランス革命200周年となった1989年7月にはフランスのミッテラン（Francois Maurice Adrien Marie Mitterrand, 1969〜1996）大統領が主導した第15回G8アルシュ・サミットと並行して、地球の「第3身分」を称する7ヶ国（バングラデシュ、ブラジル、ブルキナ・ファソ、ハイチ、モザンビーク、フィリピン、ザイール）が「第1回最貧7ヶ国サミット」を開催した。(注3)

　1989年7月の「アルシュ・サミット」への市民の集結は、これまでのさまざまに展開されていた動きが合流したものであった。この合流は、エコロジー問題、

5. 「ネットワーク型」社会運動の拡大　115

ミクロな経験から発する新たな経済、G7と対極のヴィジョン —— 非武装（東西
関係）、第3世界連帯（南北連携）、—— といった課題と、オルタナティブな、新
しい政治のあり方を合体させていった。1989年7月15〜16日に行われた「第1
回最貧7ヶ国サミット」は、まさにその実例であった。この「最貧7ヶ国サミッ
ト」は、2つの点でG7の対極に立って、G7の考え方そのものを否定した。す
なわち、富者としてではなく貧者として、また国家ではなく非政府の民衆によっ
てなされた。そして、明示的に「人類の3分の2以上が、排除と忘却の中にい
る」ということを象徴したのである。

　1989年の「最貧7ヶ国サミット」における市民の大結集は、それまでの社会運
動が歩んできた一つの道を確実なものにしたのだが、1986年から1989年の間に西
ヨーロッパで盛り上がった闘争の終わりを告げるものとなった。「我々は新たな
市民性を構築する。毎年のサミットで、この新しい市民性を富裕国に対して、ま
た世界の民衆の前で表明していきたい」とした「最貧7ヶ国サミット宣言」の最
後の言葉にもかかわらず、このような方向性を有する社会運動が本当に再開され
るのは、1996年以降を待たねばならなかった。

　1994年に「債務危機ネットワーク」がキャンペーンを開始し、これを受けて
1996年にイギリスでNGO団体「クリスチャン・エイド」の支援を受けて、カ
トリック教会が旧約聖書レビ記に記されている「ヨベルの年」を2000年に決めた
ことから「ジュビリー2000」の名で知られようになる債務救済運動が始まった。
この運動は、要求の相手を「国際金融機関の主な株主である」各国の元首ならび
に政府首脳が席を占めるG7に絞ることにした。政府首脳は、その肩書におい
て、途上諸国の国々の債務に対して、大きな責任を担っている立場に置かれてい
ると判断されたのである。1998年のイギリス・バーミンガム・サミットは、ロシ
アの初めての公式参加によってG8となったが、この折に、「ジュビリー2000」
は結集をはかった。この取り組みは、期待した以上の成功を収めた。7万人以上
が参加して、人間の鎖を作り、サミット会場を取り巻いたのである。(注4)

　バーミンガム・サミットへの抗議行動は、大規模なキャンペーンの始まりと
なった。2年後、「ジュビリー2000」は66ヶ国に拡がっていた。「ジュビリー
2000」は100以上のデモに参加し、署名運動を行い、166ヶ国から2400万の署名
を集め、すべての記録を打ち破った。バーミンガムでの「ジュビリー2000」の
成功があり、そして1999年6月には3万人の人々がG8サミットの開催地である
ケルンの町を行進した。債務問題では、政府首脳の間でも、活動家たちの間で
も、討論の中心課題だった。「南」側から来た活動家たち（フィリピン人、南ア
フリカ人たちが中心的な役割を担った）は、数か月後には、ヨハネスブルグでも

「ジュビリー・サウス」を結成し、イギリスのジュビリーとは異なる「南」側の声を届けるために、ケルンに集合したのである。言い換えれば、最貧国が主導して、最貧国の債務削減のプロセスに入ることを表明することになったほど、討論は激しさを増したのである。このキャンペーンは2000年末に終結した。そして、このキャンペーンのアイデアを出したイギリスの数々のNGOは、「イギリスジュビリー2000」の解散を選択した。そしてイギリスでは、ジェノヴァのG8サミットを目指した短期のキャンペーンとして、「Drop the Debt」を始めた。この経験はNGOと新しい運動との非常に大きな接近の機会となり、その後、多くの社会フォーラムに結晶していった。

「ジュビリー2000」は、沖縄サミット直前の2000年7月19～21日に、最貧国の債務問題の国際シンポジウムを開催した。すべての国際キャンペーンの構成員たちがそこに居合わせた。その一つにイギリスの大きな代表団があり、「ジュビリー・サウス」は積極的な役割を果たした。那覇や名護で参加者たちはデモをした。そして、全体の大きな流れに合流し、2万7000人以上で人間の鎖を作り、嘉手納基地を包囲した。

この国際シンポジウムは、1989年の「もう、うんざりだ！」以来、消えかけていたG7に反対する行動を呼び戻し、G7の指導者たちに対する参加者全員一致のアピールを採択する機会となった。このアピールは不当な債務の帳消しと、健康、教育や貧しい住民の暮らしを犠牲にすることなしには返済できない債務は、帳消しにすべきだと要求した。また、アピールは、国際金融機関が課しているコンディショナリティ（融資条件）を批判し、帳消しにすることを監察する独立した監視機関の設置を求めた。

1999年は、米国のシアトルで開催されたWTO閣僚会議を、大量のデモ隊が包囲し衝撃を与えた年として、反対運動への市民の結集が、世界中へ広がっていった転換の年と見なされている。しかし、同年中にはWHOシアトル閣僚会議抗議デモ以前から、変化の兆候を示すいくつかの出来事が生じていた。

パリでは、同年6月、世界中から1200人の活動家がATTACや他のヨーロッパのネットワークの呼びかけで集まった。この集会は、シアトル以後に増大していくいくつもの集会の前触れとなった。2000年2月、国連貿易開発会議（UNCTAD）会議に合わせて行われたバンコックでの会議。同年6月、国連「コペンハーゲン＋5」の社会サミットに合わせて行われたジュネーヴ会議。そして、2001年1月、ブラジルのポルト・アレグレで最初の会合が開催されて以来、毎年開かれた「世界社会フォーラム」などがこの延長線上で続けて行われた。

さらに、G8を標的として2つの国際的な取り組みが、1999年に行われた。欧

州評議会とG8サミットに対抗して行われた「ケルン会議」、そして「ストリートを取り戻せ」の「J－18」である。ドイツ政府は、議長国として、続けて2つの首脳会議を組織する決定を行った。すなわち、5月末の欧州評議会（EUの元首や政府首脳のサミット）、そしてその3週間後のケルンG8サミットである。この2つのサミットを前にして、統一行動として2つの取り組みが行われた。

EUのオルタナティブな方向性への転換を強く要求するために、事前の運動は、失業・排除・雇用不安に反対する欧州大行進として展開された。この大行進は1990年代最大のもので、1999年5月、ヨーロッパ中を巡回してきた行進を結集し、アムステルダムにおいて大規模なデモを組織した。さらにケルンでは、欧州大陸全土から来た3万人の活動家たちが、ブリュッセルとケルンの間を行進した300人に加わったのである。

G8を前に、この活動は最大のテーマとして、債務帳消しを担った。これに続けて、バーミンガムでの「ジュビリー2000」の成功があり、そして（前述の通り）3万人の人々がケルンの町を行進した。そして、1999年には、ケルンG8サミットへの対抗運動に「南」側の農民たちも合流した。インドのカルナタカ地方の農民たちのキャラバン隊が、ヨーロッパ数ヶ国を巡回し、最後にG8サミットに反対する一大イベントが行われているケルンに合流した。彼らは、「ビア・カンペシーナ」に参加する南インドの農民組合で、ヨーロッパに、「南」側の農民の闘いを伝えるために参加した。

そして、南インドの農民たちの行動は、多くの象徴的な意味をもつことになった。彼らは、失業に反対する欧州大行進に参加し、ジュネーヴのノヴァルティス社の前でのシット・インなどによって抗議運動をメディアに注目させることに成功していたジョゼ・ホヴェ（José Bové, 1953 ～）と一緒に、フランス・モンペリエで、遺伝子組み換え作物の稲を引き抜くという、直接行動に参加したのだ。

もう一つの運動で、騒ぎをより大きくしたのは、1999年6月18日、G8サミットの開催日に、「ストリートを取り戻せ（Reclaim the Streets!）」とその協力者によって組織された「J－18」である。「ストリートを取り戻せ」は、1990年代初頭にイギリスで生まれた運動で、公共政策を標的とした「地球の友」あるいは「グリーンピース」のようなエコロジー運動の先鋭化から生まれたものである。「ストリートを取り戻せ」は、若い世代の間では圧倒的な支持を集めており、あらゆる社会運動に参加しつつ、路上パーティーを行うという活動をもっぱら行った。イギリス・リヴァプール港のドッグ労働者のストや、1997年春にヨーロッパ失業反対の大行進がロンドンを通過したとき、あるいは労働組合とともに行ったロンドンの地下街民営化に反対する闘いなどに取り組んでいた。「J－18」のア

イデアは、地球上の金融の中心地を麻痺させることであった。アジア金融危機の直後、「ストリートを取り戻せ」は、フランスのATTACと同様に、市場と金融機関に反対するキャンペーンを張ることを目指すことにしたのだ。「Jデー」には1万人がロンドンの金融街シティーを埋め尽くした。このようなことは19世紀中葉からそれまでなかったことであった。

このような1980年代からのサミット・プロテストが転換点を迎えたのがジェノバ・サミットであり、それまで毎年開催されてきたG8サミットの意義を再考させるものとなった。特に、ヨーロッパの植民地主義の延長線上で確立された欧米の世界支配が確立された過去数百年の歴史の中で、支配的システムとなってきた大国主導型の国際秩序に対する根底的な疑問が呈され、、その後このような枠組みでサミットを開催していくことの意味が問われることになった。

抗議デモには、「(G8の) 8人に世界を決めさせない」とのスローガンの下に、100ヶ国前後の国々から20〜30万人が参加した。この抗議デモに先立って、7月16日から19日にかけて、同年1月にブラジルのポルト・アレグレで開催された第1回「世界社会フォーラム (WSF) のヨーロッパ版である「ジェノバ社会フォーラム (GSF)」が開催されて、100ヶ国から700のNGO・社会運動に属する2万人以上が参加した。このGSFの延長線上で、7月19日から21日には本会議場・首相官邸周辺の「レッドゾーン」と指定された地域の周辺に移民労働者との連帯や債務帳消しを掲げた10〜30万人規模の抗議デモが連日行われた。

ジェノヴァG8サミットへの対抗運動に参加したトランスナショナルなNGO・社会運動のリーダーは次のような人々であった。先進諸国からは、『No Logo (邦訳『ブランドなんか、いらない』)』の著者であるカナダ人のナオミ・クレイン (Naomi Clein, 1970〜)、邦訳『グローバル市場経済生き残り戦略』の著者である米国のスーザン・ジョージ (Susan George, 1950〜)、イギリスのNGO「グローバライズ・レジスタンス」代表のガイ・テイラー (Guy Tailor)、フランスの月刊誌『ル・モンド・ディプロマティック』編集長であるベルナール・カッセン (Bernard Casse, 1937〜)、フランスのATTAC (投機的な資本の移動に対して徴税し、この資金を貧困根絶に使用しようとする市民運動) の提唱者であるイグナシオ・ラモネ (Ignacio Ramonet, 1943〜)、「世界女性行進」代表のカナダのダイネ・マット (Daine Matt) などである。また、ラルフ・ネーダー (Ralph Nader, 1934〜) はビデオ討論会に参加した。

途上諸国からは、タイのNGO「フォーカス・オン・グローバル・サウス」代表のウォルデン・ベロ (Walden Fores Bello, 1945〜)、反IMF・世銀運動である「50年はたくさんだ」代表であるケニア人女性のジョキ・ジェフ

5. 「ネットワーク型」社会運動の拡大　119

(Joki Jeff)、アフリカ貧困問題の専門家であるアミナタ・トラオレ（Aminata Traoré, 1947 〜）、「土地なき農民の国際運動」の議長であるホンジュラスのラファエル・アレグリア（Rafael Aregría）、ブラジル労働統一組織書記長のサンドラ・カブラル（Sandra Cabral）、生物多様性の専門家であるインドのバンダナ・シバ（Vandana Shiva, 1952 〜）、アルゼンチンの社会運動「5月広場の母親たち」代表のエバ・デ・ボナフィーニ（Heva de Bonafini, 1942 〜）などが参加した［小倉2001：110-111］。

　2002年6月25 〜 28日、カナダのカナナスキスで開催された第28回カナナスキス・サミットと並行して、アフリカのマリのギニアとの国境から数十キロのところにある、1万8000人が住む自治体の中心にある小さな村、シビで、カナナスキス・サミットに対抗する「民衆の村フォーラム」が開催された。このフォーラムは、マリの市民組織が、「ジュビリー2000」と「CAD-Malí（Coalition des Alternatives Africaines Dettes et Développent-Mali）」が共催で開催したものである。

　「シビ村では、カナナスキスのように、中心的テーマが討論される予定だった。つまり、英語の頭文字を取った"NEPAD"（「アフリカ開発のための新パートナーシップ」）(注5) という名で知られているアフリカの発展のための新しい経済的パートナーシップについてである。だが、議論の性格と文脈はもちろん同じではない。」

　「シビ村には西アフリカ（セネガル、マリ、ニジェール、コートジボワール、ブルキナ・ファソ、ギニアなど）の農村組織や組合、市民組織の代表300人が集まった。シビの『民衆の村フォーラム』は、NEPADを支援することを目的としていない。私たちの目的は、民衆教育、情報、交流、建設的な批判ができる集団的でオルタナティブなチャンスを作り出すことである。」［ATTAC France 2007＝2008：129］

　限られた手段（道がない、電気水道やがないという）の中で、3日間の交流・分析・報告が行われ、何人かの若者によって、その都度、テーマに沿ったイメージを喚起する寸劇が上演された。これらの小さなシーンは、国家主権を奪われ、対外債務の負担に苦しみ、西欧の多国籍資本とのまったく不平等な競争、あるいは原材料の価格の歴史的下落によって貧しくなったアフリカの民衆の状況を表現していた。

　このフォーラムは、西アフリカのオルター・グローバリゼーション運動の構築のために、市民の反権力意識を強めるのに役立った。これは、「南」側の地で、支配的な論理に抗議し、実効性のある国際連帯を造り上げるための最初のフォー

ラムだった。以来、マリでは、毎年、Ｇ８サミットが開催されるたびに反サミット・フォーラムが開かれた。

　その後、Ｇ８に対するサミット・プロテスト運動は次の様な経緯をたどった。

　2005年７月、イギリスのグレンイーグルズで開催された第31回Ｇ８サミットでは、約20万人が会議場からほど近い都市であるエディンバラで抗議デモを行った。また、会議場付近では、サミット開催に反対する団体が会場に通じる道路を封鎖するとともに、飲食店の窓ガラスに投石して警官隊と衝突したほか、「アフリカの貧困救済」を訴える約4000人規模のデモが行われ、このデモに参加していた約300人が会場周辺に設けられたフェンスを突破した。

　2005年11月、韓国釜山で開催されたAPEC首脳会議では、APECの開催や貿易自由化に反対する農民団体、労働団体、市民団体等のメンバー約３万人が抗議デモを行った。デモ隊の一部が、道路を遮断するために警察が設置していたコンテナを引きずり倒したほか、警官隊に投石して、警官隊と衝突したため、双方に多くの負傷者が出た。

　2005年12月、香港で開催されたWTO第６回閣僚会議では、自由貿易等に反対するNGOのメンバーら約１万人が抗議デモを行った。このデモ隊のうち会議場に接近しようとした韓国農民団体のメンバーが警戒線を突破して警官隊と衝突したほか、道路を封鎖するなどして、約900人が身柄拘束された。

　2007年６月、ドイツ・ハイリゲンダムで開催された第33回Ｇ８サミットでは、約８万人が会議場からほど近い都市であるロストックで抗議デモを行った。このデモ隊の中には、「ブラック・ブロック」と呼ばれるアナーキスト系の全身黒装束のグループ等が参加し、警官隊への投石や店舗破壊等を行った。また、一部のデモ隊は、会議場につながる鉄道・道路を封鎖するなどした。これらの抗議行動により、約1100人が身柄拘束された。

　サミット・プロテスト運動は、その後上記のような経緯を残してきたが、『サミット・プロテスト』の著者である野宮大志郎に拠れば、「多様化、大規模化、複数化」の３つの方向で拡大してきた［野宮 2016：35］。野宮の説明は次のように要約できよう。

　「多様化」とは、プロテスト運動で扱われるイシューの多様化であり、人種差別、移民問題、労働者によるストライキ、エコロジー運動、生態系に関する諸問題、最貧国重債務問題、植民地問題などが議論されるようになり、1980年代後半にはサミット・プロテストは多様な関心を持った広範な市民の集まりとして、サミット参加国首脳に訴え、問いかけを行う行動体として成長した。「大規模化」は1990年代半ば以降に生じたサミット・プロテスト内部における組織変化の結果

であり、NGO団体と社会運動団体の合流が背景にあり、1996年6月27〜29日にフランスのリヨンで開催された第22回G7サミットから顕著になった。リヨン・サミットにおいて、「南」の諸国の市民団体との連携を重視してきたNGO組織と、「北」の先進諸国で活動してきた、特に先進諸国が採用する新自由主義経済政策や多国籍企業主導のグローバル化を批判してきた社会運動団体の連携が確立された。その背景として、1990年代に入り「北」の先進諸国においても、「南」の諸国と同様に不平等と格差が拡大していることが明白になり、NGO団体と社会運動団体とが協働して活動するようになった経緯がある。前述の通り、EZLNが第1回「反新自由主義大陸間会議」を呼びかけたのが1996年7月であったことを考慮すると、同年6〜7月頃に「南北」双方からの「グローバル・サウス」の形成が始まっていたと評価される。

　最後に、「複数化」とは、「市民によるサミット・プロテストが年間を通して、さらには、同時期に複数個所で行われるようになった」ことである［野宮2016：40–41］。「複数化」現象が顕著になったのは、1999年からである。まず4月、IMFと世界銀行に対抗し、「グローバルな公正」を訴える「A16（4月16日）」と呼ばれる対抗運動が組まれた。5月、欧州評議会に先駆けて「欧州大行進」が行われた。この時のイッシューは失業、雇用不安、排除であった。また6月、ケルン・サミットに先駆けて、1200人の活動家が世界中からパリに結集した。同様に、インドのケルナカタ地方から農民のキャラバン隊がヨーロッパ数ヶ国を歴訪する動きを始めている［ATTAC2008：125］。さらには、G8ケルン・サミットの開催所に初日となる6月18日に「J18」と命名された対抗運動が、イギリスのロンドン・米国のユージーン、ドイツのケルンで同時に開催されている。

　こうしてサミット・プロテストは、1990年代後半以降に首脳サミットの対抗勢力という認識が拡大したが、この時期を境にプロテスト運動の内部分化と多極化が顕著に見られるようになった。分極化の争点となったのは、G8との対話戦略、対抗サミットの実施、対抗的な直接行動の重視の3点であったと考えられる。対話戦略は、G8諸国との対話を通じて、特に開催国政府との対話路線を重視しようとする市民的活動戦略である。対話は、G8サミット開催国政府が用意する傾向が強まり、プロテスト勢力の分断を図ろうとする動きに連動するものである。第2点の「対抗サミット」は、（次節で扱うが）2001年1月にブラジルのポルト・アレグレで開催された「世界社会フォーラム（WSF）」によってその傾向が加速化された。そして、WSFの精神と活動スタイルが、2000年代のサミット・プロテスト運動に受け継がれた。第3点目の「対抗的な直接行動」は、2001年7月20〜22日にイタリアのジェノヴァで開催された第27回ジェノヴァG8サ

ミットにおいて明確な形をとるようになった。

2017年7月7〜8日にドイツのハンブルグで開催されたG20サミットに対して、同8日に「G20ではなく国境なき連帯を」を合言葉にした抗議デモが行われ、G20諸国を中心に世界各地から8万人が参加した。少数の富裕国が世界の動向を議論する枠組みに抗議し、より公正で民主的な国際秩序を求めた。参加者は、途上国支援や気候変動対策の強化、紛争の停止や過度な自由貿易の見直し、移民・難民支援など多くの課題で対案を提案した。平和問題では、各地での紛争に参加するG20諸国を糾弾して「暴力をやめろ」と叫ぶとともに、国連総会で核兵器禁止条約が採択されたことを歓迎した。こうして、サミット・プロテスト運動は、2017年より対象をG7からG20に転換し、サミット・プロテスト運動の内実に変化が生じた。

（3）世界社会フォーラム

G7／G8サミットに対する「対抗サミット」（抗議デモを行うだけではなく、オルタナティブな世界のあり方を提示する活動）が具体的に展開されるようになったのは、2001年1月に発足した「世界社会フォーラム（WSF）」であった。WSFによる対抗ヘゲモニー型グローバル化運動は、ローカル、ナショナル、グローバルな闘争の連携を基盤としている。それは、ユートピアの欠けた新自由主義型世界の中にユートピアを満たすこと、"もう一つの世界は可能だ"という信念によって結びつけられた多様な社会運動やNGOによって展開された。

この信念の下に、WSFは世界規模で社会的、政治的、文化的により公正な社会を追求している。すなわち、排除や搾取、抑圧、差別、環境破壊といった現状から解放された社会を求める多くの従属的社会集団の願望を含んでいる。その意味で、2000年以降、WSFは世界各地で芽生え、活動する対抗ヘゲモニー型グローバル化運動を最もうまく表現し接合する運動となった。そして、WSFが1980年代初めに本格化した新自由主義的な「グローバル化」に対抗する最初の大規模かつ越境的な進歩的運動である。その方向性は、従来の「単一思考」に対するオルタナティブな可能性の追求であった。

ヘゲモニー型グローバル化に統合されたローカル、すなわち、「ローカル化されたグローバリズム」は、ヘゲモニー型グローバル化によるローカルへの有害な埋め込みである。換言すれば、「ローカル化のないいかなるグローバル化も存在しない。もう一つのグローバル化があるようにもう一つのローカル化がある」。多くのWSFに関わる運動は、新自由主義型グローバル化によりもたらされ、激しい社会的排除に反対して闘ったローカルな闘争として出発した。それらは、し

5. 「ネットワーク型」社会運動の拡大　123

ばしば WSF を通じて、対抗ヘゲモニーとして、リージョナル化することを通じて、ローカル／グローバルな連携を発展させた。WSF は、社会運動や NGO によるローカル／ナショナル／グローバルの重層的レベルにおける社会闘争の実践や知識の国際的な交流である。

　WSF は、ダボス会議（世界経済フォーラム）への民衆による対抗フォーラムとして、2001年1月にブラジルのポルト・アレグレで始まった（参加者数2万人）。WSF は様々な諸要素を糾合し、グローバルな抵抗を代表する重層的な政治的・社会的空間として特徴づけられる。そして、それは、特に誰も代表せず、1つの共通な声を語ることなく、シンボリックかつ具体的に世界秩序の変革に向けての水平的な開かれた空間となった。WSF では、戦争・平和、民主主義、環境、差別、暴力と抑圧、移民、食糧、水、疾病、農業、貿易、債務、労働、ジェンダーなど多岐にわたるテーマと問題点が取り上げられた。

　WSF の理念と原則は「世界社会フォーラム憲章」(14原則) に見られる（フィッシャー・ボニア編2003：443-446参照）。

＊WSF は、「人類の間の、ならびに人間と地球を豊かに結びつける、グローバル社会を建設するために行動する市民社会のグループや運動体による、思慮深い考察、思想の民主的な討議、様々な提案の作成、経験の自由な交換、ならびに効果的な活動を行うために繋がりあうための、開かれた集いの場である」（憲章1）。

＊WSF は、「もう一つの世界は可能だ」という宣言のもとに、「オールタナティブを追求し建設する恒久的プロセス」（憲章2）を目指している。

＊WSF は、「グローバルなプロセス」（憲章3）である。

＊WSF は、「連帯のグローバル化を世界史における新しい段階として広げ」、具体化する。「社会正義、平等、民衆の主催のための、民主的な国際システムや制度」（憲章4）を支える。

＊WSF は、「もう一つの世界をつくるため、ローカルから国際的なレベルまでの具体的な行動に従事する諸団体や運動を、相互に関連づける」（憲章8）。

＊WSF は、「ジェンダーや民族、文化、世代や身体的能力の多様性」と同様に、「諸団体や運動の活動やかかわり方の多元性と多様性に対して、つねに開かれたフォーラム」である（憲章9）。

＊WSF は、「人権の尊重、真の民主主義の実践、参加民主主義、民衆・民族・ジェンダーや人々の間での平等や連隊のなかでの平和的交流を支持」する（憲章10）。

＊WSF は、「討議のためのフォーラム」である（憲章11）。

＊WSF は、「世界が経験している人間性喪失のプロセスと国家により行使される暴力に対する、非暴力的抵抗力の力を増大」させ、「人間らしい政策」を強化する（憲章13）。

＊WSF は、地域レベルから国際レベルまで、「地球市民権の問題」に取り組んでいくことを促進する「1つの過程」である（憲章14）。

以上、「WSF 憲章」からうかがえる特徴は、1990年代末から顕著になった「オルタ・グローバリゼーション運動」が、20世紀を通じて拡大した欧米資本主義近代における従来の左翼や社会運動の思考や実践とは異なっていることを示唆している。様々な政治的文脈を始めから排除しないすることを前提とする包摂のスタイル、そして創意の尊重を WSF は生み出そうとした。

WSF は多くの新しい特徴を示してきたが、参加する市民社会アクターの多様性ゆえに、当然、様々な論争や対立が起こり、若干の問題と緊張を経験した。その一つが政党の位置づけと役割に関わっている。対抗ヘゲモニー型グローバル化の構築における政党と社会運動および NGO の関係は、疑いなく論争的であった。広い意味で、それらは WSF にも影響している。原則憲章9は WSF における政党の従属的役割を明らかにしている。WSF は社会運動と NGO の中で組織されたように市民社会の所産である。しかしながら、政党と運動との関係の問題は抽象的には決められない。歴史的・政治的諸条件が国により多様であり、異なる文脈で異なる対応が決められる。前述のようにブラジルでは、ポルト・アレグレの市政を担い、また2003年から2016年まで政権与党となった労働者党（PT）は社会運動の所産であり、その歴史は社会運動の歴史から切り離せない。

ナショナルな闘争とグローバルな闘争のどちらを優先させるのか、この優先順位の問題も論争の的となった。たとえば2004年にムンバイで開かれた第4回WSF では、その原則憲章がインドの社会的・政治的条件を十分に考慮されていない問題が提起された。そこには、「コミュナリズム」の問題、ナショナルな多様性とローカルな言語の重要性、WSF における政党の役割が含まれた。ムンバイの WSF での論争は積極的に評価される。即ち、この問題を契機に、グローバルなダイナミズムへのローカルの適用の革新的で注目すべき過程の始まりがあり、それを通じて、ナショナルな諸条件と闘争が広範なグローバルな文脈に埋め込まれていることを確認された。しかし、同時に、ナショナルな現実の特殊性に照らして、グローバルな文脈は自分自身を再び脈絡化するよう促した。

こうして、ムンバイにおける第4回 WSF は、傘下の社会的基盤を大幅に拡大する点で飛躍的な前進であった。他方、同様に、第5回 WSF（ポルト・アレグレ）はプログラムのボトルアップ型作成に関して画期的な前進であった。

5. 「ネットワーク型」社会運動の拡大　　125

　また、2007年の第7回ナイロビ・フォーラムでは、NGOと社会運動体との対立、運動の目標のあり方をめぐる「穏健な勢力」と「ラディカルな勢力」との間の分岐、財政的・組織的な規模による参加組織の影響力の相違などが顕在化した。

　こうしたWSF内部の不一致は、参加メンバーの多様性と規模の拡大ゆえに不可避であると言える。すべての運動のアイデンティティの多様性と差異を相互承認し、対話、議論という大きな努力が要求される。そのために、コンタクト領域（contact zone）という観念が提案された。それはすべての運動やNGOにおいて、すべての実践や戦略において、またあらゆる言説あるいは知識において、すべてのNGO、実践、戦略、言説、知識との間に相互浸透と相互理解を可能にする「領域」であり、「空間」である。

　WSFのユートピアは解放型民主主義の一つである。WSFは民主主義深化に向けた幅広い集合的プロセスであることを主張しているので、内部民主主義の問題がますます緊急性を帯びた。民主主義の闘争におけるWSFの信頼性は、ますます内部民主主義の信頼性に依拠する。WSFは新たな政治文化に向けてさらなる自己学習のプロセスを経験しなければならなかった。

　ネグリとハートが主張しているように、「ポルト・アレグレのファーラムは、当初から、巨大なネットワークとして、立ち現れた」[Fisher 2003：5]。WSFは、グローバル時代の「ネットワーク型」運動の典型として出現した。どのような主体間のネットワークであったかについて、ネグリらは「ブラジル労働者党（PT）の党員と“グローバル化”抵抗運動を結びつけ、新しい形の参加型民主主義を試みている地方行政官とグローバル民主主義を目指すユートピア主義者とを、結びつけた。このように、このフォーラムは、それぞれに異なった外観を持った、いわゆる反グローバル化運動が合流する場であり、彼らが、いかに実際にグローバルであるかを示す場なのである」[前掲書：5-6]と述べ、さらに「ネットワーク」の特徴として、次の通り指摘している。

　「ポルト・アレグレのネットワークが、一種の共有プロセスという形態を取っていることである。つながりは討議へと変換され、ネットワークは要求と行動計画のリストへと生成される。私たちが、何を共有しているかを認めあい、組み上げていくことは、ネットワークを統合することなのである。それは、統合点をあるいは、さらに言えばアイデンティティを、固定化することでは、決してありえない。そうではなく、単に、私たちの差異の中で何が共有できるかを見出すことであり、私たちの差異を増殖させながら、共有部分を広げていくことである。この差異の増殖こそ、ポルト・アレグレに集ったものであり、ポルト・アレグレ

が、ひとつの共通のネットワークであることを発見した、当のものである。この新しい状況から、新たな差異が再び増殖しはじめ、いたる所に着床していくことになるだろう。あらゆる差異は、有機的に構成する投企なのである。

　したがって、ポルト・アレグレで提示された文書や協議事項は、1789年に、フランスの三部会に対して提出されたカイエ・ド・ドレアンス（「不満申し立て」陳情書）のように、読まれるべきである。4万を超える「カイエ・ド・ドレアンス」が、要求・非難・要請・要望のリストとともに提出され、それらは、第3身分を革命勢力として構成する礎となった。革命前夜のフランスにおいて、彼らは、要求の技法に熟達したのである。ポルト・アレグレでの申し立てやリストもまた、同じ激しさ、ぎっしり詰まった非難と、ユートピア的な願いを持っている。（中略）

　ポルト・アレグレの最も重要な特徴は、世界経済フォーラムの新自由主義への対抗ファーラムとしていかに拮抗しているかにではなく、むしろ、それぞれの国の、または国際的な左翼を再構築するための機会を、いかに提供するかというとことに、あるのかもしれない。今年（2002年）、ポルト・アレグレにおいて、反グローバリズム運動、労働組合、社会民主主義勢力の間での、重要な出会いと交流があった。北米や欧州で、そして、シアトルからジェノヴァまで、ここ数年において発展した闘争の中で、私たちがすでに見てきたように、反グローバリズム運動は、労働組合とともに活動することによって、自らの基盤を拡大し、共通の利益に基づいた広範な社会的ネットワークを形成することができた。」［前掲書：7−8］

　ネグリらが指摘しているように、WSF の場で形成された「広範な社会的ネットワーク」の基本形は、反グローバル化運動のような市民団体と労働組合のような既存の大衆組織である。このうち、反グローバル化の市民運動として、特に重要な役割を果たしたのは、フランスの ATTAC（市民を支援するために金融取引への課税を求めるアソシエーション）である。

　ATTAC は、1997年12月に月刊誌『ル・モンド・ディプロマティック』の発行責任者（社長兼編集総長）であったイニャシオ・ラモネが同誌に「市場を非武装化すること」と題する社説を掲載し、ATTAC を NGO として創設することを呼びかけたことによって開始された。1998年6月3日に、結成総会が開催され、基本綱領と規約が採択され(注6)、代表に『ル・モンド・ディプロマティック』編集長のベルナール・カッセンが選出された。

　1998年12月末に ATTAC は、金融取引への課税、とりわけトービン税の実行を求める要望書を発した。1万1000人以上の署名が集まり、代表団が当時国民議

会の議長であったロラン・ファビユス（Laurent Fabius, 1946 ～、その後ジョスパン政権で経済・財務・産業相、その後オランド政権で2016年2月まで外相）に手渡した。1999年1月30日には、スイスのダボスで世界経済フォーラムが開催されている最中に、そのダボスでATTACのイニシアティブの下に独自の記者会見が行われた。このデモンストレーションは、「多国間投資協定（MAI）に反対する国際連絡会議」や「オルタナティブのための世界フォーラム」といった別のネットワークとの協力で組織された。時期を同じくして、フランス全土で、ATTACの多数の支部がデモや集会を組織した。同年4月30日には会員向けの会報『ATTACの路線』の創刊号が発行され、またヨーロッパ議会向けの要望書を作成し、6月30日のヨーロッパ議会の選挙に介入した。同年6月24～26日には、ATTAC主宰で80ヶ国からの代表（1200人以上）がパリ第8大学（パリの北郊外のサンドゥニにある）で開かれた国際集会を組織した。この集会のテーマは、「市場の独裁？別の世界のあり方が可能である」と銘打たれていて、「多国間投資協定（MAI）に反対する国際連絡会議」や「オルタナティブのための世界フォーラム」などの協力で開かれた。同年11月には、「世界は商品ではない」という主張を掲げて、ATTACが積極的に関与してWTO市民監視委員会（CCC－OMC）、農民連盟（CP）などが、シアトルで開かれたWTOの閣僚会議に反対する現地集会に大動員をかけたが、11月27日には、フランス全土においてシアトルに呼応して、80以上のデモが組織され、デモ参加者は全国で7万人、そのうちパリのデモには2万人が参加した。

　こうして、ATTACは1999年11月のシアトルWHO閣僚会議への抗議デモを、「新自由主義的グローバル化のディエン・ビエン・フー」と位置づけて、積極的に関与し、新しい反グローバル化「ネットワーク」の中心的組織となっていった［ATTAC 2001=2001：26-35］。

　ATTACの目的は、次の通りであると宣言された。

　「ATTACの目標は、アソシエーション的組織、労働組合的組織、政治的組織など、多様な諸組織の目標を横断的に結びつけることにある。それは昔からある民衆教育運動の役割と同じであり、いわば心臓のペースメーカーに類比できる民主主義のペースメーカーとしての役割を果たすのである。そして、このペースメーカーならびにそれが果たす機能はもちろん政治的な舞台に対しても働きかける。重要なことはこうしたアタックの機能を自覚し、アタックのアイデンティティの根本原理を守ることである。

　その根本原理は以下の通りである。

（1）非宗教性：ATTACは、その地域委員会の経験に示されているように、広

い意味における非宗教的な運動環境に属するものである。ひとりひとりの会員の哲学的信念との関係のみならず、市民としての責任や参加の意識との関係においても、アタックの運動は非宗教的な価値の世界に組み込まれるものである。

（２）独立性：ATTAC はこれを道具化しようとするいっさいの意思に対して独立性を防衛する。この独立性はアタックの基本憲章を尊重することによって確認されるとともに、国内レベルにおいては、アタックの規約および創設メンバーのなかで占める優位性によって保障される。

（３）複数性：ATTAC は可能な限り多様な活動家を結集し、最大限のパートナーシップを追求することを通じて、特定のグループや特定の思想的潮流による〈掌握〉のくわだてに取り込まれないようにする。この複数性はいろいろな要素を適当に調合するといったようなやり方とはまったく関係がないものである。そうではなくて、この複数制は、アタックを構築するために相互にアソシエイトする（結合する）市民ならびに活動家の透明で公然たる加盟の結果なのである。

（４）行動：行動は ATTAC の独立性を維持するための主要な領域でである。行動派またアタックの試金石でもある。行動のなかで、行動によって、アタックの掲げる原理とその実際の活動とが符号しているかどうか、約束事が守られているかどうか、言葉と行為が一致しているかどうか、といったことが検証されることになる。」［前掲書：50-52］

ATTAC 創設の意義は、ATTAC 自らが指摘しているように、「単一的経済の拒否、専門家よりも尊大な"エリート"によって独占された決定権の拒否、そして民主主義が金融権力に従属することへの拒否から生まれたものである。ATTAC は当初トービン税の課税という象徴的な提案から出発したのち、さまざまな新聞、アソシエーション、組合組織、知名人、そしてとりわけ理解し、行動し、支配的論理を転覆し、金融市場による独裁に反対しようと立ち上がった多数の市民の広範な結集によって洗礼を受けるところとなる。

すべてがしだいに商品になり、すべてが売られ買われることになる世界における金融の支配に異議を唱えることは、とりもなおさずそういった世界の経済的、人間的、社会的、政治的な諸関係を成り立たせている組織に異議を唱えることであり、結局、民主主義的、市民的な動員を通して世界を変えるという意志を保ちながら、すぐれて政治的な場に身をおくということにほかならない。

ATTAC はその発展と重みの増大、さまざまな形の加盟や貢献といったものを考慮に入れながら、おのずから政治を〈する〉方向に向かうことになる。した

がって、さまざまな異なった次元において、政治的行為者 —— それは制度化されたものもあれば制度化されていないものもある —— と関係をもつところとなった。そして、こうした状況からいくつかの問題が生まれることになった。そのなかでも中心的なものは、このアソシエーションの独立の維持であり、またこれを何かに従属する道具にしないということである」[前掲書：47-48]

この ATTAC が、他の反グローバル化運動を目指す世界的な諸組織とともに WSF を立ち上げた。ATTAC の呼びかけ人となったイニャシオ・ラモネは、ポルト・アレグレ第 1 回 WSF の直後に、その意義について次のように評価している。

「ポルト・アレグレで新たな世紀が始まる。2001年 1 月25日から30日にかけて開催される第 1 回世界社会フォーラムを機として、ネオリベラルなグローバリゼーションへ異議を唱え、批判を加える人々がこのブラジル南部の都市に集まることになる。その目的は、シアトルやワシントン、プラハその他で開かれた国際会議の時のように、行き過ぎたネオリベラリズムが世界各地で生み出す不公正や不平等、破綻に抗議することではない。このファーラムの目的は、前向きで建設的な意識をもって、現在とは異なるタイプのグローバリゼーションを考え、世界をより人間的かつ連帯的なものとしていくために、新たな理論と実践の枠組みを示すことにある。

この“反体制インターナショナル”の会期は、スイスのダボスで開かれる世界経済フォーラムにぶつけられた。こちらはすでに数十年の歴史があり、現在の世界を取り仕切る人々、とりわけグローバリゼーションをまさに先導する人々が集合する。彼らはもはや不安を抑えられない。シアトルからニースに至るまで、WHO から IMF、世界銀行、OECD、先進 7 ヶ国蔵相・中央銀行総裁会議（G 7）、さらには EU に至るまで、世界を事実上統治する機構の首脳会議が開かれるたびに、必ずと言っていいほど巻き起こる市民の抗議運動を、極めて真剣に受け止めるようになってきた。

ダボスに集まるデシジョン・メーカーたちは、昨年のシアトルでの騒動を見て心底ぞっとした。あるジャーナリストは言う、“例年の世界経済フォーラムでは、一つのテーマや人物が大きく取り上げられる。2000年の場合、それは何と言ってもシアトルだった。出席者の話題はとにかくシアトルだった”。現代世界の主流モデルを擁護しつつも、グローバリゼーションにおける民主主義の欠落に気づいた者は、ダボスの関係者だけに限らない。“グローバリゼーションの運営にあたり、その規範や手続きをより民主的なものへと改善するために、真剣に考えるべきだ”といった意見も出されている。米国連邦準備制度理事会（FRB）のグ

リーンスパン議長ですら、今や次のように語っているほどだ。"社会というもの
は、その運営方式が不公正であると相当部分が感じるようであれば、成功へ道に
枯れることはない。

　世界各地からポルト・アレグレにやって来た"相当部分"は、現在の野蛮な経
済に反対し、ネオリベラリズムを"超えられない枠組み"と見ることを拒絶す
る。そして、まさに革新を目指す意気込みで、真の対抗勢力となるべき基盤を築
こうとしている。」[前掲書：148]

　毎年スイスのダボスで開催される「世界経済フォーラム」に対抗する対抗サ
ミットを実施しようという提案は、1996年にベルギーのリューエンで開催された
３大陸センター（1976年に創設された非営利団体で、アジア、アフリカ、ラテン
アメリカ諸国の様々な問題についての調査や出版活動を行っている）創設20周年
記念会議の中で定式化された。1999年にはいくつかの団体が、対抗サミットのイ
ベントを始めて開催した。WSF をブラジルで開催することを最初に提起したの
は、「市民のためのブラジル人ビジネス協会（CIVES）」の責任者であるオデッ
ト・グラジェウ（Oded Grajew）と、「ブラジル正義と平和委員会（CBJP）」
のフランシスコ・ウィタケル（Francisco Whitaker, 1931 ～）、それに ATTAC
フランスのベルナール・カッセンである。彼らは、フォーラムについての、３つ
の大枠を明確にした。第一は、「南」で開催すべきであり、できればポルト・ア
レグレがいいということ、第二は、世界経済フォーラムに対抗姿勢をとって、名
前は世界社会フォーラム（WSF）とすること、第三は、世界経済フォーラムと
同時に開催するということである。ブラジルの多くの市民運動団体である「ブラ
ジル非政府組織（NGO）協会」（ABONG）、ATTAC、CBJP、CIVES、「ブラ
ジル社会経済研究所（IBASA）」、そして「正義と人権のための社会ネットワー
ク」がフォーラムの組織委員会を結成した。2000年３月に、開催の同意を、ポル
ト・アレグレ市からとりつけた。同市とリオ・グランデ・ド・スル州は、ブラジ
ル労働者党（PT）政権の下にあった。

　ポルト・アレグレは、WSF にとって、最適の場所であると考えられた。前述
の通り、同市は、1988年から労働者党の市政のもとにあり、公衆、政府、企業間
の関係の根本的な改革にもとづく、革新的な参加型予算プロセスで、知られてい
た。「根本的改革」は、民主的プロセスの企業支配を阻止し、進歩的政府と民衆
運動に、企業権力への対抗手段を与えていたからである。

　2001年１月25日から30日まで、ポルト・アレグレで「もう一つの世界は可能
だ」を標語として、第１回 WSF が開催された (注7)。ポルト・アレグレには、117
ケ国から ATTAC をはじめ、オックスファム、パブリック・シチズン、グリー

5．「ネットワーク型」社会運動の拡大　131

ン・ピース、ラテンアメリカ社会科学協議会、世界女性行進、ヴィア・カンペシーナ、フォーカス・オン・ザ・グローバル・サウス、さらに後に「ジェノヴァ社会フォーラム」を構成することになるイタリアの様々な運動体、ラテンアメリカ各国の労働運動などから4700人の代表が参加しし、6日間の日程で、16の全体会議、420の自主企画が開催され、約2万人が訪れた。

　WSFに参加した重要な運動として「ビア・カンペシーナ（Vía Campesina）」と「土地なし農民運動（MST）」がある。「ビア・カンペシーナ」は、1992年4月に結成された各国の農民運動の組織が結集した国際農民組織であり、2017年7月に開催された第7回国際総会の時点で、世界73ヶ国の164の農民組織が加盟しており、組織人員は約2億人を超える。日本からは農民連（農民運動全国連合会）が加盟している。

　「ビア・カンペシーナ」は1996年に「世界食糧サミット」において、家族農業を中心に、自国民のための安全で栄養豊かな食糧生産を最優先し、食料・農業政策を自主的に決める権利である「食料主権」の確立を訴え、国連総会の決議にも反映させてきた。その一方で、食料主権に反対するTTP（環太平洋連携協定）、各種FTA（自由貿易協定）、WTO（世界貿易機関）などの新自由主義的な協定の交渉に反対し、WSFでも重要な役割を果たしてきた。

　「ビア・カンペシーナ」は、2007年2月には、当時世界的に発生しつつあった食料危機問題を議論するため、「世界女性行進」運動と協働し、マリのニエレニで「食料主権のためのフォーラム」を開催した。2017年7月に開催された第7回国際総会では、種子を守り、農薬などを購入する必要のない農業生産を目指す「アグロエコロジー」が強調されている。

　他方、「土地なし農民運動（MST）」は、ブラジルにおいて同国の司教会議（CNBB）が結成した司牧土地委員会（CPT）の中に興った土地改革を求める運動を起源として、①土地をめぐる戦い、②農地改革のための戦い、③より公正かつ友愛な社会の実現に向けての努力、の3点を目標に1984年に設立された。

　MSTは、2017年現在で、ブラジル全26州のうち23州で活動を展開しており、約150万人が運動に参加している。その背景には、同国の土地問題とそれに関連する所得格差の問題が存在する。土地問題は、ポルトガルによる植民地時代以来の大土地所有制を原因とする極めて歪んだ土地分配様式が原因である。全農地の60%を人口の5%にも満たない大地主が所有し、人口20%強を占める零細農家がわずか0.5%の農地を所有するにすぎない。さらに、土地を所有することができない、「土地なし農民」が存在し、MSTの基盤となっているのは、この「土地なし農民」層であり、この層は1970年代の輸出主導の農業生産の政策を契機に増大

してきた。この時期に導入された農業生産の近代化は、大土地所有層に有利に働き、零細農家が土地を手放さなければならない状況を生じさせるとともに、機械化が大農地における零細農業従事者の季節労働の雇用を減少させた。その結果、1980年代には、「土地なし農民」の数は480万世帯、1500万人にまで膨れ上がった。しかし一方で、大地主が保有している広大な土地の中には農地として利用されることなく放置されているものも多く存在しており、この不平等な土地分配を打破するために「土地なし農民」が放置された農地の占拠を大規模に企てたことが、1984年の MST 結成のきっかけとなった［田村 2013：263-265］。MST は、同じ問題に直面するインドの農民組織等と国際的連携を進め、WSF がポルト・アレグレで開催される上で重要な役割を果たした。

　2002年１月のポルト・アレグレで開催された第２回 WSF には、123ケ国から約１万2000人の代表が参加し、開会式のデモには約５万人が参加した。

　2003年１月に開催された第３回 WSF には、156ケ国から約２万人の代表が参加し、討論自主企画は1200以上、デモ参加者は10万人以上の規模に拡大した。その後、アジア、アフリカ、ヨーロッパ、北米において地域別・国別・地方別のフォーラムやテーマ別の国際ファーラムが開催されるようになった。そして、2004年１月16日から21日の間、インドのムンバイにおいて第４回 WSF が開催された［Sen 2004=2005：407-408］。

　2005年１月にはポルト・アレグレにおいて第５回 WSF が開催され、135ケ国から登録参加者だけでも15万5000人が参加し、参加した NGO は2000 を超えた。第６回は、2006年１月にベネズエラのカラカスとマリのバマコで行われ、同年３月には地震のために開催が遅れたパキスタンのカラチで行われた。第７回は、2007年１月20日から25日に、ケニアのナイロビで行われ、110 ヶ国から1400団体、６万6000人の登録参加者が参参加した。

　2008年の第８回は、特定の場所で開催はされず、１月26日を「国際行動デー」として世界各地で種々のイベントが実施された。。2009年の第９回は１月27日から２月１日までブラジルのベレンで開催され、多くのブラジル先住民が参加した。2010年の第10回は世界各地35ケ所で分散開催された。2011年にはセネガルのダカールで開催され、132 ヶ国から７万5000人が参加し、1200以上のイベントが組織された。

　2012年の第12回は１月24日から30日まで、ブラジルのポルト・アレグレで再び開催された。2013年の第13回はチュニジアのチュニスで３月26日から30日まで開催された。2014年には開催されず、2015年の第14回は再びチュニジアのチュニスで３月23日から28日まで開催され、インターネット社会フォーラムの創設が決定

された。

　2016年の第15回は８月９日から14日までカナダのモントリオールで開催されたが、2017年には開催されず、第16回は2018年３月13日から17日までブラジルのサルバドールで開催される予定である。

　このような経緯を考慮すると、2007年以降WSFはその役割を変化させてきたことが読み取れる。まず、開催時期が１月末のダボスでの「世界経済フォーラム」の開催中に対抗サミットを開催するという当初の目的が枠を外され、開催時期はそれぞれの開催場所の都合にあわされるようになった。また、登録参加者が膨大に増加しただけでなく、開催場所の周辺から多くの関係イベントに参加する者が多くなったことから、WSFの規模が大きくなり、運営に支障をきたすようになったこともWSFの常設化に大きな問題を投げかけることになった。最後に、参加組織の間における種々の見解の相違が徐々に明らかになった。

　特に、WSFの進展の中で、次のような５つの議題が相違点として重要視されるようになっていった。

「●革命か改良か

　差異のいくつかは、イデオロギー的であり、“革命か改良か”という、よく知られた左翼の議論の範囲内に、あるものである。この種の討論のなかで、最も知られた政策表明は、IMFの「権限剥奪」を求めるいくつかの運動体により、呼びかけられることで登場した。他方、IMFその他の国際金融機関との交渉の重要性を説く主張がある。前者のグループは、国際金融機関の脱正統化を要求する、グローバル・ガバナンスの多元的形態こそが解決法だと考え、後者のグループは、現在のグローバル諸機構には、根本的な欠陥があるわけではなく、それは市民社会の関与を通じて改善できる、と考えるのである。

　●環境か経済か

　差異の第二の領域は、成長や消費を減速させることを求める環境主義者たちと、さらなる成長と雇用創出を求める労働者の要求との間にある。この論争は、“木々を救うか、それとも仕事を守るか”と戯画化されるか、あるいは、生命系民主主義（Living Democracy）か人間中心主義かということで、枠づけることができる。

　●人権か保護主義か

　差異の第三は、労働運動それ自身のなかに、存在している。北の労働運動が国際貿易や投資協定のなかに人権基準をとり入れるべきだと要求することは、南の労働者にとっては、保護主義の口実と受け取られることがしばしばある。その一方で、北の労働運動は、南が具体的な取り決めを行うことを拒否するとき、彼ら

の人権問題へのかかわり方に、疑問を持つのである。

●価値の普遍性か

　争われていることの４点目は、西欧的な価値と普遍的な価値との関係に、かかわる論争である。この２つを、単純に同一視することができるのか。西洋的な諸価値を普遍的に受容することに対するオルタナティブは、文化相対主義なのか。あるいは、多様性を促進するグローバルな価値を発展させる、新しい包摂プロセスを確立することできるのか。どうすれば、普遍的諸価値は、周縁化された経験を承認しつつ、構成することができるのか。

●ローカルか、ナショナルか、あるいはグローバルか [Fisher 2003=2003：21-22]

　このような諸点に関して、WSF においては諸団体の間に見解や立場の相違が見られるようになった。特に、重要な点は種々の市民団体や社会運動と、NGOを中心とした開発系組織との間での「変革」像が異なることであった。市民団体や社会運動は、明確に新自由主義的な「グローバル化」に対抗する脱「資本主義」的展望を提示する組織も多く見られたが、開発系の NGO には脱「資本主義」的方向性は弱く、反体制的な傾向が希薄であったことである。このため、「協議と連携の場」としての WSF を共有できるとしても、脱「資本主義化」に向かう戦略面での一致は難しく、その結果として運動面で統一的な司令部の役割を果しえなかったこと。この限界を超えていく展望を与えることになったのが、後述する、2010年以後に SNS の普及を契機として「クラウド型」の運動が出現し、大規模な街頭行動を実現されるようになり、行動面での方向性が提示されるようになったことである。この意味合いで、WSF は、20世紀末から2010年までの間に登場した新自由主義的なグローバル化に対する抵抗運動として出現し、その後の「クラウド型」社会運動の展開に向けた過渡的な重要性を持った運動であったと評価できよう。

　要するに、WSF は、反「新自由主義」では結集できても、反「資本主義」では結集しえなかったのである。WSF は、「原則憲章」に明記されている通り、「集いの場」であり、「世界の市民社会を代表することは意図していない」ため、フォーラムの全体決議などは存在しない。しかし、この場に集まった運動体は、フォーラムの公式プログラムとは別に、自主的な集会や会合を、フォーラム開催期間中に同時並行して実施し、その後の国際キャンペーンの方向性について討議している。このように WSF に結集した運動体の間には、反「新自由主義」では一致しても、反「資本主義」については必ずしも一致していたわけではなく、この点が WSF を発展させる上で、大きな障害となった。

5．「ネットワーク型」社会運動の拡大　135

　しかし重要な点は、WSF に結集した種々の市民団体や社会運動、そして開発
NGO 等が、新自由主義的な「グローバル化」を共通の敵であると認識していた
ことである。多国籍企業本位の新自由主義的な「グローバル化」の拡大が、全世
界に問題を引き起こしているという共通の認識で一致していた。また、このよう
な多国籍企業支配が、「北」の世界で最も強力な諸国家の支配層と、「南」の経済
的政治的エリートが協働することによって、グローバルな空間を横断して支配編
成されている、という認識である。そこには、20世紀型の「南北」対立から、南
北縦断的な「新たな南北関係」に移行しているという判断が明確に見られるよう
になり、「グローバル・サウス」の形成が認識される萌芽となっていったと言え
る。

（4）アルゼンチン新社会運動（RGT とピケテーロス）

　アルゼンチンでは、1976年にホルヘ・ラファエル・ビデラ（Jorge Rafael
Videla Redondo, 1925 ～ 2013）将軍が軍部を率いてイサベル・ペロン（Isabel
Martínez de Perón, 本名マリア・エステラ・マルティネス・カルタス・デ・
ペロン María Estela Martínez Cartas de Perón, 1931 ～）政権をクーデター
で打倒し、官僚主義的権威主義体制（国家再編成プロセス）を樹立、軍事独裁制
を開始した。ビデラ政権は1960年代の軍事政権よりもさらに強い抑圧、弾圧を進
め、周辺のチリやブラジルの軍事政権と協調した「汚い戦争」であるコンドル作
戦によりペロン派や左翼勢力を大弾圧する一方で、経済政策面では大失敗し、天
文学的なインフレーションを招いた。その結果、軍事政権は行き詰まり、1982
年に就任したガルティエリ（Leopoldo Fortunato Galtieri Castelli, 1926 ～
2003）大統領は、イギリスが1833年以来実効支配を続けているマルビーナス諸
島（フォークランド諸島）を奪還しようと軍を派遣して占領したが、イギリスの
サッチャー（Margaret Hilda Thatcher, 1925 ～ 2013）首相の強硬姿勢を誘い
出してマルビーナス戦争に発展し、イギリスの反撃に遭い敗北した。敗戦によっ
て高まった国民の不満を受けたガルティエリ大統領は失脚し、軍事政権は崩壊し
た。

　1983年に大統領選挙と議会選挙が行われ、二大政党の一角である急進党が
久々に政権に返り咲いた。大統領に就任したラウル・アルフォンシン（Raúl
Ricardo Alfonsín, 1927 ～ 2009）は、軍政期からのインフレや対外債務問題、
マルビーナス戦争による国際的孤立などの厳しい政局の中、経済面では成功を収
めることが出来なかったものの、対外的な融和政策によって長年敵対関係が続い
ていたチリやブラジルとの関係を改善し、1995年にメルコスール（南米南部共同

市場）結成に結実した。また、アルフォンシンは軍政時代に人権侵害（投獄、拷問など）を行った軍人を裁き、軍の予算や人員、政治力を削減した。軍に対する強硬姿勢に対して３度にわたって一部軍部の反乱もあったが、これらを克服した。しかし、1989年に新通貨アウストラル計画の失敗によるインフレ高騰など経済政策面での失策を引責して任期を５ヶ月残して辞任した。

　1989年に就任した正義党（ペロン党）右派のカルロス・メネム（Carlos Saúl Menem, 1930 ～）は、1990年１月に発生した湾岸戦争の際に米国に従属的な姿勢に転換して多国籍軍に軍を派遣し、1991年には非同盟諸国首脳会議から脱退するなど、親米的な外交路線を標榜し、アルゼンチンを米国主導の国際社会に復帰させた。

　一方で経済面では、メネム政権は、外交路線と同様に、20世紀途上国型ポピュリズムである従来のペロニスモ路線とは正反対の新自由主義政策を取った。その結果、アルゼンチンは新自由主義的な「グローバル化」の波に襲われることになる。メネム政権は、ペロン派の影響下で進展した「アルゼンチン病」と呼ばれた社会政策の縮小化を図り、社会インフラや年金を民営化し、また対ドル・ペッグ固定相場（ドル化）政策で、1970年代以来の懸念だったインフレを抑制し、そのため1990年後半にはアルゼンチン経済を持ち直したかに見えた。しかし、1995年からメキシコの「テキーラ危機」の影響を受けて、企業倒産が増加し、失業者が増加した。このような雇用状態の悪化という状況の中から、失業者層を中心に、物々交換市場の創設から始まって、1996年には「グローバル交換ネットワーク（RGT：Red Global del Trueque）」と称される「対抗通貨」運動が発生した。

　1999年の大統領選挙では急進党のフェルナンド・デ・ラ・ルア（Fernando de la Rúa, 1937 ～）が勝利したが、すでに経済は危険な水準に達しており、IMF からの援助や公務員給与の削減なども効果はなく、最終的にはブラジル経済危機を契機として進んだドル・ペッグ制の破綻をきっかけに、2001年にデ・ラ・ルア政権は IMF などに対する債務返済不履行を断行した。このようなアルゼンチン経済危機の後、政治面では大統領が次々と入れ替わる大混乱に陥り、社会的にもデモや暴動が多発する異常事態に陥った。

　このアルゼンチン経済危機の深刻化期に RGT は大幅に拡大し、2002年当時、組織された交換クラブは5000 ヶ所以上に増加し、１クラブに4000人以上が登録している場合も多かったので、登録加盟員数は250万人、さらに彼らと生活を共にする家族を含めると、推定で約500 ～ 800万人が（当時のアルゼンチン人口は3600万人）、「法定通貨」の枠組みを離脱して「対抗通貨」ネットワークに属して生活を維持するようになった。こうして、RGT は世界最大規模の「対抗通貨」

5.「ネットワーク型」社会運動の拡大　137

運動に発展し、また周辺のブラジル、チリ、ウルグアイにも同様の運動の発生を
もたらし、IMFなどに危機感を深めさせた。(注8)

　RGTは、2002年以降、偽造証書が交換クラブの市場に意図的に大量に持ち込ま
れたため、信用を落として脱退者を急増させることになり、一部参加者によっ
て当初の目的を追求しようとする傾向を残したものの、数百万人規模の「対抗通
貨」運動の位置は喪失していった。

　同様にアルゼンチン経済が混乱に陥ったこの時期に、RGT以外にも「ピケテー
ロス（Piqueteros）」と呼ばれる失業労働者運動や、近隣住民アセンブリー運
動、オルターナティブ医療運動、民衆教育運動、労働者による自主管理運動等、
種々の反システム運動がアルゼンチンに拡がった。これらの種々の新しいタイプ
の社会運動は、2001年12月に発生した「経済危機」を背景とした、街頭行動や工
場自主管理闘争等において連携し、社会的影響を強めた。

　同年12月19日夜から20日夜にかけて、首都ブエノス・アイレスを中心として、
大規模な民衆蜂起が発生した。この「民衆蜂起」は、これまでの世界各地で見ら
れた「民衆蜂起」とは異なり、何らかの中心的な組織（政党や労働組合など）に
よって計画され導かれたものではなく、住民たちはいかなる組織から招集を受け
ることなく、一人ひとりが自分自身の判断で街頭に繰り出した。いわば、「ネッ
トワーク型」で、また次章で扱う「クラウド型」社会運動の先駆的な例をなし
ており、また第7章で扱う「一時的自律空間（TAZ）」の形成を予感させる運動
（民衆蜂起）であった。

　この歴史的となった2日間に先立つ1週間ほど前から、デ・ラ・ルア政権の統
治能力は麻痺状態に陥っていた。その契機となったのは、12月初旬にデ・ラ・ル
ア政権が海外への大規模な資本流出によって崩壊しかかっていた銀行システムが
完全に機能停止してしまうのを防ぐために中小預金者に対して銀行預金の引き出
しを制限する「囲い込み（Corralito）」措置を施行したことであった。この措置
の断行によって、国内の経済システムは麻痺し、さらなる大量倒産・大量解雇を
ひきおこし、国内情勢の不安定化が急激に加速した。このため、アルゼンチン各
地で様々な規模でストライキやデモが行われ、とりわけ預金者が預金引き出しの
ために銀行に詰めかける街頭騒動や、首都郊外や地方では食料品を求める人々に
よる外資系スーパーマーケットなどでの略奪行為が発生した。19日には商店略奪
がブエノス・アイレス市内でも発生するほど事態は急進化し、これを契機にデ・
ラ・ルア政権は戒厳令を宣言した。戒厳令が布告されるや否や、住民たちは自宅
の窓から身を乗り出して、あるいはバルコニーに出て、鍋を打ち鳴らし、所謂
「カセロラソ（Cacerolazo）」を始め、この結果20日夜デ・ラ・ルア大統領が辞

任した。「カセロラゾ」を通じて、住民たちの間に住民組織が結成されていった[廣瀬 2009：190-191]。

　このような「民衆蜂起」の重要な一部を形成したのが、「ピケテーロス」である。「ピケテーロス」とは、労働運動用語である「ピケット」から発したスペイン語の用語であり、「侵入阻止線を張る人々」の意味である。主に失業状態に陥って生活難に直面した失業労働者層が、1996年頃より幹線道路を封鎖して、ブエノス・アイレスと地方との間の物流を麻痺させるという闘争手段によって連邦政府に対して失業手当や食料品などを要求し始めた。特に、首都圏に食料品などの搬入を図る輸送車両の通行を阻止する行動を行った。運動の広がりの中で、「ピケテーロス」たちは、近隣住民のアサンブリー運動等と連携して、一種の「ソヴィエト」運動を発展させた。参加者数は、最盛時には数十万人規模に達した。

　「ピケテーロス」運動の重要さは、一つは、それが失業労働者たちによる運動であること、そしてもう一つは、単なる公的扶助の要求運動にとどまらなかったという２点である。「ピケテーロス」たちは就労労働者／失業労働者の境界を突破し、周縁化されていた失業労働者層が「ピケテーロス」運動を通じて初めて社会運動の中心に躍り出ることになり、アルゼンチンの社会運動の主役に変化を生じさせることになった［前掲書：199-200］。

　このようにして「ピケテーロス」運動が影響力を増大させた結果、左右の政治組織が各種の「ピケテーロス」運動に介入して、それぞれの政治的支配下に取り込もうとしたために、「ピケテーロス」運動に分裂と分断が生じることになった。運動内部にも、「自律性」を重視する傾向と、政府与党に順応しやすい傾向に分裂した。政府与党に順応的な方向性を目指す諸組織が政権側から有利な条件を与えられて勢力を拡張した一方で、「自律性」を重視する反体制的な諸組織が影響力を低下させる傾向が生じるようになった。

　2003年の大統領選挙で勝利して就任したペロン派左派のネストル・キルチネル（Nestor Carlos Kirchner, 1950 ～ 2010）は、これらの「ピケテーロス」運動をペロン派左派の指導下に取り込むことを重視したため、政治は安定を取り戻した。経済面ではメネム政権以来の新自由主義、市場原理主義と決別し、富裕層優遇をやめ、国民の大多数を占めている貧困層を減らすための社会政策を充実化させ、貧困層の中間層への上昇を促進するなどより、公正な社会を目指す政策を実行するとともに、国内重要を増加させて経済的再建を進めた。

　その一方で、RGTや「ピケテーロス」運動は、キルチネル政権の下で政治的「自律性」を喪失し、発生当初に有していた政治的「自律性」を基盤にした新し

5.「ネットワーク型」社会運動の拡大　139

い社会運動の模索という傾向を低下させることになった。特に「ピケテーロス」
の例は、新しい社会運動が新たな次元を構築しようとするプロセスにおいて、政
治的「自律性」を喪失した場合に生じる、社会的重要性の低下を象徴していたと
言える。

　この時期のアルゼンチンにおける社会状況に関して、同国の社会変革志向分析
集団であるコレクティボ・シトゥアシオネス（Colectivo Situaciones）が重要
な指摘を行っている。彼らは、「中間層」に関して、次のように述べ、「中間層」
の一部もが「変化主体」になりえていた事実を指摘している。おそらく、翻訳上
の相違かと思われるが、下記の引用文中の「中産階級」は「中間層」とも訳し得
る用語である。

「どんな時代・場所にあっても中産階級は厳密には"階級"ではなく、揺れ動く
小集団に過ぎない、とする常套句ほど耐え難いものはありません。こうした定石
を基礎付けている形而上学にあやかって、私たちは次のように言いたいと思いま
す。すなわち、アルゼンチンの中産階級は確かに揺れ動いていたが、このことに
よって、その一部は、ネオリベラリズムに結びついた"輸入業者的"な幻想を育
み、また他の一部は、この上なくアクティブな（そしてクリエイティブな）抵抗
を育んだのだと。預金者たちカセロラソを行う人々との関係については、（中略）
預金者運動の出現はネオリベラリズムが約束してきたものの終焉を示す症状その
ものであり、また、彼らが行った様々な要求は、少なくとも最初のうちは、この
契約の不履行に向けられていたものなのですが、これとは反対に、カセロラソを
行う人々の方は、より異種混交的な大地をその糧にするものとして出現し、とり
わけ、ネオリベラル諸政策に対してアクティブな抵抗を展開している人々と連動
するための非常に特別な感性を持っていたのです。

　アルゼンチンの"中産階級"、── かなりの年月の間大きな存在であり続けま
した ── は、もともとアルゼンチンの各都市に暮らす都市住民（高水準の教育を
うけ社会性をもった）の一つの複雑な混成体から形成されているのですが、こ
の30年間の間にどんどん貧困化していきました。専門職労働者、教員、国家公務
員、学生、よい職業に就いている労働者、中間管理職、中小の資産家、芸術家
といった人々は、非常に激しい攻撃を受け続けて貧困化してゆき、多くの場合に
は、構造的に貧しい状態に置かれ続けてきた人々と何らかわらないレヴェルにま
で達してしまったのです。」［前掲書 2009：33-34］

　コレクティブ・シトゥアシオネスが指摘しているように、2001〜2002年のア
ルゼンチンにおける「経済危機」を契機として高揚した抵抗と抗議の街頭行動に
は、失業労働者層などの貧困層とともに、近隣アサンブリー運動参加者、預金

者、カセロラソ参加者のような中間層の人々も「社会的主役」として登場したのであり、その一方で労働者層は再断片化し、異種混交的な集団となって、唯一の革命主体である役割を縮減して「多種多様性」の一部と化し、新自由主義による犠牲的存在となって、「グローバル・サウス」の「変革主体」の一翼を担ったのである。

このように、2001〜2002年にアルゼンチンで拡大した各種の社会運動が連動して発生した「民衆蜂起」は、当初は中心部を持たない同時多発的な自然発生的運動であり、次章で扱う「21世紀型」の社会運動である「クライド型」社会運動の登場に向けた過渡的な「ネットワーク型」運動であったと評価できる。

（5）イラク反戦デモ

2002年10月10〜11日、米国議会はブッシュ（George Walker Bush, 1946〜）政権にイラクに対して武力行使を容認する決議を採択した（下院は賛成296対反対133、上院は賛成77対23）。11月5日に予定されていた中間選挙を前に、世論を気にした民主党が屈服したことは否めない。この議会決議によって、米国が新たな国連安保理決議を前提に、イラクが規定された期限内に決議内容を受け入れない場合には、イラクに対して先制攻撃を加える可能性が高まった。また、安保理において新たな決議案が採択されない場合にも、米国が単独で軍事力を発動する事態が生じる可能性が生じた。こうして、ブッシュ政権がイラク攻撃を目指していることが明白になりつつあったため、2003年3月20日に開始されたイラク開戦に向けた日程に沿って全世界でイラク反戦デモが実施されていった。この時期は、後述するように、米国が「新しい核態勢」に基づいて進めていた新型戦術核兵器の開発がほぼ完成に近づいていた時期であった。

2002年9月28日、アフガン戦争での米国の同盟国であるイギリスのロンドンで25万人規模（BBC報道）の反戦デモが実施され、米国議会での決議採択後の10月26日には米国のワシントンで20万人、サンフランシスコで10万人等の反戦デモが実行された。こうしたイラク反戦デモは、2003年1月28日にブッシュ大統領が一般教書演説において、「フセインは大量破壊兵器を製造し維持するために、膨大な費用をかけている。どうしてか。唯一可能な説明は、支配し、脅し、攻撃するためだ。核兵器や化学・生物兵器を手にすれば、フセインは中東を支配しようという野望を再び抱き、この地域を大混乱に陥れるかもしれない」と述べ、イラク攻撃を示唆したことにより、イラク開戦は不可避との見方が強まった結果、さらに強まった。

その結果、同年2月15日に全世界60ヶ国、600以上の都市で合計で1000万人規

5. 「ネットワーク型」社会運動の拡大　141

模の史上最大の反戦デモが呼びかけられ、実施された。ローマでは300万人（主催者発表、以下同様）、マドリッドで250万人、ロンドンで150万人、バルセロナで150万人、パリ80万人、ニューヨーク75万人、ベルリン50万人、ロンドン50万人、オーストラリアで50万人（シドニーとメルボルンでそれぞれ25万人）、ベルン4万人、グラスゴー4万人、東京5000人等々であった。米国では上記のニューヨークの他、全米150以上の都市で反戦デモ・集会が実施され、ロサンジェルスは10万人、サンフランシスコは15万人（16日に実施）が参加した。開戦日となった3月20日には、ベルリンで小中高生約5万人が反戦デモを行うなど全世界的規模で抗議行動が行われた。なお、日本では、このイラク反戦デモから、2010年代には街頭デモの定番となっていく「サウンド・デモ」が出現し始めた。

　2002年秋に世界的なイラク反戦デモが開始されていく契機となったのは、イラクを取り巻く情勢自体もさることながら、ブッシュ政権による新型戦術核兵器開発が完成し近づいたことであった。ブッシュは大統領キャンペーン中の2000年5月23日に核兵器問題について演説し、核戦力の新たな再編を呼びかけ、「米国は新しい世紀を迎える環境のもとで、米国は核抑止力の要件を再検討すべきだ」、「新しい時代に適合した核兵器による安全保障への新たな接近を求められている」と主張していた。これに応えて、当時ロスアラモス国立研究所のスティーブン・ヤンガー（Stephen Younger）や、全米公共政策研究所（NIPP）のペイン（Keith Paine）所長が、核兵器使用戦略に基づく新核戦略と新型戦術核兵器の開発を提起し、それぞれブッシュ政権の国防総省の要職に迎え入れられた。

　2001年2月にブッシュは極秘の「大統領国家安全保障指令第4号（NSPD4）で核態勢見直し作業の開始を指示、同年12月31日付けで国防総省が新小型戦術核兵器の開発と、戦略核兵器の現役化、核兵器開発・生産複合体の再活性化を目的とする議会宛秘密報告を提出した。その中で、第一に核兵器使用を検討する上での柔軟性を主張、第二に核兵器の使用計画に関する具体的事例を例示的に示して、冷戦時代の核使用構想から変更して、一方的な核攻撃を最大の特徴とする新核戦略を提示した。具体的には、地下に建造された掩蔽陣地の破壊を目的とした地中貫通力の優れた戦術核兵器の開発と使用が策定され、それまでの地中貫通力6メートル強のB61-11以上の地中貫通力を持ち、核爆発力を数キロトンから数十キロトンに限定した新型戦術核兵器の開発が提言された。これを早期に実現するため、クリントン政権期の1997年10月から未臨界核実験を繰り返し実施してきたが、ブッシュ政権発足後は2001年中には2回であったのに対し、2002年には9月末までに4回実施され、新型戦術核兵器の完成が急がれていた。この新型戦術核兵器は、イラク政権が地中に建造した掩蔽基地に貯蔵していることが想定され

た化学兵器等の大量破壊兵器の破壊を目的としていたと予想された。

　しかし、その後判明したように、ブッシュ政権がイラク攻撃の口実としたアル
カイダとの関係も立証されず、その次の口実とされた大量破壊兵器の貯蔵も、イ
ラク側がすでに破棄していたことが判明し、イラク戦争の「大義」が成立しなく
なった事情は既によく知られた事実である。イラク戦争当時、国連監視検証委
員会（UNMOVIC）委員長であったハンス・ブリックス（Hans Blix, 1928～）
が、2004年に出版した『イラク大量破壊兵器　査察の真実』で明らかにしたよ
うに、イラクが大量破壊兵器を破棄していたことが判明していたのである［Blix
2004：384-395］。そのため、幸いなことに、イラク戦争中に米国が開発を完成し
ていたと思われる新型戦術核兵器は使用されずに済んだのである。

　イラク戦争開戦前後には、前述のように、全世界的に数百万人規模の人々がイ
ラク反戦デモに参加した。この流れはWSFに合流した。第4回ムンバイWSF
では、イラク侵攻をはじめとする米軍の軍事行動が非難の的になった。

　イラク反戦デモには、これまでの反戦デモや社会運動と比較して、新しい要素
が2つ存在した。第一は、「サウンド・デモ」が広範囲に出現しており、街頭行
動への参加を呼びかける実行団体側の能力を拡大していたことであり、第二は、
2010年代により鮮明になっていったデモ参加者の動員力において果たすSNSの
役割が徐々に大きくなり出していた点である。その意味合いで、イラク反戦デモ
は、その規模の大きさとSNSが果たした役割の大きさから見て、「クラウド型」
社会運動が登場する過渡期的な役割を果たしたと位置づけられる。

6.「クラウド型」社会運動の登場

　2008年9月に発生したリーマン・ブラザーズの破綻に発した世界的な経済・金融危機は、第2次世界大戦後最大の経済危機に発展し、これに対処するために同年11月14〜15日にワシントンで開催された第1回G20金融サミットにおいては、金融市場の適切な規制と各国による積極的な財政出動による景気回復が対策として講じられるなど、新自由主義経済モデルに対する批判が最高潮に達し、資本主義システムの段階において「新自由主義」の段階から「管理型資本主義」の段階に移行していくかのような情勢となった。

　世界的な経済情勢は、中国とインドを除いて、2009年に大幅なマイナス成長となったが、2010年から日米欧先進諸国を除く新興・途上諸国が回復基調に向かった。しかし、2010年4月には、ギリシャがEU及びユーロ圏諸国に対して金融支援を要請したことから、ギリシャ経済危機が大幅な財政赤字問題を抱えるスペイン、イタリア、ポルトガル等の財政危機問題を表面化させた、

　2009年10月、ギリシャにおいて政権交代が行われ、ゲオルギオス・アンドレアス・パパンドレウ（Georgios Andreas Papandreou, 1952〜）新政権（全ギリシャ社会主義運動：PASOK）下で前政権（新民主主義党：KIDSO）が行ってきた財政赤字の隠蔽が明らかになった。従来、ギリシャの財政赤字は、GDPの4％程度と発表されていたが、実際は13％近くに膨らみ、債務残高も対GDP比で113％に達していた。2010年1月12日、欧州委員会がギリシャの統計上の不備を指摘したことが報道され、ギリシャの財政状況の悪化が表面化。同年1月15日、ギリシャ政府は財政赤字を対GDP比2.8％以下にするなどとした3ケ年財政健全化計画を閣議で発表した。しかし、世界的な格付け機関は、相次いでギリシャ国債の格付けを引き下げ、債務不履行の不安からギリシャ国債が暴落した。株価も影響を受け、世界各国の平均株価が下落し、ユーロも多くの通貨との間で下落した。同年4月23日にはギリシャが金融支援を要請した。

　ギリシャや、ギリシャと同様に財政赤字問題を抱え、ユーロ圏諸国や欧州委員会から厳しい財政健全化策を求められた国々では、年金・社会保険制度などの社会政策の縮小を余儀なくされたため、住宅問題、失業問題、生活難に直撃された底辺層を中心とする「多種多様性」と表現しうる人々による新自由主義やグローバル金融支配に対する抗議・抵抗運動が拡大した。この結果、2010年末より、「アラブの春」を始め、スペインの「5月15日（15M）運動」、ニューヨークにおける「オキュパイ・ウォール・ストリート（OWS）運動」等、世界各地で、それ

ぞれの国内事情や地域事情を背景とした、SNSを通じた大規模な街頭行動を特徴とする「クラウド型」社会運動が登場し始めた。

（1）「アラブの春」

　アラブ諸国の中で、最初に「民主化」が実現したのはチュニジアであった。チュニジアでは、2010年12月から2011年1月に「ジャスミン革命」と呼ばれた「民主化」運動が発生した。2010年12月17日に中部の都市シディ・ブジドでムハマド・ブーアズィーズィー（Tarek el-Tayyib Muhamad Ben Bouazizi, 1984～2010）という野菜・果物売りの26歳の露天商の青年が自殺を遂げ、彼の自殺はマスメディアでは取り上げられなかったが、現場に駆けつけたブーアズィーズィーの従兄弟が、事件直後の現場の様子をモバイル機器で撮影し、その日の夕方、インターネットのSNSサイト「フェイスブック」や動画投稿サイト「ユーチューブ」にアップロードされ、その結果衛星放送のアルジャジーラで事件が取り上げられ、一人の青年の焼身自殺が全国に知れ渡った［重信 2012：19-22］。イスラム教を含むアブラハムの宗教は自殺することを禁じており、また火葬の習慣もないので「焼身自殺」が与える衝撃は大きく、そのような宗教的背景もあり、ブーアズィーズィーと同じく就職できない若者を中心に、働く権利、言論の自由化、大統領周辺（家族、親類縁者、友人たち）の腐敗追求などを求めて、街頭抗議デモが起こるきっかけとなった。

　チュニジアでは、1987年に無血クーデターによって政権を獲得して以来、ザイン・アル＝アービディーン・ベン・アリー（Zine El Abidine Ben Ali, 1936～）が23年間にわたって政権を維持し、イスラム主義組織及び左翼勢力に対し抑圧を行い、ある程度の経済成長は果たしたものの、一族による利権の独占といった腐敗が進むなど、長期政権に対する不満が蓄積していた。2010年の経済成長率が3.8％であったなど、経済状況が特に悪いわけではなかったが、失業率は14％、若者層に限れば30％近いという高い水準であったため、新自由主義的経済政策の下で、若年層などを中心に経済成長の恩恵を受けられないことに不満がたまり、閉塞感が強まっていた。この閉塞感が、ブーアズィーズィー青年の焼身自殺によって一気に爆発した。

　もう一つの背景として、1996年にアルジャジーラのような衛星放送が現れ、2010年当時でアラブ世界には数百の衛星チャンネルが存在したこと、加えて携帯電話の普及が人々の意識を変え、パソコンに比べて身近なモバイル機器でインターネットに発信できるという状態が進み、シチズン・ジャーナリズムが可能になっていた。また、ウィキリークスがチュジニア政権の腐敗に関係する情報を

6.「クラウド型」社会運動の登場　145

提供していたことも、事態の拡大をもたらす一要因となっていた。このように、ネット社会の拡大が「ジャスミン革命」の背景にあった。

　首都のチュニスではデモの動きは当初少なかったものの、水面下でインターネットによる反体制運動が始まっていた。南部のデモが盛んな地域での出来事を、有志の自宅からフェイスブックにニュースとして投稿した。これが南部の抗議行動に勢いを与えた。政権のメディア統制も効かなくなっていた。政権はアルジャジーラなどに対して「事実を捏造している」などとするキャンペーンを始めたが、反政府団体のサイトをブロックすると、海外のハッカーから報復を受け、逆に政府のサイトがダウンする事態に陥った。

　12月24日、マンゼル・ブーザイアーンでのデモ鎮圧に初めて実弾が使われ、1人が死亡、5人が重軽傷（うち1人は後に死亡）を負った。この出来事がチュニスでも本格的なデモを誘発し、27日には数千人以上の市民が街頭に繰り出した。

　12月28日、ベン・アリー大統領は突如、病院にモハメドを見舞ったが、無菌の治療室にマスクも白衣もつけないで現れたので、外国人の陰謀であると決めつけた直後のテレビ演説も相まって、反発は強まった。

　1月4日、前々から疑われていたブーアズィーズィーの死が「確認」され、遺族は口外を禁じられたが、5日に行われた葬儀には数千人が参列した。デモ隊と治安部隊の衝突はエスカレートし続けた。7日には中部の都市タラで暴徒が警察署など政府関連庁舎や銀行に火を放ち、8日夜から9日にかけてタラ、カスリーヌといった都市で高い失業率に抗議するデモが発生、治安部隊が発砲したことにより少なくとも14人（野党側は25人と主張）死亡した。10日にはカスリーヌで放火や警察署への襲撃が起こり、これに対処した警官隊が発砲したため市民4人が死亡した。一連の弾圧で、犠牲者を診察した医師は、「（銃弾の跡から判断して）明らかに殺害する意思があったと確認できる」と証言した。デモ参加者だけではなく、帰宅途中の労働者や、屋上にいた市民までもが殺害された。現場一帯は封鎖され、メディアが取材することはできなかったが、現地市民が携帯電話で撮影した映像がフェイスブックに投稿された。

　10日夜、ベン・アリー大統領は再びテレビ演説を行った。デモの弾圧による流血そのものの存在は認めたものの、「私の責任ではない」と弁解し、カシム内務大臣の更迭を約束した。また、全国の高校・大学の閉鎖や今後2年間での30万人に及ぶ大規模な緊急雇用措置を発表したが、一連の暴動はテロリストによるものだと非難する姿勢を変えなかった。

　10日のカスリーヌでの弾圧は裏目に出た。11日、デモはチュニスをはじめ全国に広がった。暴徒は車、銀行、警察署といった政府関係庁舎への放火、また商店

街において略奪行為を行った。警官隊はこれを解散させるため威嚇射撃、火炎瓶や催涙弾の使用を行った。内務省より死者は延べ23人になったと発表された（実際にはこの時点で50人以上が死亡していた）。

　12日には、デモの規模は10倍に膨れ上がった。首都チュニスとその周辺地域に午後8時から翌朝午前6時までの夜間外出禁止令を発令された。13日には、ベン・アリー大統領が軍以上に信頼を置く警察部隊が導入された。警官隊はデモへの参加の有無にかかわらず市民を屋上から狙い撃ちにし、チュニスで数十名の死者、数百人に負傷者が発生した。戒厳令が発令され、軍に対して市民の殺害命令が出されたが、軍部はその命令を拒否した。軍部と警察部隊の間で対立が生じ、大規模な戦闘の危機が生じたが、軍部は警察部隊への攻撃態勢を取らなかったため、かろうじて均衡状態が保たれた。後ろ盾であった軍の離反を招いたベン・アリー大統領は、譲歩せざるを得ないと判断した。ムハマド・ガンヌーシ（Muhammad al Ganusi, 1941 ～）首相が治安対策が不十分としてカシム内務大臣の更迭を改めて発表し、また、デモにおいて拘束された参加者らを釈放する方針を表明した。夜の演説ではベン・アリー大統領が自ら2014年の次期大統領選挙で不出馬、退任すると発表した。食料品の高騰に対する対策、言論の自由の拡大、インターネット閲覧の制限の解除などの政策の履行を約束した。ベン・アリー大統領は、一連の騒乱については「側近に裏切られた」と釈明し、治安部隊に対し、デモ隊への発砲を禁じたと発表した。しかし同日夜になっても銃声は鳴りやまず、死者が発生した。秘密警察が大統領支持派を装って、街宣車で政府支持を叫びながら外出禁止令で無人状態の街中を走り回り、反体制派を脅しているという流言が流れた。市民たちは、夜が明けたら再び独裁体制へ逆戻りしてしまうのではないか、と恐れた。それが翌14日のデモへとつながった。

　1月14日のデモは、それまでデモ隊が近づくことができなかった内務省前にまで及んだ。政治犯が釈放された。ベン・アリー大統領は非常事態宣言を行い、夜間外出禁止令を全土に広げた。また、ガンヌーシ内閣の総辞職と2014年実施予定の総選挙を大幅に前倒しし、今後半年以内に実施する考えを表明した。しかし、ここにきて政府は内部から崩壊し始めた。メズリ・ハダド・ユネスコ大使が、治安部隊がデモ隊に発砲したことに対して抗議を行い大統領に辞表を提出した。ベン・アリー大統領はデモ隊への実弾使用をラシド・アンマル（Rashid Ammaral）陸軍参謀総長に迫ったが、逆に不信任を突き付けられた。ベン・アリー大統領は、政権維持の手段をすべて失った。午後5時49分、ガンヌーシ首相がテレビで「ベン・アリー大統領は国を去った」と声明を読み上げ、ベン・アリー政権が崩壊した。政権崩壊後の初の議会選挙では、ムスリム同胞団が母体と

6．「クラウド型」社会運動の登場　147

なった「アンナハダ」が217議席中89議席を獲得して第1党となった。続いて第2党の中道左派の「共和国評議会（CPR）」が29議席、第4党の社会民主主義系の「アッタカトル（FDTL）」が20議席を獲得し、これら3党による連立政権が発足した。

　チュニジアの「ジャスミン革命」は直ちにエジプトに影響した。エジプトにおいては、1981年から長期政権が続いていたムハマド・ムバラク（Muhammad Husni Mubarak, 1928〜）政権の下で、2006年頃から労働者の不満は爆発寸前にあった。2007〜2008年にはインターネットを使ったストライキや「民衆蜂起」が発生し始めた。2008年4月6日には、工業都市のアルマヘッラ・アルコブラで労働者たちが、労働条件の改善を求めて立ち上がった。リーマン危機の影響下で、消費者物価が20％以上跳ね上がり、年頭には世界的な食糧危機のあおりもあり、パン、小麦価格、食用油が45〜48％も値上がりし、その後も年率10％台の高い水準で推移し、労働者層を直撃していた。労働者たちは労働条件の改善を求め、これをリベラル派の学生たちがSNSを使って労働者たちの活動を支援し、他の町でも同じ日にストライキを実行することを提案した。その結果、フェイスブックのページには1週間で約5万人がメンバー登録し、ストライキ支持が広がった。しかし、この時は政府の弾圧によってストライキは収束したが、その後工場労働者のストライキがエジプト各地で発生するようになった。労働組合の指導層は政府と癒着するなど腐敗していたために政権打倒にはいたらなかった。このような政府による弾圧と労働組合幹部の腐敗を前に、労働者は工場ごとに山猫ストを実行するようになるなど、「ジャスミン革命」が発生した時期には、エジプトの国内情勢にも変化が生じ始めていた。ムバラク政権の打倒に向けて「1月25日革命」が実現するにあたっては、学生たちがSNSを用いて「タハリール広場」に集結することを呼びかけたことから、「タハリール革命」とも呼ばれるようになった大規模な街頭行動に発展して行ったが、情勢に転機が生じる上で労働者層が果たした役割が大きかった。

　エジプトでは、1981年のムバラクによる政権掌握後、自由将校団の革命期に実施された民間企業の国有化、外資規制、教育の無償化、食料品など生活必需品への補助金といった国家資本主義的な路線から、1991年には新自由主義経済政策の導入へと路線を変更し、市場原理主義主義政策を採り始めた。1992年の改正小作法では農民が代々享受してきた安い借地権が取り上げられ、多くの農民が耕地を失い、その後の不動産バブルの下地をつくった。しかし、新自由主義的な「改革」のテンポは遅く、米国が主導するIMF／世銀の構造調整は捗らなかった。それを一気に加速させたのが、ムバラクの次男ガマール（Gamal Mubarak,

1963 ～）であった。ガマールは、2002年に与党 NDP の政策評議会の事務局長に就任して、政界デビューを果たし、党内で同国最大の鉄鋼会社社長アフマド・アッズ（Ahmad Azzu）らと「新体制派」を形成し、起業家や銀行家を積極的に登用した。この与党新自由主義グループは、2004年からの「ガマールのための内閣」と言われたナズィーフ（Ahmad Nazif, 1952 ～）内閣で、経済改革を次々と断行した。

　2004年には EU と協定を締結し、段階的な関税撤廃を始めた。その結果、2007年7月から翌年8月までに対エジプト海外直接投資（FDI）は、過去最高の132億ドルを記録。補助金削減など財政支出の削減も断行した。2010年の GDP は、2168億ドルと1980年の約10倍に伸長した。2006年度以降は3年連続で7％台の高い経済成長率を達成した。しかし、表向きの好況も、その裏には貧富の格差に直結していた。GDP は10倍膨らんだものの、一人当たりの GDP は半分の5倍にしか伸びず、格差は拡大した。また、海外からの投資も天然ガスなどエネルギー開発部門に集中し、雇用に直結する製造業の育成には至らなかった。民営化によって生じた利益も、結局は「新体制派」の私服を肥やしただけであり、財政支出の削減はセーフティネットをズタズタにしてしまった。ムバラク政権期のエジプトは、ナセル（Gamal Abdel Nasser, 1918 ～ 1970）時代のアラブ社会主義路線からは完全に離脱していた。

　このような社会・経済的実情に対して不満を強めていた人々が、2008年頃から抗議行動をとり始めるようになっていった。SNS を使って呼びかけたデモに集まった数万人の人たちがタハリール広場へ集結し始める一方で、首都のカイロだけでなく、アルマヘッラ・アルコブラなどの工業都市で、一気にストライキが発生した。製糖工場や、鉄道の技術者の組合がストライキを起こし、やがては鉄道全体の労働者がストライキを始め、交通機関が麻痺した。また石油会社の労働者もストライキを起こし、当時の石油大臣の腐敗を訴え、イスラエルへの低価格での石油売却に反対を表明した。交通や工場が麻痺したことで、エジプトは経済的にも大きなダメージを受け。これが引き金となって、軍もムバラク政権を見限るにいたった。

　当初、ムバラクは強気であった。1月25日にはフェイスブックで呼びかけた抗議デモに5万人もの賛同者が現れたが、エジプト政府は27日から SNS を妨害し、31日にはインターネットと携帯電話サービスの遮断という形で妨害した。そして、デモ隊に対して、警官隊が催涙弾を撃ち込むといった強硬手段に出、双方に死者が出る騒動に発展していった。ムバラクは29日に国営テレビに出演し演説を行い、首相を含む全閣僚を解任することと、経済改革を約束したが、自らは退陣

しようとしなかった。

　潮目が変わったのは2月1日であった。反政府勢力が100万人規模のデモを呼びかけ、交通網はストライキで麻痺した。この事態に対し、軍部がムバラクを見放した。同日夜、ムバラクは次期大統領選挙に立候補しないことを表明し、選挙制度改革を約束した。この時点で、実質的にムバラク政権は崩壊した。

　1952年に軍部がクーデターを起こし、王政を廃してからずっと軍事政権が続いた。従って、エジプトの政治経済システムは軍部にとってメリットの大きなものになっていた。特に経済システムは軍部が牛耳っていた。例えば、エジプトは米国から毎年約20億ドルの経済援助を受けていたが、その大半は軍部に流れていた。しかし、それは単に軍関係のものを製造しているということではなく、軍部が大企業に投資しているのであり。つまり、エジプトでは軍部が金融機構を持ち、経済活動に深く関わっている。

　このような事情もあり、軍部は政治的な影響力が強いだけではなく、経済的にも重要な位置を占めていた。だからこそ、軍部の腐敗がエジプトという国に与える影響は大きい。

　労働者たちのストライキが長引き、経済的な損失が大きくなれば、大企業に投資している軍部は大きな損失を被る。その結果、権力基盤である経済力を失いかねない。そこで、軍部はタイミングを見計らって、ムバラクを見限り、民衆側についた。ムバラクは、2月11日にスレイマン（Osman Suleiman, 1936～2012）副大統領から国営テレビを通じて辞任を発表する形で、大統領を辞任した［重信 2012：41-49］。

　エジプトにおいても、インターネットやSNSが重要な役割を果たした。情報の拡散手段にとどまらず、反体制運動に新たな文化を吹き込んだ。エジプトでのネット第1世代がサイトを立ち上げたのは1998年頃であり、その当時はインターネットはまだ広くは普及しておらず、使用者も良家の子女に限られていた。しかし、2010年になると、「サイバー」と呼ばれるネットカフェが底辺層の居住する地域にも広がり、非識字層を除いて若者と旧世代の知識人層のほとんどがSNSにアクセスを有するようになっていた。しかし、SNSが「1月25日革命」に貢献した意義は認めつつも、その役割は1月25日の時点でほぼ終えていたという評価もある。若い市民や労働者は既に「タハリール広場」に集まって、新しい主体性を確立する創造行為を実現しつつあった［田原 2011：119］。

　エジプトの「タハリール革命」において重要な役割を果たした組織として「ムスリム同胞団」がある。1月25日に抗議デモが開始した時点での「ムスリム同胞団」の動きは敏感ではなかったが、彼らが本格的に介入し始めたのは1月28日の

「怒りの金曜日」からであり、この日から広場での抗議デモ参加者が急増した。2月2日に政府が雇った「ラクダ隊」が広場を襲撃した際に、最前線で反撃したのは武闘に慣れている「ムスリム同胞団」青年部の若者たちであった。2月18日の勝利集会では、30年ぶりにエジプトに帰国した同胞団の精神的指導者、ユースフ・アル＝カラダーウィー師（Yousef Al-Qaradawi, 1926～）が25分間にわたって説教を行い、その中で、「広場ではキリスト教（コプト教）とムスリムが隣り合って立っていた。われわれは宗派主義に打ち勝った」と、宗教的協調姿勢を讃えた。同胞団は革命後、次期大統領選で候補を立てないこと、人民議会選挙でも過半数を獲得する意思はないことを表明した。その背景には、同胞団への国民のアレルギーを考慮する意図があったことは疑いない。

「ムスリム同胞団」はもともと幅広い福祉活動で、貧困層に根を張っている点に特徴があるが、しかし農地改革を含め、この間の政府の新自由主義政策を総じて支持してきた。組織内でも、次第に新興の実業家らが幅を利かすようになっていた。同胞団の実態は、新自由主義的なグローバル化に苦しむ貧困層の代弁者というより、寧ろリベラル右派的な色彩を強めてきており、最近では、信仰よりも、商売上の人脈を期待して団員となるケースも生じていた。2008年の労働攻勢に際しては、同胞団の及び腰が顕著に見られ、労働者たちから「日和見主義」との視線を浴び、指導部と戦闘的な中堅・若手活動家の間に摩擦が激化しつつあった［田原 2011：167］。

「1月25日革命」後、段階的に実施された人民議会選挙（総選挙）では、独裁政権時代の野党勢力の中では唯一、全国的な組織網を持っていた同胞団が圧勝した。「ムスリム同胞団」は「革命」直後、前述のように、「大統領選挙には候補者を立てない」と宣言していた。しかし、同胞団は方針を転換し、同胞団幹部のムハンマド・ムルスィー（Mohammed Mohammed Mursi Essa el Ayyat, 1951～）が「ムスリム同胞団」系の「自由と公正党：FJP」から大統領選挙に出馬し、同年6月に当選した。

ムルシー政権は、後述の通り、その後2013年7月3日に軍クーデターによって打倒され、「同胞団の春」は終焉した。2015年4月21日、首都カイロの刑事裁判所は、2012年の反政権デモ隊への「殺害を扇動した罪」の被疑で、ムルシーに禁錮20年の判決を言い渡した。さらに5月16日、刑事裁判所は、2012年の反政府デモに際し、支持者らに刑務所を襲撃して囚人を脱獄させた被疑で、ムルシーおよびムスリム同胞団幹部・支持者ら105人を「死刑に値する」と表明した。エジプトでは、死刑判決は大ムフティー（最高イスラム法官）の意見を聞く必要があるため、この段階では判決ではない（ただし、裁判官は大ムフティーの意見に従う

6.「クラウド型」社会運動の登場　151

必要はない)。正式判決は、6月2日を予定していたが、6月16日に延期され、6月16日に刑事裁判所は脱獄幇助の被疑について、正式に死刑判決を下した。

「1月25日革命」の本来の主役であったリベラル派と左派は、ムルシー政権の崩壊後、再び革命前の事態に直面することになった。ムバラク政権に代わって、シーシー (Abdel Fattah Saeed Hussein Khalil El-Sisi, 1954〜) 軍事政権が、外交・国内経済面で類似した役割をはたすことになったためである。

リビアでは、2011年2月15日に拘留されていた人権活動家の弁護士の釈放を要求するデモが、カダフィ (Muammar Mohammed Abu Minyar Qadhafi, 1942〜2011) 政権の基盤ではない東部キレナイカのベンガジで行われ、カダフィ政権打倒を目指す反政府デモが始まった。同年8月23日にはトリポリが陥落してカダフィ政権が崩壊した (カダフィは10月20日死亡)。政権崩壊後は国営企業が民営化され、続々と外国資本が参入し、他方後継政権のあり方をめぐって諸勢力が対立して、事実上の内戦状態に陥った。また、リビアは、2015年以降「イスラム国」のシリア方面からの勢力拡散対象となり、外国人戦闘員をはじめ「イスラム国」の勢力が伸長している。

チュニジア、エジプト、リビアを除くアラブ諸国においても、イエメン、ヨルダン、オマーン、サウジアラビア、シリア等において、「アラブの春」に影響された民主化を求める反政府デモが断続的に発生した。しかし、ネット社会の普及程度がチュニジアやエジプトとは異なったため、十数万人規模の街頭行動が繰り返されて、民主化が実現するという事態には進展しなかった。

(2) スペイン：「5月15日 (15M) 運動」

「アラブの春」と称された現象が発生したチュニジアやエジプトにおいて、SNSを通じて大規模な街頭行動が実行された傾向の影響を、いち早く受けたのはスペインであった。スペインでは2011年5月15日に、マドリッドの「プエルタ・デル・ソル広場」やカタルーニャ自治州の州都バロセロナ市の「カタルーニャ広場」など全国数十ケ所で二大政党への不信と、社会格差の拡大、特に不動産バブルの崩壊によって生じた住宅強制退去問題に対する抗議デモ「15M」が実施された。

15Mを開始したのは、失業状態や不安定雇用状態にある若者や、強制立ち退き処分によって生じた住宅喪失者が多くを占めていた。無党派層が多かったが、左翼諸党派のスペイン共産党を中心とした統一左翼 (IU)、社会主義青年同盟 (Juventudes Socialsitas)、反資本主義左翼 (Izquierda Anticapitalista)、赤い潮流 (Corriente Roja) の党員・シンパや、労働者委員会 (Comisiones

Obreras)、労働総連合（UGT）、労働総同盟（CGT）の組合員証所持者、ATTAC 等の社会運動組織のメンバーが参加していた［Roitman 2012：112］。

　15M は、その規模と実践の特徴のため、運動の発端当初から内外の多くのメディアからの注目を集めた。全国紙『エル・パイス』が５月15日のデモ当日に行ったインタビューにおいては、デモを呼びかけたプラットフォームである「真の民主主義を（Democaracia Real Ya!)」のメンバーが、「運動の目的な何か」との質問に対し、「具体的なイデオロギーや利害関心は脇に置いて、我々が本当に怒っていることに対して集中して抗議すること」と答えている［池田2014：82］。具体的には、政治的腐敗が蔓延した二大政党制の傾向に対して、真の民主主義の欠如を糾弾している。運動の目的は参加者によって用いられたスローガンにも良く表れており、そのうち、最も代表的なものは「いない、いない、我々は代表されていない（¡Que no, Que no, Que no Nos Representan!）というものであった。このような、真の民主主義の欠如を批判して、政治のあり方を批判する傾向は、集会会場に掲げられた多くのスローガンに見られた。代表的なスローガンとしては、次のようなものが見られた。

（１）「今、民主主義を求める（Ahora Democracia, y la Quiero Ya)」
（２）「もう汚職はたくさん（Basta Ya de Tanta Corrupción)」
（３）「民主主義よ、君が好きだが、君はいない（Democracia, Me Gustas, Pero Te Noto Ausente)
（４）「透明と参加、それが純粋な民主主義だ（Ya Transparencia y Participación Somos Pura Democaracia)」
（５）「今日、多くの怒れる者はいるが、諦めるものは少ない（Hoy Hay Más Indignados y Menos Resignados)」
（６）「もっと民主主義を、もっと正義を、もっと自由を（Más Democracia, Más Justicia, Más Libertad)」
（７）「選挙人名簿に汚職政治家はいらない（Ningún Político Coruupto Más en las Listas Electorales)」
（８）「息子に民主主義を愛することを教えよ（Enseña a tu Hijo a Amar la Democracia)」
（９）「我々は何千もの理由で反逆者である（Somos Rebeldes con Mil Cauzas)」
（10）「諦めるものはソファーに、怒れる者、変革者は広場に（Resignado en el Sofá, Indignados y Revolucionados en la Plaza)」
（11）「真の民主主義を求めて、遠くまで到達できるようにゆっくり歩もう

（Vamos Despacio para Llegar Muy Lejos：Por Una Democracia Ya)」

(12)「限りなき民主主義を夢見る（Sueño Una Democracia Sin Limites)」[Mauronval 2017：18-67]

「プエルタ・デル・ソル広場」で、「真の民主主義」を求めるスローガンの次に多く見られたのは、住宅立ち退き問題に関するスローガンであった。

（ 1 ）「住宅は公共財産であるべきだ（La Vivienda Debe Ser un Bien Público)」

（ 2 ）「家がないのなら、広場に残ろう（Si No Tenemos Casa, Nos Quedamos en la Plaza)」

（ 3 ）「人なき家もなく、家なき人もなく、すべての者に住宅を（Ni Casa Sin Gente, Ni Gente Sin Casa, Viviendas para Todos Ya!)」

（ 4 ）「尊厳をもって生きたい（Queremos Vivir Dignamente)」

（ 5 ）「家もなく、職位もなく、年金もなく、そして恐れもなく（Sin Casa, Sin Curro, Sin Pensión, Sin Miedo)」

（ 6 ）「我々は住宅への権利をもつが、それは憲法違反ではない（Tenemos Derecho a una Vivienda, y Esto No es Anticonstitucional)」[前掲書：36-72]

　全体的に、「怒れる者」という表現が多く見られた。15M運動の背景には、二大政党が政権時に進める政治の劣化、特に汚職を背景とした政治不信と、新自由主義経済政策の結果として拡大した理不尽な社会的格差に対する「怒り」が存在した。この時期、2010年12月にフランスの政治学者・元外交官であるステファン・エッセル（Stéphane Frédéric Hessel, 1917 ~ 2013）が出版した小冊子『怒れ！慣れ！』がフランスで大きな反響を呼んでいた。同書は初版6000部であったが、たちまち200万部が増刷された。スペインにおいても、2011年2月にスペイン語版が出版された。同書の中で、エッセルは、次のように述べている。

　「確かに今日の世界では、怒る理由が昔ほどはっきりしなくなっている。言い換えれば、世界はあまりに複雑になった。命じたのは誰なのか、決定を下したのは誰なのか、支配の系統をたどるのは必ずしも容易ではない。もはや相手は、明らかに悪行を働いている一握りの権力者ではないのだ。今の相手は広い世界であり、誰もが知っているとおり、相互依存する世界である。（中略）だがこの世界にあっても、許し難いことは存在する。それを見つけるためには、目を見開き、探さなければならない。若者よ、探しなさい。そうすれば、きっと見つかる。」

　「すでにわかっているだけでも、新たな課題が2つある。一つは、貧富の膨大な格差である。しかもこの格差は拡大し続けている。これほどの格差は、20世紀、

21世紀になるまで出現したことがない。今日の世界で最貧層と呼ばれる人々は、一日たった２ドルの所得しかない。このような格差を放置してはならない。このことだけでも、行動が求められている。

　もう一つは、人権である。それから、後で述べるように地球環境の問題もある。」[Hessel 2010=2011：43-48]

　このエッセルの言葉から、15M 運動の参加者たちは「怒れる者（インディグナドス：Indignados）」を自称するようになり、スペイン語のこの言葉が、「グローバル・サウス」の変革運動を追求する人々の間に世界的に普及していった。スペインは、正に「怒れる者」という言葉を切実に感じる人々が増加していた。

　スペインは、1991年１月に EU 統一通貨ユーロを導入してユーロ圏に加入して以来、その前後からの単一欧州の形成過程において資本移動の自由が確立されていくなかで、比較的成長余地が大きいと判断され、ドイツやフランスなどから多額の資本が流入した。さらに、欧州中央銀行（ECB）による統一消費者物価を用いた画一的金融政策が、ユーロ圏の中でも物価上昇圧力が強いスペインの実質利子率をマイナスで推移させる結果をもたらしたため、資金需要を刺激した結果、銀行による融資が拡大して、不動産・住宅部門を中心とする資産バブル（不動産バブル）の発生をもたらした。ユーロ導入時の1999年末から不動産バブルのピーク時にあたる2006年末までの間、銀行部門による融資残高総額に占める建築不動産部門・住宅ローン向け融資残高の割合は44.4％から61.5％にまで上昇した。不動産バブルが崩壊した2009年末時点でも、銀行部門の総融資残高の61.0％が建築不動産・住宅部門向け融資となっていた。中でも、庶民金融の主な担い手であった貯蓄銀行（Caja）が、不動産開発融資や住宅ローン拡大の牽引役となった。2004年における銀行部門全体の住宅ローン融資額の対前年増加率は18.8％、翌2005年には25.9％であったが、うち貯蓄銀行による住宅ローンが全体の増加率に対する寄与度は9.7％、18.6％とその大半以上を占めた。また、2006年は住宅ローン全体の成長率が10.3％に鈍化したが、うち貯蓄銀行の寄与度は8.8％と、同年における住宅ローンの提供のほとんどは貯蓄銀行によるものだった。また、2000年から2007年の間において、住宅資産担保証券の発行残高は1444.4％増加するなど、資本市場の活用が目立った。なかでも貯蓄銀行はその発行に積極的であり、銀行部門による住宅資産担保証券の発行残高のうち貯蓄銀行の発行分が占める割合は、2009年には59.9％にまで上昇した。このように、貯蓄銀行が不動産バブルの膨張に果たした役割は大きかった。その後、2007年の米国におけるサブプライム問題を受けて不動産バブルにも綻びが生じ始め、さらに2008年９月のリーマン・ショックによって世界的な信用収縮が発生したことを

6.「クラウド型」社会運動の登場　155

きっかけとして、スペインの不動産バブルが本格的に崩壊し、不動産価格の急落に伴う逆資産効果によって、銀行部門の保有債券は大きく劣化し、特に建築・不動産部門向け不良債権が顕著に増加した。

　スペインでは、フランコ体制終焉後、金融規制の緩和が進み、貯蓄銀行の支店設立規制や業務規制が撤廃され、その結果カタルーニャ州起源のラ・カイシャやマドリッド起源のカハ・マドリッドのような一部貯蓄銀行が他県他州への業務拡大を積極化させ、また他の貯蓄銀行との統廃合を進めたことから資産規模を急速に拡大させ、2009年末時点で貯蓄銀行は、銀行部門の資産の40.8％、融資残高の46.6％を占める有力な金融機関となっていた。貯蓄銀行は、株式会社方式ではなく財団方式で運営され、利益の一部が「社会的利益」として社会や地域の福祉計画に対する資金援助に回されるという特徴を有していた［土田 2011:96-99］。

　このような貯蓄銀行が、建築・不動産部門向け融資や住宅ローンを積極的に供給した結果、不動産バブルの膨張を促進する原因となった。貯蓄銀行は庶民金融を担う役割から住宅ローンを積極的に供給する一方で、建築・不動産向け融資も拡大した。このため、不動産バブルの崩壊とともに、貯蓄銀行は不良債権問題に直面し、経営危機に陥ることになる。2010年6月、スペイン中央銀行（BCE）は、『貯蓄銀行の再編計画』を公表した。『再編計画』の重点は、統廃合や公的資金の注入による貯蓄銀行の資本力の強化に置かれた。2009年12月末で45行あった貯蓄銀行のうち同部門の総資産の92％を占める39行が再編対象とされ、最終的には12グループへの集約が目指された。また、貯蓄銀行の不良債権処理のために「銀行部門再生基金（FROM）」を通じた公的資金の注入が行われた。

　この、公的資金注入に対して、融資返済能力を喪失したために住宅強制立ち退きの対象となった人々が抗議の声を上げた。彼らは2009年2月にバロセロナで「住宅ローン被害者の会（LaPAH：La Plataforma de Afectados por la Hipoteca）を結成して、その後全国組織化し、住宅強制立ち退きに抵抗して抗議するとともに、政府による不良債権問題を抱える銀行に対する公的資金の注入に反対して立ち上がった。この「被害者の会」が、2011年5月15日のマドリッド等全国各地で展開された「15M」運動の中心的勢力となったのである。

　「被害者の会」は、返済不能を口実とした住宅強制立ち退きに抵抗するとともに、強制退去後に空き家となった住宅の占拠を通じて、「被害者」に住宅を確保する運動を展開していた。強制立ち退き抵抗運動は、2010年11月から開始され、2017年2月までに2045件の強制立ち退きを阻止した。また「被害者の会」は、2010年6月に、議会に返済猶予法案を提案したが、二大政党の国民党（PP）と社会労働党（PSEO）の反対によって否決された。2011年3月30日には、労働団

体などの他の諸団体と共に、「民衆立法イニシアティブ（ILP）」と称するキャンペーンを開始して、返済不能債務の免除や返済の後納を求める法案を求める運動を展開した。また、同年９月25日には、全国45都市で、経済危機下で生じた返済不能化による住宅強制立ち退きに対する規制緩和と同時に返済猶予を求める街頭行動を組織した。しかし、2013年４月２日、ラホイ国民党政権は、強制立ち退き問題を規則化しながらも、返済猶予を否定した政府法案に組み込むと主張して、問題の本質的解決を拒否した。「被害者の会」によれば、2008年７月の危機開始後2012年末までの強制立ち退き執行件数は17万1110件［"Daigonal"紙2012年11月16日付け］であり、一方2013年６月時点での政府議会報告に依れば、強制執行件数は、2006年１万6079件、2007年１万7412件、2008年２万0549件、2009年３万7677件、2010年５万4250件、2011年６万4770件、2012年７万5375件であった（2006〜2012年の合計28万6112件）［2012年６月12日政府回答第14741512号］。

　「被害者の会」は、「真の民主主義を！」とともに、2011年５月15日以前に存在していた一方、15Mと連携した運動としては、「未来なき青年たち（Juventud Sin Futuro)」、「憤激状態（Estado de Malestar)」、「Xネット」、「彼らに投票するな（No Les Votes)」、ATTACなどがあったが、５月15日以後、様々な分野で種々の運動が立ち上げられ、15M運動の拡大をもたらした。

　15M運動の特徴としては、組織的な水平性、集団的知性、包含性、非暴力、ネットワーク状組織、不均質性、非個人崇拝等が挙げられるが、特に重要な特徴は、第一にSNSを通じた参加方法が重要な役割を果たしたことと、第二に運動内部の合意形成において直接民主主義的な「アセンブリー方式」が採用されたことの２点である。

　集会規模の拡大において、SNSが果たした役割の大きさについては、その後アンケートが実施された結果が存在する。2017年に『15M：社会民主主義化のための政治運動』を出版したサラゴサ大学のクリスティーナ・モンへは、参加者の94％が何らかのSNSを通じて参加したが、特に集会呼びかけを行ったプラットフォーム「真の民主主義を！（Democracia Real Ya!)」がフェイスブックに立ち上げた同名のサイトを見て参加したと回答している調査結果を掲げている (注1)。同調査ではまた、SNSの重要度を１から５までの指数として表現することを求めた調査結果を、「デモ参加：4.54、活動の継続：4.44、デモの組織化：4.42」であったと指摘している［Monge 2017：205］。このように15Mが大規模な街頭行動を実施する上で、フェイスブックやツイッターなどのSNSが重要な役割を果たした。

　15Mのもう一つの特徴である「アセンブリー方式」は、「多様な参加主体によ

る水平的かつ平等的な意思決定を可能にするために確立された直接民主主義を展開する方法である。この「アセンブリー方式」に関して池野朋洋は次のように論じている。

「15Mの会合実践には様々な工夫が凝らされている。会合の進行役である"議長"は議題に即した形に議論を焦点化させたり、少数の個人が議論の時間を占めないようにした上で、予定を固守して会合を定時に終えるように努力する。各委員会からの提案を行う"代弁者"は委員会間のつなぎ役としての責任を負い、全体での共通の合意へ達するために委員会の声を全体会合の場に伝える。代弁者は各自の委員会の決定を尊重し、個人としての自らの意見や提案を介入させることはしない。さらに、すべての人々による平等な参加を促し、特定のリーダーやヒエラルキーの出現、あるいは特定のグループや個人が情報や決定をコントロールすることを避けるために、これらのどの役職についても交代制を布いている。そして会合での最終的な意思決定はハンド・シグナルによって為されるのであるが、これは多数決での意思決定とは異なり、場にいる全ての人々が賛同する、あるいは反対しないことによってはじめて提案が承認されるものである。」[池野2014：82]

この「アセンブリー方式」は、まもなくニューヨークで行われた「オキュパイ・ウォール・ストリート（OWS）運動」に伝えられ、実践されていくことになる。しかし、それ以前にも「世界社会フォーラム（WSF）」やサミット・プロテスト運動において一部で実践されていたものである。その起源は、おそらく欧米起源と考えれば、各国のアナーキズム系の諸運動で実践されていたものであり、他方米州先住民系の起源と考えればEZLN主催で開催された「反新自由主義大陸間会議」での実践が影響したものとも考えられる。

このような、SNSの使用とともに、15Mの特徴となった直接民主主義方式の総意形成方法は、議会制民主主義など、代議制民主主義に対する対案として、考慮しなければならない民主主義の実践方法である。この点が、15Mの評価に関わる重要な点であろう。

15Mの中は、二大政党である国民党（PP）と社会労働党（PSOE）による政治のあり方、特に腐敗を拒否する強い傾向がある一方で、二大政党制を含めた代議制民主主義自体を拒否する傾向に二分される。従って、前者の傾向から見れば、2014年2月に新しい左翼組織として「ポデモス（Podemos）」が登場したことについて、既成の二大政党制に対する批判を15Mとの関係から論じる視点が生じる。この視点から見れば、二大政党制に対する批判は15Mから「ポデモス」へと継承され、資本主義システムの非物質的労働や認知資本主義への移行と

いう新たな段階への進展を背景として、プロレタリアートを唯一の変革主体と論じるような旧式の社会主義政党ではなく、第4章で論じたような、グローバル・サウスの「多種多様性」を基盤とする新しい左翼勢力・組織が登場したと評価することも可能である。

しかし、15Mの重要性は、このような論点に解消されるものではなく、近代における政治のあり方、近代民主主義の再考を迫る内実を有するものである。即ち、15Mは、二大政党制の腐敗に代表される政治の劣化や、新自由主義的経済政策の結果として生じた社会格差の拡大に対する反発だけでなく、より本質的な近代民主主義に対する批判を内容とする重要な運動であったと評価すべきである。従って、15Mと「ポデモス」の間の継承性を強調する議論も、他方で15Mをシングル・イシュー運動であることを克服できない反グローバル化運動の限界を克服した運動という角度だけで論じることも［池野 2014］、15M運動の意味の矮小化をもたらす議論であると言えよう。

前節の「タハリール広場」、次節の「オキュパイ・ウォール・ストリート（OWS）」、そして、15Mにおいても、第7章において扱うが、一定期間の間に「空間占拠」が実施されたという側面がある。スペインでは、5月22日に「統一地方選挙」の実施が予定されていたため、選挙管理委員会が5月15日に全国各地で抗議デモが行われたことを考慮して、広場内での野営キャンプの設営やデモ・集会を禁止したため、デモ参加者たちは「市民的不服従」に訴えて、禁止令に反して、逆に敢えて「プエルタ・デル・ソル広場」やバロセロナの「カタルーニャ広場」等の公共空間にテントを設営して、野営活動を開始した。「プエルタ・デル・ソル広場」では同年7月まで約3ヶ月間テント村が維持された。テント村では、特に「アセンブリー方式」の意思決定メカニズムが重視され、直接民主主義的な総意形成のメカニズムの確立に向けた努力が重ねられた。この「アセンブリー方式」の意思決定メカニズムが、「15M」の活動家を通じて、ニューヨークの「オキュパイ・ウォール・ストリート（OWS）運動」に直接的に伝達されていくことになる。

〈抗議デモ参加者とテント村設営者の推移〉

日　付	場　所	抗議デモ参加者数	テント村設営者数
2011年5月15日	マドリッド	2万5000人	100人
	バルセロナ	6000～1万5000人	
	コルドバ	3000～5000人	
	ラス・パルマス	5000人	
	セビージャ	5000人	

6.「クラウド型」社会運動の登場　159

	サラゴサ	1万5000人	
5月16日	サンタンデル	100人	10人
	ヘレス・デ・フロンテラ	600人	
5月17日	マドリッド	1万2000人	300-1000人
	ヘレス・デ・フォロンテラ	1100人	
	セビージャ	400-1000人	
	サラゴサ	1000人	
	グラナダ	200人	100人
5月18日	ブルゴス	300-1000人	
	コルドバ	300人	
	セビージャ	500-1000人	220人
	バレンシア	500-1000人	
	マラガ	300-400人	40人
5月19日	マドリッド		400人
	ブルゴス	2000人	
	グラナダ	1000人	
	マラガ	1000人	
	ムルシア	1000人	
	サンタ・クルス・デ・テンベリフェ	3000人	
	セビージャ	4000人	
	バレンシア	6000人	
5月20日	バルセロナ	1万2000人 - 2万人	
	マドリッド	2万－2万8000人	3000-5000人
	セビージャ	4000人	200人
	バレンシア	1万－1万5000人	
	バリャドリッド	2000-5000人	
5月21日	グラナダ	2000人	
	サンタンデル	1000人	
	セビージャ	6000人	
	バレンシア	1万5000人	
5月22日	ヘレス・デ・フロンテラ	1200人	
	サンティアゴ・テ・コンポステラ	1000人	
5月23日	コルドバ	500人	
5月24日	ブルゴス	1000人	
	セビージャ	1500人	
5月26日	バルセロナ		450人
	セビージャ	1500人	
5月27日	バルセロナ	3000-5000人	400人
	グラナダ	1500人	
	マラガ	4000－1万人	
	サンティアコ・デテ・コンポステラ	1500人	
	セビージャ	1000人	
	バリャドリッド	2000-5000人	
5月28日	マドリッド	2万5000人	

5月29日	サラマンカ	1000人	
	セビージャ	3000-1万人	
	バレンシア	8000人	
6月1日	バロセロナ	1000人	
6月3日	ベレンシア	1000人	
	バリャドリッド	1000-2500人	
6月5日	バルセロナ	900人	
	マラガ	500人	
6月8日	バルセロナ		100人
	バレンシア		50人
6月10日	マドリッド	2000人	
6月11日	マドリッド	3000人	
	サンタ・クルス・デ・テネリフェ	500人	
	サラゴサ	数百人	
6月14日	バルセロナ	1000-2000人	
6月19日	アリカンテ	1万－1万5000人	
	アルメリア	5000-8000人	
	バルセロナ	20万－26万人	
	ビルバオ	8000人	
	カディス	4000人	
	ヒホン	2万－3万5000人	
	グラナダ	1万8000人－2万人	
	ラス・パルマス	3万5000人	
	レオン	5000人	
	マドリッド	15万人	
	マラガ	1万2000人－2万5000人	
	ムルシア	2万5000人	
	パルマ	1万－1万5000人	
	サラマンカ	5000人	
	サンティアゴ・デ・コンポステラ	5000-6000人	
	サンタンデル	5000人	
	セビージャ	4万人	
	テネリフェ	1万5000人	
	バリャドリッド	3000-5000人	
	ビトリア	3000人	
	サラゴサ	2万人	
7月15日	マラガ	5000人	
7月20日	バルセロナ	3万人	
8月4日	マドリッド	1000人	
8月5日	マドリッド	4000-5000人	
	セビージャ	500人	

（新聞報道等より筆者作成）

（3）チリ：2011年学生運動

　2011年6月30日、「アラブの春」やスペインの「M15運動」の影響を受けて、チリ全土でSNSを通じて集まった約40万人の学生・高校生などが教育制度の改革を求めて全国各地で大規模な抗議デモを行った。首都サンティアゴでは20万人以上が街頭行動に参加した。

　チリにおいては、ピノチェ（Augusto José Ramón Pinochet Ugarte, 1915〜2006）軍事独裁政権（1973〜1990年）の間に強権的かつ新自由主語的な教育制度が確立され、公立学校よりも私立学校が優遇される制度が確立された（中小学校の地方自治体移管、営利目的の私立大学設立の簡易化等）。1990年の民政移管の4日後に、教育の民間移行を目指す教育組織法（LOCE）が公布されたが、2006年の抗議行動の結果、同年に教育基本法（LGE）が公布された。しかし、2011年になり、教育予算の増額を求める学生の街頭行動が拡大し、その後高校生がこれに合流、最終的には大学、高校、中小学校、専門学校を含めすべての教育部門が結束して教育改革を求める運動に発展した。

　デモを呼びかけたチリ学生連合（CONFECH）や全国高校生調整委員会（CONES）、および教員連盟は、ピノチェ政権以来の教育政策の結果、所得による教育格差が広がり、教育全体の質が低下していると批判した。教育を民間や市場まかせにせず、国が責任を負う制度に改革するべきだと主張した。また対GDP比4％に抑え込まれている教育予算を、国連教育科学文化機関（ユネスコ）の勧告に沿って、7％にまで増額するよう要求した。

　CONFECHが同年4月に提示した基本的な要望は次の3項目であった。

① 　機会均等を保証する大学進学制度の改革（低所得層への大学選抜試験補填制度の確立、教員の自由・寛容・複数主義の確保、身体障碍者の教育権の保証）

② 　高等教育予算の増額（国立大学への自由裁量資金の増額、伝統大学（ピノチェ政権期以前に設立された国立・私立大学）の活性化、奨学金制度の改革、生計・食料奨学金の拡大、全国学生証の無償給付、専門技術教育施設への国家の参入）

③ 　高等教育制度の民主化（高等教育機関運営への学生・職員の参加を禁止する法的条項の廃止、高等教育機関における四半期制の導入、全教育機関における学生・教職員の表現等の自由の保証）

　CONFECHは、まず2011年5月12日に1万5000人規模の全国デモを組織した。5月26日には、21日に国会で行った大統領教書の中でピニェラ（Miguel Juan Sebastian Piñeda Echenique, 1949〜）大統領が言及した教育関係諸措

置に抗議する8000人の抗議デモをサンティアゴで実施した。6月1日には全国行動を呼びかけ、6月3日には全国17大学で校舎占拠が行われ、6月7日には高校においても占拠活動が始まり、2日間に占拠された高校は5倍に拡大した。6月8日にはチリ大学とチリ中央大学の学生が主要政党であるキリスト教民主党（DC）のサンティアゴ本部を占拠、6月11日には学生と高校生が行動の急進化を宣言、6月15日には学生・高校生の抗議デモにスト中のエル・テニエンテ鉱山労働者も合流して、国家警備隊（Carabineros）と衝突した。6月16日にはCONFECHと教員連盟の呼びかけによってサンティアゴで10万人規模の抗議デモが実行され、全国各地では20万人が参加し、民主化後最大の街頭行動に発展した。6月23日にはラビン（Joaquín José Lavín Infante, 1953～）教育相が高校に関する解決策を提示したが、その内容に反発した高校生が2万人規模の街頭行動を実施した。6月26日、教育相は首都圏における冬期休暇を前倒しにする措置を講じたが、多くの高校では占拠が継続された。

CONFECHは、教育省の提案に反発して、6月30日に全国規模で抗議行動を実施することを呼びかけ、首都サンティアゴでもアラメダ通りを埋め尽くす大規模な抗議行動となり、主催者発表で20万人規模に拡大し（警察発表で8万人）、全国的には40万人規模の抗議行動となった。同日全国学長会議も、教育相の提案を拒否して、営利目的の教育機関の監視強化、学生支援の強化、高等教育監視機関の設置等の要求を基にした交渉を継続することを決定した。これに対し、7月2日にラビン教育相が、「抗議デモは伝統大学しか代表しておらず、また極めて政治化されたものである」と批判した。また、7月5日、ピニェダ大統領が「全国教育合意（GANA）」と題する合意案と400億ドルの教育基金の設立、高等教育監視局の設置を発表したが、他方「教育の国家管理は誤りであり、教育の自由を害するものである」と新自由主義路線を擁護する発言を行った。

これに対し、反政府派はCONFECHを中心にGANAに対する対抗案である「教育社会合意（GASE）」を策定し、中小企業連盟、底辺層住宅居住者、銅鉱山労働者、大学職員連盟、マプーチェ学生連盟等も加盟して、階層横断的な組織に発展させ、7月14日に街頭行動の実施を申請した。これに対し、治安当局は当初デモを不許可としてが、後に行進経路の変更を条件として許可した。しかし、主催者側は申請した経路での10万人規模のデモ行進を強行し、一部デモ参加者が国家警備隊と衝突、国家警備隊が暴力的に鎮圧しようとしたため、人権団体等が弾圧行為を告発するなど、事態が悪化した。7月18日、内閣改造が行われ、ラビン教育相が更迭され、ブルネス（Felipe Bilnes）法相が新教育相に就任した。

8月1日、ブルネス教育相が21項目から成る「チリ教育発展行動政策」（公共

教育の地方自治体管理の終焉、高等教育における奨学金制度の改革等）を発表、しかし11大学の学生連盟がブルネス提案を拒否、8月4日に抗議デモを再開し、サンティアゴ市内では道路通行を妨害するバリケード封鎖も行われたが国家警備隊が暴力的に鎮圧した。CONFECH側は政府に新たな提案を提示するよう求めたが、政府側がこれを拒否したため、事態は膠着した。

8月9日、CONFECH、CONES、教員連盟が教育部門の全国ストを実施、これをチリ統一労働連盟（CUT）、銅鉱山労働者連盟等の主要組織が支持して15万人規模の街頭行動に発展、一部デモ隊が国家警備隊と衝突して396人が逮捕された。

8月13日、政府が再交渉を提案したが、CONFECHはこれを拒否、8月17日にブルネス教育相が新提案（国民の60%をカバーする奨学金制度の整備、11万人の奨学金受給者の負担軽減、公共教育の地方自治管理の終焉に向けた40日間の猶予、高等教育監視機関の設置等）を提示した。しかし、CONFECH側が、翌18日に全国各地で10万人規模の抗議デモを実施、同日は気候が悪化したため「雨傘のデモ」と呼ばれた。8月24〜25日にはCUTがCONFECHと教員連盟を支持して全国ストを実施、25日にはCONFECHを中心とした全国規模の抗議行動が実施され40万人が参加した。抗議行動は平和的に行われたが、高校生1人が銃弾を受けて死亡し、このため国家警備隊に対する批判が再び強まった。

8月26日、ピニェダ大統領が再び交渉を提案、CONFECH等はこれに応じ、9月3日に協議が開始され、9月12日にCONFECH側は、①政府が国会に提出した教育関連法案の阻止、②奨学金返済期限の延期、③交渉場面の実況中継、④営利目的の大学に対する資金援助停止、の4項目を提案したが、9月15日にブルネス教育相が①②を拒否したため、交渉は再び膠着状態に陥った。9月20日、新学期開始を前に、教育相が高校生7万人が進級不能となったと発表、21日にはサンティアゴ市内の高校2校の占拠が国家警備隊によって排除されるなど、政府側の反転攻勢が始まった。また、CONFECHが9月22日に実施した教育相の拒否に抗議するデモも参加者が3万5000人と低調に終わり、教育改革問題は解決を見ないままに事態は沈静化していった。

（4）「オキュパイ・ウォール・ストリート（OWS）運動」

2011年6月9日、カナダの雑誌アドバスターズがoccuypaywallstreet.orgというドメインを登録、7月13日に同誌の創始者カレ・ラースン（Kalle Lasn, 1942〜）が金融機関や政界に対して抗議の意志を表明するために、金融界の象徴であるウォール街での行進やニューヨーク証券取引所前での座り込みなどを行

い、ウォール街を数ヶ月占拠するというデモ活動を呼びかけ、2万人を目標として賛同者を募り始めた。また、情宣のためウェブサイトを開設し、ツイッターやSNSサイトなどを通じて活動内容が広められていった。ラーソン自身は、当初は保守派によるティーパーティー運動に対抗する意図があったと述べている。『アドバスターズ（Adbusters）』は、カナダのバンクーバーに本拠を置くアドバスターズ・メディア財団が発行する隔月刊の雑誌であり、誌名は「商業広告(ad) を破壊する者（busters）」の造語である。

　ラーソンはこの活動が米国だけでなく、チュニジアから始まった抗議活動が北アフリカに広まった「アラブの春」と同様、世界中で起こるべきであり、また2011年8月に起こった「ロンドン暴動」とは違う、平和的な抗議活動にするべきと考えた。彼は、その呼びかけにおいて、「#ウォール街を占拠せよ、タハリール体験の準備はいいかい？　9月17日に、みんなでロウアー・マンハッタンになだれこもう。テント、食堂、平和的なバリケードを設営して、ウォール街を占拠しよう」と訴えた。

　ラーソンが言及した「ロンドン暴動」は、ロンドン北部にあるトッテナムにて黒人男性が警察官に射殺されたことをきっかけに、同年年8月6日より発生した騒擾事件であり、騒擾はトッテナムや首都ロンドンのみならずバーミンガム、マンチェスター、リバプール、ノッティンガム、ブリストルなどイギリス各地の都市へ拡大した。騒擾事件に関与した大半の人々は低所得層の家庭で育った「チャヴ」と呼ばれる無職の若者達だったが、貧困層とは無関係のロンドン五輪のボランティアやバレリーナ、教師や大富豪の令嬢、11歳の少女等の10代から40代までの様々な層も含まれていた。なお、逮捕された者の5割以上は18歳未満の青少年であった。スマートフォンから利用するフェイスブックやツイッターなどのSNSを通じて参加者が増大したと言われる。また、ストリートギャングが騒擾を扇動していたともされる。

　「ロンドン暴動」の経緯は次の通りであった。

＊8月4日、ロンドン北部トッテナムにて犯罪容疑のある29歳の黒人男性マーク・ダガンが警察官に射殺された。

＊8月6日、黒人男性射殺は不当であるとして17時頃よりマーク・ダガンの遺族・知人や地元住民などによる追悼・抗議デモがトッテナムの警察署前で行われた。20時20分頃、トッテナムの警察署付近で騒擾事件が発生。トッテナムの警察署付近の警察車両が破壊、放火される。22時45分頃、トッテナムの警察署付近で2階建てバスに放火。翌7日未明までに近隣建物や店舗が破壊、略奪、放火される。

6.「クラウド型」社会運動の登場　165

＊8月7日、前夜からトッテナムの警察署付近で発生した騒擾事件は7日昼までには沈静化した。しかし同日夜、トッテナムの警察署から数キロ離れた商業地区ウッドグリーン（Wood Green）にて騒擾事件が発生。翌8日未明までに同地区内に存在する多くの店舗が破壊、略奪、放火される。トッテナム暴動での騒擾事件で55名が逮捕され、警察官26名が負傷した。

＊8月8日、騒擾事件がハックニー、ペッカム、クロイドン、ルイシャム、クラパム、カムデン、イーリングなど大ロンドン圏の各地に拡大、翌9日未明まで続く。8日夜、クロイドンにて26歳の男性が射殺され、騒擾事件における最初の死者となる。8日深夜から翌9日未明までにロンドン北部のエンフィールドにおいてソニーの倉庫が略奪後放火され全焼。さらに翌9日未明までにバーミンガム、リバプール、ノッティンガム、ブリストルなど各地方都市においても暴力行為、略奪、放火が発生し、全国規模の騒擾事件へ発展した。

＊8月9日、デヴィッド・キャメロン（David William Donald Cameronm, 1966～）首相はイタリアでの夏季休暇を取りやめ帰国、騒擾鎮圧に関する緊急対策会議（COBRA）を開催した。ロンドンでは動員した1万6000人の警察官を配置、その効果もあり騒擾は10日朝までに鎮静化した。一方、ロンドン以外の各地方都市での騒擾は継続。イングランド北西部の地方都市マンチェスターやその近郊のサルフォードにおいて暴力行為、略奪、放火が発生した。

＊8月10日、午前1時、バーミンガムでは地元の商店街を略奪から守ろうと集まったボランティアの住民3人がひき逃げされ死亡、32歳の男が容疑者として逮捕された。この騒擾事件における死者は合計4名となる。暴力行為の増殖は高級住宅地ノッティング・ヒルにも及び、ミシュラン2つ星レストランで、店を暴徒から守るためコックが料理包丁で撃退するという事態も起こる。10日午前、キャメロン首相はCOBRAを開催、強硬な騒擾鎮圧のために放水銃とゴム弾の使用を許可。これらの鎮圧手段の行使は、イギリス本土においては史上初となる。

＊8月11日、ロンドン以外の各地方都市での騒擾事件が沈静化した。8日～9日未明に火炎ビンを踏み消そうとしたところを暴徒に襲われ入院していた68歳の男性が死亡。この騒擾事件における死者は合計5名となる。

「ロンドン暴動」の参加者は騒擾事件の組織化には匿名性の高いBlackBerryの無料のメッセージ機能「BBM（BlackBerry Messenger）」を多く使った。BBMは無料で一度に多数のユーザーに送信でき、データが暗号化されるため、当局が追跡できないことから、騒擾事件に参加した若者に多く利用されていたといわれる。

カレ・ラーソンが OWS を呼びかけた米国においては、2008年9月のリーマン・ショックが契機となって、1970年代以来悪化してきた社会格差の拡大が顕著になっていた。1970年代から、米国において上位1％の富裕層が所有する資産が増加し続けた。米議会予算局によると1979年から2007年の間に、アメリカの上位1％の収入は、平均すると275％増加した一方で、同じ期間に60％を占める中間所得層の収入の増加は40％に、下位20％の最低所得層では18％の増加に留まっている 。1979年と比較して、下位90％を占める世帯の平均税引き前の収入は900ドル低下しているが、トップ1％の収入は米国の税制が累進的でないため、70万ドル以上増加している。1992年から2007年の間に、米国における高額所得者上位400人の収入は約4倍上昇していながら、平均税率は37％に低下している 。2007年において、最も裕福な1％が米国の全ての資産の34.6％を所有しており、次の19％の人口が50.5％を所有していた。上位1％の所得は、1980年に9.1％であったが、2006年には18.8％に増加した。

このように、米国においては、1970年代以降、急速に社会格差が拡大してきていた。

また、失業率も次の表のように推移し、2011年に向けて悪化していた。

〈失業率の推移〉

	2007年	2008年	2009年	2010年	2011年
一般失業率（％）	4.6	5.8	9.3	9.6	8.9
若年層失業率（％）	10.5	12.8	17.6	18.4	17.3

(出典：Gould-Wartofsky 2015：18)

このような状況が、2011年9月に OWS が呼びかけられた背景にあった。しかし、OWS の参加者の多くが、必ずしも貧困層ではなく、貧困化の圧力を受けていた中間層の人々であった点を忘れるべきではない。デヴィッド・グレーバー（(David Rolfe Graeber, 1961 ～）は、次のように述べている。

「1970年代後半生まれの米国人は、両親よりも生活水準が低くなる事態に直面した歴史上初の世代である。2006年までには、この世代の暮らし向きは、両親がかつて同年齢だったときよりもあらゆる面で悪くなった。賃金は下がり、福祉手当は減額され、より多額の債務を抱え、失業するか刑務所に入る可能性がはるかに高くなった。高校を卒業して就労しようにも、両親のときよりも低賃金の仕事しか期待できないし、福祉手当を受けられる可能性ははるかに少ない（1989年には、高卒者63.4％が、医療保険のある仕事に就職していたが、20年後の現在

6. 「クラウド型」社会運動の登場　167

は33.7％）。大卒後に就労する若者たちは、仕事がまだある頃はそれでもよりよい仕事につけていたが、高等教育費があらゆる商品よりも米国史上類をみない割合で増大してからは、その世代のますます多くが法外な債務を抱えたまま卒業している。1993年には、卒業者の半分以下が債務を負っていたが、今やその割合は3分の2を超えた、つまり経済エリートを除いた全員と言うことだ」[Graeber 2013：96-97]。

　カレ・ラーソンによって呼びかけられた OWS に先立って、ニューヨークにおいては2011年6月に、「予算削減に反対するニューヨーク市民の会（NYABC）」、国際社会主義者機構（ISO）その他のいくつかの団体が、同市市長マイケル・ブルームバーグ（Michael Rubens Bloomberg, 1942～）の提案した予算削減に反対して3週間にわたって小規模な占拠を仕掛けようとした。この占拠運動は「ブルームバーグ・ヴィル」の名で呼ばれた。もし市議会が市長の削減案を承認すれば、公立校の教員4000人が解雇され、20の消防署が閉鎖される予定であった。彼らは6月16日から、市庁舎近くのブロードウェイとパーク・プレイスの一角を占拠し始めた。参加者たちは、市議会が修正予算案を承認した6月29日の数日後まで占拠を続けた［Writers for the 99% 2012:15］。

　この「ブルームバーグヴィル」の直前に、これに参加し、後に OWS に参加したウィリー・オスターワイル（Willie Osterweil、『ザ・ニューヨーク・インキリー（The New York Inquiry）』の編集者』）が、6月上旬にスペインを訪問し、バロセロナにおける「15M 運動」の野営に参加してテント村で活動家たちと交流し、「アセンブリー方式」の意思決定メカニズムを実地で学んできていた[Braeber 2013：52]。「ライターズ・フォー・ザ・99％」は、ウィリー・オスターワイルが伝えたスペインでの教訓の役割について、次のように述べている。

　「OWS の最初期の企画会議や、ニューヨーク市ジェネラル・アセンブリー（NYCGA）、そしてブルームバーグ・ヴィルと呼ばれた初期の占拠運動に参加した活動家、ウィリー・オスターワイルは、6月にスペインの野営地を訪れたときの経験をこう述べた。"これらの野営地は、情報、抗議運動、そして革命的な生活の中心地となっていた。インディグナドスは、無料で食料を配給する調理場や個別の問題（環境問題、軍、女性の権利など）に焦点を当てた会議所を設営し、集会、ティーチイン、公開討論を開催していた。そこには、労働、資源、そして意志決定までのすべてを共有する、異なる種類の民主主義があった。革命的なスローガンを書いたプラカードが、野営地を覆っていた。彼らは行くところのすべてに、布製の横断幕、段ボール製のサイン、落書きを残していった。"

　スペインの占拠運動は、ウィリーに強い衝撃を与えた。"スペインで、私は緊

迫性と現実性を取り戻した。そしてこの歴史的瞬間の本質を、実際的に（単に知的に理解したというよりも）認識し、ここ米国にいる私たちにも、これら適用可能だと考えた"。彼はブログにそう書いた。"野営地はまるで魔法のようだった。その一方で、それを全くのつぎはぎだらけの代物で、即興の上に即興が付け加えられていた。テープ、糸、防水シート、布、金属製のホールに支えられたたわんだキャンバスの天井、テープで結わえられた3本の長い竹竿に支えられたビニールシート……。

　スペインを訪れている間に、ウィリーはインディグナドスとの間に連絡を築き、後に彼と他の活動家たちがニューヨーク市での占拠を計画している時期、彼らに相談することができた。"私のスペインでの経験は、ブルームバーグ・ヴィル、NYCGA、そして最終的にはOWSへの参加において、決定的に重要なことだった"。彼のインディグナドスとの交流はまた、異なる大陸のオーガナイザーたちが、いかにアイデアと戦術を共有して、お互いを理解し、協調し合ったかを示している。」[Writers for the 99% 2012：13-14]

　このように、スペインの15MとニューヨークのOWSとの間には、OWSの開始以前にコンタクトが持たれていたのである。また、「アラブの春」とのコンタクトも生じていた。4月末に、「ブレヒト・フォーラム」のスピーカーとして訪米したエジプトの「4月6日青年運動」（2008年に結成された青年集団で、「タハリール革命」では大規模なデモを呼びかけた組織の一つ。2014年4月に活動停止処分を受けた）のアハムド・マハールとワリード・ラッシュドの2人が「タハリール革命」のドキュメンタリーを制作していた映像作家であるマリサ・ホームズ（Marisa Holmes）を通してグレーバーら12人とニューヨークで会合を持っている［前掲書：25-28］

　このように、OWSはその実行前に「アラブの春」を体験したエジプトの若者や、スペインを訪問したオスターワイルを通じて、エジプトやスペインの経験と接していたのである。そして、ラーソンによって呼びかけられたOWSの行動は、次のように始まった。

　まず、同年8月2日深夜に迫った時、NYABCがウォール街を象徴するチャージング・ブル（突撃する牛）像の前に集まり、OWSの戦略会議を行なっている他の団体とともに「アセンブリー（総会：General Assembly）」に合流することを決めた。8月9日にも「アセンブリー」が開催され、その後、「アセンブリー」はトンプキンス・スクエアで週に一度開催されるようになった。参加団体は9月17日に行うイベントを計画することになった。

　8月23日には、ハックティビズム集団であるアノニマスが抗議運動への参加を

呼びかけた。そして、9月3日夜に、ニューヨークのトンプキンス・スクエアにて、ウォール街占拠のための計画が練られた。

　以下、「俺（私）たちは99%（We Are the 99%）」というスローガンを掲げてOWSが開始された9月17日以降、OWSは以下のような経緯を経た。

＊9月17日（1日目）、ウォール街占拠行動の初日。約1000人が集まった。ニューヨーク市警察の警官は参加者にテント設置の禁止と徘回に関するルールの告知を行った。参加者の多くはウォール街を歩き回った。ロザンヌ・バー（Roseanne Barr, 1952〜、女優・コメディアン）が参加者に対してデモ運動初日にわたって演説を行った。

＊9月19日（3日目）、株式市場の開所日。カレントTVのキース・オルバーマン（Keith Theodore Olbermann, 1959〜）がジャーナリストとして最初に抗議行動を詳しく報道した。2日後、オルバーマンは「なぜ主なニュース番組でこの抗議運動が取り上げられないのか？　もしこれがティーパーティー運動によるものだったら毎日トップで取り上げられているだろう」とOWSを報道しない主要メディアを批判した。以降、オルバーマンは連日抗議運動を取材し、参加者や周囲の人達にインタビューをした。やがて主要メディアが報道するようになり、OWSは多彩な情報源をもとに主要メディアを通して注目を集めるようになった。

＊9月20日（4日目）、仮装パーティーや娯楽目的以外でのマスク着用で集まることを禁じた1845年に制定された法律に基づき、警察がマスクを被った抗議参加者を逮捕した。

＊9月22日（6日目）、トロイ・デービス（Troy Davis, 1968〜2011、1991年に警官を殺害したとして殺人罪で有罪判決を受け、以来20年間にわたり無罪の主張を続けて、世界の死刑廃止運動の象徴ともなった黒人）の死刑執行に抗議する約2000人の群衆がユニオンスクエアからウォール街へ行進し、4人のアフリカ系アメリカ人（ニューヨーク市立大学の2人とマルコムX・グラスルーツ・ムーブメント（"Malcolm X Grassroots Movement"）の2人が逮捕された。

＊9月23日（7日目）、ズコッティ公園は通りを挟んで向かいにあるニューヨーク市の金融拠点にちなんで「リバティ・プラザ（Liberty Plaza）」と呼ばれるようになった。

＊9月24日（8日目）、住宅地区への行進でいくつかの通りを使えなくした容疑で、少なくとも80人の参加者が逮捕された。その後、動画がインターネット上で配信され、若い女性が警察官にペッパー・スプレーをかけられる場面が特に

注目を集めた。

* 9月25日（9日目）、午後4時半頃にハックティビズム集団「アノニマス」が動画をユーチューブにアップロードし、ニューヨーク市警察（NYPD）に対し「36時間以内にNYPDによる残虐な行為を確認したら君たちをインターネット上から消去し、電波を通して参加者の声を聞いてもらう」と脅迫するメッセージを発信した。

* 9月26日（10日目）、24日に参加者の若い女性にペッパー・スプレーをかけた警察官の名前が判明した。OWSは、ペッパー・スプレー事件は参加者による挑発なしで起こったことであるとして、当該警察官の収監とレイモンド・ケリー（Raymond Walter Kelly, 1941〜）警察委員長の辞任を要求した。一方、ノーム・チョムスキー（Avram Noam Chomsky, 1928〜）がOWS参加者に対して強く支持する旨のメッセージを送った。夕方、映画監督のマイケル・ムーア（Michael Francis Morre, 1954〜）がリバティ・プラザで演説を行った

* 9月27日（11日目）、OWSの午後の行進は、ウォール街では終了せず、週5日配達制が郵便制度を酷く傷つけ、大きな失業を生むと多くが信じていると抗議する、郵便労働者達による集会でもって終了した。　ニューヨーク市議会議員のチャールズ・バロン（Charles Baron）がOWSの支援者が集まっているリバティ・プラザを訪れた。その後に、コーネル・ウェスト（Cornel Ronald West, 1953〜）教授がリバティ・プラザの群衆に演説をした。OWSの公式サイトに「ウェスト教授の演説に2000人近くが集まった」と記載された。

* 9月28日（12日目）、全米運輸労働組合に属する地元の労働組合（TWU Local-100）がOWSを支援することを決議した。ケリー警察委員長がズコッティ公園は24時間開放しなければならない公共の広場であるため、NYPDがOWS参加者を排除することはできないと発言した。

* 9月29日（13日目）、ピュリッツァー賞受賞ジャーナリストのクリス・ヘッジズ（Christopher Lynn Hedges, 1956〜）がコラムでOWSを強く支持することを表明した。TWU Local-100はツイッターを使って10月5日に行われる大規模な行進と集会への参加を呼びかけた。一方、サンフランシスコでは抗議運動者がシティバンクやチェイス・マンハッタン銀行の占拠、チャールズ・シュワブ社の金融機関に押しかけることが計画され、いくつかのメディアは、OWSに刺激されて抗議運動が広がっていることを報じた。

* 9月30日（14日目）、労働組合の代表含む1000人以上の参加者が前週における

警察の高圧な対応に抗議するため NYPD 本部まで行進した。

* 10月1日（15日目）、5000人以上の参加者がブルックリン橋に向かって行進し、数百人が橋の歩行者道と車道を行進した。警察によって橋の一般通行は2時間止められた。警察は群衆を2つに分断し、動きまわる数百人をゆっくり閉じる形で網やケッティングで橋の2つのライン間に取り囲んだ。橋にいた『ニューヨーク・タイムズ』記者を含む700人以上が逮捕され、逮捕者を護送するために護送車やバスが手配された。残った参加者は夕方にリバティ・プラザに集まった。

* 10月2日（16日目）、ブルックリン橋に関する動画が公開され、動画では警察が参加者を阻止しようとしたが、最終的に参加者を交通に支障をきたした容疑で逮捕するために橋の車道を歩かせたとしていることが判明した。参加者は最初橋の歩道の上を行進したがやがて一部の人が車道の方に行こうとした。数分のうちに警官がラインを確保し、振り返って参加者をブルックリン橋の車道の上に誘導しだした。警察は参加者数人に橋の中間に位置する行進の先頭にバリケードを作るまで立ち去るように伝えた。警察は、バンやバスを後ろに配置して参加者を逮捕し始めた。

* 10月3日（17日目）、ニューヨークの参加者数百人が顔を塗装し、偽のドル札を持った「企業ゾンビ」に変装し、ゾンビ・ウォークでウォール街を練り歩いた。

* 10月5日（19日目）、労働組合員や学生、失業者も加わった5000人から1万5000人と推定される最大規模のデモ行進がフォーリー・スクエアからズコッティ公園まで行われた。大部分は平和的に行われたが、夕方後に乱闘が発生し、ウォール街に設置されたバリケードで暴れまわった参加者の若者数名が逮捕された。バリケードを押し進もうとする約200人の参加者に対して警察は催涙ガス弾で応戦し、オレンジの網で参加者を取り囲んだ。他の都市や大学でも小規模ながら抗議運動が発生している。

* 10月6日（20日目）、オレゴン州ポートランドにて約5000人の参加者がデモ行進した。ヒューストン、タンパ、サンフランシスコでもデモが発生した。

* 10月8日（22日目）、OWSの拠点がズコッティ公園からワシントン・スクウェア・パークに移転されるという噂が流れる中で、1000人の参加者がそのズコッティ公園からワシントン・スクウェア・パークまでデモ行進した。

* 10月9日（23日目）、約100人の参加者がホワイトハウス周辺に集まった。一方、ズコッティ公園では、23日目のリバティ・プラザで行われた「公開会議」の一環としてスロベニアの哲学者であるスラヴォイ・ジジェク（Slavoy

Zezik, 1949 〜）がOWSを支持する演説をした。

＊10月10日（24日目）、ブルームバーグNY市長は第67回コロンブス・デー・パレードの開会式で参加者が法を遵守する限りデモ行動の排除は考えていないと発言した。ボストンでは一週間以上ダウンタウンの歩行者自転車用道路周辺でテントを張っていて退去警告を無視している50人以上の「ボストンを占拠せよ」運動参加者が逮捕された。

＊10月13日（27日目）、ブルームバーグNY市長は参加者に対し、ズコッティ公園（リバティ・プラザ）の掃除が必要だと述べた。これに対し参加者は掃除の呼びかけと今後は掃除自体は自分達でやるつもりだと語った。さらにNYPDは参加者が公園で寝ることはもはや許されないという声明を出した。

＊10月15日（29日目）、1000人の参加者がマンハッタンからタイムズスクエアまで行進し、アメリカ軍新兵募集センターで人々が仕事も医療もない状況で奮闘しているのにもかかわらず国外での戦争に予算がつぎ込まれていることに抗議した。ワシントンD.C.では最高裁判所の階段で政治に企業の影響が及んでいることに対する抗議運動をしていたコーネル・ウェスト（Cornel West,1953〜）が逮捕された。

＊10月16日（30日目）、オバマ大統領が参加者への支持を強めることを表明した。さらにホワイトハウスもオバマ大統領が「99％」のために活動しているという声明を出した。

＊10月25日（39日目）、ムバラク政権打倒で活躍したエジプトの活動家が「占拠せよ」運動を支援すると表明した。一方、カリフォルニア州オークランドでは100人の警察官が「オークランドを占拠せよ」参加者と衝突し、催涙ガス弾などで攻撃、85人が逮捕された。

＊10月27日（41日目）、オークランドのジーン・クワン（Gean Quan, 1949〜）市長が、25日に警察が市庁舎前にある「オークランドを占拠せよ」の野営地を暴力的に立ち退かせたことに関して、「オークランドを占拠せよ」の行動を認めると発言した。

＊10月29日（43日目）、コロラド州デンバーにおいて州議事堂近くにあるデモ隊の野営地に警察が押し入ったことが原因で街頭騒乱に発展した。警官隊とデモ参加者との小競り合いで数十人以上が逮捕された。警察は催涙ガス弾を放つことでデモ隊を退散させた。

＊10月30日（44日目）、ポートランドでは深夜に閉鎖された公園から立ち去らなかった24人が逮捕された。オースティンでも夜10時に食糧配給用テーブルの撤去に抵抗した38人が逮捕された。

6. 「クラウド型」社会運動の登場　173

*11月1日（46日目）、ナッシュビルでは裁判官が当局者に「占拠せよ運動」参
　加者を逮捕するための新たな規則の執行停止を通告した。
*11月2日（47日目）、オークランドにて10月25日のデモで参加者が重傷を負っ
　たことに呼応する市全体のゼネストを伴ったデモが行われた。デモ隊は米国内
　第5の港であるポートランド港を封鎖した。
*11月3日（48日目）、オークランドにある中心街の通りで警官隊が「オークラ
　ンドを占拠せよ」参加者の群衆と衝突し催涙ガス弾や発光手榴弾で攻撃し、参
　加者数十人が逮捕された。シアトルではチェイス・マンハッタン銀行のCEO
　であるジェームズ・ダイモン（James "Jamie" Dimon, 1956～）が訪問する
　ことに合わせた抗議運動にて、「シアトルを占拠せよ」参加者と警官隊の間で
　小競り合いが起きた。銀行に押し入ろうとした5人のデモ参加者が逮捕され
　た。
*11月5日（50日目）、ガイ・フォークス・ナイトやバンク・トランスファー・
　デイの参加者が大手銀行や金融機関への抗議運動を行った。10月には60万人以
　上の人たちが大手銀行から口座を引き揚げ、地域のクレジット・ユニオンに口
　座を移し変えていた。
*11月14日（59日目）、警察が「オークランドを占拠せよ」の拠点から占拠者を
　排除し、20人の参加者が逮捕された。
*11月15日（60日目）、午前1時よりNYPDが清掃のためにズコッティ公園に
　いる参加者の排除を始めた。ブルームバーグ市長は深夜の排除計画について、
　「この時間に行動する訳は公園内での衝突によるリスクを減らし、混乱が近所
　に及ぶのを最小限に食い止めるためである。公園の占拠が占拠者にとっても周
　辺にとっても健康や火災のリスクが無視できなくなっていると言っている公園
　所有者のブルックフィールド・プロパティーズに賛同するようになった」と
　説明した。ニューヨーク市議のイダニス・ロドリゲス（Ydanis Rodríguez,
　1965～）が排除の中で他の70人の占拠者と共に逮捕された。[Blumenkranz
　2011：144-199、Writers for the 99% 2012：264-267他]
　こうして、米国において9月17日に開始されたOWSは沈静化した。しかし、
その余波は全世界に広がった。OWSは開始直後の9月23日に、「アセンブリー」
における全員分のコメントと加筆修正をまとめて、OWSの連帯原則を次のよう
に文書化した。
　「・直接的で透明な参加型民主主義に深く参与すること
　　・個人的および集団的な責務を実践すること
　　・個人に固有の権利と、相互作用におけるその影響を認識すること

・あらゆる形態の抑圧に対して、お互いに力を授け合うこと
・労働の価値をどのように評価するのか再定義すること
・個人のプライバシーを不可侵のものとすること
・教育は人権の一つであることを信条とすること
・オープンソースの幅広い適用を実践し、支援すべく努力すること」
　　　[Writers for the 99% 2012：33-34]

　こうして、米国の OWS では、全米800 の都市で占拠運動が展開された。2008年９月のリーマン・ショックの発生以来の数年間、なぜ反ウォール・ストリートの運動が立ち上がらなかったのか。『デモクラシー・プロジェクト』の著者であるデヴィッド・グレーバーは、次のように述べている。
　「右であろうと左であろうといかなる政治的階級にも属さない米国の大多数の人々との一致点が、政治家に対する嫌悪感だったことだ。とりわけ（ワシントンは）、権力と支配が渦巻く（自分たちとは）異質なバブルであり、根本的に腐敗しているものとみなされるようになった。2008年以来、ワシントンがウォール・ストリートの目的に使えるために存在しているという事実を看過するのはほぼ不可能である。」[Graeber 2013：118]
　グレーバーは、OWS の背景には、社会格差の拡大以上に、政治不信の表現を見ている。そして、代表制民主主義の欠陥を強く批判して、OWS で実践された「アセンブリー方式」による直接民主主義的な意思決定メカニズムを強く支持する。そして、民主党左派に位置づけられる活動家グループが OWS を支持したことを評価しつつも、彼らの認識の限界を次のように指摘して批判した。
　「これらのグループはオキュパイ運動が生まれたことで非常に活性化した。けれども僕が先ほど触れたように、その多くは我々が選挙政治とトップダウン型の組織形態を原則的に否定していることを単に運動の過渡的なもの、とっかかりであり、いずれ左派版のティーパーティーのようなものに成長していくとみなしていた。彼らの見方からすれば、キャンプは直ちに邪魔になった。彼らにとっての運動の真の役割とは、オキュパイ運動がまず若い活動家たちを議会キャンペーンに誘導し、最終的に進歩派の候補者への投票促進運動を推進していく回路になることだった。オキュパイ運動の核心がその諸原則に忠実であることを、彼らは十分理解するには一定の時間が必要であった。」[前掲書：169]
　このようにグレーバーが強調している「政治不信」は、グレーバーの本来のアナーキスト的な思想に発するものではあるが、彼のアナーキスト性を強調しすぎるならば、「アラブの春」やスペインの「15M」にも見られた、「政治不信」という共通の特徴が持つ、現代的な意味を見逃してしまうことになろう。

6.「クラウド型」社会運動の登場　175

　スペインにおいて2011年5月15日に生まれた「15M」が、2014年2月の新しい左派組織「ポデモス」の登場をもたらしたことは事実であり、他方2011年9月にニューヨークでOWSの運動が顕在化したことによって表面化した左派的現象が、その後2016年11月の米国大統領選挙に向けた民主党予備選挙においてバーニー・サンダース（Bernie Sanders, 1941 〜）上院議員の支持率が上昇したことに関係づけられるのと同様に、「15M」やOWSが示した現象を、単に政治的な左傾化現象と結びつけるだけでは、これらの現象の意味合いを十分に解説することにはならない。「ポデモス」が議会選挙を通じて政治的発言力の拡大を目指しているのと同様に，サンダース議員にも議会制民主主義者以上の思想性は見られない。

　「サンダースが言う“民主的社会主義”や“政治革命”は、それほど過激な思想ではないことがわかるだろう。彼の言う“民主的社会主義”とは、政府が、一握りの金持ちや大企業のためではなく、大多数の人々の生活を良くするために、積極的役割を果たすことなのだ。そして、“政治革命”とは、それを実現するために、大多数の人々が民主主義のプロセスに関わることによって、金持ちと大企業に支配された政治を変えることなのだ。」[萩原新次郎『サンダース自伝』2015-2016：「訳者まえがき」16]

　要は、近代において「政治的常識」として確立された代議制民主主義に対する根底的な批判が、新自由主義的な経済政策の結果として生じた社会格差の拡大や金融資本による「勝者総取り」的な経済・社会的支配の顕在化を通じて、「15M」やOWSのような街頭抗議デモと公共空間占拠という形で、2010年代に世界各地に噴出したのである。そのプロセスにおいてフェイスブックやツイッターなどのSNSが重要な役割を果たしたことが、「21世紀型社会運動」の外貌を見せたのである。同様の現象が、以下に取り上げるように、2010年代に世界各地に生じた新しい社会運動に見られた。

（5）メキシコ：「#YoSoy132」

　2012年5月にメキシコで発生した「私（俺）は132番目（#YoSoy132）」運動も、「政治の劣化」に対する政治不信を主な背景として拡大した「21世紀型」社会運動であった。

　同年5月11日、メキシコ・シティにあるイベロアメリカ大学のメキシコ市キャンパスで、同年7月に予定されていた大統領選挙に出馬していた、かつて1929年の結党から2000年まで71年間にわたり一党支配を続けたPRI（制度的革命党）の公認候補（メキシコ緑と環境党PVEMとの連立候補）でメキシコ州知

事のエンリケ・ペニャ・ニエト候補（Enrique Peña Nieto, 1966 ～、現大統領 2012~2018）の選挙演説会に、同大学の学生たちが押しかけてペニャ・ニエトを、彼がメキシコ州知事であった2006年5月に同州サン・サルバドル・アテンコ地区で発生した住民の人権侵害事件（アテンコ事件）について弾劾したことが運動の発端となった。

　アテンコ事件とは、2001年11月22日に当時のビセンテ・フォックス（Vicente Fox Quesada, 1942 ～）大統領が、新メキシコ国際空港の建設計画を発表した際、アテンコ地区を含むメキシコ州テスココ地域が建設予定地に指定されたことから、同地域の農民が「民衆土地防衛戦線 FPDT（Frente de Pueblos en Defensa de la Tierra)」を結成して、EZLN 系の「もう一つのキャンペーン (La Otra Campaña)」とともに抵抗運動を開始し、2006年5月2～4日に連邦警察、州警察等の治安部隊と衝突した事件である。この住民と治安部隊との衝突の中で、住民2人が死亡したほか、290人が逮捕され、逮捕された女性47人のうち26人が性的暴行を受けた。この3日間、EZLN 系の「もう一つのキャンペーン」によってメキシコ・シティ内外の各地で、学生や住民による道路通行阻止行動が実行された。

　この衝突事件では、警官26人が人権侵害で告発され、2009年2月に最高裁により有罪判決が下されている。また、性的暴行を受けた女性11人が米州人権委員会 (CIDH) に暴行事件を告発した。これらの被害住民の告発によって、当時メキシコ州知事であったペニャ・ニエトが政治的責任者として糾弾されていた。

　イベロアメリカ大学での学生たちによる弾劾に対してペニャ・ニエトは、学内退出に際し、「メキシコ州政府は人権を尊重するという姿勢を貫いている。自分は特定の私的利害が侵害されていると判断して、治安部隊の介入を指示したものであり、人権侵害を犯した者は既に刑罰を受けており、問題は解決している。メキシコ州は公的権力を行使する権利を有しており、この権利は最高裁によって認められている」と述べ、アテンコ地区における人権侵害を正当化したのである。

　これに対して、学生側が反発して、正門を封鎖したりしたため、警備陣と衝突する騒ぎとなった。この場面が同大学の報道局によって撮影されて直ちにユーチューブ等に投稿され、映像が瞬く間に拡散し、主要メディアもこれを取り上げた。これに対して、PRI 総裁のペドロ・ホアキン・コールドウェル（Pedro Joaquín Coldwell, 1950 ～）は SNS を通じて、「学生は一握りであり、イベロアメリカ大学を代表するものではない」と批判、また PVEM のアルトゥーロ・エスコバル・イ・ベガ（Arturo Escobal y Vega, 1970 ～）上院議員も「彼らは青年たちでなく、30 ～ 35歳の20人程度のアンドレス・ロペス・オブラドル

（Andrés Manuel López Obrador, 1953 ～、民主革命党 PRD 大統領候補）の崇拝者にすぎない」と反論した。

これらのペニャ・ニエトを擁護する PRI と PVEM 幹部の言動が世論を刺激し、ペニャ・ニエト批判を高める結果となった。同年5月14日、131人の同大学学生がインターネットにビデオを流し、「ホアキン・コールドウェル、アルトゥーロ・エスコバルや、中立性が疑われるメディアに対し、我々はイベロアメリカ大学の学生であることを示す権利を行使する」と声明して、姓名を明らかにして、各自の学生証を提示し、またいずれの政党に属してはいないことを示して、ペニャ・ニエトを批判する正当性を訴えた。そして、これらの131人の同大学学生を支持するために、「俺（私）は132人目（#YoSoy132）」と称する多数のグループが登場した。

2011年5月23日、「#YoSoy132」は第1回目の声明を発表して次のように述べた。

「我々はいかなる党派性もない運動である。いかなる候補者にも、政党にも支援を表明しないが、この運動の参加者の複数性と多様性を尊重する。我々の切望と要求は、メキシコ人に表現の自由と情報の権利を防衛することに集中している。これらの二つの事項は、意識的で参加型の市民性を形成するための本質的な要素であると確信する。同様に、正しい情報に基づき、自戒的な投票行為を促進する。現在の政治的環境においては、棄権と白紙投票は民主主義の建設を進める上で無効であると考える。」

このように「#YoSoy132」は、当面の大統領選挙に向けた姿勢を表明して、運動を開始した。運動は大学の枠を超えて、他大学に拡大していった。5月30日にメキシコ市市内の国立自治大学（UNAM）において、「#YoSoy132」の第1回「アセンブリー」が開催された。この「アセンブリー」という用語の使用に、スペインの「15M」や米国の OWS の影響が強く見られた。「アセンブリー」では15のテーマ部会が組織されて議論が行われた。特に第14テーブルにおいては、メキシコの選挙の歴史が回顧され、不正体質が強く批判され、選挙不正をいかに克服していくかを最大の目的として設定された。

「国家はその歴史を語った。沈黙は忘却をもたらす。歴史を回復するために、全てのメキシコ人の歴史を取り戻すために、この沈黙を打ち破ろう。我々はこの歴史の参加者であり、継承者であり、相続者である。我々は、労働者や農民の運動、リカルド・マゴンの運動、パンチョ・ビジャの運動、エミリアーノ・サパタの運動、鉄道労働者や医療従事者の運動の努力と闘争を忘れない。（中略）我々は1988年大統領選挙での不正、2006年大統領選挙での不正、1982年の、1996年

の、2008年の経済危機の申し子である。我々はサパティズムの武装蜂起、アクテアルの虐殺の、フアレス市・チワワ市の女性虐殺の、特にメキシコ州での女性虐殺の相続者、継承者である。この瞬間に声を高く上げねばならない。我々は、2006年のアテンコとオアハカにおける弾圧の相続者である。」［http://www.yosoy132global.org/］

　このように「#YoSoy132」は、メキシコの過去の戦いの歴史と、選挙不正と経済危機と、そして各種の弾圧・虐殺の相続者であるというアイデンティティを提示した。「#YoSoy132」の問題意識は、大統領選挙の直前に結成されたということもあり、政治一般よりも、選挙不正問題に集中している。その後拡大した「#YoSoy132」のネットワークも、選挙不正の阻止に向け、監視活動を強化する活動を重視していった。また、メキシコ人が居住する、ロンドン、パリ、ニューヨーク、シカゴ、サンフランシスコ、モントリオール、ミュンヘン、マドリッド、バルセロナ、ウィーン、リオ・デ・ジャネイロ、ブエノス・アイレス、バンクーバー、ジュネーブ等の諸都市を中心に、海外にも「#YoSoy132インターナショナル」のネットワークが拡大された。また、国内では、主要大統領候補者の討論会を組織し、主要メディアによって放映されたが、6月19日に実施された第3回目の討論会には主要候補者3人が参加したものの、ペニャ・ニエトは出席を拒否した。

　メキシコにおいては、過去の歴史において適切な政治制度の確立が目標とされてきた。1968年の学生運動や1994年1月のEZLNの武装蜂起の目的の一つは、政治の民主化、特に一党支配政党であったPRIに有利に設定された選挙制度を変革し、有権者が平等に政治的権利を行使できる制度を確立することであった。2000年にはPRIの一党支配が一時的に中断し、2000年7月の大統領選挙では右派政党である国民行動党（PAN）のフォックスが、2006年7月の大統領選挙では同党のカルデロン（Felipe de Jesús Calderón Hinojosa, 1962～）が勝利したものの、2012年の大統領選挙ではPRIとPVEMの連立公認候補であるペニャ・ニエトが勝利する可能性が強まっていた。「#YoSoy132」の参加者は、PRIが再び選挙不正を通じてPRI公認候補の勝利を確保するのではないかとの不信感を払拭できず、キャンペーンを強めたと考えられる。

　同年7月1日に大統領選挙は実施された。同日、「#YoSoy132」は、内外の市民社会、監視団、マスメディアに対して声明を発し、選挙当日全国規模で選挙不正、脅迫行為、暴力行為が監視団に対して加えられたとの報告を受けているとの告発を行った。「#YoSoy132」の監視委員会に依れば、7月3日までに1100件の不正行為が行われた。

6. 「クラウド型」社会運動の登場　179

　7月8日に選挙管理委員会はペニャ・ニエトが38.2％を得票し、2位の中道左派の民主革命党（PRD）のロペス・オブラドル元メキシコ・シティ市長に6.7％の差をつけて勝利したと発表した。しかし、5日ロペス・オブラドル候補は記者会見を行って、PRIは小売りチェーンで使用できるギフトカードを有権者に配る選挙不正を繰り返したと告発していた。このような不正行為を踏まえ、「#YoSoy132」は、7月27日にメキシコにおける選挙の公正化に向けて、①情報手段の民主化と改革、②教育・科学・技術面での改革、③新自由主義経済モデルの改革、④国家安全保障の改革、⑤政治的改革と社会運動との連携、⑥公共衛生の改革、の6項目からなる変革プログラムを提示した。

　また、12月1日のペニャ・ニエトの大統領就任に際しては、メキシコ革命的青年連盟（UJRM）、革命的人民戦線（FPR）、メキシコ共産党マルクス・レーニン主義派（PCMML）、オアハカ民衆人民会議（APPO）、全国再生運動（MORENA）らの諸運動とともに、メキシコ・シティの大統領官邸付近、独立記念碑周辺、中央公園付近の一体で就任に反対する抗議デモを行った。

　確かに、メキシコの「#YoSoy132」においては、スペインの「15M」や米国のOWSとは違って、政治そのものに対する根底的な不信感から代議制民主主義を否定して「アセンブリー方式」のような直接民主主義の実践を重視したわけではなかった。その違いには、それぞれの国における政治のあり方、政治の受け止め方の違いが反映されていたのであろう。メキシコは、PRIによる長期的な一党支配の下で、選挙不正に対する強い反発が表面化したものの、SNSを用いた情報の普及によって「15M」やOWSのような大規模デモが実行されることは少なく、また公共空間の占拠行動も限定的であった。しかし、1990年代以降市民社会の興隆を基盤に活発化してきた選挙不正を監視する運動が、それまで以上に広範囲にネットワーク状に展開されたと見ることができる。

（6）2013年：トルコ、ブラジル、エジプトの反政府運動
（イ）トルコ

　2013年には、トルコ、ブラジル、エジプトでSNSを活用した大規模な反政府デモが発生した。トルコでは同年5月28日にイスタンブールで商業センターへの転換を図ろうとされたデジ公園の環境保護問題に発して50人ほどの環境保護主義者がデモを行った。このデモが治安当局によって催涙ガス弾や放水によって暴力的に弾圧されたことから、トルコ社会全体に注目されるようになり、イスタンブール以外の諸都市にも抗議デモが拡大し、大規模な反政府デモに発展した。2002年から政権の座にあったエルドアン（Recep Tayip Erdogan, 1954～）「正

義・発展党（AKP）」政権は、2011年に3回目の総選挙勝利によって政権を維持していた。同政権は、2001年に発生した景気後退を克服し、政治面においては「イスラム化」を推し進め、一部軍部の反発を弱体化させる一方で、新聞の検閲強化など「表現の自由」を侵す政策を進めていた。2011年からは、「表現の自由」や「報道の自由」、テレビの放映内容をさらに制限し、インターネットの使用や集会の権利をも制限し始めていた。また、反政府的な言動に対しては罰金を増額し、圧力を強めていた。反政府勢力は、エルドアン政権は教育におけるイスラム的要素の強化による教育改革を実施し、飲酒の制限、堕胎の完全禁止、LGBTへの弾圧など「イスラム化」を強める権威主義体制であるとして批判していた。

　2013年5月28日、50人の環境保護主義者がデジ公園の工事を阻止するために、ブルドーザー等の土木機材が入るまでテント群を設置することを意図した。しかし、警察が介入して、テント群に結集する人々に対して催涙ガス弾を発射し、放水するなどの暴力行為を仕掛けた。この光景がSNSによって拡散されたことから、翌29日にはデジ公園に歌手や俳優などの著名人や人民共和党（PRP）の党員が集まって抗議行動を展開、30日に警官隊がテント群を撤去しようとしたが、SNSを通じて集まった人々の抵抗で撤去を諦めざるをえなくなった。31日には、警官隊が催涙ガス弾、放水、ペッパースプレーの使用によって暴力行為を倍加させたが、抗議デモはアンカラやエスミルナ等の諸都市にも拡大し、反政府デモの様相を強めていった。6月にも、反政府デモは拡大し、6月15日には24万人以上の組合員を擁する公務員労働組合（KESK）と革命的労働組合連盟（DISK）が反政府ゼネストを呼びかけた。反政府側によると、治安部隊は化学兵器をも使用したとされ、このことはEU諸国の批判を強めることになったため、EU加盟を目指すエルドアン政権が妥協した。

　エルドアンは、トルコで初めて直接選挙で大統領が選ばれることとなった2014年の大統領選挙に立候補、8月10日に行われた第1回投票で過半数の票を獲得し当選し、同月28日、大統領に就任した。新首相にはエルドアンに従順なアフメト・ダウトオール（Ahmet Davutoglu, 1959～）外相が就任し、エルドアンが引き続き政治の実権を握った。

　2015年6月、AKPは総選挙で敗北し、13年ぶりに過半数を割り込んだ。背景には強権化を進めるエルドアンへの拒絶感があったとされる。この事態を受けてエルドアン大統領は危機的状況を自ら作り出す賭けに出る。それまでのクルド人組織への融和策、「イスラム国」への傍観策を改め、両勢力に軍事的な攻撃を加えた。その結果、国内でテロが頻発するなど治安が悪化するが、人々が安定を求めた結果、AKPへの支持は広がり、2015年11月の再選挙ではAKPが過半数を

6.「クラウド型」社会運動の登場　181

獲得した。、このようなエルドアン政権に対して、2016年7月に軍の一部による
クーデター未遂事件が発生、休暇のために滞在していたリゾート地マルマリスの
ホテルをクーデター側に襲撃されたものの、クーデター部隊が到着する数分前に
大統領特別警護部隊によってエルドアンは密かにホテルから救出され、脱出後
クーデターを鎮圧した。エルドアン政権は、国内に自由化を求めるリベラル勢力
とクルド人問題を抱え、「イスラム主義」に依拠する強権政治を続けている。し
かし、2013年5〜6月に行われたSNSを通じた反政府デモの経験は、トルコの
歴史に新しい一頁を加えることになった。

　この時期に地方都市において生じた反政府デモの規模は、各都市での最大規
模で示すと、ブルサ3万人（人口96万人）、イズミル2万人（人口285万人）、エ
スキシェヒル2万人、ボドルム1万5000人、アンタルヤ1万5000人（人口120万
人）、アダナ1万人（人口172万人）、カイセリ1万人（人口106万人）、トラムゾ
ン1万人、ツンセリ1万人、マニサ1万人、イスパルタ7000人、アンタキヤ5000
人、メルシン5000人等々であった（なお人口は2011年当時）。

（ロ）ブラジル
　ブラジルにおいては、2003年1月にルラ（Luiz Inacio "Lula" da Silva,
1945〜）が率いる労働者党（PT）を中心とする左翼・中道連立政権が成立し、
社会政策を重視した経済・社会政策を推進するとともに、外交面においても途
上国間の「南・南」協力の軸になるなど国際的にもリーダーシップを発揮し
た。2011年にルラ政権を継承した、同じくPTのルセフ（Dilma Vna Rousseff,
1947〜）政権もルラ政権の路線を継承して、特にリーマン・ショック後の世界
的な経済低迷の時期にもGDP成長率の回復をいち早く実現するなど成果を上げ
ていた。しかしながら、2012年8月末にリオ・グランデ・ド・ノルテ州の州都ナ
タールで地方当局がバス料金の値上げを発表したことを原因として、8月29日か
ら30日に抗議デモが発生したが、翌2013年5月13日に市当局が再び値上げ措置を
講じたために抗議デモが拡大し、警官隊との衝突が発生するに至った。

　2013年1月にサンパウロ州知事フェルナンド・アダ（Fernando Haddad,
1963〜）が、翌年のワールド・カップ開催を控えて、バスと地下鉄の料金値上
げを6月1日から実施にすることを予告したため、6月6日から同市のパウリス
タ通りで大規模な抗議デモが実施され、抗議デモは次第に拡大するとともに全国
各地に拡大していった。6月17日には全国各地で25万人の抗議でもが行われ、リ
オ・デ・ジャネイロでは18日未明まで抗議デモが続けられた。同時に、ブラジル
人が居住するアルゼンチン、ボリビア、米国、カナダ、オーストラリア、スペイ

ン、イタリア、ドイツ、イギリスなどの国々においても抗議デモが行われた。6月20日には全国100以上の都市で100万人近い人々による抗議デモが実施された。その結果、ルセフ大統領は全国26州の州知事や主要都市の市長と会合して、解決策を図り、一部の都市では料金上げ幅の縮小や値上げ中止措置が講じられた。これによって、一時的に抗議デモは鎮静化したが、それは抗議デモがまだ反政府的性格を持っていなかったためであった。

　ブラジルではルラ政権とルセフ政権と2代続いたPTを中心とした左翼・中道連立政権の下で、貧困層の多くが中間下層に上昇し、その結果国民の過半数が中間層となり、ジニ係数も改善していた。しかしながら、連立相手である中道右派のブラジル民主運動党（PMDB）がさらなる改革の進展を妨害し始めたため、PTやブラジル共産党（PCB）等が進めようとした改革が阻止され、その結果新たに中間下層に上昇してきた人々がさらなる改革の前進を求めて抗議デモに参加したものであった。このため、当初は抗議デモは反政府的傾向はとらず、寧ろ政府支持的なものであった。しかしながら、ワールド・カップや2016年リオ・オリンピックが迫り、施設建設に多額の経費を要したため、さらなる改革のために教育・医療部門への予算投入を求める改革派に不満が拡大した。また、連立与党のPMDBが汚職を広げたため、政府批判が拡大し、抗議デモは反政府的性格を強めていくことになった。2016年3月13日に全土で実施された反政府デモには300万人以上の人々が参加した。結果的には、2016年8月に上院の弾劾裁判による罷免投票の結果（賛成61票、反対20票）、ルセフ大統領は失職罷免することになる。

　このように、ブラジルでは、SNSの活用によって生じた大規模な抗議デモは、当初は反政府的なものではなかったが、その後連立与党の腐敗が発覚することによって、野党勢力に乗じられる形で、反政府的性格が強いものに変化して、ルセフ政権の崩壊をもたらすことになった。SNSが、いわば、ブーメラン効果を生じさせる例となった。

（ハ）エジプト

　エジプトにおいては、2011年2月に発生した「タハリール革命」の結果、2012年7月に「ムスリム同胞団」系のムハンマド・ムルシー（Mohammed Mohammed Mursi Essa el Ayyat, 1951～）政権が成立した。ムルシー政権は、同年11月22日に新憲法においてシビリアン・コントロールを否定するなどの条件で軍部の同意を得た上で、大統領に権限を集中させ、新憲法草案に対して違憲判決を出そうとしていた司法権を掌握するために、暫定憲法宣言を発令した。この暫定憲法宣言に対し、旧ムバラク派、リベラル派、左翼勢力から独裁を復活

6. 「クラウド型」社会運動の登場　183

させるものであるとして反発が起こり、各地で反政府デモが発生した。12月8日には新憲法案が採決及び大統領の承認の手続きを済ませるため、新たな憲法宣言が出され、暫定憲法宣言は正式に撤回された。しかし、ムルシー政権は裁判所の判断を強権的に回避して新憲法案を作成したため、これに反発したリベラル派やコプト教徒、野党連合が拒否する中で、新憲法案への国民投票が強行された。新憲法案は、12月15日及び22日に実施された国民投票で63.8％の賛成を得て承認された。この投票に際しては、リベラル派やコプト教徒、野党などが憲法起草のやり直し及び大統領退陣を求め、国民投票を拒否したため、投票率は33％に過ぎなかった。しかし、実際には反対派は直前に投票ボイコットから反対票を呼びかける戦術に転換していた。全国民に占める新憲法を承認した者の割合は21％に過ぎず、「ムスリム同胞団」の支持のみで成立したとの評価もあるが、憲法草案に対しては同国のサラフィー主義勢力（シャリーアの厳格な施行やイスラム国の樹立を求めるスンニ派の一勢力）のヌール党（光の党）は賛意を示した。

　2013年1月頃から、アブドルファッターフ・アッ＝シーシー（Abdel Gattah Saeed Hussen Khalil El-Sisi, 1959～）エジプト軍最高評議会議長は、情勢に何かあれば軍部が介入することを示唆するようになっていた。4月28日には都市部の青年たちを中心に、反政府運動「タマッルド」が結成され、6月29日までに2200万以上の署名を集めた。反政府派は、軍部の介入を期待し、ムルシーの大統領就任1年にあたる6月30日に大規模な反政府デモを計画、同日には政府支持デモも計画され、その数日前より中央治安部隊とデモ隊が衝突、犠牲者が出るなど緊張が高まった。当日には首都カイロ中心部のタハリール広場をはじめ、アレクサンドリア、マンスーラ、ミヌーフィーヤ、タンタ、エル＝マハッラ・エル＝コプラなどエジプト全土で数百万人が反政府デモに参加、反政府派は「ムスリム同胞団」による権利独占などを非難し、ムルシー大統領の退陣を求めた。デモは当初平和裡に行われたが、夜になって一部が暴徒化し、「ムスリム同胞団」本部が襲撃され、銃撃も受けた。こうした中で、ムルシー政権と距離を置いていた軍部が事態の収拾に乗り出した。6月23日にシーシー国防大臣兼国軍最高評議会議長が国が大混乱に陥った場合の軍部の介入を警告し、1週間の猶予を与えた。しかし、事態は改善されず、7月1日、軍部はメディアを通じて声明を発表し、ムルシーに対し48時間以内に国民の希望を実現する包括的なロードマップで合意するよう要求、期限内に実現されない場合は軍部が自ら将来のロードマップを示し、その履行を監督するとの最後通告を発した。7月2日未明、大統領府は軍部の要求を拒否し、国民和解に向けた政府の計画を堅持すると発表し、またムルシー政権は憲法上正当なものであるとして、軍部に要求を撤回するよう要求した。ムル

シー大統領自身も、同日テレビ演説を行い、大統領を辞任する意向がないことを表明した。

7月3日、48時間の期限切れを受け、カイロ市内で、軍部による軍事行動が開始され、シーシー国防大臣が国営テレビで演説を行い、ムルシー政権を批判。憲法停止によりムルシーから大統領権限を剥奪したと発表。速やかに大統領選挙や議会選挙、実務者内閣の組閣を行うことも表明し、それまでの間、最高憲法裁判所長官を大統領とした暫定政権を樹立すると発表した。こうして、事実上の軍部クーデターによって、エジプト初の自由選挙で成立した文民政権は、わずか1年でその幕を下ろすことになり、「クラウド型」運動によって成立した「タハリール革命」は、新たな「クラウド型」運動と軍の政治介入によって終焉させられるに至った。

（7）台湾ひまわり学生運動

2014年3月18日、台湾の首都台北にある最高立法機関である「立法院」の議場に、一群の若者たちが侵入した。立法院は、以後585時間にわたり占拠され、シンボルとなったヒマワリの花にちなんで「太陽花運動」（ひまわり学生運動）と呼ばれるようになる。中国との経済協定「サービス貿易協定」をめぐる、国会における審議の一方的な打ち切りに怒りを爆発させた若者たちは、占拠を続けながら、政府に要求をつきつけた。

学生たちは、協議が密室で行われないよう監督条例を整備すること、それが法制化されるまではサービス貿易協定の審議を行わないこと、これらを要求して3月30日には台北市を中心に各都市で大規模な集会を開き、学生とこれを支持する市民の抗議は最高潮に達した。4月6日、立法院の王金平院長は学生側の要求に応じると表明し、学生側に議場から退去するよう呼びかけた。学生側はこの提案を受け入れ、4月10日学生たちは立法院の議場から退去した。

台湾では前代未聞の出来事であったが、この「ひまわり学生運動」の背景には東アジア包括的経済連携（RCEP）や、環太平洋戦略的経済連携協定（TPP）などに繋がる、自由貿易拡大をめぐる経済問題、台湾と中国の関係をめぐる政治問題、さらに高度情報化社会のセキュリティ問題から、2011年以降世界的に顕著になった代議制民主主義に対する批判とデモや占拠による抗議活動といった、同時代のいくつもの問題が複雑に絡み合い、台湾に特殊な要因と現代世界に共通する要因が混在していた。だが異なる種類、異なるレベルの事象が「絡み合う」ことは、きわめて今日的な現象である。「貿易協定」がどのようにしてこれら複数の同時代的問題群の絡み合いの中にあるのか、以下、港千尋が2014年に出版した

6.「クラウド型」社会運動の登場　185

『革命のつくり方　台湾ひまわり運動 —— 対抗運動の創造性』を参照しながら整理してみる。

　中国は2013年の6月に「両岸サービス貿易協定」を締結した。中国語では「両岸服務貿易協定」なので、短縮して「服務協定」と呼ぶことが多い。中国側が金融や医療など80分野を、台湾側が運輸や美容など64分野を開放する協定であった。例えば、中国企業は卸売り・小売り業分野では形式に制限がない。台湾企業に対しては、小売店累計30店舗を超えてはならない、農業・食料・植物油など経営商品の出資比率は65％を超えてはならない等の制限があり、台湾にとっては不平等条約に等しいものであるとの批判も生じた。中華人民共和国側はサービス貿易協定の早期発効を求めた。元々この協定には世論の反対が強く、翌7月には「黒箱」（非公開密議）反対の抗議が起きたが、立法院では本格的な審議が行われず、その代わりに公聴会が開かれてきた。ところが2014年3月17日、議会で多数を占める国民党の立法委員らが、審議を打ち切り、「審議を通過し本会議へ送付された」と一方的に主張した。数の力を頼んで審議を強行する暴挙に強く反発した学生らがただちに立法院周辺でデモを展開し、審議の打ち切りを批判した。

　このデモの最中に学生グループが立法院に侵入したのが占拠のきっかけとなった。学生らは馬英九総統や江宜樺行政院院長に対し、彼らを強制的な審議打ち切りの責任者として謝罪を求めたが、総統府側はこれを突っぱねて、国会に侵入した彼らを単なる暴徒と扱ったところから、学生らの反感を強めることになる。23日夜、行政院へ侵入しようとした学生らを警察側が強制排除し、これが流血の惨事となったため占拠は長期化した。

　ここでまず問題になるのは、「協議」や「協定」といった言葉をどう理解するかである。台湾と中国の関係は特殊であり、経済協定の場合もそうである。たとえば海峡をはさんだ二国間の間で、政府が直接交渉するわけではない。協議は双方の代理機関である、台湾の「財團法人海峡交流基金會」と中国の「海峡兩岸關係協會」が行う。これらの「基金會」や「協會」が、直接的には2010年に発効した「両岸経済協力枠組協議」に続き、物品やサービスの貿易についても協定をつくるために協議を続けてきた。

　さらなる特殊事情は、「両岸協議」と言ってもそれは通常の二国間における協議とは違うことである。台湾では中国との関係は海峡を挟んだ「両岸関係」と呼ばれるが、この言い方の妙は双方の関係を「大陸」と「台湾」という二つの異なる地理的区分、二国ではなく二つの「地区」の関係と表現することにある。一方中国の方では香港やマカオとの関係と同じように、台湾との関係を特殊な「国内関係」と考える。この段階で二つの見方があるわけだが、現実的には台湾の「香

港化」への憂慮や反発に配慮して、国際でもなければ国内でもない「特殊な関係」、「特殊な状態」とする見方も存在する。

　また「協議」が政治的にどのような性格のものなのかが分からないと、なぜ学生らが国会を占拠したのか、なぜ政府を批判し要求を出すのか意味がわからなくなる。条約の場合は外交条約であるので当然立法府、即ち立法院での批准が必要になるが、協議はそうではない。立法院がこれを拒否しない、あるいは修正を加えるべきだと議決しない場合は、自動的に発効するのである。ここが特に重要な点で、立法院を占拠した学生らは、協議の自動成立という条件自体を問題視し、これを条約と同じレベルでの批准を必要とするべく条例の制定を求めている。言い換えれば立法院による監督の強化を求めているわけであり、これが「両岸協議監督条例」の制定という具体的な要求となったわけである。つまり学生らの占拠は議会政治を否定しているわけではなく、むしろ立法院に彼らが考える正当な権限を付すように求めた。学生らの要求は両岸協議についての、きわめて具体的かつ常識的に理解できる内容を持っていた。

　二番目に理解しておくべきことは、以上のような状況を背景として、現政権が両岸協定をできるだけ短期間で成立させようと急いでいたということである。ここで馬総統と立法院の院長である王金平との反目が、重要性を帯びてくる。馬英九政権の方は中国との関係の改善のために、協定を成立させたい。だが政権発足後から王金平立法院長はこれに批判的だった。それは上述したような立法院における「協議」成立条件の特殊事情があるからである。国民党のほうは審議の短縮をはかるとともに公聴会の開催を進めたが、野党民進党からは開催回数や内容について大きな批判が出ていた。審議と公聴会の進め方に問題があったと言わざるをえないが、すでに3月上旬の時点で立法院内部には審議の進め方に関する激しい対立が起きていた。

　3月17日に予定されていた立法院内政委員会などの合同委員会で、民進党側はこれに対抗するために別の会議を開催しようとしたため混乱が起きた。会議の開催には当然のことだが、開催の宣言がなければならない。ところが議場が混乱したために、内政委員会の招集人である張慶忠は議長席に着くことができず、開催宣言ができない。開催できなければ、審議は行われないし、強行採決もできないということになる。

　ここで委員会招集人が事態の突破策を強行した。議長席に着けない委員会招集人は自ら持参した拡声器を取り出し、議場全体に向けて協定は審議されたものとし、本会議に送付すると宣言したのである。当然野党側はこの発言を批判し、審議は行われず、従って本会議への送付も否定した。それにもかかわらず、立法で

6．「クラウド型」社会運動の登場　187

も行政でも多数を占める与党は審議を打ち切りにしたわけだから、学生や市民が民主主義の危機だと感じたのである。学生らのデモがただちに起きたのは、言わば当然の反応だった。

　この招集人が取り出した拡声器は議会に備えられているわけではなく、個人的に用意したものであった。議場が混乱すれば議長席のマイクを使えないことを知っていた招集人は、あらかじめ拡声器を持って議会に臨んでいたのだろう。招集人は法の空間を自分なりに調整し、その上で審議の打ち切りを宣言したのだった。それはたった一人の人間による行為だが、民主主義的に選ばれた「代表」の一人による、代表された国民に対する裏切りの行為であった。招集人は拡声器を用いて、審議されていないのに審議されたという発言を行った。彼は立法の隙間を超法規的に突破したのである。この行為のなかに民主主義の危機を見て取った学生らは、やはり立法の空間を超法規的に利用して、立法院にその本来の権限を返すように訴えた。

　三つ目の重要な点は今回の協定が、「サービス貿易」と呼ばれている通り、モノの自由貿易とは違って、投資や労働者の自由な移動を引き起こすということである。中国企業の大々的な進出により台湾の中小企業が圧迫されているのではないか、逆に台湾企業が大陸へ進出することによって、台湾自体が空洞化するのではないかという懸念が持たれた。学生らも当初は、卒業後の彼らの就職やキャリアに大きな影響を与える問題だという認識を明確に述べていた。直接自分たちの将来に関わると考えていたのである。だがそれは今に始まったものではない。貿易によって立つ島国にとって自由貿易とは、永遠について回るリスクにほかならない。従って、政府は時間をかけて国民や企業に説明をしなければならない責任を負っていた。

　これをグローバル経済下における世界共通の問題だとすれば、両岸関係に特殊な問題も存在した。それは中国における言論、表現、通信、プライバシーなどに対する規制が、自由貿易の名において「輸入」されるのではないかという懸念である。特に報道、出版、映画などの映像や芸術分野に関して、検閲や規制のレベルが中国と同じように適用されることにでもなれば、台湾の歴史自体が逆戻りすることにもなりかねない。通信についても同様で、情報通信網に関わる産業やサービス全般に関して、盗聴やデータの流出といったリスクが予想される。それは米国による欧米の政治家の携帯電話や、逆に米国政府へのサイバー攻撃が顕在化する世の中では、むしろ自然な怖れと言うべきだろう。サービス貿易は、モノの貿易とは性格の異なるリスクをはらんでいるが、言論や表現の自由、プライバシーの保護についてとりわけ敏感な大学、教育関係、文化産業全般が、政府に慎

重さを求めた。

　この点に関して、王金平院長の電話をはじめ立法委員が、最高検察によって盗聴されていたことが明るみに出た事件が2013年9月にあった。盗聴記録にあった情報を元に馬英九総裁が王金平院長に立法委員の辞任を迫ったことから、現政権下における盗聴の実態が明るみに出てしまったのである。だがこの事件はそれでは収まらず、辞任を拒否した王金平院長に対して、国民党は党籍を剥奪するという事態にまで発展し、院長にとっては政治生命の危機に及ぶ事件となったのだった。

　職場を占拠した学生に対し、王金平院長が最後まで理解を示した背景には、この問題がある。ちなみに党籍剥奪は地裁で闘争が続き、その一審の判決が下ったのは立法院占拠の翌日だった。判決は院長の党員資格を認めるものだったが、もしそうでなかったならば院長の影響力低下は免れなかっただろう。

　「ひまわり運動」の独自性は、学生運動として始まり、多数の市民を動員して展開したが、政府を転覆しようとしたものではなく、権力を奪取しようとしたわけでもない。この運動は、政権を批判し、これに抵抗したことは事実だが、それ以上に根本的な社会変革を希求するものではなかった。時代背景や社会条件の違いだけでなく、台湾における社会運動の一つのあり方を示したものであったことは疑いない。歴史的な位置づけはまだ先のことになるはずである。というのも学生たちが立法院から出た時に宣言したように、運動はまだ終わってはおらず、例えば2016年1月16日に実施された立法院選挙においては、「ひまわり学生運動」の指導者たちが結成した「時代力量」が5議席を獲得するなど、その後の台湾政治の展開の中で運動の成果が出始めた。また、第4原発（「核4」）の建設を市民の要求によって凍結したことも成果の一つである［港 2014：11-28］。

　学生たちの立法院への侵入から退去に至る過程は次の通り推移した。

　2014年3月18日9時54分、議場内の学生たちは警察に議場を去るよう求め、「議場を国民に返せ」と大声で叫んだ。9時56分に、青島東路にいた警察を議場から追い出そうとした学生たちと警察との間で衝突が起こり、そして学生たちは議場2階の記者席及び傍聴席にも押し寄せた。議場を占領した学生たちはさらに「318青年、立法院を占領、ブラックボックスによるサービス業貿易協定反対宣言」を発表し、その中で主に、無理矢理可決させた後の経済発展の行く末を憂慮し、それに実質的にサービス業貿易協定の審査を改めて行うことを求めると主張した。

　また、10時20分、学生代表として林飛帆が「我々は人民を代表して立法院を奪回する」、「私たちは野党が人民の行動に加わるのを歓迎する」、「我々は馬政府及

6.「クラウド型」社会運動の登場　189

び馬総統に、直ちに自ら国会へ出向き、人民の訴えに応えることを要求する」という三つの要求を提出し、それに加えて、今回のイベントに参加した人々が3月21日まで主席の席を占領することを表明した。

3月23日には、強硬派の学生の一部が行政院にも突入。この行政院突入に対しては警官隊が動員され、翌日の24日には警棒や盾、放水車によって2000人の学生が強制排除され、32人が逮捕された。しかし、立法院の占拠は24日も続いた。立法院の王金平院長は、サービス貿易協定への進め方で馬英九と反目しており、学生の排除にも否定的であった。24日、台湾のテレビ局TVBSの世論調査では、学生たちの行動に市民の51%が賛成し、サービス貿易協定に対しては68%が反対を表明していた。

3月25日、馬英九総統が、学生の代表との会談を提案、学生側も受け入れた。ただし、会談の方法について、学生側は公開討論とするように要求した。条件は折り合わず、学生側は態度を硬化させ、提案を一旦白紙に戻した。3月27日、学生側は記者会見で、無期限の立法院占拠を宣言した。中華人民共和国国務院は、この状況に「両岸の経済協力の進展が妨害されることを誰も望まない」と不快感を示し、陳水扁政権下の冷え込んだ中台関係に戻ると牽制した。

3月29日、馬英九が記者会見で、中台間で結ぶ協定に対し、立法院などによる監督権限を定めた法令を制定する考えを表明した。しかし、協定そのものの撤回は否定している。学生の指導者林飛帆は、『毎日新聞』とのインタビューで、一連の抗議活動を「台湾の民主主義を救うためだ」と説明した。

3月30日、学生側は総統府周辺で抗議集会を開いた。規模は主催者発表で50万人（警察発表では11万6000人）になった。また、香港でもこのデモに呼応して、学生を支持する市民800人が市街地でデモ行進を行った。

4月1日には、中台統一を主張する団体など約1500人が立法院前に集まり、サービス貿易協定の賛成を訴えるとともに、立法院に侵入しようとした。しかし、警官隊に阻止され、学生たちと睨み合いとなった。

4月2日から3日にかけてのTVBSの世論調査では、馬英九が一定の譲歩を示したことで立法院からの退去を主張する意見が33%となり、占拠継続への支持26%を逆転し、上回った。

4月4日、馬英九は、学生らが制定を求めていた立法院などの監視機能を定めた法令案（両岸協議監督条例）を行政院で決定した。学生らの要求に対して、一定の譲歩を示したが、学生側はより透明性の高い制度を要求しており、さらにサービス貿易協定そのものを見直すよう求めた。

4月6日、立法院の王金平院長は学生側の要求に応じ、「両岸協議監督条例」

が法制化されるまで、サービス貿易協定の審議を行わないと表明すると共に、学生側に議場から退去するよう呼びかけた。この提案を受けて学生側は、「この段階での任務を達成した」として4月10日に立法院から退去することを発表した。

4月10日、学生たちは立法院の議場から退去した。退去に反対する一部の学生は、立法院の敷地内に留まったものの、警官隊によって排除された。この一連の事態の中で、台湾の民放の世論調査では、馬英九総統の支持率は10％前後にまで低下した。

4月16日、中華人民共和国国務院は学生の動きについて、両岸関係の平和的発展のプロセスを破壊、妨害するものと批判した。この事件により、中華人民共和国の中台統一に向けた動きは、仕切り直しを迫られることとなった。

その後、2014年11月29日の統一地方選挙で、国民党が大敗し、馬英九が国民党主席を辞任するなど、政権は大きなダメージを受けた。この選挙結果には、立法院占拠の影響が強いとの見方がある。選挙運動のリーダー林飛帆は、学生たちはこの結果に肯定的に見ているとしている。また「自分の役割から、選挙を分析するのは適当ではない」と前置きした上で、この学生運動が国民党の敗北に影響したという見解を示した。

この運動を起こした若者らが中心となり、2015年1月に「時代力量」という政党が設立された。2016年1月16日の総統選挙で、民進党候補の蔡英文が689万4744票を得て、国民党候補の朱立倫の381万3365票に大差をつけて圧勝した。同時に実施された立法院選挙では民進党が113議席中68議席の単独過半数を獲得して勝利した。「時代力量」は、この立法院選挙において、民進党と協力し、5議席を得て、第3党になった。「時代力量」は泛緑連盟に参加しながら、蔡英文政権に対して野党として是々非々で臨んでいる。

（8）香港雨傘運動

雨傘運動は「我要真普選！」を掲げて取り組まれた。「本当の普通選挙」とは、（イ）香港行政府のトップである行政長官を選出する選挙に市民誰もが自由に立候補することができ、候補者を直接選挙で選出すること、（ロ）香港議会（立法会）の職能別選挙枠を廃止し、全議席を直接選挙で選出できるようにすることを求めた。その背景には、香港の歴史がある。

香港は、1839年のアヘン戦争の敗戦より1842年にイギリスに永久割譲された香港島、1860年に割譲された九龍半島、そして1898年に99年間の期限で割譲された新界（九龍半島と中国大陸部の間に位置する）などから構成される。人口は2013年現在で約707万人。1942年12月25日から45年の敗戦までの日本軍の占領期間を

6. 「クラウド型」社会運動の登場　191

除き、1997年7月1日に中国に返還されるまで、イギリス香港総督府が植民地支配を続けた。抗日戦争を戦い抜き、その後の国民党との内戦に勝利した中国共産党が1949年10月に中華人民共和国を建国。翌年にイギリスは中国を承認し、中国もすぐには香港を回収しない方針を打ち出した。文革期における例外的な関係緊張はあったものの、1984年に英中共同声明で返還に合意するまで、中国はイギリスの香港植民地経営にあからさまに介入することはなかった。「雨傘運動」につながる民主化の動きが社会的に登場するのはこれ以降である。

　中国政府は、香港返還を準備するにあたり、香港の資本家を取り込むために、返還後50年は「特別区」として現状の政治経済体制を維持することを発表。これを保証するものとして「香港基本法」を制定した。基本法には1985年に起草委員会が立ち上げられ、59人の起草委員（香港人23人、中国人36人）は全て全人代が指名した。1986年には基本法諮問委員会が組織され香港内の意見を聴取した（「オキュパイ・セントラル」呼びかけの一人である戴耀は学生団体を代表して諮問委員を務めた）。1988年4月に第1次草案が、1989年2月に第2次草案が発表されるが、同年6月の天安門事件で中国に不信感をもつ香港の民主派などは起草委員会を離脱した。1990年4月の全人代（全国人民代表大会）で基本法が可決された。しかし基本法は香港の有権者が投票で採択したものでも、香港の民意代表機関で可決されたものでもない。基本法の最終的な解釈権や修正権も香港市民や香港議会にではなく、中国の全人代にある。「50年不変」を謳うが、それは植民地時代の「自由はあるが権利はない」という自由放任の政治経済体制と変わりない。香港市民と基本法の関係は、主権在民や立憲主義ではなく、植民地支配下の制限された権利であった。

　植民地時代の香港総督に代わって、返還後の香港特別区の行政トップとなる行政長官の選出方法について、基本法では次のように明記している。「香港特別区行政長官は地元で選挙又は協議を通じて選出され、中国人民政府が任命する。行政長官の選出方法は、香港の実情及び順を追って漸進するという原則に基づいて規定し、最終目的は広範な代表権をもつ指名委員会が民主的手続きを踏んで指名したのち普通選挙で選出されることである。」（第45条）。つまり「広範な代表権をもつ指名委員会」が選んだ候補者の中から、香港市民が一人一票で選出することが最終目標であり、これは普通選挙といえるものではない。「雨傘運動」が求めた「本当の民主主義」はこの基本法の枠を突破する要求であった。

　基本法では、香港返還後の行政長官（任期5年）については初代（1997～2002年）と第2代（2002～2007年）まで、香港議会の立法会（任期4年）については第1期（1998～2000年）、第2期（2000～2004年）、第3期（2004～

2008年）までは基本法の付属文書で選出方法が決められていた。その後2012年には第３代行政長官選挙と第４期立法会選挙のダブル選挙が実施されたが、この選挙方法を巡っては民主化運動でも大きな争点となった。

初代の行政長官は、政府推薦委員会（現在は政府選挙委員会）が協議あるいは選挙で選出するとされた。この推薦委員会は1996年１月に全人代の下に設置された香港特別区準備委員会（中国委員96名、香港委員54名）によって、同年６月に設立され（400人全員香港人）、変換後の行政長官と臨時立法会を選出する業務を行った。

推薦委員会はその後、選挙委員会に名称を変更し、「広範な民意を反映する」ことを理由に数は増やされ、2012年の選挙では1200人になったが、そのうち民主派と呼ばれる委員は203人にとどまっていた。委員の選出方法はイギリス植民地時代の議会において採用されていた業界団体別の選挙によって選出されることから、常に香港の資本家やエリート層、そして何よりも親中派が多数を占める構成になっている。行政長官選挙の候補者になるためには、一定数の選挙委員の推薦が必要であり、正式候補者のなかから、選挙委員による選挙で行政長官が選出されてきた。任期半ばで辞任した行政長官を選んだ2005年の補欠選挙から民主派も立候補できるようになった。しかし、立候補に必要な選挙委員会の８分の１以上の推薦は得られても、選挙委員会は新中派が圧倒的多数を占めるので、民主派は絶対に勝てない仕組みになっている。中国政府の意向を受けた香港政府は、選挙委員会が選んだ候補者２〜３人のなかから香港市民が一人一票で選出するという「普通選挙」案を、2017年行政長官選挙案として提示した。

1985年になって初めて議会らしい議会が設置された。それまではイギリス女王が任命するイギリス人の香港総督を中心とする香港政庁、香港を拠点とするイギリスの資本家、そしてごく一部の中国系資本家が諮問会議を構成して植民地経営を行ってきた。1985年に設置された立法局（現在の立法会）で初めて選挙が実施されたが、それは直接選挙ではなく、議員を業界別に選出する職能別選挙と、諮問的機関の区議会議員（1985年全18区に設置）らで構成された選挙団による間接選挙を実施してきたが、議会の権限は行政の諮問的性格に過ぎない。1989年に中国国内で起こった民主化運動への弾圧（６.４天安門事件）で中英蜜月時代が終わり、香港返還が近付いた1991年の立法局選挙で初めて直接選挙が導入された。しかし、定数60のうち直接選挙枠は18議席にとどまった。現在までに直接選挙枠は逓増してきたが、定数が70議席に増えた2012年の立法会選挙でも、直接選挙枠は35議席にとどまっている。

立法会では直接選挙以外の選出方法として職能別選挙がある。「雨傘運動」は

6.「クラウド型」社会運動の登場　193

この職能別選挙枠の撤廃を求めた。職能別選挙枠は、香港の様々な業界を28業界
に分けて各業界から一人を議員に選出するイギリス植民地時代から続く制度で、
社会の上流層を植民地経営に取り込む政治システムであった。直接選挙区の登録
有権者総数はおよそ350万人、職能別選挙区の登録有権者・団体数は24万団体・
個人だが、両選挙区の議席数は現在それぞれ35議席ずつである。つまり普通選挙
よりも業界団体別に行われる職能別選挙のほうが一票の価値は大きい。職能別選
挙枠の有権者は各業界によって違う。産業界は会社単位、医師や弁護士など専門
業種は個人が有権者。労働界を除くすべての業界は各一議席だが、労働界は３議
席を持っている。、もちろん労働者階級を優遇しているわけではない。逆である。
たとえば医師の場合は１万人から一人、金融機関は128社から一人の議員を選べ
るが、全香港300万人の労働者階級からはたった３人しか代表を選べない。医師
や銀行の頭取の場合、直接選挙区で一票、職能別選挙区でも一票の合計２票の選
挙権があるが、労働者は直接選挙区での一票しか持っていない。しかも労働界の
選挙権は労働組合の各単産ごとに賦与されており、数だけは多い親中派の労働組
合が常に議席を占有してきた。民主党等の主流の汎民主派勢力も返還前からこの
職能別選挙枠の縮小を求めてきたが、その立場はかなり曖昧で不徹底であった。
労働者民主派など一部は1980年代の当初から階級的に不平等である職能選挙枠の
全廃を求めてきた。

　返還前の最後の立法会選挙であった1995年選挙で、イギリス植民地政府は職能
別選挙枠の有権者を団体中心から個人中心に変更した。従来は企業、つまり経営
者がもっていた一票を、その業界に働く労働者全員に選挙権を付与したことで、
有権者は1991年の５万団体・個人から115万人に急増し事実上の普通選挙となっ
た。このとき民主派の労働運動も建設業界から李卓人（工盟）、被服産業界から
梁耀忠（街工）が立候補して当選している。中国政府はこれを認めず1997年返還
直後に立法会を解散し、１年限定の臨時立法会を設置（議員60名は推薦委員会の
互選）。1998年に行われた第１期立法会選挙では、従来通りの職能別選挙に戻し
て選挙を実施。返還以降の選挙では、直接選挙枠では民主派６割、親中派４割の
議席配分だが、職能別選挙枠では親中派は８割の議席を占有した。

　前述の行政長官を選出する1200人の選挙委員も、この職能別選挙制度によって
選出され、選出された委員が互選で行政長官を選出する仕組みである。選挙委員
会は第１分野（産業界）、第２分野（専門家）、第３分野（農漁業、労働、社会福
祉、スポーツ、宗教等）の議席数が割り振られている。有権者は立法会と同じよ
うに各分野の団体や企業などが中心。植民地時代の香港総督はイギリス女王が任
命したが、中国返還後の香港では1200人の選挙委員が行政長官を選ぶのだから、

より民主的だというのが中国政府の主張であるが、それに強く反発して市民的不服従に立ち上がったのが「雨傘運動」である。

　以上が返還前から現在までの香港の政治体制の概要である。準植民地的政治システムの香港基本法という「鳥かご民主主義」という枠組みのなかで、民主党などの主流の汎民主派はよりましな民主主義を求めてきたが、「鳥かご」の枠組みそのものに疑問を提起して、本当の普通選挙を求めたのが「雨傘運動」であった。以下、2000年代に入ってからの香港の民主化運動の経過を段階区分すると次の通りとなろう。

① 2003年：政治に対する不信と反発の盛り上がり
② 2004 〜 2005年：ラディカル民主派の登場と政府案の否決
③ 2007年：全人代が直接選挙のタイムスケジュールを提示
④ 2010年：民主党の修正案を政府が受け入れ
⑤ 2012年：行政長官選挙と立法会選挙のダブル選挙
⑥ 2013年1月〜 2014年8月：オキュパイ・セントラル
⑦ 2014年9 〜 12月：「雨傘運動」

　「一国二制度」の下、高度な自治が認められている香港では、2017年香港特別行政区行政長官選挙から1人1票の「普通選挙」が導入される予定であった。ところが中国の全人代常務委員会は2014年8月31日、行政長官候補は指名委員会の過半数の支持が必要であり、候補は2〜3人に限定すると決定した。その後、香港の民主化団体の「学民思潮」などの団体は、指名委員会の多数は親中派で占められるため中央政府の意に沿わない人物の立候補を事実上排除する方針として、学生を動員して授業のボイコットを開始した。

　元々香港政府は2011年に、義務教育に中国中央政府に対する愛国心を育成するカリキュラム（愛国教育）を加えようとしたが、学生たちは「それは洗脳教育だ」と強い反発があった。黄之鋒などがリーダーを務める、10代学生が結成する「学民思潮」（2011年5月に"學民思潮 反対徳育及国民教育科聯盟"として成立、2016年3月に新党を目指して解散）が大規模デモを行った結果、香港政府はカリキュラムを撤回するまで追い込まれた［Au2015早野一解説：333-342］。

　「雨傘運動」の中心となったのは、若者組織「学民思潮」、学生組織「学連」、市民団体の「和平占中（オキュパイ・セントラル）」の3組織であった。「学民思潮」の代表は1990年代世代の黄之鋒（1996 〜）、「学連」の代表は周永康（1990 〜）、「和平占中」の代表は戴耀廷（香港大学法律学部副教授、1964 〜）、陳健民（香港中文大学社会学部副教授、1959 〜）、朱耀明（牧師、香港市民愛国民主運動支援連合会常務委員、1944 〜）の3人であった。「和平占中」については、

6.「クラウド型」社会運動の登場　195

2011年10月から2012年９月に活動した同名の団体もあるが、戴耀廷らの「和平占中」は2013年に結成された別の運動である。しかし、これらの３組織の指導者が「雨傘運動」の指導者格の存在であったことは事実だが、カリスマ的な指導性があったわけではなく、運動の参加者はSNDを通じて個人的に参加した人々であった。そこに「雨傘運動」の最大の特徴があった。

「雨傘運動」による香港中心部の占拠闘争の経緯は次の通りであった。

2014年９月26日から、香港の高校生と大学生を中心とした、授業のボイコット及び「真の普通選挙」を求めるデモが、香港中文大学内で繰り広げられていた。当初は平和な座り込み、週末からは秩序のある街の占拠が見られた。９月30日午前０時に至るまで、中環、金鐘、銅鑼湾、旺角など、香港の繁華街や商業エリアは依然占拠され続けた。警察はデモ隊に対し、28日から何度も催涙スプレーやペッパー・スプレーを使い、武器を持たない一般市民を「鎮圧」した。市民は武装警察に対し、引き続き平和を強調し、ただ両手を挙げ、無抵抗な姿勢を見せていた。デモ参加者は、傘・ゴーグル・マスク・ポンチョなどを着用することで、警察が使用する催涙ガス類から身を守った。

＊10月２日深夜、香港の民主派が辞任を求めていた梁振英行政長官が記者会見し、林鄭月娥政務官を窓口に学生団体と近く対話に乗り出す方針を明らかにした。自らの進退については退陣要求を拒否した。だが、一部の学生は「政府の時間稼ぎに利用されるだけだ」と反発し、幹線道路の占拠を一時試みるなど、民主派内の足並みの乱れも目立ち始めた。

＊10月３日夜、九龍半島で今回のデモに反対する人たちと学生らとの間で激しいもみ合いが起き、負傷者が12人出た。香港警察は19人を逮捕したと発表した。なお、３日夜に尖沙咀の一部の道路を占拠していたデモ隊は解散した。

＊10月４日午後、香港理工大学学長の唐偉章、香港浸会大学学長の陳新滋、香港科技大学学長の陳繁昌、嶺南大学の鄭国漢そして同大学教育学院校長の張仁良の５人の大学関係者が金鐘の集会現場に学生達を見舞いに訪れ、物資などを視察した。

＊10月６日、学生団体は、対話を複数回行うこと、対等な話し合いであること、政府は対話の結果を実行に移すことの３つを条件に挙げて、受け入れられなければ対話に応じない方針を示した。また、学生たちは、政府の求めに一部応じる形で、政府職員が歩いて出勤できるよう、それまで占拠していた政府庁舎へ通じる歩道の一部に設置していた柵を撤去して開放した。これに対して香港政府は同日午後、声明を出し、「道路が塞がれて車が一切通れないので業務が完全には回復していない」として、歩道の一部だけではなく道路からも撤退する

よう改めて学生たちに要求した。

＊10月9日、香港政府は学生団体と10日に予定していた選挙制度改革を巡る対話を見送ると発表した。2017年の香港行政長官選挙で民主派の立候補を事実上排除するとした中国の全人代の決定の扱いを巡り事前調整を続けてきたが、折り合えなかった。

＊10月10日夜、約1万5000人を超える人たちがデモ指導者たちの呼びかけに応じ、抗議行動の主要な舞台になっている政府庁舎の向かい側の幹線道路に集まった。デモ隊と香港政府は10日に対話を行う予定だったが、デモ隊が抗議行動を拡大させる構えを示したことに態度を硬化させた政府側は9日、対話を見送ると発表していた。デモ隊の指導者たちが演説し、香港学生連盟の周永康事務局長は、「多くの人が私たちにあきらめて帰れと言ったが、10年から20年後に歴史を振り返った時、香港の民衆は今、新たな歴史を切り開いていることが分かるだろう」と述べた。学生リーダーの黄之鋒は、デモ支持者らに「政府庁舎前の道路にテントを持ってきて、長期占拠でわれわれの粘り強さを示そう」と呼びかけた。

＊10月15日午前2時45分、警察は龍和道の占拠は違法だと宣言した。同3時15分、警官隊数百人が、圧倒的な人数で抗議者のバリケードに侵入した。現場の抗議者は傘で警官隊と対峙して、その場を離れなかった。警察はバリケードを撤去しながら、抗議者にペッパー・スプレーを使った。抗議者は添馬公園に逃げこんだが、100人以上の警官がそれを追い、最終的に抗議者たちは立法会ビルの外へ退却した。この行動に際し、抗議者45人（男性37人、女性8人）が逮捕された。午前5時45分、龍和道の東西車線は開放された。

＊10月16日、梁行政長官が記者会見を行い、「来週にも学生団体と対話したい」と述べ、中心部を占拠する民主派との対話に再び意欲を見せた。警察当局によるデモ参加者の暴行問題で市民の批判が高まり、大学学長らの仲介を受けて仕切り直す意向を示した。学生団体側も同日夜、対話受け入れを表明した。香港学生連盟の周永康事務局長は16日夜、香港政府が提案した「対話を歓迎する」と述べた。しかしながら、梁長官が強制排除の可能性を排除しなかった点は「政府のやり方は横暴だ」と批判した。

＊10月20日、梁行政長官は外国メディアとの会見で、行政長官の選挙制度改革をめぐり、抗議行動を続ける民主派学生らの要求に応じ、住民が立候補者を指名できるようになれば、平均月収1800米ドル以下の所得層が選挙プロセスを支配し、選挙を左右することになるとの認識を示し、要求に応じることはできないとの立場を繰り返した。また、指名のプロセスがどのようなものでも中国政

府は選挙の勝者を行政長官に任命するかどうかの権限を握っていると指摘し、「中国政府が勝者を受け入れられないとして、選挙をやり直すよう命じれば、香港基本法上の危機が生じる」と述べた。

＊10月21日、香港の学生団体の指導者が、香港政府関係者との初めての対話を行った。事態進展への期待は低かったものの、何千人の人々が街頭に集まり、対話の様子をテレビで見守った。香港政府は、デモ隊の見解を反映させた公式な報告書を北京（中央政府）に提出する姿勢をみせたものの、行政長官選挙の候補者に制限を設ける計画の撤回を中国指導部に求めない方針を貫いた（学生団体は、香港政府が市民の意見を適切に中国の中央政府に伝えていないことが、香港の民主化の進まない理由だと主張してきた）。

＊10月23日、九龍側の名所、獅子山から「我要真普選（真の普通選挙を求める）」と書かれた巨大な垂れ幕が下ろされた。垂れ幕の長さは28メートル。先に梁行政長官が、民主派のデモ隊の要求に応じれば、次期行政長官選挙の結果は香港の低所得層に左右されることになると語ったことに反発し、労働者階級が多く住む九龍地区にある獅子山が垂れ幕を下す場所に選ばれた。また、黄色い傘を持った習近平総書記の写真が置かれた。

＊10月25日、学生側は21日の対話を受け、①中国政府に香港市民の要求を報告する、②2017年の選挙について様々な意見を聞く議論の場を設ける、という香港政府からの２つの提案をめぐって投票を実施することを決めた。25日の会見によると、投票では、（１）の報告で「中国側が８月に示した立候補を制限する仕組みの撤回を求めてもらうことに賛成かどうか」、（２）の議論に「次回2017年選挙から立候補制限をやめる議題も含めることに賛成かどうか」を問うた。占拠場所の一角を「雨傘広場」と名付けていることから、「広場投票」として26、27日の夜、金鐘や旺角など３カ所で投票を実施した。ただ、全市民には呼びかけず、投票資格は占拠支持者に限ることにした。しかし、10月27日に民主派団体の指導者は市民投票を棚上げすることを決定した。民主派団体は、投票の内容や方式で意見がまとまらず、予定していた市民投票の延期を決めた。香港では１ヶ月以上にわたるデモで経済活動が混乱し、その影響への懸念が広がっていた。月内に開始予定だった香港、上海両証券取引所による株式注文の相互取り次ぎは、当局からの承認がいつになるか見通しが立っていないことを香港取引所が明らかにした。デモ隊は主要な大通りを封鎖して交通を妨げた。

＊10月29日、全国政治協商会議常務委員会は香港の親中国派政党、自由党首脳の田北俊立法会議員を政協委員から解任すると決定した。民主派による香港中心部の占拠を収拾するため、田は香港の梁行政長官に退陣を検討するよう求めて

いた。中国として学生らによる梁長官の辞任要求に応じない姿勢を明確にすると同時に、香港の親中派の締め付けを強める狙いがあったと思われる。

＊10月30日、香港の学生運動の指導者が来月北京に行き、中国指導部に民主化を訴えることを検討していると述べた。香港の３大抗議運動団体のひとつ、香港学生連盟の周永康事務局長はインタビューで、APEC首脳会議の主催は習近平総書記にとって「顕著な業績」になると述べた。学連が支持者たちとこの北京訪問計画を協議し、どれほどの賛成が得られるか見極めるつもりだと述べるとともに、学生指導者がAPEC会合の場で北京指導部に近づけるかどうか、その実現可能性もあわせて話し合うと語った。

＊11月１日、大帽山の香港天文台レーダー台付近に再び「我要真普選」と書かれた巨大な垂れ幕が下ろされた。また２日には大東山においても同じ標語が掲げられた。

＊11月４日、金鐘に風力発電装置が設置された。

＊11月６日、旺角においてデモ隊と警官隊の間で衝突があり、『蘋果日報』の女性記者が他10名と共に負傷した。警官側がペッパー・スプレーを播いた際に転倒した。

＊11月８日、香港公共ラジオを通じ、今回の学生らが主導する大規模デモにも関与する戴耀廷香港大准教授は、違法な集会に参加した責任を認め、数週間以内に自首する考えを表明した。戴は、デモは限界に近づいているとの見方を示し、学生らに長期化しているデモの収拾を検討するよう促した。ただ、戴の影響力は限定的とみられ、デモ収拾に向けた動きに直ちにはつながらないとみられた。

＊11月９日、習近平総書記はAPECに出席中の梁香港行政長官と北京で会談し、「中央政府は引き続き、一国二制度と香港基本法を貫徹する。法に基づいて民主的な発展を進めることを強く支持する」と述べた。会談の中で、梁長官は占拠について「毎日報告している」と、中央政府との緊密な連携を強調。面会後の梁の会見によると、中央政府は香港政府の姿勢を支持したという。民主派の学生団体は中央政府幹部との面会を希望しているが、梁は「指導者らも彼らの要求をはっきりと理解している」とも語った。また、10月中の開始予定が遅れている株式取引の新制度については「中央も支持しており、近く日程が公表されるだろう」との見通しを述べた。ただ、「法治と秩序が保たれることが重要な条件だ」とも語り、遅れには占拠が影響したとの見方を示した。

＊11月15日、香港学生連盟の周永康事務局長、常委の羅冠聡、乗務秘書の鍾耀華の３名は北京へ行き中国政府に直接要求を訴えるため、北京に向かおうとした

6.「クラウド型」社会運動の登場　199

が、香港の空港で搭乗を拒否された。学生団体によると、航空会社から「通行証（ビザに相当する証明書）の効力が取り消されたと中国側から通知があったため、乗せることはできない」と説明を受けたという。学生団体は北京行きに合わせて、李克強首相あての公開書簡を発表。「香港人の声を直接聞き、正しい判断を下してほしい」「一緒に現実を直視してほしい」などと訴えていた。

＊11月18日、香港当局が金鐘の道路の一部でバリケードの撤去作業を始めた。司法当局者や警察官ら数十人が、金鐘の政府庁舎に隣接するビルの出入口などで撤去作業を始めた。有力紙『明報』は混乱に備えて警官500人以上が周辺に待機する見通しだと報じた。これに対し香港学生連盟の周永康事務局長は17日、強制執行への対応について、個々のデモ参加者の決定を尊重すると語った。

＊11月19日未明、中心部金鐘にある立法会入り口のガラス扉を数人のデモ隊が鉄柵などで破壊し、一部が建物に一時侵入した。警官隊が催涙スプレーを使って制圧したが、反発したデモ隊と複数回の衝突が発生し、警官3人が負傷した。警察は6人を逮捕した。この件に関して香港学生連盟側は支持しないという表明を出した。

＊11月20日、最後の香港総督を務めたクリス・パッテン（Cristopher Francis Patten, 1944～）オックスフォード大学総長は米議会中国問題執行委員会にロンドンからビデオリンクで加わり、世界の国々は民主主義と人権で中国に対抗することを恐れてはいけないと語った。さらに学生たちに対して、主張は十分に伝わったとして、幹線道路の封鎖を解除するよう呼びかけた。

＊11月21日、60人の市民がイギリス領事館前にてデモを行い、香港返還の際に締結された中英共同声明を履行し、イギリス政府に介入を求めた。

＊11月25日、香港の裁判所は旺角でバリケードやテントの強制撤去に乗り出した。警察当局は不測の事態に備え3000人以上の警官隊を動員し、抵抗するデモ参加者80人以上を逮捕した。裁判所の執行官は午前9時すぎに現場に到着し、デモ参加者に私物をまとめて立ち退くように繰り返し警告したうえで、バリケードやテントなど道路上の障害物を次々と撤去した。それでも数百人が現場を離れようとしなかったため、執行官は警察に協力を要請した。開始から6時間近く経過した午後3時すぎ、警察は作業を妨害したデモ参加者の一部を公務執行妨害などの疑いで逮捕するなど強制排除した。逮捕者の中には民主派の立法会議員も含まれた。香港の高等法院（高裁）はバス会社の「営業に支障が出ている」との申し立てを認め、旺角地区の道路の占拠を禁じる命令を出した。司法手続きに基づく強制撤去は前週に実施した金鐘のオフィスビル前に次いで2カ所目。強制撤去は、幹線道路に交差する道路の約50メートル部分で行われ

た。香港警察は強制排除の際に抵抗したとしてデモ参加者を次々と逮捕。道路
は一部車線で車両の通行が再開された。だが、周辺道路では排除に反発するデ
モ参加者が1000人以上に膨れ上がった。計4000人の警官隊は催涙スプレーを使
うなどして鎮圧し、混乱が続いた。

＊11月26日、香港の警察当局は約2ヶ月にわたって民主派がデモを続けてきた九
竜地区の繁華街、旺角に設置されたバリケードやテントを撤去し、デモ参加者
も強制排除した。また、デモに参加している学生団体を率いる黄之鋒と岑敖暉
を逮捕した。

＊11月28日夜から29日未明にかけて、旺角にて当局が行ったバリケード撤去に不
満を持つ500人以上のデモ隊が警官隊と衝突し、警察は男女28人を逮捕した。
デモ隊は「真の普通選挙を求める」などと叫びながら、26日にバリケードが撤
去された大通り近くで警官隊と対峙。催涙スプレーを使用し、警棒を振り下ろ
す警官隊に対し、雨傘を広げて抵抗した。その後デモ参加者は29日朝までに旺
角を離れた。

＊11月30日夜に金鐘の政府庁舎を包囲したデモ参加者と警官隊との衝突は、1日
朝まで断続的に続いた。金鐘以外でも警官隊とデモ隊の小競り合いがあり、1
日午前現在の逮捕者は計50人以上となった。警官隊は、1日午前8時までに、
金鐘の衝突現場では、500人以上のデモ隊の排除をほぼ完了。警察は40人を逮
捕し、警官11人が負傷した。デモ隊にも多数の負傷者が出て、現場は大混乱と
なった。衝突が続いたのは、政府庁舎に隣接する立法会近くの道路周辺。この
道路を巡って、デモ隊がバリケードを設置しては警察が撤去、排除する事態が
繰り返された。警官隊は警棒と催涙スプレーの使用に加え、デモ隊への放水も
行った。現場近くの芝生には、催涙スプレーを浴びたデモ参加者らが倒れ込ん
だ。

＊12月1日、「学民思潮」のリーダー黄之鋒が、18歳の大学生と17歳の高校生の
2人の女性のデモ参加者と共に、無制限のハンガーストライキを開始した。ま
た、学生団体の指導部は香港政府本部の包囲に失敗した事を謝罪した。

＊12月2日、行政長官選挙制度の民主化を求めて、中心部の道路占拠を呼びかけ
ていた市民グループ「オキュパイ・セントラル」の発起人3人、戴耀廷、朱耀
明、陳健民が「降伏」して警察に出頭すると発表した。

＊12月3日、前日に予告していた通り香港の民主派団体「オキュパイ・セントラ
ル」の発起人3人らは行政長官選挙の民主化を求めて道路を占拠し、無許可の
集会を開いた法的責任を取るため、警察に出頭した。警察はこの日、戴ら3人
や同調者など計65人の出頭手続きを行っただけで、逮捕はしなかった。

6.「クラウド型」社会運動の登場　201

＊12月11日、香港当局は民主化デモの最大拠点だった香港島中心部金鐘の幹線道路で、警官隊約7000人を投入してデモ隊のバリケードやテントなどを撤去、学生指導者で大学生香港学生連盟代表の周永康ら約150人を逮捕した。金鐘での強制排除はこの日で完了し、一連の占拠活動は事実上、75日目に終止符が打たれた。当局は同日午前、最大拠点に隣接する幹線道路で、高等法院（高裁）の占拠禁止命令を執行する形で強制撤去を始めた。午前中の撤去は、警官隊が見守る中で作業員が行い、デモ隊の抵抗はなかった。午後に入ると、警察はデモ隊に全ての占拠場所から立ち去るよう拡声器で警告。一時、1000人以上集まったデモ参加者は、隣接する地下鉄を利用するなどして次々と姿を消した。警官隊は人垣を作り、占拠場所を徐々に狭める手法で障害物を全て撤去した。複数の学生指導者や民主派の立法会議員、民主派支持の『蘋果日報』の 黎智英会長ら約150人が11日、政府本部庁舎前の道路に座り込んだ。警察は午後4時過ぎから約5時間をかけ、一人ずつ抱え込むなどして全員を逮捕した。周は逮捕前、「強制排除で問題が解決できるわけではない。市民の抵抗は続く」と訴えた。香港当局は金鐘に続き、銅鑼湾の道路占拠場所も強制排除した。

　なお、金鐘のデモ隊の最大拠点が強制排除されたのを受け、デモを主導した学生2団体は12日、再占拠を呼びかけない方針を示し、当局による強制排除を事実上受け入れた。12日、香港学生連盟の岑敖暉幹事長と黄之鋒がそれぞれ地元ラジオに出演し、黄は「強制排除は『雨傘運動』の収束を意味しないが、短期的には行動を起こさない」、岑は「学生も勝たなかったが、政府も勝たなかった」などと述べた。警察は市民に占拠場所に戻らないよう呼びかけ、違反すれば断固とした措置を取ると警告している。金鐘での強制排除の逮捕者は249人となったが、立法会議員や学生指導者らは12日早朝までに保釈された。警察は11日深夜、残る銅鑼湾での強制排除は「適切な時期に公表して行う」と表明。一部報道は週明けに延期されたとの見方を伝えている。

＊12月15日、香港警察は銅鑼湾の大通りで、行政長官選挙の民主化を求めて占拠を続けてきたデモ隊を強制排除した。国際金融センター香港の中心部で9月末に始まった道路占拠は、79日目に完全に終結した。今回の強制排除で公民党のケネス・チャン議員ら17名が拘束された。また梁行政長官は15日、警察が最後のデモ拠点を強制排除したことを受け、11週間余り道路が占拠された民主化要求デモが終わったと宣言した。

　2015年4月22日、行政長官及び立法会選挙についての政府案が公表され、6月には香港議会で採択が行われた。審議は6月17日から翌日18日に持ち越され、汎民主派議員27名全員と中立派議員1名が「雨傘運動」における巨大な大衆的圧力

を追い風として反対票を投じた。一方、建制派（親中派）は、採決直前に多数の
議員が議場から退出し、議場に残った10名のうち8名が賛成票を投じた（親中派
の議長は慣例通り採決に参加せず、もう1名も無投票）。重要法案の可決に必要
な3分の2以上の賛成に達せず、政府案は廃案。次回の選挙では、前回の選挙制
度（2012年）がそのまま適用されることになった。直前に議場を退出した建制派
の議員らは、採決を引き延ばすために採決の最低必要人数である35人未満になる
ように退出したと言われているが、混乱と連携ミスで議場には3名が残留し採決
が行われた。政府案に反対票を投じた汎民主派議員に対して、中国政府は「歴史
的責任を免れない」と非難。梁振英行政長官は「500万香港市民の普通選挙実現
の願いを踏みにじり、民主化を止めてしまった」と批判した。

　2015年9月28日、香港で運動開始から1周年を祝う記念集会が開催されたが、
1000人しか集まらず、運動当初の熱気は冷めたように見えた。原因として、若者
が自主的に集まった運動であるため、統制が取れなくなり、内紛が起こって脱退
するメンバーが相次いでいることや、中国本土人や政府への暴力を肯定するよう
な過激な者が目立つようになり、支持者の中に失望感が広がっていることなどが
指摘された。

　香港の「雨傘運動」は、内部の敵（排外主義極右）と外部の敵（中国政府）と
いう2つの極右という、予想された以上に厳しい局面を経験した。雨傘運動の
きっかけとなった学生ストなどを主導した「学連」は、排外主義右翼の揺さぶり
で加盟組織が次々に脱退するなどの事態に直面した。しかし「雨傘運動」を通じ
て労働者民主派という新しい民主化運動のカードルを層として鍛えるまでには至
らなかったが、目指すべき方向性を社会的に明示した。もう一つの学生組織であ
る「学民思潮」（2016年3月解散）を率いたリーダーをはじめ、新しい民主化運
動のカードルからは基本法を民主的に再制定しなおすべきであるという主張もな
され始めている。「雨傘運動」の下で香港の政治構造に変化の兆しは表れた［Au
2015：早野一解説：332-344］。

　「50年不変」の問題は先に触れたが、方向性は香港独立や脱中国化でない。返
還から50年後の2047年までに、香港のみならず中国全土の政治と経済の民主化を
実現することこそが決定的に重要である。それは香港や中国だけの奮闘ではな
く、台湾、日本、沖縄や朝鮮半島の極東や東アジア全体、そして世界規模での政
治・経済の民主化と一体の闘争であると考えるべきだろう。

　2017年3月26日に行政長官選挙が実施され、前政務司長の林鄭月娥（1957～）
が当選した。林鄭は親中国派の政財界人の支持を固め、民主派が支援した他の2
候補を引き離して勝利した。民主派は敗北したのである。この選挙は2012年と同

様、再び「選挙委員会」1200人（実際は1194人）が推薦した候補者の中から選出された。

　なお、2018年1月17日、香港高等法院（高裁）は、「雨傘運動」で道路占拠現場からの立ち退きを拒否し、法廷侮辱罪に問われた元学生団体指導者の黄之鋒（現在「香港衆志」幹部）に対し禁固3ヶ月の実行が言い渡した。また、別の団体幹部に禁固1ヶ月（執行猶予1年）の判決が下されたほか、別の14被告にも有罪判決を言い渡した。一方、2016年10月の立法会選挙に立候補した羅冠総が議員就任時に規定通り宣誓しなかったとして議員資格を無効化されたため「香港衆志」が失った議席を回復するため元「学民思潮」の女性幹部であった周庭（1996〜）が2018年3月11日に実施される補欠選挙に立候補したが、1月28日に選挙管理委員会が立候補を無効とする決定を下した。同日実施された民主派議員4人の失職に伴う補欠選挙では、民主派は2議席の獲得にとどまり、親中派が2議席を獲得し民主派の後退を印象づける結果となった。

　2017年7月の香港返還20周年式典で演説した習近平中国国家主席は、「国家の主権と安全に危害を加え、中央の権力に挑戦する行為は、絶対に許すことはできない」と香港独立に関わる主張や運動を強く牽制し、香港独立を主張する「本土派」とともに「自決派」にも圧力を加えるようになり、「雨傘運動」を継承する「香港衆志」ら自決派への圧力は強まっていた。このように、香港では中国に批判的な人々は政治的参加を拒まれており、「雨傘運動」の効果は十分には表れてはおらず、民主化は遅々として進んでいない。

　香港の「雨傘運動」は、メキシコの「#YoSoy132」と同様に、民主主義が十分に機能していないという特殊な環境下で、民主主義の完全化を目指した政治的運動であったと評価でき、スペインの「15M」やOWSのように代議制民主主義を根本的に問い直すという傾向は強くは表われなかった。従って、「15M」やOWSとの共通性は、SNSの使用による情報の発信と拡散、モバイル機器の普及によって影響を受けて生じた社会運動の変化であったと言える。

（9）日本：「反原発」運動から「安保法制反対」運動へ

　日本においては、2012年の時点で五野井郁夫が、「15M」やOWSのようなSNSによって拡大した新しいタイプの社会運動を「クラウド型」社会運動と分類している。五野井は、2011年11月に渡米してOWSの現場を訪問している。彼は、2012年4月に出版した『「デモ」とは何か　変貌する直接民主主義』において、「クラウド型」社会運動を次のように定義した。

　「デモの形式が今日ではさらに加速する。シャリバリ的な中世からの社会運動

も、労働運動も、サウンドデモのような近年の社会運動も、サブカルチャーも、そのコミュニティの記憶も使えるものはすべて"社会運動の資源"としてリミックス、マッシュアップして使うという新たなレパートリーを獲得したポスト"新しい運動"の出現をもたらした。

それら多様な運動を束ねるのが、近年のSNSの発達である。人々の路上での直接行動は、インターネットを介したSNSの活用による参加者への詳細な情報共有と徹底した非暴力のガイドラインの周知、そして参加者らによるネット上でのファーラムや情報のアップロードなど、"社会運動のクラウド化"という新たな局面を見せている。これによって、人々はネットに接続できてさえいれば"社会運動を持ち歩く"ことができるようになったのだ。だからこそ、今日のような動員のかけ方が可能になる。

"社会運動のクラウド化"の効果とは、ウェブを介して容易に情報にアクセス可能になることで、小規模のコストと手間で情報を共時的にシュアし並列化でき、象徴的なインフォーメーション・センター以外に、特定の本部や拠点を必要としない。フォーマットはもちろんプラカードなどのツールもダウンロードできるし、ミーティングポイント、デモコースも把握可能なのだ。この"社会運動2・0"とでもいうべき段階にいたって、参加者の敷居が下がったのである。（中略）これによって、非暴力のガイドラインが徹底され、かつ参加者同士の意思疎通も活発に行われることで、いかにして捕まらずに非暴力と直接民主主義を貫いて運動を行うことができるのかを模索することが可能になる」[五野井 2012：15-16]

「ウェブ上でアップされている戦略の情報がアーカイブされ、過去の情報と未来が重ね合わされることで、運動をけっして固定化しないものへと変化させるのである。ネット上で情報をシェアして並列化し、その時々の導きの糸となる情報にアクセスすることで、どうすれば安全で捕まらずにすむかを確認する。さらに参加者自らもネット上の地図にタギングをして、意味付与と情報発信をすることで都市における運動の地図作成ができるようになると、そこで可能になる戦略は"逃げつつ、戦う"ということだ」[前掲書：16]

「リアル世界は物理的な中枢を放棄し、ネット上に中枢を措く戦略へと移行することで、リアルにおいては定期的に集まり、一時占拠の継続による動員の維持と拡大を狙いとともに、イベント時には問題への潜在的賛同者に大動員をかけることが可能になる。シンボリックな場さえ作っておけば、あとは最小限のコストで最大限の動員効果を引き出すことができる。

これは階級ベースの旧来の"社会運動"や、クラスター毎にまとまりながちな

"新しい社会運動"のように、特定の場と組織を固定化したリアルな実体に頼らない。つまり、現代の社会運動は（中略）リアルな大規模拠点を必要としないのだ」[前掲書：17]

　日本においては、2011年3月11日に発生した東北大震災以降、反原発運動が活発化かつ大衆化して、大規模な運動に発展していったが、これに先立って種々の新しい社会運動の動向が生じていた。1990年代後半から日本でもEZLNが呼びかけた「反新自由主義大陸間会議に」出席するグループが出現していたほか、1990年代末にはATTACなど新自由主義的な「グローバル化」に反発する反「グローバル化」運動が強まり、「世界社会フォーラム」への参加などを通じて、世界的な反「グローバル化」運動に連動する動きも生じていた。また、2003年3月の「イラク戦争」反戦運動から、日本においても「サウンド・デモ」が街頭デモ・スタイルとして定着し始め、2004年5月からは「ユーロ・メーデー」に呼応するプレカリアートを中心とする「インディ系メーデー」運動が広がり、2008年12月末には「年越し派遣村」が登場し、「TAZ（一時的自律空間）」（後述、第7章）とも位置づけられる動向も見られた。21世紀に入って、このような、社会運動の新しい局面が日本において生じてきたことが先駆となって、日本においてもこれらの諸現象が結集する形で、SNSの普及と相まって「クラウド型」社会運動が登場してきた。

　本格的な「クラウド型」運動の先駆けとなったのは、反原発運動である。日本では、第2次世界大戦以降、原水禁（原水爆禁止日本国民会議）等によって核兵器廃絶と原発廃棄を求める運動が展開されてきた。しかし、2011年3月11日に発生した東日本大震災の発生後、特に福島第一原発事故が発生して以来、反原発運動の質に変化が生じた。

　3月12日、大震災の翌日、経済産業省前で大震災後初の抗議デモが実施された。さらに、3月18日には東電本社前で抗議デモが行われ、3月27日には、原水禁、タンポポ舎、原子力資料情報室等、以前から原発問題に取り組んでいた団体の連合が銀座で反原発デモを行い、約1200人が参加した。同じ頃、高円寺の「素人の乱12号店」で脱原発デモの企画が進められていた。彼らは、同年4月10日に高円寺でサウンドデモ・スタイルの「原発やめろデモ」を実施し、主催者側の予想を上回る約1万5000人が参加した。この辺りから「クラウド型」の運動が始動し始めた。その後、4月以降、東京各地で脱原発デモが発生した。高円寺デモが行われた同じ4月10日、従来から反原発に取り組んでいた市民団体の連合によるデモが行われ約2500人が参加した。4月24日には、環境保護をうたう国際イベント「アースデイ」を主宰していたグループを中心に約5000人による「エネル

ギーシフト・パレード」が実施された。 6月11日には、市民団体連合、「素人の乱」、「エネルギーシフト・パレード」による3つのデモが別々に実施された。特に、「素人の乱」のデモは解散地点の新宿駅東口広場を約3万人で占拠状態にした［小熊 2013：197-203］。

　小熊英二の『原発をとめる人々』によれば、この時期、個人のツイッターを通じた呼びかけによって数百人から数千人規模のデモが全国各地で行われるようになった。東京では26歳の介護労働者が呼びかけたデモがほぼ月1回のペースで同年4月から始まり、毎回約1000人を集めつつ TwitNoNukes という名称で定着していった。同年3月27日には愛知で「ストップ浜岡」のデモが、4月30日に松山で個人がツイッターで呼びかけた脱原発デモが、それぞれ約300人と100人で行われた。同年4月だけでも、9日に青森市で約1000人、16日には大阪市で約4000人、26日には広島市で約1500人のデモが行われ、そのほか4月中に京都、旭川、福岡、草津、新潟、鎌倉、名古屋、富山、那覇などで脱原発デモが行われた。「これらのデモの主催者は、従来から活動していた市民団体、旧革新系組織や労組、それらと無関係な個人やグループなど、さまざまだった」［前掲書：207］

　しかし、2011年4月から盛り上がりを見せた東京の脱原発デモは、9月に節目を迎えた。まず高円寺の「素人の乱」を中心とした「原発やめろデモ」が、9月11日に新宿区で行われたデモで12人の大量逮捕を受け、いったん頓挫し、2012年7月1日の復活まで中止を余儀なくされた。「原発やめるデモ」が頓挫して以後、翌年3月末の官邸前抗議まで、東京の脱原発デモは下火となった。

　一方、9月19日には、大江健三郎、鎌田慧、瀬戸内寂聴らが飛びかけ人となった「1000万人アクション」の脱原発集会が開催され、約6万人が参加した。「1000万人アクション」は700万人を超える脱原発署名を集め、翌2012年7月16日には約17万人が集まる反原発集会を実施した。

　2011年10月、「首都圏反原発連合」（反原連）が結成され、10月以後「反原連」の主催者名で反原発デモが行われるようになる。当初の参加者数は1000人ほどであった。2012年1月に横浜で行われた「脱原発世界会議」で、会議参加者を中心とした約4500人のデモを実行した。そして、同年3月29日に、官邸前抗議が始まった。この頃までに、反原連は13の小グループのネットワーク形態になっていた。官邸前抗議の初回は約300人であった。これに先立って、TwitNoNukesや他のグループが、同年2～3月に経産省前で定期的な抗議行動を続けていたが、3月28～30日に原発再稼働に関する閣僚会議が行われるという情報を議員筋から聞き、これがきっかけとなって官邸前抗議が行われるようになった。この官邸前抗議が反原連主催で毎週金曜日の午後6時から8時に定着した。この官邸

6. 「クラウド型」社会運動の登場　207

前抗議が、その後10万人単位の街頭行動に発展していった。

　官邸前抗議が急拡大したのは、6月15日に、福井県の大飯原発3・4号機の再稼働が決定された前後からであった。主催者発表によると、参加者は5月には毎回700人から1000人だったものが、6月1日には2700人、8日には4000人、15日に1万2000人、22日には4万5000人、29日には20万人に増加した。6月30日夜から7月1日には大飯原発のゲート前で再稼働阻止行動が行われている。29日の官邸前抗議行動では、午後7時頃には、官庁街の幅20メートルほどの道路に抗議の人々が溢れた。上空には有志のカンパでチャーターされたヘリコプターが舞い、独立メディアが官邸周辺を撮影した。

〈2011年3月〜2012年12月に実施された抗議デモ（中央集会・東京のみ）〉

年月日	中央集会・東京のデモ	参加者数
2011年3月27日	「反原発集会・デモ：STOP再処理LOVE6ヶ所パレード」（銀座）	1200人（同日、愛知で300人）
4月3日	「東電前へ！4・3反原発集会」（千代田区）	350人（同日、京都で500人）
同日	「反原発花見大会」（新宿中央公園）	300人
4月10日	「原発やめろデモ」（高円寺）	1万5000人（同日、北海道、神奈川、富山、愛知、熊本、沖縄で約1000人）
同日	「浜岡原発すぐやめろ東京集会」（芝公園）	2500人
4月16日	「野菜にも一言いわせて！さよなら原発デモ」（渋谷）	1600人（同日、大阪、福岡で計4120人）
4月24日	「エネルギーシフト・パレード」（代々木公園）	5000人（同日、北海道、愛媛、静岡、愛知で計1730人）
同日	「チェルノブイリ原発事故25年〜繰り返すな原発震災・つくろう反原発社会」（芝公園）	4500人
4月26日	「東電前農民抗議行動」（千代田区）	300人（同日、広島、大阪で計1800人）
4月30日	「ツイッター・デモ」（渋谷）	1000人（同日、愛媛、福岡で計数百人）
5月1日	「5・1反原発・反失業メーデー集会・デモ」（芝公園）	520人（同日、群馬、大阪、宮城で約600人）
5月3日	「『自由と生存のメーデー』デモ」（新宿）	500人（同日、新潟、大阪で計百数十人）
5月5日	「世田谷エネルギーシフト55パレード」（世田谷区）	500人（同日、北海道で400人）
5月7日	「原発やめろデモ」（代々木公園）	1万5000人（同日、大阪、千葉で計700人）
5月8日	「5.8原発卒業デモ〜子供達を放射能から守ろう！」（中央区）	200人（同日、愛知、滋賀、福岡で計3500）

5月15日	「エネルギーシフトパレード」（代々木公園）	800人（同日、福島、福井で計650人）
5月22日	「子ども・野菜・動物にも、一言いわせて！さよなら原発デモ」（渋谷）	数百人（同日、神奈川、青森で計410人）
5月23日	「原発反対新宿デモ」（新宿）	不明
同日	「文科省包囲行動」（千代田区）	650人
5月24日	「保安院前行動：再処理工場いらない市民行動」（千代田区）	数十人
5月27日	「繰り返すな！原発震災　つくろう！脱原発社会　集会・デモ」（銀座）	6500人
5月28日	「ツイッターデモ」（渋谷）	300人（同日、北海道で約100人）
5月28日	「5・28反原発・反失業デモ」（吉祥寺）	不明
5月29日	「原発はいらない西東京集会」（西東京市）	72人
同日	「STOP無関心デモ」（日比谷公園）	不明
6月11日	「エネルギーシフトパレード」（代々木公園）	1500人
同日	「原発やめるデモ・アルタ前占拠」（新宿）	3万人
同日	「くり返すな！原発震災　つくろう脱原発社会」（明治公園）	6000人
6月12日	「さよなら原発小金井パレード」（小金井市）	150人
6月24日	「原発も再処理もいらない！再処理とめたい市民の集い」（日比谷公園）	480人
7月2日	「原発ゼロをめざす7.2緊急行動」（明治公園）	2万人
7月7日	「七夕東電前アクション」（千代田区）	不明
7月9日	「福島／青森／新潟にリスクを押しつけるな！デモ」（渋谷）	100人（同日、高知で15人）
7月10日	「原発はいらない西東京ゲンパツイラナイト」（西東京市）	150人
7月23日	「ツイッターデモ」（渋谷）	1000人（同日、千葉で70人）
同日	「くり返すな！原発震災　つくろう！脱原発社会　新宿デモ」（新宿）	600人
7月24日	「脱原発無音デモ〜暗い日曜日」（渋谷）	100人
7月31日	「未来に輝け上関・祝島、原発なくても大丈夫」（渋谷）	400人（同日、大阪で700人）
8月2日	「右から考える脱原発デモ」（銀座）	200人
8月6日	「原発やめろデモ」（銀座東電前）	7000人（同日、京都、神奈川で330人）
8月27日	「ツイッターデモ」（渋谷）	1200人（同日、兵庫で200人）
9月11日	「エネルギーシフトデモ」（代々木公園）	900人

同日	「原発やめろデモ」（新宿アルタ前）	2万人
同日	「経産省包囲行動」（千代田区）→テント設営	2000人
9月17日	「原発どうするたまウォーク」（立川市）	400人（同日、青森、兵庫で72人）
9月18日	「原発はいらない西東京デモ」（西東京市）	200人（同日、鹿児島、北海道で2000人）
9月19日	「さよなら原発5万人集会」（明治公園）	6万人（同日、北海道、愛知、長崎で計2700人）
同日	「No Nukes All Star Demo」（渋谷）	1500人
同日	「さよなら原発小金井パレード」（小金井市）	200人
9月23日	「さよなら原発ウォーク板橋」（板橋区）	370人
9月24日	「ツイッターデモ」（渋谷）	1600人（同日、沖縄で210人）
9月25日	「東京に原発を！デモ」（八重洲）	150人
10月8日	「REPLY TO FUKUSHIMA デモ」（渋谷）	数十人（同日、高知で数人）
10月9日	「怒りのドラムデモ」（恵比寿）	1050人
10月22日	「Rally for a Nuke-Free World in JAPAN」（渋谷）	1000人
10月23日	「右から考える脱原発デモ」（銀座）	200人
10月30日	「『福島の女たちに続いて、全国の女たちの座り込みをやろう！』経産省前座り込み！！」（千代田区）	不明（同日、福島で1万人）
10月30日	「No-Nukes ハロウィンパレード」（渋谷）	40人
11月3日	「なくせ原発ねりまアクション」（練馬区）	250人
11月5日	「ツイッターデモ」（渋谷）	1100人
11月6日	「もうアッタマきた！ふざけんな東電！」（千代田区）	160人（同日、兵庫で百数十人）
同日	「パパママぼくの脱原発ウォーク」（吉祥寺）	800人
11月11日	「経済産業省包囲行動人間の鎖」（千代田区）	1300人
11月13日	「暗い日曜日〜原発葬儀デモ」（渋谷）	80人（同日、福岡、宮城で1万5400人）
11月20日	「11・20なくせ原発すみだアクション」（墨田区）	200人（同日、大阪、千葉で360人）
11月21日	「右から考える脱原発デモ」（銀座）	200人
11月26日	「怒りのドラムデモ」（代々木公園）	450人
11月27日	「さよなら原発　東京都北部ラリー＆パレード」（文京区）	500人（同日、京都で200人）
12月3日	「No Nukes All Star Demo」（渋谷）	1000人
12月4日	「原発はいらない西東京デモ」（西東京市）	150人
12月5日	「右から考える脱原発デモ」（銀座）	150人

12月10日	「さよなら原発集会」（日比谷公園）	5500人（同日、沖縄で20人）
12月11日	「さよなら原発！三鷹アクション」（三鷹市）	380人（同日、大阪、滋賀、愛媛、愛知、茨城、千葉で計約千数百人）
同日	「経産省包囲デモ」（千代田区）	1300人
12月17日	「ツイッターデモ」（渋谷）	950人
12月19日	「野田首相街頭演説への抗議」（新橋区）	数百人
12月23日	「東電前アクション」（千代田区）	80人（同日、埼玉、神奈川、長野、北海道、青森で計320人）
同日	「原発ゼロの日本をプレゼント！クリスマスパレード」（渋谷）	40人
12月25日	「放射能はいらないクリスマスデモ」（国立市）	100人（同日、兵庫、福島で約100人）
12月28日	「『福島の女たち』東電本社前抗議行動」（千代田区）	40人
2012年1月18日	「右から考える脱原発デモ」（銀座）	150人
1月29日	「反原発デモ渋谷」（渋谷）	900人（同日、静岡、福岡、神奈川で計430人）
2月5日	「節分デモ in くにたち」（国立市）	150人（同日、大阪で50人）
同日	「原発いらないパレード日野」（日野市）	320人
2月8日	「保安院前再稼働反対抗議」（千代田区）	数十人
2月11日	「怒りのドラムデモ」（新宿）	500人（同日、北海道、大阪で計数百人）
同日	「さよなら原発1000万人アクション」（代々木公園）	12万人
2月19日	「原発イヤだ！府中デモ」（府中市）	不明
同日	「脱原発杉並有象無象デモ」（杉並区）	5000人
2月21日	「右から考える脱原発デモ」（中央区）	100人
2月25日	「No Nukes!All Star Demo」（代々木公園）	600人
2月26日	「原発はいらない西東京集会＆デモ」（西東京市）	100人（同日、福岡で140人）
3月4日	「さよなら原発！三鷹アクション」（三鷹市）	150人（同日、埼玉、栃木で計750人）
3月11日	「国会包囲行動」（千代田区）	3万人
3月17日	「原発さよなら　ゆっくりウォーク in こだいら」（小平市）	70人（同日、埼玉で250人）
同日	「原発どうする！たまウォーク＠くにたち」（国立市）	170人
3月18日	「さよなら原発小金井パレード」（小金井市）	150人（同日、千葉で50人）

3月19日	「右から考える脱原発デモ」（銀座）	120人
3月24日	「再稼働を許すな　さよなら原発1000万人アクション」（日比谷公園）	6000人（同日、北海道で1500人）
3月25日	「3・25反原発デモ＠渋谷・原宿」（渋谷）	1200人（同日、福岡で120人）
3月29日	「金曜官邸前抗議」（第1回）	3000人
4月1日	「放射能いらねえ！仮装！変身！エイプリルフール・デモ in くにたち」（国立市）	100人（同日、埼玉、茨城で計3000人以上）
4月6日	「金曜日官邸前抗議」（第2回）	1000人
4月8日	「脱原発と平和を求める市民デモ」（武蔵野市）	不明（同日、福島、滋賀、埼玉、神奈川、京都で計1000人）
4月13日	「金曜官邸前抗議」（第3回）	1000人
4月15日	「4・15原発反対ブクロデモ」（池袋）	150人（同日、栃木で30人）
4月16日	「右から考える脱原発デモ」（銀座）	100人
4月19日	「国会一周お散歩ウォーク」（以降、第1木曜に実施）	不明
4月20日	「金曜官邸前抗議」（第4回）	1600人
4月22日	「アースデイパレード」（代々木公園）	1000人（同日、大阪、京都、奈良で計280人）
同日	「パパママぼくの脱原発ウォーク」（吉祥寺）	400人
4月25日	「素人の乱トリプルデモ」（新宿）	不明（同日、京都で50人）
4月27日	「金曜官邸前抗議」（第5回）	1200人
4月29日	「反原発デモ渋谷」（渋谷）	1200人（同日、福岡で人数不明）
5月5日	「原発ゼロの日　さよなら原発5・5集会」（芝公園）	5500人（同日、大阪、長野、北海道、埼玉、富山、愛知で計1800人）
5月6日	「祝脱原発杉並デモ」（杉並区）	4000人（同日、北海道、京都、愛媛で計635人）
同日	「バイバイ原発パレードIN北千住」（足立区）	100人
5月11日	「バイバイ原発八王子パレード」（八王子市）	150人
同日	「金曜官邸前抗議」（第6回）	700人
5月18日	「金曜官邸前抗議」（第7回）	1000人
同日	「右から考える脱原発デモ」（銀座）	80人
5月20日	「原発はいらない西東京デモ」（西東京）	100人（同日、大阪、秋田、福岡で計550人）
同日	「No Nukes All Star Demo」（渋谷）	1000人
5月25日	「金曜官邸前抗議」（第8回）	700人
5月26日	「原発いらないパレード日野」（日野市）	30人（同日、北海道で30人）

5月27日	「脱原発渋谷」（渋谷）	1000人（同日、群馬、佐賀、埼玉で計2740人）
同日	「さよなら原発成増パレード」（板橋区）	300人
6月1日	「金曜官邸前抗議」（第9回）	2700人
6月3日	「原発の再稼働反対！安保強化・大増税を許すな！6・3怒りの大集会」（日比谷公園）	1150人（同日、福岡で72人）
6月7日	「怒りのドラムデモ」（新橋）	550人
6月8日	「金曜官邸前抗議」（第10回）	4000人
6月9日	「首相官邸抗議ウォーク」	800人（同日、大阪、福井、高知、北海道で計約500人）
6月10日	「原発どうする！たまウォーク」（国立市）	90人（同日、京都2ヶ所で計650人）
6月11日	「原発さよなら　ゆっくりウォーク in こだいら」（小平市）	100人（同日、大阪で数十人）
6月15日	「金曜官邸前抗議」（第11回）	1万2000人
6月16日	「さよなら原発パレード in 豊島」（豊島区）	100人（同日、広島で90人）
6月17日	「さよなら原発！三鷹アクション」（三鷹市）	257人（同日、北海道、福井で計2200人）
同日	「原発いやだ府中デモ」（府中市）	120人
6月22日	「金曜官邸前抗議」（第12回）	4万5000人
6月23日	「原発の再稼働決定を撤回しろ！新宿デモ」（柏木公園）	270人
6月25日	「右から考える脱原発デモ」（銀座）	70人
6月29日	「金曜官邸前抗議」（第13回）	20万人
6月30日〜7月2日	「大飯原発再稼働阻止現地闘争（大飯原発ゲート前）	数百人
7月1日	「原発やめろ野田やめろデモ」（新宿アルタ前）	7000人（同日、神奈川で300人）
7月6日	「金曜官邸前抗議」（第14回）	15万人
7月7日	「No Nukes All Star Demo」（渋谷）	1000人
7月7〜8日	「No Nukes 2012＠幕張メッセ」	1万5000人
7月8日	「原発再稼働反対、がれき受入れ反対のデモ」（墨田区）	150人（同日、高知で人数不明）
7月13日	「金曜官邸前抗議」（第15回）	15万人（同日、鹿児島、京都で計100人）
7月16日	「さよなら原発10万人集会」（代々木公園）	17万人（同日、福岡、大分、京都、北海道、埼玉で計約5000人）
7月20日	「金曜官邸前抗議」（第16回）	9万人

7月27日	「金曜官邸前抗議」（第17回）	2500人（同日、福島で10人）
7月28日	「脱原発中野もパレード」（中野区))	1300人（同日、千葉で65人）
7月29日	「国会大包囲行動」	20万人（同日、京都、岡山で計530人）
7月30日	「右から考える脱原発デモ」（銀座）	70人
8月1日	「金曜官邸前抗議」（第18回）	8万人
8月10日	「金曜官邸前抗議」（第19回）	9万人（同日、徳島、愛知で人数不明）
8月17日	「金曜官邸前抗議」（第20回）	6万人
8月19日	「脱原発と平和を求める市民デモ」（武蔵野市）	不明
8月24日	「金曜官邸前抗議」（第21回）	4万人
8月26日	「原発はいらない西東京デモ」（西東京市）	100人
同日	「反原発渋谷デモ」（渋谷）	500人
8月27日	「規制庁準備室前抗議行動」（六本木）	300人
同日	「右から考える脱原発デモ」（銀座）	50人
8月31日	「金曜官邸前抗議」（第22回）	4万人（同日、京都で650人）
9月7日	「金曜官邸前抗議」（第23回）	4万人（同日、福島で15人）
9月8日	「いのちの海を埋め立てないで〜上関・祝島　自然とともに生きる未来」（日比谷公園）	500人（同日、北海道、高知、岐阜、大阪で計1830人）
9月9日	「パパママぼくの反原発ウォーク」（三鷹市）	600人（同日、京都、大阪、三重、埼玉で計1430人）
9月10日	「官邸前抗議＆ウォーク」	300人
9月14日	「金曜官邸前抗議」（第24回）	4万人（同日、千葉で100人）
9月16日	「脱原発と平和を求める市民デモ」（武蔵野市）	50人（同日、愛知、大阪で約100人）
同日	「被災者への補償と経済支援要求デモ」（千代田区）	10人
9月17日	「原発も再処理もいらない！NO NUKES」（渋谷）	千数百人（同日、千葉、神奈川、北海道、宮城、岡山で計1750人）
9月20日	「関電・東電直撃デモ」（港区）	数十人
9月21日	「金曜官邸前抗議」（第25回）	4万人（同日、宮城で人数不明）
9月24日	(反原連)「経団連前抗議行動」（千代田区）	1300人
9月25日	「右から考える脱原発デモ」（銀座）	50人

9月28日	「金曜官邸前抗議」（第26回）	2万7000人
9月30日	「脱原発デモ渋谷」（渋谷）	1000人（同日、青森で25人）
10月2日	（反原連）「自民党本部前抗議行動」（千代田区）	800人
10月5日	「金曜官邸前抗議」（第27回）	3万5000人
10月12日	「金曜官邸前抗議」（第28回）	2万人（同日、愛知で30人）
10月13日	「さよなら原発集会」（日比谷公園）	6500人（同日、北海道、石川、京都、岩手、高知で計1万3090人）
同日	「原発さよなら　ゆっくりウォーク in こだいら」（小平市）	不明
10月16日	「経団連前抗議行動」（千代田区）	1300人
10月18日	「なかの脱原発散歩道」（中野区）	数十人
10月19日	「金曜官邸前抗議」（第29回）	1万5000人（同日、北海道、宮城、沖縄で計270人）
10月20日	「国と東電にげんぱつゼロ銀座デモ」（銀座）	200人
10月21日	「放射能はいらねえハロウィンデモくにたち」（国立市）	300人（同日、青森、栃木、福岡、長野で計650人）
10月26日	「金曜官邸前抗議」（第30回）	7000人
10月27日	「迷走墜落！原子力政策〜原発ゼロ、核燃料サイクルの撤退を、集会とデモ」（日比谷公園）	200人（同日、埼玉、石川、神奈川、愛知で計620人）
10月28日	「エネパレハロウィンパレード」（渋谷）	1000人（同日、神奈川、埼玉、千葉で計240人）
10月30日	（反原連）「経団連前抗議行動」（千代田区）	1100人
11月2日	「金曜官邸前抗議」（第31回）	5000人（同日、千葉で50人、神奈川は人数不明）
11月10日	「原発いやだ、秋もみじデモ」（府中）	50人（同日、大阪、高知で130人）
同日	「小平お散歩デモ」（小平市）	100人
同日	「なくせ原発ねりまアクション2012（練馬区）	250人
11月11日	「国会包囲1000万人大占拠行動」	10万人
11月16日	「金曜官邸前抗議」（第32回）	5000人（神奈川で1700人）
11月17日	「バイバイ原発パレード」（八王子市）	150人（同日、神奈川、滋賀、広島、千葉、岐阜で計280人）
11月18日	「原発はいらない西東京集会＆デモ」（西東京）	80人
同日	「投票で『東京も脱原発』デモ」（中野区）	250人
11月20日	（反原連）「自民党本部前抗議行動」（千代田区）	550人

6.「クラウド型」社会運動の登場　215

11月23日	「さよなら原発板橋ウォーク in 桜川・大谷口」（板橋区）	200人（同日、大阪で150人）
同日	「金曜官邸前抗議」（第33回）	7000人
11月24日	「荏子田脱原発お散歩デモ」（練馬区）	十数人
11月25日	「11・25反原発デモ＠渋谷・原宿」（渋谷）	1000人（同日、北海道、千葉、愛知、大阪、広島、大分で計620人）
同日	「さよなら原発！三鷹アクション」（三鷹市）	200人
同日	「再処理いらない定例デモ in 銀座」（銀座）	100人
11月27日	「経団連前抗議行動」（千代田区）	550人（同日、山口で500人）
同日	「右から考える脱原発デモ」（銀座）	40人
11月30日	「金曜官邸前抗議」（第34回）	7000人
12月2日	「原発いらない亀有デモ」（葛飾区）	50人（同日、埼玉、静岡、佐賀で計280人）
同日	「西東京・脱原発フォーラム・デモ」（西東京）	200人
12月7日	「金曜官邸前抗議」（第35回）	5000人（同日、大阪で50人）
12月8日	「脱原発・脱貧困『LIFE　Yes／No パレード』（杉並区）	15人（同日、高知、福井で計830人）
12月14日	「金曜官邸前抗議」（第36回）	1万人（同日、福島、沖縄で人数不明）
12月15日	「脱原発世界大行進（日比谷公園）	8000人
12月21日	「金曜官邸前抗議」（第37回）	8000人
12月22日	「脱原発中野もデモ」（中野区）	600人（同日、愛知、大阪で計80人）
12月24日	「イブの日西荻デモ」（杉並区荻窪）	50人
12月25日	「経団連前抗議行動」（千代田区）	600人
同日	「右から考える脱原発デモ」（銀座）	70人
12月28日	「金曜官邸前抗議」（第38回）	8000人

（野間2012、小熊2013、小熊2016等より筆者作成）

　この反原発デモ、特に「反原連」が呼びかけた抗議行動に参加した学生たちの中から、「特定秘密保護法案」に反対するSASPL（特定秘密保護法に反対する学生有志の会：Students Against Secret Protection Law）が結成された。SASPLは、2013年12月6日に「特定秘密保護法案」が参議院本会議において与党の賛成多数で可決された後、2014年1月に結成され、2月1日に新宿で第1回目のデモを実行した。

　その後5月3日、8月2日、10月25日とデモを繰り返し、特定秘密保護法が施

行される12月9日と10日の2夜連続、官邸前で抗議を行った後、SASPLは解散した。解散後もメンバーは元SASPLとして活動を継続し、沖縄の米軍基地問題を中心的イシューとして活動した。

そして、2015年5月3日に、元SASPLのメンバーを中心として、「安保法制反対」を掲げてSEALDs（自由と民主主義のための学生緊急行動：Students Emergency Action for Liberal Democracy-s）が結成された。SEALDsには、反原連以来の街頭行動のノウハウが継承された。SEALDsの中心となった数百人の学生をロジ面で支えたのは、反原連から街頭行動をつくりあげてきた、それぞれがIT技術者、デザイナー、音楽関係者等、街頭行動に必要な技術ノウハウを有する専門職をもつ人々であった。人種差別反対行動では「しばき隊」、SEALDsへの支援においては「あざらし隊」と呼ばれた人々である。

5月3日のSEALDs結成イベントには約2000人が参加、同14日の閣議決定後の抗議行動には約1500人が参加し、同日夜には参加者は2000人に増加した。こうして、閣議決定された5月14日の夜にSEALDsが実質的にスタートした。その後、SEALDsに刺激された形で、「安保関連法に反対する学者の会」（2016年1月現在署名者数1万4345人）、「安保法制に反対するママの会」、「高校生グループT-ns SOUL」が登場した。

これらのグループはSEALDsが主軸となり、既成の政治組織の連合体である「戦争させない・9条壊すな！総がかり行動実行委員会」と連携して国会前抗議を繰り返した。6月19日にはSEALDs発表で2500人、6月24日に3万人、7月8日に1万人、7月15日（法案が衆議院を通過）に15万人、7月24日に7万人、7月31日に2万5000人が国会前抗議行動に参加した。

8月31日の国会前抗議行動には午後の主催者であった「総がかり行動実行委員会」の発表で12万人が参加したが、夜になって主催者がSEALDsに代わり、SEALDsは参加者数を35万人と発表した。退社後のOLやサラリーマンの参加者が増えたと推定される。9月6日の「学者の会」との共催で行われた新宿行動には1万2000人が参加した。SEALDsは、2015年12月に解散し、政策提言を行う社団法人「ReDEMOS」を設立し、その後同年12月に結成された野党と市民運動の連携を図るために設立された「市民連合」に参加している。(注2)

SEALDsの動きや、SEALDsの運動に指導的な役割を果たした小熊英二、高橋源一郎、野間易道、木下ちがや等に対しては、「21世紀型」社会運動の重要性を理解しない場違いな批判が加えられた。例えば「小熊英二と野間易通の二人は思想的に相通ずる部分があるのだろう。（中略）二人とも、政治を社会運動のフォーカスした視線で捉えていて、政治の歴史やイデオロギーについて注意深く

6. 「クラウド型」社会運動の登場　217

重厚に思考を及ぼすところがない」［田中 2016：13］というような批判も見られた。しかし、このような批判には、近代の政治が大衆の街頭行動によって形成されてきたという歴史的事実の認識が欠如しており、「政治」を狭い視野でしか把握できていない見解である。重要なのは、ポストモダンに向けた社会運動をどのように創出していけるかという視点である。

　2010年代にグローバル・サウスを背景に世界各地で発生してきた社会運動について、小熊英二は本書〈はじめに〉に引用した、『首相官邸の前で』において論じたが、さらに『現代思想』2016年3月号に掲載された反原連のミサオ・レッドウルフと SEALDs の奥田愛基との対談で同じ認識を表明している。
「2010年代になって世界各地で起きている運動の形態が、日本でも本格的に広がっていくだろうと感じました。

　そうした運動の特徴はいくつかありますが、その一つは、かつてのように労働組合や大学自治会といった社会集団を基礎にしていない運動ということです。非常に少数のメンバーからなるグループが主催していて、組織化された労働者や農民や学生集団ではなく、社会のあらゆる層が参加してくる。」

　「ところが現在は、老若男女、あらゆる社会層が参加してくる。これは明らかに、組織やコミュニティが衰退して、人間が"自由"になり、流動層が増えたことを反映している。だから今の社会運動は、"68年"のように学生とマイノリティが主体ではなく、"若者の運動"でもなくなっている。

　しかも現在の運動で中心になっているのは、不安定雇用の労働者、しかもネグリ＋ハートの『〈帝国〉』で"認知的プレカリアート"と呼ばれているような人たちです。さまざまなスキルを持った人たちが集まることで、そこから情報が拡散され、老若男女を問わず、いろいろな層の参加者を集めているのです。」［小熊他 2016：31］

　小熊英二の指摘は適切だが、この認識は日本において2012年から2015年に生じた現象に関する分析に見るだけではなく、「21世紀型」の「クラウド型」社会運動として、世界的な重要性を持つ問題であることを確認しておくべきであろう。

── 7.「一時的自律空間（TAZ）」と社会運動論 ──

（1）「TAZ」論と「バルバリア海賊共和国」

　日本において「クラウド型」社会運動に関与してきた人々の中に、これらの社会運動が実行した街頭行動による「空間占拠」を「TAZ（Temporary Autonomous Zone）：一時的自律空間」という概念を用いて表現しようとする傾向が存在する。まず、2012年4月に出版した『「デモ」とは何か』の中で五野井郁夫が、次に同年12月に『金曜官邸前抗議』を出版した野間易通が、2015年9月に高橋源一郎が出版したSEALDsメンバーとの対談集である『民主主義ってなんだ？』の中で元SEALDsメンバーの牛田悦正と奥田愛基が、さらに2015年10月に出版されたSEALDs編集の『民主主義ってこれだ！』に収録された会談の中で奥田愛基が言及している。

　しかし、彼らよりも早く、2010年12月に出版されたイタリアのフランコ・ベラルディの『ノーヒューチャー　イタリア・アウトノミア運動史』の邦訳に「イタリア　1977年以後」と題する「解説」を執筆した北川眞也が、アウトノミア運動の後継運動である社会センターについて、「TAZ」の概念を用いて、次のように論じている。

　「社会センターには、自らが位置する場所（地区また都市）のなかへと自らを開いていくこと、すなわち近隣地区、都市住民との協働関係を形成していくことも求められていく。社会センターは確かに"一時的自律ゾーン"、TAZとして自覚的に活動してきたと考えられる。そこは資本制社会のルールから離脱しようという目論見が見出される空間、そして様々なオルタナティブな試みが展開される社会実験場である。」[Berardi 1997：292]

　北川の言及は、2012年以後に日本において生じた「クラウド型」社会運動とは異なる、イタリアでの社会運動の実践に「TAZ」の概念を用いたものである。

　他方、日本における「TAZ」の最初の提唱者と見られる五野井郁夫は、次のように言及していた。

　「種々雑多な人びとが集まり、お祭りのような状態のアルタ前広場、スピーカーとマイクを積んだサウンドカーもくり出し、まるでお祭りの山車のようだった。（中略）非暴力的、平和的に抗議をするという暗黙の了解が、その場に居合わせた人びとによって共有されていた。

　このような公的権力の影響が薄まるか無効化しつつも別の秩序によって非暴力が維持される空間のことを、政治学では"一時的自主管理空間（TAZ：

Temporary Autonomous Zone)"と呼ぶ。こうした、アナーキカルな状態とは、"無政府状態"や"無秩序"ではなくして、むしろ既存の秩序に対する違和の表明と別の秩序の模索である。何か今の世の中で不平等や矛盾を感じたときに、現在の秩序に対して抗することで、現秩序のオルタナティブを探る表現一般を、今日わたしたちはアナーキズムという。しかし、"アナーキー"だからといって、そこに秩序がないわけではないのだ。アナーキーにも秩序はある。」［五野井 2012：9］

　次に野間易通は、五野井の指摘に関連して、次の通り言及していた。

　「（筆者注：2012年6月29日の官邸前抗議において）抗議参加者たちは興奮していたけれども、熱狂という状態とも少しちがっていた。暴力的でもなく無秩序でもなかった。車が来れば道を開け、警官が少ない箇所では自ら車の誘導を買って出る人もいた。その間も、"再稼働反対！"のコールをやめることはない。この状況を政治学者の五野井郁夫はTAZ（Temporary Autonomous Zone）と言ったが、たしかに官邸前の"路上"は"解放"され、平和裏に"占拠"され、おおむね自主的な秩序を保っていた。小一時間のうちに消滅が予定されていることも、TAZの定義に近いものだった。」［野間 2012：16-17］

　そして、同書の17頁には次のような〈注〉が付されていた。

　「TAZは、国家とは直接的に交戦しない反乱のようなものであり、"国土の、時間のあるいはイマジネーションの"ある領域を解放するゲリラ作戦であり、それから、"国家"がそれを押しつぶすことができる〈前に〉、それはどこか他の場所で／他の時に再び立ち現れるため、自ら消滅するのである。"国家"が、第一にまず実体よりも"シミュレーション"の方に関心を持つために、TAZはこれらの領域を不法に"占有"し、相対的な平和のうちに、束の間、その陽気な目的を遂行する」（ハキム・ベイ『TAZ　一時的自律ゾーン』）［前掲書：17］

　次に、元SEALDsの牛田悦正と奥田愛基が高橋源一郎との対談の中で次のように述べていた。

（牛田）「最初はそれがTAZって名前でした。Temporary Autonomous Zoneの略。"一時的自主管理空間"といって、一時的に自治組織がそこに現れるということなんです。」

（奥田）「五野井さんが、デモの後の有象無象でみんなが喋ってるのを見て"これはTAZじゃないか"って盛り上がっていた。」［高橋 2016：30-31］

　2012年夏頃に牛田や奥田が開始した勉強会が「TAZ」と名づけられ、勉強会を兼ねたイベントが行われた。しかし、奥田の海外滞在中の2012年12月から2013年9月頃まで中断され、同年9月に「TAZ」と名づけられた勉強会が再開され

た。同年12月14日には、「TAZ」によるイベント「素晴らしくクソみたいな世界でテキトウに生きていくために」が開催された。こうして、「TAZ」という名称の集団が形成され、後にSASPLに発展する。

　この「TAZ」について、奥田愛基は、『民主主義ってなんだ！』に収録された対談において次のように述べている。

　「TAZ（Temporary Autonomous Zone＝一時的自律空間）っていうのは、原発再稼働に反対する官邸前抗議が盛り上がっていたころ、抗議行動の後に、賛成も反対もなく集まって話しましょうみたいな、そういう感じの集まりだった。月イチとかで小さなクラブを借りて、大学の先生とか学生がプレゼンしたり、途中でライブがあったりして、テーマも原発だけじゃなくていろいろ。」[奥田 2016：32]

　このように「TAZ」の概念を「クラウド型」運動に関して最も先に用いだしたのは、2012年４月に『「デモ」とは何か』を出版した五野井であり、他方牛田と奥田は2012年６月頃に勉強会のグループを「TAZ」と呼び始め、野間易通が同年12月に出版した『金曜官邸前抗議』の中で、五野井の名に言及した。奥田と牛田の例は、「TAZ」概念の追求よりも、自分たちが進めていた、後にSASPLからSEALDsへと進展したプロセスの基盤となった思想的実験を「TAZ」という名称で表現しようとしていたのであろう。しかし、TAZの概念の意味を明確に認識していたことは疑いない。奥田は次のように述べている。

　「"デモだけでは、政治は変わらない"という認識の誤り。重要なのは街頭行動を重ねる街頭文化を取り戻し、TAZを形成しながら、次の時代の政治を形成していくこと。この認識がない限り、大規模なデモを実施することだけでは政治の変化をもたらすことはできない。」[前掲書：183]

　この五野井や奥田らによって言及された「TAZ」は、1985年に米国のピーター・ウィルソン（Peter Lamborn Wilson, 1945～）がハキム・ベイ（Hakim Bey）名で発表した『カオス：存在論的アナーキズムの宣伝ビラ』を1991年に再版した際に、他の論稿である『TAZ／一時的自律ゾーン』とともにこの書名で出版した著作の中で表明された概念である。邦訳書は1997年に出版されている。同書の中でハキム・ベイは次のように記述していた。

　「手短に言えば、我々はTAZのことを、それだけで一つの全面的な目的であると宣伝してはいないし、他の組織の形態、戦術、そして目標と置き換えようとしてもいない。我々がそれを推奨するのはそれが、暴力と殉教へと導かれる必要のない反乱と一体になった高揚の質を与えてくれるからである。TAZは、国家とは直接的に交戦しない反乱のようなものであり、（国土の、時間の、あるいは

イマジネーションの）ある領域を解放するゲリラ作戦であり、それから、"国家"がそれを押しつぶすことができる〈前に〉、それはどこか他の場所で／他の時に再び立ち現れるため、自ら消滅するのである。"国家"がまず実体よりも"シミュレーション"の方に関心を持つために、TAZ はこれらの領域を不法に「占有」し、相対的な平和のうちに、束の間、その陽気な目的を遂行する。おそらく、ある種の小規模な TAZ がいままで命を長らえてきたのは、山奥の小領域のようにそれらが目立たなかったからであろう —— それらが、決して"スペクタクル"とは関わらず、決して現実の外部へは表れなかったので、"シミュレーション"のスパイの眼に見えなかったからである。」[Hakim Bey 1991=1997：196]

「TAZ はゲリラ的な存在論者の陣地のようなものであって、それはつまり、一撃を加えたら逃げろ、ということである。部族全体を移動し続けるのだ —— たとえそれが、"ウェブ"の中のデータにしかすぎないとしても、TAZ は身を守れなければならない。だがその"一撃"も"防御"も、可能であれば"国家"の暴力も巧みに避けなければならないのだが、それは、それがもはや〈有意義な〉暴力ではないからである。その一撃は、操作の構造へ、本質的には諸思想へ向けられるものであり、防御は"不可視性"であり、〈武術〉であり、"不死身"であることだ。（中略）TAZ が、実現の単純な行為から始まることを理解することである。」[前掲書：197-198]

ピーター・ウィルソンはその後、1993年に「TAZ」が実践された具体的な場として、15〜19世紀に北アフリカの地中海岸に存在した「バルバリア海賊共和国」の例を『海賊ユートピア』という書の中で「TAZ」の具体例として提示した。ピーター・ウィルソンが TAZ の具体例として『海賊ユートピア』の中で扱った「バルバリア海賊共和国」とは、「バルバリア海賊」に関する古典的著作である1890年に出版された東洋学者スタンレー・プール（Stanley Lane-Poole, 1854〜1931）の『バルバリア海賊盛衰記』も参照すると、次のように要約できよう。

16世紀オスマン・トルコが地中海を西へ進出してくる中で、現地のベルベル人が居住する現在のマグレブ地方はヨーロッパ人によって「バルバリア」と呼ばれていたことから、現在のリビアのトリポリ、チュニジアのチュニス、アルジェリアのアルジェ、モロッコのラバドの隣接町サレーに構築された海賊の拠点は「バルバリア海賊共和国」と呼ばれた。それらの地を拠点とした海賊には現地のベルベル人の他、トルコ出身者、ギリシャの島々やアドリア海沿岸地域の出身者、イタリア、フランス、スペイン、イギリス等ヨーロッパ諸地域の出身者等がいた。特に、ヨーロッパ諸地域出身者は、スペインによって1492年に追放されたセファ

ルディ系のユダヤ人、モリスコと呼ばれたイベリア半島に居住していたが1616年に追放されたキリスト教徒に偽装していたイスラム教徒、さらに「レネゲイド」と呼ばれたキリスト教からの背教者等であり、多文化・多宗教の共生を象徴する人々であった。

　彼らは、1516年にスペイン人を放逐してアルジェを占領したバルバロッサ兄弟の弟であったハイレッディン・バルバロッサ（赤髭）（Hayreddin Barbarossa, 1475〜1546）と呼ばれたレスボス島出身の海賊等、オスマン・トルコの支援下でスペイン、フランス、ジェノヴァ、ベネツィア、フィレンツェ等のヨーロッパ勢力、ローマ教会や聖ヨハネ騎士団（マルタ騎士団）のようなキリスト教勢力と数世紀にわたって攻防を繰り返して、その間にアルジェ、サレー、チュニス、トリポリに共和制、多文化共生、直接民主主義を原理とする「海賊共和国」を維持した。ウィルソンは、このような「海賊共和国」を「TAZ」と位置付けた。

　我々の誰もが、『ドン・キホーテ』の作者であるミゲル・デ・セルバンテスの生涯 (注1) や、1716年にダニエル・デファーによって出版された『ロビンソン・クルーソー』の中で示された設定 (注2) を通じて、無意識のうちに「バルバリア海賊共和国」に接してきている。「バルバリア海賊共和国」は、我々現代人の歴史的知識の中から落ちこぼれてしまっているが、実際には接点は持っていた。ピーター・ウィルソンは、このような「バルバリア海賊共和国」をTAZの実践であったと位置づけているのである。

　ピーター・ウィルソンが「バルバリア海賊共和国」をTAZの一例と位置付けたことの可否については賛否両論がありえよう。少なくとも、現在主張されている「TAZ」は非暴力的な実践である一方で、「バルバリア海賊共和国」は共和制、多文化共生、直接民主主義が実践されていたとはいえ、支配の維持のためには「権力」が行使され、「暴力」が使用されてきたことは疑いないため、これを「TAZ」の一例として位置づけることには異論はあろう。しかし、ヨーロッパの諸勢力に対抗し、他方オスマン・トルコからも半独立した「自律性」を一時期であったにせよ維持していた歴史的事実は否定できない。特に、ヨーロッパ各地出身のキリスト教の背教者たちが、生き残りの拠点にできるような寛容性が存在したことは重要である。彼らは、「海賊」としての暴力性を除けば、現代風に言えば、キリスト教的なヨーロッパを拒絶した、グローバル・サウスの「ノマド」に相当する人々であった。

　2010年代にスペイン、米国、日本等で登場した「クラウド型」の社会運動が「TAZ」の概念で論じられるが、先述した通り、イタリアのアウトノミア運動の延長線上においても「TAZ」の概念が適用された例もある。従って、「TAZ」の

概念は2010年代に登場した「クラウド型」社会運動に限定されるものではない。しかし、重要なのは、この概念が現代社会において有する意味である。

「バルバリア海賊共和国」は、最終的に19世紀にウィーン体制の下でオスマントルコとヨーロッパ諸国、さらに米国との間の相互利益のために終焉させられたが、実体的に「TAZ」の実例として参照し得るのは16世紀から17世紀後半までである。また、そこで実践された共和制、多文化共生、直接民主主義が、近代民主主義に継承されたか否かについては十分な研究は行われていない。そのため、「バルバリア海賊共和国」において実践された「TAZ」の諸理念は、「一時的」には実践されたものの、次の時代に継承されたことは実証されていない。

しかしながら、2010年代に世界的に生じている「クラウド型」の社会運動においては、一時的な公共空間の占拠を通じて、そこで実践される「アセンブリー方式」などの直接民主主義的な実践は、議会制民主主義が形骸化し、議会政治が劣化して、有権者の信頼を失いつつあるという政治的環境の下においては、代表制民主主義に代わる本来の民主主義の模索、特に国民国家に象徴される近代という時代の「政治」のあり方を克服していく上で、重要な実験になるのではないか。特に、ポピュリズムのような、代議制民主主義の究極的な実践の結果として生じる「政治の劣化」を克服していくためには、これまでとは異なる「民主主義」の実験に挑戦していく必要がある。投票行為に代わって、街頭行動で政治的意思を表現し、それを「空間占拠」によって表現していくという実践は、近代以来の米国独立革命、フランス革命、ロシア革命がいずれも大衆の街頭行動によって実現したこと、日本においても1918年に発生した「米騒動」が大正デモクラシーの実現に影響したことを顧みれば、投票行為によってではなく、再び大衆の街頭行動によって歴史を変えていく、歴史を創っていくという経験に我々は挑戦していかなければならないのではないか。その意味で、「クラウド型」社会運動の進展とその下での「TAZ」の実践は極めて重要な挑戦であると思われる。

（2）SNS の効用とリスク

　2010年代に登場した「クラウド型」社会運動の進展は、IT 技術の進展に伴って生じた SNS の普及が大きな役割を果たしたことは、これまでにも触れてきた通りである。メディア・アクティビストの津田大介は、2012年４月に出版した『動員の革命　ソーシャルメディアは何を変えたか』において、「今はネットで動員をかけることができて、明確なリーダーがいなくても、ちゃんと大義と方法論と楽しさを提示できれば、人が集まってきてムーブメントになっていく。これは日本でもデモに可能性があるんじゃないかと思った」と述べている［津

田 2012：256]。確かに、SNS の普及によって情報が重層的に拡散できるように
なり、大規模な街頭行動を実行しやすい環境が整ってきたのは事実である。これ
は、2010年12月の「ジャスミン革命」以来、世界的に生じてきた現象である。

　しかし、そのような SNS の効用が指摘される一方で、危うさを指摘する向き
もある。2012年10月に『「アラブの春」の正体』を出版した重信メイは、社会運
動における SNS の限界とリスクについて、次のように述べている。

　「"アラブの春"ではインターネットのフェイスブックやツィッターを使った
呼びかけや、それによるデモが民衆の力を一つにしたと報道されました。たしか
にチュニジアやエジプトでは、国内で不満を持っていた人たちを団結させ、行動
を起こさせる一方で、世界に対して現状を訴えることができたと思います。しか
し、チュニジア、エジプト以外の国では、インターネットの普及率が低いことも
あって、アルジャジーラなどの衛星放送を中心としたマスコミの報道の力が大き
く作用しました。チュニジアやエジプトでも、インターネットと衛星放送の二人
三脚があったからこそ、あそこまでの盛り上がりになったのだと思います。」[重
信 2012：218-219]

　「今回の"アラブの春"ではインターネットの危険性も露呈しました。チュニ
ジア、エジプトでは民衆の生の声を伝え、メディアがフォローしきれない情報を
世界に伝えることができましたが、リビア内戦以降は、デマや捏造がまかり通
り、むしろ内戦をあおることに利用されました。今回の"アラブの春"では、イ
ンターネットが諸刃の剣だということがよくわかりました。

　エジプト政府は数日間、インターネットにアクセスできないようにしました。
あまりにも政府に不利な映像や画像がインターネットで流れたからです。しか
し、エジプト政府の強硬策は裏目に出ました。政府のやり方に怒った若者たちは
さらに抗議行動を激しくするようになり、海外メディアからも政府の一方的なや
り方への批判が起こりました。

　しかし、この後は、いかにインターネットをうまく使うか、とさまざまな立場
の人たちが考え始めたのだと思います。たとえばシリアでは先述したようにニセ
の映像を流すなどのプロパガンダも行われるようになりました。（中略）

　また、当初、インターネットは発言の機会がない市民にとって自由に発言でき
る場でしたし、市民の声を直接聞けるメディアでしたが、いまではむしろ、イン
ターネットが権力を持った人たちの監視するためのメディアになってしまいまし
た。」[前掲：220-221]

　「現代では、無知であることは危険なことです。大手メディアが報じることを
鵜呑みにするのではなく、自分から情報を探し、情報ソースを確認するするこ

と。そうしたメディア・リテラシーを持つことで、違う世界が見えてくるはずです。

　また、インターネットの発達とソーシャルメディアの登場で、メディアも様変わりしています。ソーシャルメディアは今回の「アラブの春」や、世界的な民衆蜂起に大きな役割を果たしました。

　しかし、一方でソーシャルメディアは国家権力が個人情報を収集するツールになる危険性を孕んでいます。例えば、フェイスブックはプロフィールだけでなく、人間関係や現在地などの情報を米国の CIA に提供しているのではないかという疑惑が持たれています。事実、国家権力は情報隠蔽や情報操作にますます力を入れています。AP 通信は米国が2005年から2009年までの５年間に、約47億ドルを戦争プロパガンダのために使ったと報じています。

　情報戦争のなかでウィキリークスが暴いた情報には大きなインパクトがありましたが、同時にソーシャルメディアによる個人情報の吸い上げは、国家による個人情報収集の"民営化"を招きかねません。国家が国民の個人情報を収集する権利が強まる一方で、国民が知る権利は弱められていると言えるでしょう。」[前掲書：227]

　重信が指摘した通り、SNS は大規模な大衆の抗議行動を導く上で重要な役割を果たすようになったが、同時に「権力」による個人データの掌握、情報操作等、「権力」が社会運動を操作する上での重要な道具にもなりうる。

　最近の例では、イランで青年層の失業率が25％超で高止まり状態にある中で、2017年12月28日にイランの第２の都市マシャドでロハニ政権が低所得層への補助金停止など次年度予算案を提出することに対する一般市民の抗議デモが発生し、29日には首都テヘランなど全国数都市に抗議デモが拡大した。イラン治安当局は、革命防衛隊が前面に出て、12月31日に SNS の接続を遮断して事態収拾を図り、2018年１月３日にはデモを終結させた。イラン当局は、事態沈静後の１月13日に SNS の接続を再開した。

　また、2018年１月18日には、世界で約10億人が使う中国最大の SNS「微信」（ウィーチャット）が、中国共産党や国の歴史を捻じ曲げた情報には削除やアカウント凍結で対応するとした方針を発表した。このように、SNS が「権力」側が都合のよい情報環境を維持するために利用される傾向も強まっている。SNS が「諸刃の剣」になる可能性もありうるのであり、注意が必要になっている。特に、「権力」による SNS の管理と情報操作に対しては、社会運動側が真剣に対応していく必要が生じている。SNS の効用にリスクを伴う逆流が生じてきている。

（3）社会運動論との関係

　日本においても近年優れた社会運動論の研究書が出版されるようになった。筆者が特に注目したのは、濱西栄司の『トゥレーヌ社会学と新しい社会運動理論』（2016年7月刊）である。濱西の研究は、サミット・プロテスト運動にも焦点をあてて、社会運動論の刷新を図ろうとしている点で重要ある。しかし、2017年を境に、サミット・プロテスト運動の対象がG7／G8からG20に変化してきたという事実がまだ反映されていないために、社会運動論がどのような未来社会を創っていくべきかという、すべての研究領域が共通して対応すべき課題に対応できでいない一面がある。このような限界は有しながらも、濱西は、「クラウド型」運動をも分析対象にしうる枠組みを提起しており、傾聴に値する。

　濱西は、「社会運動研究における動員論と行為論の系譜の分裂を指摘した上で、動員論の発展の流れを追い、次に行為論、特にトゥレーヌ理論の特徴をメルッチの運動論、批判理論、モダニティ論と比較しつつ示し」［濱西　2016：209］、「それによって、動員論と行為論の方法論的な差異と前提・制約を明らかにし、さらには社会運動の特性そのものの形成・発展・衰退の因果的メカニズムを説明しようとする第三のアプローチを提起した」［前掲：209］。さらに、第三のアプローチと動員論の関係を整理して、次のように論じた。

　「（第三のアプローチは）むしろ外延が不明な対象に適している。典型的には、サミット・プロテストやオキュパイ・ウォール・ストリート、アラブの春のように、一時的で匿名的で集結場所のみが決まっているような運動、成員か否かも組織構造も不明な運動である。ある要素・特性に焦点をあてることからスタートする第三のアプローチはこれらの運動に対してむしろ有効であろう。本書で示したように特性をデータにもとづいて分析し、構造的要因、集団・組織的要因、相互行為的要因を実証的に明らかにすることもできるだろう。

　長年、運動の因果的メカニズムの動員論が対象全体の外延（外形）と定義の合致を確認した上で、その内部構造や外部環境との相互作用の分析へ進んでいくものだとすれば、第三のアプローチは、まず現象の特徴を捉え、要素間の関係を分析し、最後にそれらの要素を包み込むものとして構築される外延の分析へと進んでいく。（中略）

　長年、運動の因果的メカニズムの研究において、動員論的アプローチだけしか選択肢がないと思われてきた中で、第三のアプローチは、動員論とは異なる一つの選択肢になりうる。目の前の集合的な現象の組織的部分に採用して動員論的アプローチをとることもできるし、運動の独自な特性に焦点をしぼって第三のアプローチを採用することもできるのである。」［前掲書：212-213］

このように、濱西が提起する「第三のアプローチ」は、2010年代に登場した「クラウド型」社会運動の分析に対応し得る方法論と考えられる。筆者は社会運動論の門外漢であるが、社会運動論に新たな方向性が出てきたことに期待したい。

—— 8. 終わりに ——

　本書では、1997年から2017年までの間に「グローバル・サウス」が形成されたとの認識から発して、「グローバル・サウス」における変革主体が資本主義システムの進展の中でどのように変化してきたかを検証し、それが「ネットワーク型」の運動形態を経て、2010年代にはSNSの普及と相まって「クラウド型」社会運動が登場してきた事実を指摘し、「クラウド型」運動が創出する「TAZ」が、代議制民主主義が形骸化し、「政治」の劣化が進む現代において、「近代」の「議会政治」を克服しうるポストモダン型の対抗戦略になりうる可能性を指摘してきた。

　このような視点はおそらく、日本において2012年の反原連から2015年の「安保法制反対」運動に関与してきた人々にも共有していただけるものと想像する。

　例えば、元SEALsのメンバーである奥田愛基は、2016年6月に出版した対談集『民主主義はとまらない』において、問題意識を次のように表現している。

　「まず、私たちの声を議会に送るための制度は、不完全であるということです。たとえば小選挙区制度というのは、実際の得票率の割合と議席の獲得数との間にズレが生じてしまします。

　2つ目は、その不完全な制度を埋める機能が、デモにはあるということです。例えば、"反対"という意見を可視化させたり、野党の議員だけでなく市民も怒っているのだということを見せつけました。また、国会前抗議が大きくなるにつれて、テレビや新聞をはじめとしたメディアは、しばしば安保法制のことを取り上げるようになりました。デモが、公共の議論の可能性をひらいたのです。結局は可決されてしまいましたが、当初は7月に通過すると言われていたのに、結果的に9月まで審議が長引いたのも、"納得がゆかない"という国民の大きな声があったからです。

　3つ目は、その一方で、デモだけでは、政治は変わらないということです。この国会前抗議には多くの野党議員の方も来てくれて、言ってしまえば、議会と路上での市民の運動をつなげるものになっていました。

　しかし、このような盛り上がりを見せた国会前抗議といえども、安保法制を止めることはできませんでした。選挙で1票を投じているだけでは何も変わらないけれど、デモだけで政治を変えるのも、実際、難しいということです。」［奥田2016：182-184)］

　奥田の指摘には、それぞれの論点には正否があるものの、重要な論点がほと

8. 終わりに　229

んど含まれている。まず、「実際の得票率の割合と議席の獲得数との間にズレが生じるいる」という点は、重要である。有権者総数の25%程度しか得票できなくなった政党が過半数に近い議席を獲得するというような選挙制度は明らかに不当である。次に、「不完全な制度を埋める機能が、デモにはある」との指摘、この指摘の半分は誤っている。デモや街頭行動は、単に「不完全な制度を埋める機能」だけを有するのではない。街頭行動こそが「政治」を創るのだという認識が不足しており、その原因は「議会政治」に対する幻想がいまだに存在していることにあると言うべきであろう。第三に、「デモだけでは、政治は変わらない」という認識も誤りである。重要なのは街頭行動を重ねて街頭文化を取り戻し、TAZ を形成しながら、対抗戦略を策定し、次の時代の「政治」を形成していくことである。この認識がない限り、大規模なデモ（街頭行動）を実施することだけでは「政治」の変化をもたらすことはできない。要するに、街頭行動の重要性を再認識し、新しい「街頭文化」を創出していくことが重要なのである。有権者の一人一人の投票行為が、情報過剰の状態の中でポピュリズムしか生まれないような民主主義のあり方は克服していかねばならない。本来の民主主義のあり方を再考し、再構築すべき時期である。

この認識が、単に日本だけでなく、2010年代に世界各地で登場してきた「クラウド型」の社会運動が我々に考えさせている現実である。そして、その背景には、資本主義システムの認知資本主義への移行、第4次産業革命の進展による雇用情勢の変化、新自由主義的な「グローバル化」に対抗する「99%」を自称する「グローバル・サウス」に属する人々の登場等の現象が存在する。それらはいずれもが、「近代」の、「資本主義」の、「国民国家」制度の限界から生じた問題であり、ポストモダンを模索すべき正当な理由である。

スペインでは、ステファン・エッセンの呼びかけに刺激された「インディグナドス（怒れる者たち）」が立ち上がり、米国では「99%」を自称する「疎外されている者たち」が立ち上がり、日本でも「（政治に）舐められている」と感じる人々が立ち上がった。既に、我々を取り巻く制度が人々の忍耐の限度を超えている。我慢すべき理由はない。次の時代に向けた闘いを開始すべき時期に来ている。その闘いは、1415年に遡る、ヨーロッパの植民地主義的膨張から始まった、人類の誤った一時代を終わらせるためでもある。「変革主体」は、「5大陸」の「グローバル・サウス」と位置づけられる諸地域の、諸階層から成る「多種多様性」と表現しうる人々である。

〈注釈〉 231

── 〈注釈〉 ──

〈第1章〉
（1）EZLNが1993年末に発出した〈ラカンドン密林宣言〉宣言は次の通りである。
「いまわれわれは宣言する。
メヒコの人民へ、
メヒコの仲間たちへ。
われわれは500年に及ぶ戦いから生まれた。はじめは奴隷制との戦いであった。つい
で蜂起者が指導するスペインからの独立戦争、その後は北アメリカの拡張主義に吸
収されることを回避する戦いがあった。そして、われわれの憲法を制定し、われわれ
の領土からフランス帝国を追い出すために戦った。ポルフィリオ・ディアス独裁体制
は改革諸法をわれわれに適正に適用することを拒んだが、人民は自らの指導者を創り
出し決起した。こうしてサパタやビリャが登場したのである。彼らはわれわれと同じ
ように貧しき人間であった。われわれ貧しき人間は、人間形成にもっとも基本的なこ
とすら認められなかったが、それは、単なる肉弾としてわれわれを利用し、われわれ
の祖国から資源を略奪するためであった。飢えや治療可能な病気でわれわれが死んで
も、彼らは何ら痛痒を感じない。われわれが何もない無一文でも、彼らは心を痛める
ことはない。われわれに雨露の凌げる家屋、土地、仕事、健康、教育がなくても構わ
ない。しかも、われわれの手には、自由かつ民主的に自分たちの権力執行者を選ぶ権
利もなければ、外国勢力からの独立もなく、われわれやこどものための平和も正義も
ない。
　しかし、いまわれわれはもうたくさんだと宣言する。
　メヒコという民族性を本当に造り上げた者の後継者は、われわれである。われわれ
持たざる者は無数にいる。われわれはあらゆる仲間に呼びかける。われわれのこの呼
びかけに応じてほしい。それこそが、超保守的な売国奴連中の意向を代表する裏切り
者の徒党によって70年以上にわたり牛耳られてきた独裁体制の貪欲な野望により、わ
れわれが座して飢え死にすることをなくす唯一の道である。イダルゴやモレロスに敵
対した者、ビセンテ・ゲレロを裏切った者、われわれの領土の半分以上を外国の侵略
者に売り渡した者、われわれを支配するためにヨーロッパ的基準を持ち込んだ者、ポ
ルフィリオ・ディアス期のシエンティフィコスによる独裁体制を造り上げた者、石油
産業国有化に反対した者、1958年に鉄道労働者、1968年に学生を大量虐殺した者は、
すべて同じ穴のむじなである。現在も、その連中はわれわれからあらゆるものを根こ
そぎ奪い取っている。
　彼らによる略奪を回避するため、そしてわれわれの最後の希望として、メヒコの大
憲章に基づいた合法的活動を実践しようとあらゆる努力をしてきた。その結果、われ
われはメヒコ憲法に依拠し、その39条を適用することにした。そこには次のように記
されている。
　「民族の主権は、本質においても起源においても、人民の手に委ねられている。す
べての公権力は、人民に由来し、人民のよりよき生活のために制度化されている。人

232

民はいかなる時も政府の形態を変更し修正する譲渡不能の権利を保有している」

　それゆえ、メヒコ憲法に依拠し、われわれはこの宣言を公表する。

〈戦争宣言〉

　われわれは独裁体制を支える連邦政府軍に対し宣戦布告する。われわれを苦しめ、権力を握る一政党により独裁体制は独占され、合法性のないまま大統領職にあるカルロス・サリナス・デ・ゴルタリが不法に掌握する連邦当局により、現在領導されている。

　この戦争を通じて、われわれは国の他の諸権力が結集し、独裁者を解任し、国の合法性を取り戻すように要請する。

　国際機関や国際赤十字に対しても、われわれの軍が市民を防衛しながら展開する戦闘を検視し規制するよう要請する。われわれの解放戦争のための軍事勢力としてサパティスタ民族解放軍を編成したわれわれは、現在そしてつねにジュネーブ協定の戦争法の規定を遵守することを宣言する。メヒコ人民はわれわれの側にいる。蜂起した戦士たちが愛し、敬意を抱く祖国と三色旗はわれわれのものである。われわれは制服の色として、ストライキで決起し闘う労働者人民のシンボルである赤と黒を採用する。われわれの旗には、EZLN と記されている。われわれはつねにこの旗を掲げ、戦闘の場に赴く。

　われわれの戦いの正当な大義を歪め、麻薬密売組織、麻薬密売ゲリラ、山賊、われわれの敵が使うその他の言葉でわれわれを貶めようとする策動を、われわれはあらかじめ拒否しておく。われわれの戦いは、憲法で定めている権利の行使であり、正義と平等を旗印とする戦いである。

　それゆえ、この戦争宣言に基づき、EZLN に属するわれわれの軍隊に以下の指令を与える。

一、メヒコ連邦軍を打ち破りつつ、首都にむけて前進する。解放闘争を前進させ、市民を守り、解放された人民が自由かつ民主的に自らの行政当局を選出できるようにしよう。

二、捕虜の生命を尊重し、負傷者は医療を受けるため国際赤十字に引き渡す。

三、メヒコ連邦軍兵士や政治警察官の略式裁判を行う。国内または外国で外国勢力による講義、指導、訓練や経済的支援を受けてきた者は、祖国に対する裏切りの嫌疑で告発される。さらに、市民を弾圧し虐待し、人民の財産を略奪し、侵害した者の裁判も行なう。

四、われわれの正義の戦いに合流する決意をしたすべてのメヒコ人とともに新しい隊列を創ろう。敵の兵士であった者でも、交戦することなくわれわれの軍隊に降伏し、サパティスタ民族解放軍総司令部の指令に従うことを誓えば、われわれの隊列に参加できる。

五、戦闘を始める前には、敵の兵営に無条件降伏を呼びかける。

六、EZLN の統制下にある場所から、われわれの天然資源を略奪することを停止させる。

　メヒコの人民へ。われわれ誠実で自由な男と女たちは、われわれが宣言したこの戦争が最後に残された正当な手段であると認識している。かなり以前から、独裁者は布

〈注釈〉 233

告のない大量虐殺戦争をわれわれ人民に仕掛けてきた。それゆえ、われわれは君に要請する。仕事、土地、住宅、食料、健康、教育、独立、自由、民主主義、正義と平和を求めて戦うというこのメヒコ人民の計画を支持し、断固とした決意をもって参加してほしい。自由で民主的な祖国の政府を創り出し、われわれ人民のこうした基本的要求を充足できるまで、戦いをけっして止めないことをわれわれは宣言する。

君もEZLNの決起部隊に加わるのだ。

EZLN総司令部

1993年、メヒコ、チアパス州ラカンドン密林にて。

〈論説〉

メヒコの皆さん。労働者、農民、学生、誠実な教師、チカーノ、そして外国の進歩的な人たちよ。メヒコ国家が充たそうとしなかったわれわれの諸要求、つまり仕事、土地、住宅、食料、健康、教育、独立、自由、民主主義、正義と平和を獲得するために不可欠な戦いに、われわれは着手してきた。

何百年ものあいだ、要求した約束が実行されると信じて、われわれは歩んできた。しかし、何一つ実行されなかった。もっと辛抱し、よくなる時を待ちなさいという言葉しか、われわれには返ってこなかった。われわれに思慮分別を求め、将来はきっと違ったものになると口約束してきた。しかし、それが嘘であることをわれわれは知っている。われわれの祖父母や両親たちが暮らした時代と比べ、何も変わらない。むしろ悪化している。われわれ人民は、飢餓や治療可能な病気で生命を落とし、教育を受けられず、読み書きができず、必要な知識ももてない状態に置かれ続けた。われわれが戦わなければわれわれのこどもも同じ状態に置かれる。そのことをわれわれは悟った。そのような状態が続くことは、決して正義ではない。

この状態に終止符を打つ必要性から、われわれは団結し、「もう、たくさんだ」と宣言したのである。もはや、われわれの直面する問題の解決のため、他の人間が登場することを座して待つときではないし、われわれはそうするつもりはない。われわれは組織化に着手し、メヒコの歴史のなかでメヒコ人民の最良の申し子が実行してきたように、「武器を取りわれわれの要求を突き付ける」方針を決定したのである。

われわれは、メヒコ連邦軍ならびに他の弾圧装置との戦闘を開始した。われわれは、搾取され悲惨な状態にあるメヒコのすべての貧しい人々のために不可欠なこの戦争において、「祖国のために生きる。さもなくば自由のために死ぬ」、このように決意した何千ものメヒコ人である。われわれの目的が達成されるまで戦いを止めはしない。

皆さん、われわれの運動に合流するよう要請します。われわれが対決している敵、金持ちと国家は、残酷かつ無慈悲であり、われわれを殲滅するため、なりふり構わずその血生臭い本性をむきだしわれわれに襲いかかってくる。あらゆる戦いの前線で、この敵に対する戦闘を展開しなければならない。あなたたちの支持と共感、あなたたちの連帯支援、われわれの大義を人民に広める作業、われわれが要求する理念を自らのものとできる人、いかなる場所であれメヒコ人民の決起を促しながら革命に参加する人の存在こそ、最終的な勝利の鍵を握る重要な要因なのである。

『メヒコの覚醒者』は、EZLN の機関誌で、われわれの階級の敵に対して宣言した正義の戦争の展開に関する情報をメヒコの人民に報せる任務を果たす。この第1号で、われわれがメヒコ連邦軍に対して宣告した「戦争宣言」を掲載し、メヒコ国内で展開する EZLN の部隊の指揮官や将校が履行すべき「指令」について発表する。あわせて、解放された地域において、軍の革命的統制を保障し、新しい祖国の建設に着手するための基礎を保障するため、人民の支持によって施行される「革命法」を発表する。

祖国のために生きる、さもなくば自由のために死ぬ。

〈EZLN 指揮官ならびに将校への指令〉

以下の指令は、EZLN の指揮下の部隊の全指揮官、将校が義務として遂行しなければならない。

一、総司令部または前線司令部の指示に従って作戦を展開する。

二、隔絶した地域で軍事展開している場合や、司令部と連絡がとりにくい場合、指揮官や将校は、作戦を展開している地域において革命を前進させることに留意し、自らのイニシアティヴに基づき、自己に課された軍事任務を実行し、敵と戦わねばならない。

三、可能なかぎり恒常的に、遅くとも月単位で、戦況報告書を各司令部に提出しなければならない。

四、可能なかぎり、とりわけ集落に入る時は、革命の敵でない住民に対して、その生命や利害を全面的に保障し、部隊の規律を適正に守るよう努める。

五、必要な物資をできる範囲で部隊に対して援助するため、部隊が作戦を展開している地区にある事業主や経営主に対して、戦争税法ならびに商業、農牧、金融、産業資本の接収に関する革命法に準拠し、資本の規模を考慮しながら、戦争負担金を課さねばならない。

六、この指令に基づき徴収された物的財源は、部隊の物質的必要を充足させる目的に限定して利用される。いかに少額であれ、この財源を個人的利益のために流用した指揮官や将校は拘束され、EZLN の規定に従い、革命軍事法廷で裁かれる。

七、部隊の食料、軍馬の飼料、車両の燃料と部品を確保するため、当該する場所で民主的に選出された行政当局と交渉しなければならない。この行政当局は、サパティスタの軍事部隊が必要とする物資を可能な限り必要な量だけ、民間から調達し、それを当該の軍事部隊の最高位の指揮官と将校、あるいは指揮官だけに引き渡す。

八、司令官またはそれ以上の階級の将校のみ、人民の意志ならびに関係する革命政府の定めた法律に従って、革命勢力の支配する町の行政当局を交替させることができる。

九、一般に、革命諸法に定められたことに従って、人民は自己の財産を所有しなければならない。EZLN の指揮官と将校は、革命諸法の定める基準を充たすために、人民自身がそのような援助を要請する時は、常に精神的、物質的援助を人民に与えることになる。

十、EZLN 総司令部の事前の許可なしに、いかなる人物も、抑圧者の政府またはその代理人と会見や交渉を行うことはできない。

〈戦争税法〉

　EZLN の統制下にある地区においては、以下の「戦争税法」が導入され、われわれ革命組織の精神的・政治的・軍事的実力のもと、効力をもつことになる。

一、EZLN 軍事部隊が特定の領域で作戦を展開する時点から、「戦争税法」が適用される。

二、当該の領域に居住または滞在するメヒコ人であれ外国人であれ、「戦争税法」はすべての住民に適用される。

三、他人の労働力を搾取したり、人民から利潤を得ることなく、自分の資力で生活する市民に対して、「戦争税法」は強制されることはない。貧農、日雇い農業労働者、労働者、有識者や失職者は、この法に従うか否かを自分の意志で決めることができ、本法に従うように精神的・肉体的に強制されることはけっしてない。

四、労働力の搾取により生活し、その活動により人民から利潤を得ているすべての市民にとり、「戦争税法」は義務となる。農村や都市の小、中、大土地所有者は例外なく、本法を遵守しなければならない。さらに、「農牧、商業、金融、産業資本の接収に関する革命法」に従わねばならない。

五、各自の労働内容に従い、以下の税率が定められる。

(a) 小規模な商人、所有者、事業・製造所は月収の7％。この税の徴収において、生産手段は接収されない。

(b) 専門職業人は月収の10％。専門職業の遂行に必要な資材が接収されることはない。

(c) 中規模所有者は、月収の15％。その資産は、「農牧、商業、金融、産業資本の接収に関する革命法」に準拠して接収されうる。

(d) 大規模な資本家は、月収の20％。その資産は「農牧、商業、金融、産業資本の接収に関する革命法」に準拠して接収されうる。

六、敵の軍隊から捕獲したすべての資産は、EZLN の財産になる。

七、抑圧者の政府の手から革命によって取り戻したすべての資産は、革命政府の定める法律に準拠し、革命政府の財産になる。

八、農村や都市で搾取されている人民は、抑圧者の政府が定めた租税や固定資産税を、政府や資本家によって強制された現金または現物の負債とともに、いっさい支払わなくてよい。

九、革命軍または組織された人民が徴収した戦争税は、すべて各集落の集団財産となり、人民の意志に基づき、民主的に選出された行政当局を通じて管理される。「闘争する人民の権利と義務に関する法律」に準拠し、正規部隊の物質的需要のための救援物資と解放闘争の継続に必要なものだけを、EZLN に手渡すことになる。

十、抑圧者の政府であれ革命軍であれ、文民であれ軍人であれ、いかなる行政当局も、戦争税の一部を個人や一族の利益のために盗用してはならない。

〈闘争する人民の権利と義務に関する法律〉

　メヒコ領土の解放の前進、そして抑圧者の政府と国内外の強大な搾取者に対する闘争のなかで、EZLN は、戦う人民の支援のもと、以下を掲げる「闘争する人民の権利と義務に関する法律」を発布する。

一、抑圧者の政府と国内外の強大な搾取者に対して闘争する人民は、その政治党派、宗教信条、人種や肌の色を問うことなく、以下の「権利」を持つ。

(a) 必要とみなされるあらゆるタイプの行政当局者を、自由かつ民主的に選出し、当局の権限が尊重されるように要求する。

(b) 自由かつ民主的に選出された行政当局の専決事項に属する民政問題、または農牧、商業、金融、産業資本の接収に関する問題に介入しないよう、革命軍に要求する。

(c) 人民の意志に基づき、自らの集団財産、個人財産の武装防衛、さらには、公的秩序と良き政府の監視体制を組織し、実践する。

(d) 革命の敵でない住民または短期滞在者のために、諸個人や家族、集団財産や個人財産を保障するよう、革命軍に要求する。

(e) 革命軍あるいは抑圧者の政府の軍隊が実行したり実行を企てている襲撃や攻撃から、諸個人、家族、所有財産を防衛するため、各集落の住民は、「農牧、商業、金融、産業資本の接収に関する法律」に準拠し、武器を入手し所有する権利をもつ。同じように、家庭を襲撃し、家族の尊厳を侵害し、または諸個人を略奪し侵害しようとする人物や集団に対して、武力を行使する権限が広く認められる。

二、民主的に選出されたあらゆる行政当局は、前項に定めた権限や革命諸法によって、個別に付与される権限に加え、以下の「権利」をもつ。

(a) 特定の家庭に対する強盗、家宅侵入、略奪あるいはそれ以外の犯罪行為を不意打ちで行った者を、たとえ革命軍の一員であっても、ふさわしい罰を課すために、拘束し、武装解除し、各司令部に送致することができる。不意打ちではないが犯罪行為を働いた者に対しても、有罪が十分証明できる場合は、同じような形で処理される。

(b) 自らの権限で、「戦争税法」の定める革命税を徴収する権利をもつ。

三、抑圧者の政府と国内外の強大な搾取者に対して闘争する人民は、その政治党派、宗教信条、人種や肌の色を問うことなく、以下の「義務」をもつ。

(a) 多数者の意志または革命戦争の軍事的必要性に応じ、警戒作業の奉仕活動をする。

(b) 敵と戦うため、民主的に選出された行政当局、革命軍、あるいは緊急時には革命戦士の行う支援要請に応じる。

(c) 革命軍の通信員または案内人として奉仕する。

(d) 敵と戦闘している革命部隊に食料を調達するための奉仕活動をする。

(e) 負傷者の輸送、遺体の埋葬、その他の革命の大義と関連する奉仕活動をする。

(f) 各集落に駐留または通過する革命軍に可能な方法で食料や宿泊を提供する。

(g) 「戦争税法」や他の革命諸法の定める税や分担金を支払う。

(h) いかなる形でも、敵を支援し、彼らに基本的必要物資を供与してはならない。

(i) 合法的な仕事に専念する。

四、民主的に選出されたすべての民政当局は、前記の義務に加え、以下の「義務」をもつ。

(a) 当局の活動、その管理下にある物的・人的資源の出入りについて、住民に定期

〈注釈〉　237

的に報告を行う。

（b）革命軍の各司令部に、当該地で起きた事件に関する定期報告を行う。

〈革命軍の権利と義務に関する法律〉

　抑圧者の政府と国内外の強大な搾取者に対して闘争し、メヒコ領土での解放闘争を展開する EZLN の革命軍は、以下の「革命軍の権利と義務に関する法律」を遵守し実践することを約束する。

一、抑圧者と戦闘している EZLN の革命部隊は以下の「権利」をもつ。

（a）集落を横断、通過する部隊は、民主的に選出された行政当局の権限により、住民の可能な方法で、宿泊、食事、軍事使命を果たすために必要な手段を受け取る権利をもつ。

（b）各司令部の指示により一定の場所に駐留している部隊は、本条の（a）項の規定に基づき、宿泊、食事を受け取る権利をもつ。

（c）行政当局が革命諸法で定められたことを遂行せず、民衆の意志が欠如していることに気付いた指揮官、将校、兵士は、革命政府に当該の当局を告発する権利をもつ。

二、抑圧者と戦闘している EZLN の革命部隊は以下の「義務」をもつ。

（a）自由で民主的に行政当局が指名されていない町に対して、軍が干渉しない形で、ただちに町の自由選挙を行なうようにする。軍事司令部の責任のもと、軍はいかなる圧力もかけず、住民の実行に任せる。

（b）自由かつ民主的に選出された行政当局を尊重する。

（c）民政に関する問題に介入せず、それに関しては民政当局の自由裁量に一任する。

（d）商業活動に関する革命諸法を守って行われる合法的商業活動を尊重する。

（e）革命政府の実施した農地分配を尊重する。

（f）人民の定めた規則、習慣、合意を尊重し、市民と軍の関係に関する問題は、人民の手に委ねる。

（g）いかなる形や口実でも、土地や水資源を利用している住民から税を徴収しない。

（h）個人的利害のため、人民の土地や、抑圧者に憤りをもつ大土地所有者の土地を略奪してはならない。

（i）革命政府の定めたすべての法律や規則を遵守する。

（j）個人の利益のための私的サービスや労働を住民に要求しない。

（k）犯罪を犯した部下を報告し、拘束し、ふさわしい罰を課すため、革命軍事法廷に送致する。

（l）文民による裁判を尊重する。

（m）指揮官と将校は、各司令部に対して、革命軍事法廷に送致されない部下の悪事や犯罪に関する責任をもつ。

（n）当該領域から敵を一掃または完全に殲滅するまで、敵に対する戦争を展開することに専念する。

〈革命農地法〉

　メヒコの貧農の戦いは、自ら土地を耕作する者のために土地を要求する戦いであり続ける。メヒコ憲法27条の改悪に反対する EZLN は、エミリアーノ・サパタの跡を

継ぎ、土地と自由を旗印としたメヒコの農村部における正義の戦いを再開する。革命がメヒコの土地について導入する新しい農地配分の原則を定めるため、以下の「革命農地法」を公布する。

一、この法律はメヒコ全領土に適用され、その政治党派、宗教信条、性、人種または皮膚の色を問わず、メヒコのあらゆる貧農、日雇い農業労働者に恩恵をもたらす。

二、この法律は、メヒコ領土内にある国内ならびに外国所有の農業用地ならびに農牧企業に適用される。

三、生産性の低い農地では100ヘクタール、生産性の高い農地では50ヘクタールを越えるすべての農地が、革命農地法の適用対象となる。上述の制限を超過したすべての所有地は、その超過分は接収される。この法律によって定められた上限の面積で、小規模所有地として存続するか、協同組合、農民組合または共有地を組織しようとする農民の運動に参加できる。

四、共有地、エヒード、あるいは民衆の協同組合所有地は、本法律の第3条で明記されている制限を超過していても、この農地法の適用対象にはならない。

五、この農地法の適用対象となる農地は、協同組合、農民組合、あるいは農牧業生産団体を創出するため、分配を申請した土地を持たない農民や日雇い農業労働者たちに、「集団的所有地」として分配される。適用の対象となった土地は集団的に耕作されねばならない。

六、土地をもたない農民、日雇い農業労働者、どんな土地の所有権も認められていない、あるいは生産性の低い土地の所有権しか認められていない男性、女性やこどもの団体は、土地申請にあたり「最優先権」を有する。

七、貧農、日雇い農業労働者のための土地を開発するために、大農園や農牧業独占企業体の資産接収にあたっては、農業機械、肥料、貯蔵庫、金融資産、化学製品、技術指導相談などの生産手段も対象となる。接収されたあらゆる生産手段は、協同組合、集団農場、農民組合として組織された集団を優先しながら、貧農、日雇い農業労働者に譲渡されねばならない。

八、この農地法の恩恵を受ける集団は、メヒコ人民の基本食料の集団生産に全面的に専念しなければならない。トウモロコシ、インゲン豆、米、野菜や果物を生産し、鶏、牛、豚、馬などの家畜飼育と畜産物（食肉、牛乳、卵など）生産にあたらなければならない。

九、戦時おいては、この農地法によって接収された土地の生産の一部分は、革命戦士の遺児や未亡人の生活扶養、ならびに革命軍の維持のために充当されることになる。

十、集団生産の目標は、第一に人民の基本要求を充たし、受益者のなかに集団労働意識を創り出し、メヒコ農村部に生産、防衛、相互扶助の基礎単位を創り出すことである。ある地域で十分生産されなかった場合、十分生産できた他の地域と公正かつ対等な条件で融通しあうことになる。国内での需要がなければ、生産の余剰は他国に輸出できる。

十一、巨大な農業企業体は、接収されメヒコ人民のものとなり、労働者自身によって集団管理されることになる。製造所や事業所などに死蔵されている農業機械、農

〈注釈〉　239

　　具、種子などは、より広い多くの耕地を創り出し、人民の飢餓を一掃するために、
　　農村の集団農場に分配されることになる。

十二、土地や生産手段の個人による独占は認めない。

十三、未開発の密林地域や森林を保護し、主要な地域で植林育成事業を展開する。

十四、湧泉、河川、湖沼、海洋は、メヒコ人民の集団財産であり、汚染を避け、乱開
　　発には厳罰で臨み、管理する。

十五、土地のない貧農、農業労働者のために、本法律の定める土地分配だけでなく、
　　正当な価格で農民の生産物を購入し、農民が人間らしい生活をするために必要とす
　　る商品を正当な価格で販売する商業センターを創設する。さらに、近代的医学の進
　　歩を取り入れた、有能で意識の高い医師と看護婦を配備し、人々のため無料で薬品
　　を供与する共同診療センターを創設する。農民とその家族がゆっくりと寛げる、酒
　　場や売春宿のない娯楽センターを創設する。年齢、性別、人種、政治党派に関係な
　　く農民とその家族が、勉強し、自己発展のために必要な技術を習得できる無償の学
　　習センターや学校を創設する。農民がまともな住宅ならびに輸送に適した道路をも
　　てるように、工学士、設計士、そして必要な資材を備えた住宅・道路建設センター
　　を創設する。農民とその家族が、電気、水道、排水施設、ラジオ、テレビ、さらに
　　はストーブ、冷蔵庫、洗濯機、製粉機など家庭での労働を軽減するために必要なす
　　べてをもてるようにするためのサービスセンターを創設する。

十六、集団で労働する農民、エヒード組合員、協同組合、共有地で働く者に対して課
　　税されない。この革命農地法が発効した時点から、信用貸し付け、税、貸付金など
　　によって、貧農、農業労働者が、抑圧者の政府、外国あるいは資本家に対し負って
　　いるすべての負債はなくなる。

〈女性に関する革命法〉

　　われわれメヒコ人民の解放という正義の闘いにおいて、EZLN は、人種、信条、
肌の色、政治党派を問うことなく、女性を革命闘争に編入している。唯一要求される
ことは、搾取されている人民の要求を自らのものとし、革命の定める法と規律を遂
行、実践するという決意である。しかも、メヒコの女性労働者の置かれている状況を
考慮し、平等と正義という女性の正当な要求は、以下の「女性に関する革命法」のな
かに組み込まれる。

一、人種、信条、肌の色、政治党派を問うことなく、自らの意志と能力に応じた部署
　　や度合いで、女性は革命闘争に参加する権利をもつ。

二、女性は労働し正当な賃金を受け取る権利をもつ。

三、女性は生み育てるこどもの数を決める権利をもつ。

四、女性は共同体の問題に参加し、自由かつ民主的に選出された役職につく権利をも
　　つ。

五、女性とこどもは健康ならびに食事に関し「優先的配慮」を受ける権利をもつ。

六、女性は教育を受ける権利をもつ。

七、女性は配偶者を選ぶ権利と強制的に結婚させられない権利をもつ。

八、いかなる女性も、家族や他人によって身体的な暴力や虐待を受けてはならない。
　　婦女暴行未遂や婦女暴行の犯罪は、厳罰に処される。

九、女性は組織の指導部の役職につき、革命軍の士官となれる。

十、女性は革命の法と規律が定めるすべての権利と義務を享受できる。

〈都市改革法〉

　EZLN は統制下においている都市地区においては、生活困窮家族に人間らしく住める住宅を提供するため、以下の法律が発効する。

一、自分の家またはアパートをもつ住民は、固定資産税を支払わなくてもよい。

二、同一住宅に15年以上住み賃貸料を支払ってきた借家人は、革命政府が勝利し、法制化するまで所有権料を、支払わなくてもよい。

三、同一住宅への居住と賃貸料支払いが15年以下の借家人は、世帯主の収入10％だけ支払えばよく、同一住宅への居住期間が15年になれば借家料を支払わなくてもよい。

四、すでに公的サービスの整った都市区画は、自由かつ民主的に選出された行政当局に通告し、ただちに占拠し、その区画に暫定的に住宅を建築してもよい。

五、空き家となっている公的建築物や巨大なマンションは、内部を分割して、数家族が一時的に居住することができる。行政当局は、提出される居住申請について裁定するための住民委員会を指名し、必要性に応じて居住権ならびに利用可能な財源を付与する。

〈労働法・現行法の補足〉

　EZLN が統制下においている地域において、以下の法律が現行の連邦労働法に付け加えられる。

一、外国企業は、メヒコ国内にある企業の労働者に対して、外国で支払っているドル相当分の時給をメヒコ通貨で支払わなければならない。

二、メヒコ企業は、物価・賃金地方委員会が定める比率に応じて、月給の昇給を計らなければならない。当委員会は、自由かつ民主的に選出された労働者、都市住民、企業経営主、商店経営主、行政当局の代表によって構成される、いかなる場合も、現行の賃金の切り下げは認められない。

三、農村と都市の労働者は、公立であれ私立であれ、すべての保健センター、病院や診療所での無料の医療を受けることができる。医療費は企業主によって保障される。

四、すべての労働者は勤労年数に応じて、働いている企業から現行の年金とともに、一定額の譲渡不能の株式を受ける権利を有する。その株式の換金等分は、労働者、その妻あるいはひとりの受益者の年金として充当できる。

〈産業・商業法〉

一、基本生産物の価格は物価・賃金地方委員会によって統制される。当委員会は、自由かつ民主的に選出された労働者、都市住民、企業経営主、商店経営主、行政当局によって構成される。基本生産物の価格の値上げは、いかなる場合も、最低賃金の上昇分を越えてはならない。

二、いかなる生産物の独占も禁止される。そのような独占者は拘束され、軍当局に引き渡され、サボタージュと祖国への裏切りの罪で告発される。

三、戦争時において、一地域の商業は、すべての人にトルティリャとパンの供給を確

保しなければならない。
四、企業経営主が非生産的なため閉鎖し、機械や資材を売却しようとしている産業や商業は、労働者の手で管理され、機械類は国有財産になる。
〈社会保障法〉
一、捨てられたこどもは、EZLN の責任のもと、身近の市民の手によって食事を与えられ保護される。その後は、行政当局が引き取り、13歳まで世話をすることになる。
二、身寄りのない老人は保護され、優先的に無料の住宅ならびに食料クーポンを受け取ることができる。
三、戦争によって身体的不具者となった人は、EZLN の責任で、優先的に治療をうけ、働き口を斡旋してもらえる。
四、退職者の年金は、物価・賃金地方委員会の定める最低賃金と同額とする。
〈裁判法〉
一、監獄にいる囚人は、人殺し、婦女暴行、麻薬取引のボスを除き、全員釈放される。
二、行政地区首長から共和国大統領にいたるすべての統治責任者は、有罪の証拠がある場合、公金横領の罪で監査の対象となり、裁かれることになる。
　祖国のために生きる、さもなくば自由のために死ぬ。EZLN」[EZLN 2004＝2005:57-72]
（2）日本においては2016年以降、サミット・プロテスト論に関する新しい研究書が出版されているが（野宮／西城戸編2016、富永2016）、いずれにおいても分析の対象とされているサミット・プロテストはＧ８／Ｇ７サミットに対する抗議運動を扱っているにすぎず、2017年７月のハンブルグG20サミット以来、サミット・プロテストの対象がＧ８からG20に変化してきているという国際社会の最新の局面が射程に入れられていないという欠陥が見られる。

〈第２章〉
（1）パレスチナ情勢はその後変化してきている。
　　2011年９月23日、パレスチナは、パレスチナの国連加盟を正式に申請し、パレスチナ国家の承認を世界的な流れとして認めさせることを目的とした外交攻勢をかけた。この国連加盟は、2018年５月現在も実現していないが、米国は安保理事会の理事国国が承認を否決するよう多数派工作を行ってきた。しかし、パレスチナを国家として承認する国は既に120ヶ国以上に達している。
　　2011年１月のチュニジアの「ジャスミン革命」、同年２月のエジプトの「タハリール革命」を経て、アラブ諸国の対イスラエル政策が一時的に強化され、また、同年４月のファタハとハマスの和平合意、５月のオバマ大統領によるイスラエルに対する第３次中東戦争前への復帰を求める演説などイスラエルに不利な情勢が強まるなど、少なくとも中東問題の当面の解決には、イスラエルが第３次中東戦争前の状態に復帰することが課題とされるようになった。
　　しかし、2017年12月10日に米国のトランプ大統領がエルサレムをイスラエルの首都

と認めたことで、中東情勢が複雑化してきた。当該者のパレスチナの人々はトランプ大統領の姿勢に強く反発しているものの、周辺のアラブ諸国は対イスラエル外交を配慮して、目立った反米・反イスラエル姿勢は示しておらず、他方でトルコ、イランのようなイスラム諸国は反発が強めている。

（2）1979年4月7日、アウトノミア運動を代表する理論的指導者とみなされたアントニオ・ネグリや、ルチャーノ・フェッラーリ・ブラーヴォ（Luciano Ferrari Bravo）ら66人が逮捕された。そこにはパドヴァ大学政治学部の全教員が含まれていた。ネグリは翌日にアルド・モーロ（Aldo Moro, 1916–1978）首相殺害に関与したとして起訴された。ネグリに嫌疑がかけられた罪状は、17の殺人などの道義的・刑事的責任に加え、「体制転覆共犯」、「武装団の編成」「国家権力に対する武装反乱」などであった。同年12月21日には、ローマ、ミラノ、ヴェネツィア、パドヴァなどの都市で、アウトノミア・オペライオに関わる多くの活動家が逮捕された。このうちの大部分が、PO のかつての指導者や活動家であった ［Berardi 2010：28］。

（3）1980年に採択された国際協同組合同盟（ICA：The International CO-operative Alliance）の規約は以下の通りである。

＊ICA は、協同組合の各国全国組織の国際機関として、1895年にロンドンに設立された。それは、地域社会全体の利益のために組織され自発的・相互的な自助に基づいた生産と流通の非営利制度を発展させることに努力する。

＊ICA に加盟している団体はすべての大陸に存在し、全国組織を通じての参加全組合員数は、消費者協同組合、農業協同組合、住宅協同組合、信用組合、労働者生産協同組合、職人協同組合、漁業協同組合その他の組合を含めて、（1980年に）3億5500万人を超えている。（1988年大会における公称組合員総数は約5億人）

＊ICA の目的は、協同組合の原則と方法を広め、あらゆるタイプの協同組織間の友好関係と経済関係を、国内的にも国際的にも促進することである。

＊ICA は、生産流通、住宅、銀行、保険の各補助機関を通じて、様々な国の協同組合企業間の直接の商業・金融関係を促進し、協同組合企業が、消費者と生産者に同時に利益を及ぼすような影響力を、国内市場と同様に国際市場でも発揮できるようにする。

＊ICA は、国際会議を招集し、協同組合についての教育と研究を促進し、出版物と調査資料を発行し、協同を目指して重要な目的を追求する自発的な非政府国際団体のみならず、国際連合と密接に協力する。

＊ICA は、国際連合の事業および会議において、国連の経済社会理事会および国連の幾つかの専門機関において、カテゴリー1の協議上の地位を持った国際機関として参加する権利を享受している。（700以上ある NGO の中でカテゴリー1に属するものは、国際赤十字連盟、世界労連、国際自由労連など35団体であり、経済社会理事会への議題提案権、限定された発言権を持つ）

＊ICA の機関誌は、季刊の『国際協同組合評論』（The Review of International CO-operation）である。

＊国際的な協同組合の研究は、ヘンリー・J・メイ（Henry J.May）基金の援助によって行われる。これは国際的な協同組合研究の常設のセンターである。（ヘン

〈注釈〉　243

リー・J・メイは、イギリス人労働者で、消費者組合と労働組合の連携に努力し、1913年から1939年まで ICA 事務局長)。
＊ ICA の理念構築は、毎年7月に行われる国際協同組合デーの記念行事においても表明される。[日本協同組合学会1989：vii-ix]

〈第4章〉
（1）中間層の増加について、世界銀行によって指摘されている。世界銀行が2013年に出版した『経済的移動とラテンアメリカにおける中間層の上昇』において、ラテンアメリカにおいて、中間層は2003年には1億300万人であったが、2009年には1億5200万人（人口比率の30％）へと増加し、貧困層は44％から30％に減少したと指摘している。その原因は、1990年代後半より貧困層から中間層への大きな社会移動が生じたことであると論じている [World Bank 2013：1 -14]。また、米国の国家情報会議（NIC）は、2012年12月にオバマ大統領の第2期就任前に提出した特別レポート『グローバル・トレンズ2030』において、2030年に向けて新興諸国や途上諸国において世界的規模で中間層、特に「中間下層」が増加することを予測している [NIC 2012=2013：19]。
（2）ラッツァローニとは、漕役囚、階級脱落分子などルンペン・プロレタリアートに相当するイタリア語である [Marx 1852=1971：201〈脚注〉]。
（3）マルクーゼはさらに続けて、「彼らの生活は耐え難い状態や制度の終焉をもっとも直接的・現実的に必要としている。だからして、たとえその意識はそうでないとしても、彼らの反対は革命的である。彼らの反対は外部から体制に向けられるもので、それゆえ体制によって逸らされることがない。それはゲームの規則を犯し、犯すことによってこのゲームがいんちきのゲームであることを暴露する基本的な力である。もっとも素朴な市民権を要求して、武器ももたず保護するものもなしに彼らがまとまって街路に出るとき、彼らは犬や石や爆弾や監獄、強制収容所、さらには死が待ち構えていることを知っている。彼らの力は法や秩序の犠牲者のための政治的デモの背後にある。彼らがゲームをし続けることを拒否し始めるという事実は、一時代の終焉の始まりを記す事実となりうるのであろう」[Marcuse 1964=1974：280] と述べ、ルンペン・プロレタリアートに相当する人々の変革主体性について論じた。

〈第5章〉
（1）シアトル第3回 WTO 閣僚会議では、ウルグアイ・ラウンドに続く新ラウンドの立ち上げが目指されたが、主要国間の対立や、市民団体による反対運動のために合意に至らなかった。WTO の最高意志決定機関であるこの閣僚会議において、新ラウンド立ち上げに合意できなかった原因としては、以下の点などが指摘されている。
＊先進国と途上国の対立：ともにウルグアイ・ラウンドの結果を踏まえつつも、途上国に対しより一層の市場開放を求める先進国と、ウルグアイ・ラウンドでの合意を自らにとってよりバランスのとれた方向に是正しようとする途上国とでは、そもそも新ラウンドに求めるものが正反対であった。また、途上国からは、途上国が一部しか参加できないグリーン・ルーム会合と呼ばれる非公式少数国会合で実質的な議

論が進められることへの反発もあった。

＊先進国間の対立：先進国間でも、アンチダンピング、農業、労働などをめぐって、日本や欧州連合（EU）と米国とが対立した。農業については、国内（域内）の農業保護を重視する日本やEUと、輸出国として農産品の輸入自由化を求める米国、オーストラリアなどとの立場の隔たりが大きかった。米国のクリントン大統領は、小渕総理をはじめ各国に電話をし説得にあたったが、妥協は得られなかった。

＊NGO・社会運動の反対運動：シアトルには全米及び世界中から反グローバリズムを掲げる市民団体が集結し、夜間外出禁止令が出されるなど街中が混乱した。これらの団体は閣僚会議に参加したわけではないため議論の動向を直接左右することはなかったが、その運動により閣僚会議参加者の交通が妨げられた。このため、閣僚会議は元々各国首脳が集まるため時間の制約が厳しかった上に、充分な議論の時間を取ることが一層困難になった。

閣僚会議の議長を務めたシャリーン・バシェフスキー（Charlene Bashefsky, 1950〜）通商代表は、12月3日午後10時（現地時間）に至って、作業を中断し、新ラウンド立ち上げを凍結する旨を発言し、閣僚会議は閣僚宣言が取りまとめられないまま幕を閉じた。

（2）ジェノヴァ・サミットは、7月20日から22日、イタリアのジェノヴァにおいて開催された。ジェノヴァ・サミットにおいては、世界経済、貿易、開発（特に途上国における保健問題）、地球環境、食品安全等を中心として議論が行われた。

サミットにおいて発出された文書は、世界経済、貿易等を内容とするG7宣言、開発、環境、食品安全等を内容とするG8コミュニケ、並びに地域に関する3つの文書（中東、アフリカ、地域情勢）である。

〈主要課題〉

（1）世界経済

世界経済については、予想よりも減速しているが、健全な政策及びファンダメンタルズが力強い成長の基礎を提供しているとの認識で一致した。小泉総理からは、日本経済につき、「改革なくして成長なし」との考えの下、規制緩和、公的部門の縮小、不良債権の処理や銀行システムの改革の必要性等、改革の基本方針につき説明の上、このような改革を行うことによって世界経済における責任を果たせるとの発言を行った。小泉総理の発言に対しては、各国首脳から非常に強い支持の言葉があり、このことがG7宣言に書き込まれた。

（2）貿易

貿易については、WTOの新ラウンドの立ち上げについて、野心的なラウンドを立ち上げるべきであり、実施問題を含めて開発途上国の優先事項に対処すること、等について意見の一致があった。

（3）開発問題

開発問題については、途上国、特にアフリカにおける貧困削減に焦点があてられた。債務救済の現状のレビュー、ODAの重要性などが指摘され、一方途上国側に自助努力、良い統治を求めるべきことなどが議論された。保健、教育などの分野の重要性も強調され、特に保健分野においては、G8サミットに先だって、アナン

〈注釈〉　245

(Kofi Atta Annan, 1938～) 国連事務総長と共に世界エイズ保健基金の発表が行われ、G８諸国としては約13億ドル以上のコミットがなされた。

また、20日の夜には途上国の首脳７名（アルジェリア、セネガル、ナイジェリア、マリ、南アフリカ、バングラデシュ、エルサルバドル）及び国際機関の長５名（国連、世銀、WHO、WTO、FAO）との会合が行われ、貧困削減の問題について集中的な議論が行われた。この議論を受けた形で、21日には「アフリカのためのジェノヴァ・プラン」が発表され、2002年のカナダ・サミットに向けて具体的な行動計画の策定を、アフリカ諸国と連絡を取りつつ行うこととなった。

(4) 地球環境

京都議定書問題を中心に活発な議論が行われ、京都議定書に関する現時点での立場の違いを乗り越え温室効果ガス削減という共通の目標を達成するためG８として集中的に協力していくというメッセージが出された。小泉総理は、米国を含むすべての国が一つのルールの下で行動することが重要であること、2002年の京都議定書の発効を目指して全力を尽くすべきことを主張した。

(5) 地域情勢

主要な地域情勢についても議論が行われた。中東情勢については、G８として暴力の停止、ミッチェル報告書の実施の重要性を訴える別途の声明が発出された。朝鮮半島情勢については、韓国の包容政策を支持し、北朝鮮をめぐる人権・人道上の問題、安全保障上の問題に対する懸念に関する建設的な対応を促すこととなった。また、マケドニアにおける政治対話の進展を奨励することとなった（マケドニア及び朝鮮半島情勢については地域情勢に関するG８首脳声明としてとりまとめられた）。

(6) 自由討議

７月21日夜行われた首脳間の自由討議においては、今回のデモ等を背景として、サミットの意義について議論がなされ、話し合いをすることが重要であり、話をするというランブイエ・サミットの精神に立ち返るべきであるとの意見で一致が見られた。

(7) 以上のほか、国際金融制度の改革、食品安全、IT等の問題についても議論がなされた。〔外務省HP〈ジェノヴァ・サミット概要〉より〕

（３）「最貧７ヶ国サミット宣言1989年７月16日（抄録）」

「われわれ、世界の市民たちは、フランス革命200周年の機会にパリに集まった。そして、われわれは、２日間にわたって、われわれの経験とプロジェクトを討論した。現在、市民社会と議論することに無頓着で、自分たちの選択の社会的帰結についても無関心なテクノクラートや起業家たちの力によって、北側が南側に押し付けている発展モデルの人間的コストとエコロジー的コストの規模を見極めることができた。

　この２日間の討議の結果、

（イ）1989年７月15日の第１回最貧７ヶ国サミット宣言を発表する。とりわけ、我々が、国連事務総長に、第３世界の債務を全面的に帳消しにし、武器売買のための国際借款の禁止、また社会正義、生態系の保護、人間的尊厳の尊重に合致した，新たな強い経済的・財政的規則を定義するための国際会議を緊急に召集することを要請する。

（ロ）ベルリンでの民衆法廷（1988年9月）による IMF への有罪判決以来の社会的ダイナミズムによって1989年7月8〜9日、この最貧7ケ国サミットが準備された。我々は、この最貧7ヶ国サミットを通じ、第3世界の債務問題、そして地球の生態学的余命の問題について、世論と政府に対してはっきりとした問題提起できたことを誇らしく思う。我々は、このような市民社会の強い要望を、最富裕国の元首たちが考慮することを、この最貧7ケ国サミットの建設的な効果として評価する。

（ハ）最富裕国7ヶ国サミットが開かれてきたこの15年にわたる歳月は、これまでサミットの表明されたG7の意向と世界の民衆に関するG7の決定の惨憺たる結果に対して、挑戦する権利を、我々に与える。この歳月は、市民社会との議論の不在のまま、これらの世界の超大国が、シニシズム、恣意的判断、デマゴギーの間で揺れ動いていることを、我々に示している。今日、我々は、とりわけ、債務削減、大気圏の保全、バングラデシュの平原の保護といった、我々が危惧する状態を、どのような具体的な条件によって改善しうるのかについて自問する。（中略）我々、北側と南側のアクターたちは、すべての者のための持続的発展を定義することは、市民社会にしかできないということを、全員で確認することができた。我々の日々の活動によって、われわれは新たな市民性を構築する。毎年のサミットで、我々は、この新しい市民性を富裕国に対して、また世界の民衆の前で、表明していきたい。」
［Attac 2007=2008：117］

（4）「ジュビリー・キャンペーン」は2000年末に終結した。このキャンペーンのアイデアを出したイギリスの数々の NGO は、「英国ジュビリー2000」の解散を選択した。そしてイギリスでは、ジェノヴァのG8サミットを目指した短期のキャンペーンとして、「Drop the Debt」を始めた。実際、この経験は NGO と新しい運動との非常に大きな接近の機会となり、その後、多くの社会フォーラムに結晶していった。

（5）NEPAD は、『アフリカ開発のための新パートナーシップ』の略称。アフリカにおける貧困撲滅、持続可能な成長と開発、世界の政治経済との統合を目指すために、アフリカ諸国がまとめた開発計画。「新アフリカ・イニシアティブ（NAI）」が改称され、この名になった。地域紛争の解決や民主化の促進などの諸分野における自助努力を約束し、アフリカ諸国が互いに監視しあう相互評価制度を盛り込んだ。［前掲書：132］

（6）1998年6月3日の総会で採択された ATTAC の基本綱領は次の通り。
「金融のグローバル化は経済的不安定や社会的不平等を悪化させる。また、人々の選択、あるいは全体の利益をはかる任務をおびた民主主義的諸機関や主権国家といったものの脇をすり抜け、そういったものの地位を低下させる。そして、それに取って代えて、多国籍企業や金融市場の利益だけを代弁する投機的論理を持ち込む。
世界の変化は宿命であるという錦の御旗のもとに、市民とその代表はみずからの運命をみずからの手で決める権利を奪われようとしている。このような市民の地位の低下、無力化は反民主主義的な諸党の前進を利するものである。こうしたプロセスを食い止めるために、国内次元、ヨーロッパ次元、国際次元において、調整と統制をおこなう新たな機構をすぐにでも創出しなければならない。しかし、これまでの経験に照らして考えるならば、政府が外からの働きかけなしに、そのようなことに着手するこ

〈注釈〉 247

とはおよそ期待できない。したがって、内部からの社会崩壊と政治的絶望という二重の挑戦に立ち向かうためには、市民の積極的な活動がどうしても必要である。

　資本流通の全面的な自由化、税金天国、投機取引の爆発的な増加のために、国家は機関投資家を優遇しようと躍起になっている。近代のグローバル化という美名のもとに、外国為替市場では、財やサービスの取引や生産とは無関係に、瞬間的な利益を求めて一日あたり1兆5000億ドルもの資金が行き来している。こうした変化は、資本収入の絶えざる増加をもたらす一方、労働収入の減少、雇用不安の増大、貧困の拡大という結果を招いている。

　かくして、賃金労働者は、当面の安定を求めて、年金制度を年金ファンドに切り替えることを余儀なくされる。そうすると、企業はさらに目先の収益だけを追求するところとなり、労働条件は悪化し、金融界の勢力圏は拡大し、市民は国民のあいだ、民衆のあいだ、世代のあいだの相互連帯の構築は何の役にも立たないと考えるようになる。

　OECDに属する国々は、経済成長と雇用の促進を口実にしながら、多国間投資協定（MAI）の締結をあきらめてはいない。この協定は投資家にあらゆる権利を与え、国家にあらゆる義務を押しつけるものである。同時に、ヨーロッパ委員会といくつかの政府は米国とヨーロッパを結ぶ新市場の設置（NTM）によって自由貿易の十字軍を続行しつづけてもいる。これは視聴覚分野において米国のヘゲモニーを公然と確立するとともに、共同の農業政策を解体しようとするものである。

　南北間の不平等ならびに先諸諸国内部の不平等を生み出すこうした機構のメカニズムを食い止めることはまだ可能である。しかし、それに取って代わるオルタナティブに関する情報が制限されているために、往々にして宿命論的な議論が幅をきかせることになる。そのため、たとえば、為替市場の投機取引に課税しようとする米国のノーベル賞経済学者ジェームズ・トービン（James Tobin, 1918〜2002）の提案に対しても、国際金融機関や大手マスコミ（そのオーナーの多くはグローバル化の受益者である）は無視し続けてきた。トービン税は0.05%という低率であっても、年間1000億ドル近くの収入をもたらす。この税はもっぱら大金融市場が集まっている先進工業国で徴収されるものだが、徴収された金は貧しい国々における不平等の是正のための行動、教育や保健の向上、食料安全保障、持続可能な発展といったもののために使うことができる。この課税はまた、抵抗の論理を育て、市民や国家に行動の余地を与えるものであり、しかも、政治の復権を可能にするものである。

　このような目的のために、署名人一同は、ここにアソシエーション・アタックを創設する。このアソシエーションは、それぞれの国のみならず、ヨーロッパ次元、国際次元においても、共同の行動をおこなうために、情報を生産し、伝達する。国際投機を阻止すること、資本所得に課税すること、税金天国を制裁すること、年金ファンドの一般化を食い止めること、そして、おおづかみにいうなら、金融界の利益のために民主主義が失った活動空間を奪回し、投資家や商売人の〈権利〉を口実にして国家主権が放棄されることに反対すること、要するに、われわれの世界の未来をみんなでいっしょに取り戻そうということである。」［ATTAC 2001=2002：39-42］

　また、1998年12月11〜12日に開催された国際集会で採択されたATTAC国際運動

の基本綱領は次の通りである。

「金融のグローバル化は経済的不安定と社会的不平等を悪化させる。また、人々の選択、あるいは全体の利益をはかる任務をおびた民主主義的諸機関や主権国家といったものの脇をすり抜け、そういったもの地位を低下させる。そして、それに取って代えて、多国籍企業や金融市場に利益だけを代弁する投機的論理を持ち込む。

世界の変化は宿命であるという錦の御旗のもとに、市民とその代表はみずからの運命をみずからの手で決める権利を奪われようとしている。このような市民の地位の低下、無力化は反民主主義的な諸党の前進を利するものである。こうしたプロセスを食い止めるために、国内次元、ヨーロッパ次元、国際次元において、調整と統制をおこなう新たな機構をすぐにでも創出しなければならない。しかし、これまでの経験に照らして考えると、政府が外からの働きかけなしに、そのようなことに着手することはおよそ期待できない。したがって、内部からの社会崩壊と政治的絶望という二重の挑戦に立ち向かうためには、市民の積極的な活動がどうしても必要である。

資本流通の全面的な自由化、税金天国、投機取引の爆発的な増加のために、国家は機関投資家を優遇しようとやっきになっている。近代のグローバル化という美名のもとに、為替市場では、財やサービスの取引や生産とは無関係に、瞬間的な利益の獲得を求めて一日あたり1兆5000億ドルもの資金が行き来している。こうした変化は、資本収入の絶えざる増加をもたらす一方、労働収入の減少、雇用不安の増大、貧困の拡大という結果を招いている。

こうした変化が社会におよぼす影響は、金融危機の直撃を受け、IMF の構造調整計画のくびきのもとにある途上国ではさらに深刻である。これらの国々では、公的債務を返済するために政府は社会サービスの予算を最小限に抑えざるをえず、その結果社会が低開発から脱することが不可能になってしまうのである。さらに、北側諸国よりもはるかに高い金利は自国企業を破滅に導き、投資家の求める資金を調達するために無秩序な民営化、非国営化が推進されることになる。

いたるところで社会的既得権が見直されている。年金制度があっても、賃金労働者はこの制度から年金ファンドに乗り換えるようにと促されている。すると企業はさらに短期的な利益を追求せざるをえなくなり、金融の勢力圏を拡大しようとする。そして市民は、国民のあいだ、民衆のあいだ、世代のあいだの相互連帯は何の役にも立たないと考えるようになる。規制緩和は労働市場全体を蝕み、その結果、労働条件の悪化、雇用不安、失業の増加、社会保障制度の崩壊がもたらされる。

経済成長と雇用の促進を錦の御旗に掲げる諸大国は、多国間投資協定（MAI）の締結をまだあきらめてはいない。この協定はすべての権利を投資家に与え、すべての義務を国家に押しつけることをめざしている。この協定は当初 OECD の枠内で交渉する計画だったが、世論の圧力と反対運動の盛り上がりによっていったん中断された。しかし、今度は WTO の枠内で交渉が再開されようとしている。同時に、米国とヨーロッパ委員会は、大陸内レベルならびに大陸間レベルで新たな規制緩和圏をつくりあげながら、自由貿易の十字軍を組織しつづけようとしている（ヨーロッパ＝北米間の経済的パートナーシップ計画（PET プラン）、南北アメリカを包摂する自由貿易ゾーン計画）。

〈注釈〉　249

南北間の不平等ならびに先進諸国内部の不平等を生み出すこうした機構のメカニズムを食い止めることはまだ可能である。しかし、それに取って代わるオルタナティブに関する情報が制限されているために、往々にして宿命論的な議論が幅をきかせることになる。そのため、たとえば、外為市場の投機取引に課税しようという米国のノーベル経済学者ジェームズ・トービンの提案に対しても、国際金融機関や大手マスコミ（そのオーナー脳多くはグローバル化の受益者である）は無視しつづけてきた。トービン税は0.1％という低率であっても、年間1000億ドルの収入をもたらす。

　この税はもっぱら大金融市場が集まっている先進工業国で徴収されるものだが、徴収された金は貧しい国々における不平等の是正のための行動、教育や保健の向上、食料安全保障、持続可能な発展といったもののために使うことができる。この課税はまた、抵抗の論理を育て、市民や国家に行動の余地を与えるものであり、しかも、政治の復権を可能にするものである。

　こうした目的のためには、署名人一同は、各国レベル、大陸レベル、大陸間レベルでいっしょに協議し、情報を生産し、伝達し、共同行動をおこなうことをめざして、アタック国際運動への加入と協力を表明する。

この共同行動の目標は、
●国際投機を阻止すること。
●資本所得に課税すること
●税金天国を制裁すること
●年金ファンドの一般化を阻止すること
●途上国における投資の透明性を高めること
●一般市民や消費者がさらなる被害を受けることがないように、銀行業務、金融業務の法的枠組みを整備すること。これらの業務を監視するうえで金融機関の職員の果たす役割は大きい。
●途上国の公的債務の帳消しの要求を支持し、そこから生じた資金が国民のため、ならびに持続可能な発展のために使われるように支援すること。これがいわゆる「社会的・エコロジー的な債務の決済」と呼ばれるものである。

　これらをまとめて一般的な言い方をするなら、金融界の利益のために民主主義が失った空間を奪回し、投資家や商売人の〈権利〉を口実にして国家主権が放棄されることに反対し、世界的規模で民主主義的空間をつくりだすことである。

　要するに、われわれの世界の未来をみんなでいっしょに取り戻そうということである。」［前掲書：81-86］

（7）ポルト・アレグレで開催された第1回WSFで採択された「WSF原則憲章」は次の通りである。

　「2001年1月25日から30日までポルト・アレグレで開催された、第1回国際社会フォーラム（WSF）を発意し組織したブラジルの諸団体の委員会は、フォーラムの結果と期待の高まりを見極めたのちに、こうした動きを持続的に追及するために、原則憲章を起草することが必要であり、妥当であると考えた。この憲章に含まれている諸原則は、世界社会フォーラムの新しい会合のプロセスや組織に参加することを望むすべての人びとによって尊重されるように、ポルト・アレグレのフォーラムで伝えら

250

れ、その成功をたしかなものとした諸決定を具体化したものであり、さらに委員会
が、これらの諸決定の範囲を拡大し、その論理から導かれる方針を、定義したもので
ある。

一、WSF は、新自由主義、資本主義やあらゆる形態の帝国主義に反対し、人類の間
　の、ならびに人間と地球の間を豊かに結びつける、グローバル社会を建設するため
　に行動する市民社会のグループや運動体による、思慮深い考察、思想の民主的な討
　議、さまざまな提案の作成、経験の自由な交換、ならびに効果的な活動を行うため
　につながりあうための、開かれた集いの場である。

二、ポルト・アレグレの WSF は、時間的にも場所的にも限定されたものだった。今
　後は、ポルト・アレグレの "もうひとつの世界は可能だ" というたしかな宣言のも
　とに、フォーラムは、それを支えるさまざまなイベントに還元されることのない、
　オルタナティブを追求し建設する恒久的プロセスになる。

三、WSF は、グローバルなプロセスである。このプロセスの一部として催されるす
　べての会合は、国際的な規模と重要性を持っている。

四、WSF で提案されるオルタナティブは、巨大な多国籍企業やその企業利益に奉
　仕する政府や国際機構が指揮するグローバル化のプロセスに、反対の立場をとる。
　ファーラムの諸提案の目的は、連帯のグローバル化を世界史における新しい段階と
　して広げることを具体化することである。これは、すべての民族の普遍的な人権、
　男であれ女であれすべての市民の人権を尊重し、環境を尊重する。そして、社会的
　正義、平等、民衆の主権のための、民主的な国際システムや制度を支えるものであ
　る。

五、WSF は、世界すべての国々の、市民社会の団体や運動が集い、つながり合うも
　のだが、世界の市民社会を代表することは意図していない。

六、WSF の諸会合が、WSF 全体を代表して審議を行うことはない。従って、何び
　とも、フォーラムのいかなる会合を代表する、またその参加者すべての要求である
　かのように自らの立場を表明する権限を持っていない。フォーラムの参加者は、投
　票であれ拍手による承認であれ、すべてのあるいは大多数の参加者が関わること
　になる行動について、ならびにフォーラム全体としての確立した立場であると認識
　させることを目的とした提起や宣言について、全体としての採決を求めてはならな
　い。従って、本フォーラムは、会合の参加者によって争われる権力の場ではない
　し、また、それに参加する諸団体や運動による相互関係や行動についての唯一の方
　向性が設定されることはない。

七、しかしながら、WSF の会合に参加する諸団体ないし諸団体のグループが、単独
　であれ他の参加団体との共同であれ、彼らが決定したい決議や行動についての審議
　をする権利は、保証されなければならない。WSF は、そのような決定の扱いを指
　導したり、序列化したり、検閲や制限を課すことなく、可能な方法で広範に回覧す
　ることを引き受ける。

八、WSF は、分権的な方法にもとづく、多元的で多様な、非宗教的、非政府的、そ
　して非党派的なものであれ、もう一つの世界をつくるために、ローカルから国際的
　なレベルまでの具体的な行動に従事する諸団体や運動を、相互に関係づけるもので

〈注釈〉　251

ある。

九、WSF は、ジェンダーや民族、文化、世代や身体的能力の多様性と同じように、参加することを決めた諸団体や運動の活動や関わり方の多元性と多様性に対して、つねに開かれたフォーラムであり、彼らが従うべきことは、この原則憲章に定められる。党派の代表や軍事組織は、このフォーラムに参加してはならない。この憲章の約束を受け入れた政府の指導者や立法府の議員は、個人の資格で招かれるだろう。

十、WSF は、経済や開発、歴史についての、すべての全体主義的・還元主義的な考え方、そして国家による社会統制の手段としての暴力の使用に反対する。またフォーラムは、人権の尊重、真の民主主義の実践、参加民主主義、民衆・民族・ジェンダーや人びとの間での平等と連帯のなかでの平和的交流を支持し、あらゆるかたちの支配・統制、そしてある人間がそれ以外の人間の服従させられることのすべてを非難する。

十一、討議のためのファーラムであるとともに、WSF は、資本による支配のメカニズムと手法について、またそのような支配に抵抗し克服するための手段と行動について、そして、国際的・一国的規模での人種差別、性差別・環境破壊をともないながら資本主義的グローバル化のプロセスにおいてつくりだされている排除や社会的不平等の問題を解決するためのオルタナティブな提案について、熟慮を促し、その熟慮の成果をわかりやすく伝える、思想運動である。

十二、経験交流の枠組みであるととともに、WSF は、参加している諸団体や運動間の理解や相互認識を奨励する。また、それらの運動間の交流、とりわけ現在と将来の世代のために、民衆の要求を満たし自然を尊重することを中心に据えた経済活動や政治行動のために社会がつくり上げているすべてのものを、重視する。

十三、相互が関連する状況をつくるために、WSF は、社会の諸団体や運動の、新しい一国的な、そして国際的なつながりを強化し、つくり出すことに努める。それは、公的また私的な生活において、世界が経験している人間性喪失のプロセスと国家により行使される暴力に対する、非暴力的抵抗の力を増大さえ、こうした運動や諸団体の行動によってもたらされる人間らしい政策を、強化することになるからである。

十四、WSF は、参加団体や運動の行動が、自らの行動をローカルのレベルからナショナルのレベルに定め、地球市民権の問題として国際的文脈への積極的な参加に務めることを、また、彼らが連帯に基づく新しい社会の建設において経験している変革を導く諸実践をグローバルな課題としていくことを、促進するプロセスである。」

　（なお、この原則憲章は、2001年4月9日、サンパウロにおいて、WSF 組織委員会を構成する諸団体の承認と採択を得、2001年6月10日に WSF 国際評議会により修正、承認された。）（木下ちがや訳）[Fisher：443-446]

（8）日本において、「対抗通貨」を主軸の一つとして運動が立ち上がられた例として、2000年6月に結成された「NAM（New Associationist Movement）」がある。NAM の最高指導者であった柄谷行人は、同年11月に出版した『原理』においてNAM の運動原理を、「プログラム」として次のように説明した。

「われわれが開始する New Associationist Movement（NAM）は、19世紀以来の社会主義的運動総体の歴史的経験の検証にもとづいている。そのプログラムは、極めて簡単で、次の５条に要約される。これらに関して合意があれば、それ以後の活動はすべて、各個人の創意工夫に負う。

（一）NAM は、倫理的─経済的な運動である。カントの言葉をもじっていえば、倫理なき経済はブラインドであり、経済なき倫理は空虚であるがゆえに。

（二）NAM は、資本と国家への対抗運動を組織する。それはトランスナショナルな"消費者としての労働者"の運動である。それは資本制経済の内側と外側でなされる。もちろん、資本制経済の外部に立つことはできない。ゆえに、外側とは、非資本制的な生産と商品もアソシエーションを組織するということ、内側とは、資本への対抗の場を、流通（消費）過程におくということを意味する。

（三）NAM は「非暴力的」である。それはいわゆる暴力革命を否定するだけでなく、議会による国家権力の獲得とその行使を志向しないという意味である。なぜなら、NAM が目指すのは、国家権力によって廃棄することができないような、資本制貨幣経済の廃棄であり、国家そのものの廃棄であるからである。

（四）NAM は、その組織形態自体において、この運動が実現すべきものを体現する。すなわち、それは、選挙のみなならず、くじ引きを導入することによって、代表制の官僚的固定化を阻み、参加型民主主義を保証する。

（五）NAM は、現実の矛盾を止揚する現実的な運動であり、それは現実的な諸前提から生まれる。いいかえれば、それは、情報資本主義的段階への移行がもたらす社会的諸矛盾を、他方でそれがもたらした社会的諸能力によって超えることである。したがって、この運動には、歴史的な経験の吟味と同時に、未知のものへの創造的な挑戦が不可欠である。」

このような原理に基づいて結成された NAM は、「資本制貨幣経済の廃棄」と「国家そのもの廃棄」を目指して、「対抗通貨」としての「LETS（地域交換取引制度）：Local Exchange Trading System」の導入を提示した［柄谷 2000：16-18］。LETS の実現に向けて理論的検討を進められたが、内部の意見対立が原因となって、2003年頃に構想は放棄された。

〈第６章〉

（１）モンへはまた、15M 運動参加者の89％がフェイスブックにサイトを持ち、トゥイッターが53％、トゥエンティが38％であったこと、また15Mの集会について82％がSNS を通じて、36％が友人・知人を通じて、33％がテレビを通じて、21％が新聞を通じてと回答したと報告している［Monge 2017：206］。

（２）SEALDs の理念は、SEALDs 編著で2015年に出版された『民主主義ってこれだ！』に掲載されている次の文書と思われる。

　　「① (This is What Democracy Looks Like We Are SEALDs.) 私たちは、自由と民主主義に基づく政治を求めます。

　　SEALDs は、自由で民主的な日本を守るため、学生による緊急アクションです。担い手は10代から20代前半の若い世代です。私たちは思考し、そして行動します。

〈注釈〉 253

　私たちは、戦後70年でつくりあげられてきた、この国の自由と民主主義の伝統を尊重します。そして、その基盤である日本国憲法のもつ価値を守りたいと考えています。この国の平和憲法の理念は、いまだ達成されていない未完のプロジェクトです。現在、危機に瀕している日本国憲法を守るために、私たちは立憲主義・生活保護・安全保障の３分野で明確なヴィジョンを表明します。

　日本の政治状況は悪化し続けています。2014年には特定秘密保護法や集団的自衛権の行使容認などが強行され、憲法の理念が空洞化しつつあります。貧困や少子高齢化の問題も深刻で、新たな生活保障の枠組みが求められています。緊張を強める東アジアの安定化も大きな課題です。今年７月には集団的自衛権等の安保法整備がされ、来年の参議院選挙以降自民党は改憲を現実のものとしようとしています。私たちは、この１年がこの国の行方を左右する非常に重要な期間であると認識しています。

　いまこそ、若い世代こそが政治の問題を真剣に考え、現実的なヴィジョンを打ち出さなければなりません。私たちは、日本の自由民主主義の伝統を守るために、従来の政治的枠組みを越えたリベラル勢力の結集を求めます。そして何より、この社会に生きるすべての人が、この問題提起を真剣に受け止め、思考し、行動することを願います。私たち一人ひとりの行動こそが、日本の自由と民主主義を守る盾となるはずです。

② （Consitutionalism）私たちは、立憲主義を尊重する政治を求めます。

　私たちは、立憲主義を尊重する政治を求めます。立憲主義とは、私たちの自由や権利を保障する憲法に基づいて政治を行う考え方です。国家権力の暴走によって個人の自由や権利が奪われることがないように、憲法によって政府の権力を制限する考え方でもあります。立憲主義は、自由で民主的な近代国家に不可欠な要素です。日本を含め、多くの民主主義国家の憲法はこの立憲主義に基づいています。

　現政権は、この立憲主義に基づく日本国憲法のあり方を根本的に否定する政治を行っています。たとえば、2013年12月の特定秘密保護法の強行採決や、2014年の解釈改憲による集団的自衛権の行使容認があります。さらに2012年に発表された自民党の改憲草案は、個人の自由や権利よりも公の秩序や義務を強く打ち出すものです。自民党の憲法ヴィジョンは、個人の自由や権利を守るために国家権力を制限する立憲主義の考え方とは、真逆の性格を持っています。

　もちろん、私たちは憲法改正それ自体を否定するつもりはありません。セクシュアル・マイノリティ、生きることの多様性など、現在、ますます多くの社会問題が浮き彫りになっています。こうした問題についての憲法の改正は、おおいに議論され、実践されるべきであると私たちは考えます。

　戦後70年間、私たちの自由と権利を守ってきた日本国憲法の歴史と伝統は、決して軽いものではありません。私たちは、立憲主義を根本的に否定する現政権、および自民党の改憲草案に反対します。そして私たちは、日本国憲法の理念と実践を守る立場から、立憲主義に基づいた政治、つまり個人の自由や権利を尊重する政治を支持します。

③ （Social Security）私たちは、持続可能で健全な成長と公正な分配によって人々の生活を保障する政治を求めます。

私たちは、持続可能で健全な成長と公正な分配によって、人々の生活を保障する政治を求めます。派遣村、就職難、ワーキングプアなど、現在の日本はかつてない貧困のなかにあります。グローバル化や脱工業化社会のなかで、他の先進国に比して国民の福祉の多くを企業・家族に委ねている日本の生活保障システムは、根本的な改革が迫られています。

　現政権は、格差拡大と雇用の不安定化を促進し、中間層・貧困層を切り捨てた、いびつな成長戦略を実行しています。アベノミクスの結果、一部の富裕層の所得は増えたものの、中間層の所得は減りました。社会保障の分野では、生活保障などセーフティ・ネットの切り下げ、介護保険サービスの削減が行われています。雇用についても、非正規雇用の拡大に加え、今後は派遣労働を永続化させかねない労働者派遣法の改正も目指しています。加えて、2017年の4月には消費税が10%に引き上げられる予定です。

　社会保障を中心とした再分配システムが再建されないまま消費税増税が行われれば、格差拡大はますます進行します。いま求められているのは、国家による、社会保障の充実と安定雇用の回復を通じた人々の生活の保障です。過酷な業務や残業代の出ない長時間労働によって、働く人々の生活を脅かすブラック企業の問題も、近年問題とされています。政府には、労働者の生活を保障するためにこうした企業を規制していく責任があります。長期的に見れば、安定した社会保障や雇用保障の実現は国民の生活を守るだけでなく、健全な経済成長をもたらす基盤ともなるはずです。

　私たちが望むのは、格差の拡大と弱者の切り捨てに支えられたブラックな資本主義ではなく、豊かな国民生活の実現を通じた、健全で公正かつ持続可能な成長に基づく日本社会です。私たちは、多くの国民の生活を破壊しかねない現政権の経済政策に反対します。そして、公正な分配と健全な成長戦略を尊重する政治を支持します。

④（National Security）私たちは、対話と協調に基づく平和的な外交・安全保障政策を求めます。

　私たちは、対話と協調に基づく平和的な外交・安全保障政策を求めます。現在、日本と近隣諸国との領土問題・歴史認識問題が深刻化していますす。平和憲法を持ち、唯一の被爆国でもある日本は、その平和の理念を現実的なヴィジョンとともに発信し、北東アジアの協調的安全保障体制の構築に向けてイニシアティブを発揮すべきです。私たちは、こうした国際社会への貢献こそが、最も日本の安全に寄与すると考えています。

　現政権は2年以内の憲法改正を掲げるとともに、集団的自衛権の行使容認、武器輸出政策の緩和、日米ガイドライン改定など、これまでの安全保障政策の大幅な転換を進めています。しかし、たとえば中国は政治体制こそ大きく異なるものの、重要な経済的パートナーであり、いたずらに緊張関係を煽るべきではありません。さらに靖国参拝については、東アジアからの懸念はもちろん、米国国務省も「失望した」とコメントするなど、外交関係を悪化させています。こうした外交・安全保障政策は、国際連合を中心とした戦争違法化の流れに逆行するものであり、日本に対する国際社会からの信頼を失うきっかけになりかねません。

　長期的かつ現実的な日本の安全保障の確保のためには、緊張緩和や信頼醸成措置の

〈注釈〉　255

制度化への粘り強い努力が不可欠です。たとえば、「唯一の被爆国」として核軍縮／廃絶に向けた世界的な動きのイニシアチブをとることや、環境問題や開発援助、災害支援といった非軍事的な国際協力の推進が考えられます。歴史認識については、当事国と相互の認識を共有することが必要です。

　先の大戦による多大な犠牲と侵略の反省を経て平和主義／自由民主主義を確立した日本には、世界、特に東アジアの軍縮・民主化の流れをリードしていく、強い責任とポテンシャルがあります。私たちは、対話と協調に基づく平和的かつ現実的な外交・安全保障政策を求めます。」[SEALDs 2015：20-27]

〈第7章〉
（1）『ドン・キホーテ』（前編1605年出版、後編1615年出版）の著者であるミゲル・デ・セルバンテス（Miguel de Cervantes, 1547 ～ 1616）は、1571年にヨーロッパ・キリスト教国連合軍がオスマントルコと戦ったレパントの海戦に参戦して被弾し左腕の自由を失った後も4年間従軍を続け、チュニスへの侵攻にも参加したが、本国へ帰還する途中でアルジェのバルバリア海賊に襲われて捕虜となり、ハッサン3世がアルジェのパシャ（総督）であった1576年から1580年までの間に、アルジェで5年間虜囚生活を送った。同年、ハッサン3世がイスタンブールに召喚された際に、奴隷として同行させられるのを拒否して解放されることを急ぎ、親族が身代金を払って漸く解放された。
（2）ダニエル・デフォー（Daniel Defoe, 1660 ～ 1731）は1719年に『ロビンソン・クルーソーの生涯と奇しくも驚くべき冒険』を出版した。同書の中には、主人公のロビンソン・クルーソーは、1630年にオランダがポルトガル領ブラジル北東部のバイーア地方を占領した24年後の1654年にオランダが再びポルトガルによって放逐された直後の時代に、モロッコ沖で「トルコ系海賊」によって奴隷化されたと記されている。しかし、実際には「トルコ系海賊」ではありえなく、（モロッコの）サレーのバルバリア海賊によって奴隷化された。同書では、その後自力でサレーから脱出して、沖合でポルトガルからブラジルに向かっていたポルトガル船に救助された、と設定されている　[Defoe 1719=2011：32-54]。

──〈参考文献〉──

* Álvarez,Klaudia ／ Pablo Gallego ／ Fabio Gándara ／ Óscar Rivas［2011］ Nosotros, los Indignados, Ediciones Destino, Barcelona, España
* 雨宮処凛著［2007］『プレカリアート　デジタル日雇い世代の不安な生き方』、洋泉社
* 雨宮処凛著［2010］『反撃カルチャー　プレカリアートの豊かな世界』、角川学芸出版
* Ariño, Gaspar［2016］Populismo y Democracia： La Izquierda Populista en España, Editorial Noesis, Madrid, España
* ATTAC 編［2001］Tout Sur ATTAC, Editions Mille et Une Nuits, Paris, France（=［2001］杉村昌昭訳『反グローバリゼーション民衆運動　アタックの挑戦』、つげ書房新社）
* ATTACフランス編［2007］（=［208］）『徹底批判G8サミット　その歴史と現在』、作品社
* Au Loung Yu［2014］（=［2015］早野一編訳『香港雨傘運動　プロレタリア民主派の政治論評集』、つげ書房新社）
* Avritzer, Leonardo［2002］Democracy and the Public Space in Latin America, Princeton University Press, Princeton and Oxford, New Jersey, USA
* Avritzer, Leonardo［2009］Participatory Institutions in Democratic Brazil, Woodrow Wilson International Center for Scholars, Washington D.C., USA
* Baiocchi, Gianpaolo ／ Patrick Heller ／ Marcelo K.Silva［2011］ Bootstrapping Democracy： Transforming Local Governance and Civil Society in Brazil, Stanford University Press, California, USA
* Bell, Daniel［1975］The Coming of Post-Industrial Society, Basic Books, New York, USA（=［1975］）内田忠夫訳『脱工業化社会の到来（上）（下）』、ダイヤモンド社
* Bello, Walden［2002］Deglobalization：Ideas for a New World Economy, Zed Books, USA（=［2004］戸田清訳『脱グローバル化　新しい世界経済体制の構築へ向けて』、明石書店）
* Benet, Vicente J. ／ Alex Arévalo Salinasa（ed.）［2017］De Víctimas a Indignados：Imaginarios del Sufrimiento y de la Acción Política, Tirant Humanidades, Valencia, España
* Berardi, Franco［1997］Dell' Innocenza 1977：L' anno della Premonizione （=［2010］廣瀬純／北川眞也訳『ノー・フューチャー　イタリア・アウトノミア運動史』、洛北出版）
* Berardi, Franco［2009］Precarious Rhapsody：Semiocapitalism an the Pathologies of the Post-Alpha Generation, Minor Compositions, London, UK（=［2009］櫻田和也訳『プレカリアートの詩　記号資本主義の精神病理学』、河出書房新社）

〈参考文献〉　257

＊ Berardi, Franco [2016] Heroes：Mass Murder and Suicide, Lux Editions（＝
　 [2017] 杉村昌昭訳『大量殺人の"ダークヒーロー"：なぜ若者は銃乱射や自爆テロ
　 に走るのか?』、作品社
＊ Blau, Judith ／ Marina Karides [2008] The World and US Social
　 Forums：A Better World is Possible and Necessary, Rowman & Littlefield
　 Publishers,INC.,London, UK
＊ Blix, Hans [2004] Disarming Iraq, Curtis Browan Group Ltd,（＝ [2004] 伊
　 藤真訳『イラク大量破壊兵器　査察の真実』、DHC)
＊ Blumenkranz, Carla ／ Others [2011] Occupy! Scenes from Occupied
　 America, VersoBooks, London, UK（＝ [2012] 肥田美佐子訳『私たちは"99%"
　 だ』、岩波書店)
＊ Bonfil Batalla, Guillermo [1987] México Profundo; Una Civilización
　 Negada, Grijalbo, México
＊ Boyer, Robert ／山田鋭夫（編）[1997]『国際レジームの再編　レギュラシオン・
　 コレクション４』、藤原書店
＊ Brecher, Jaremy ／ Tim Costello ／ Etsuko Kaji [1994] Global Village or
　 Global Pillage: Economic Reconstruction From the Bottom Up, South End
　 Press, USA（＝ [1999] 加地永都子（監訳）『世界をとりもどせ　グローバル企業を
　 包囲する９章』、インパクト出版会)
＊ Carroll, Rory [2013] Comandante-The Life and Legacy of Hugo Chavez,
　 Canongate　Books London, UK（＝ [2014] 伊高浩昭訳『ウーゴ・チャベス　ベ
　 ネズエラ革命の内幕』、岩波書店)
＊ Castro, Morales, Jorge [1998] Trabajo Infantil y Salud Mental, IFEJANT,
　 Lima, Perú
＊ Cháves Frías, Hugo [2003] El Golpe Fascista Contra Venezuela-Aquí Está
　 en Juego la Vida de la Patria, Ediciones Plaza, Caracas, Venezuela（＝ [2004]
　 伊高浩昭訳『ベネズエラ革命　ウーゴ・チャベス大統領の戦い』、現代書館)
＊ Chávez Frías, Hugo ／ Aleida Guevara [2006] Chávez（＝ [2006] 伊高浩昭
　 訳『チャベス ラテンアメリカは世界を変える！』、作品社)
＊近田亮平編 [2014]『躍動するブラジル　新しい変容と挑戦』、アジア経済研究所
＊ Chomsky, Noam [2012] Occupy, Roam Agency, USA（＝ [2012] 松本剛史訳『ア
　 メリカを占拠せよ！』、筑摩書房)
＊ Ciccariello-Maher, George [2016] Building the Commune Radical
　 Democracy in Venezuela, Verso, London（UK）-New York（USA）
＊ Collier, Paul [2007] The Bottom Billon, Why the Poorest Countries Are
　 Failing and What Can Be Done About It, Oxford University Press, USA（＝
　 [2008] 中谷和男訳『最底辺の10億人　最も貧しい国々のために本当になすべきこと
　 は何か?』、日経BP社)
＊ Corréa Leite, José [2005] The World Social Forum：Strategies of
　 Resistance, Haymarket Books, Chicago, Illinois, USA

＊ Crumpacker, Elizabeth ［2014］ #Yo Soy 132 and Ocuppy：Social Movement and the Media, LAP Lambert Academic Publishing, Saarbrücken, Germany

＊ Cussianovich, Alejandro ［2006］ Ensayos sobre Infancia, Sujeto de Derechos y Protagonista, Instituto de Formación de Educadores de Jóvenes, Adlescentes y Niños Trabajadores, Lima, Perú （＝ ［2016］五十川大輔訳『子どもと共に生きる　ペルーの「解放の神学」者が歩んだ道』、現代企画室）

＊ Dargin, Justin （ed.） ［2013］ The Rise of the Global South：Philosophical, Geopolitical and Economic Trends of the 21st Century, World Scientific ‵Publishing Co., New Jersey, USA

＊ De Sousa Santos, Boaventura ［2005］ Foro Social Mundial：Manual de Uso, Icaria Antrazyt, Barcelona, España

＊ De Sousa Santos, Boaventura ［2006］ The Rise of the Global Left：The World Social Forum and Beyond, Zed Books, London （UK） and New York （USA）

＊ De Sousa Santos, Boaventura ［2014］ Si Dios Fuese un Activista de los Derechos Humanos, Editorial Trotta, S.A., Madrid, España

＊ De Sousa Santos, Boaventura ［2016］ Epistemologies of the South, Routledge, London （UK） and New York （USA）

＊ Defoe, Daniel ［1719］ The Life and Strange Adventures of Robinson Crusoe, W.Taylor, London, UK （＝ ［2011］武田将明訳『ロビンソン・クルーソー』、講談社）

＊ Dunkley, Chris ［2012］ The Precariat, Finborough Theatre, UK

＊海老原明／小倉利丸著 ［1991］『レギュラシオン・パラダイム　社会理論の変革と展望』、青弓社

＊ Estébes, Carlos ／ Catlos Taibo ［2008］ Voces Contra la Globalización Editorial Critica S.EL., Madrid, España （＝ ［2013］大津真作訳『反グローバリゼーションの声』、晃洋書房）

＊ EZLN （Ejercito Zapatista de Liberación Nacional） ［1994］ Basta! Documentos y Comunicados del EZLN Tomo I （＝ ［1995］太田昌国 ／小林致広訳『もう、たくさんだ！　メキシコ先住民蜂起の記録〈1〉』、現代企画室）

＊ EZLN ［1996］ Crónicas Intergalácticas Primer Encuentro Intercontinental por la Humanidad y Contra el Neoliberalismo, Chiapas, México

＊ EZLN ［1998］ Zapatista Encuentro: Documents from the First Intercontinental Encounter for the Humanity and Against Neoliberalism, Open Media, New York, USA

＊ Fisher, William F. ／ Thomas Ponniah ［2003］ Another World Is Possible, Zed Books Ltd.,London, UK （＝ ［2003］加藤哲郎監修／大屋定晴／山口響／白井聡／木下ちがや監訳『もうひとつの世界は可能だ　世界社会フォーラムとグローバル化への民衆のオルタナティブ』、日本経済評論社）

〈参考文献〉　259

＊藤野裕子著［2015］『都市と暴動の民衆史　東京・1905〜1923』、有志舎

＊藤田和子／松下冽（編）［2012］『新自由主義に揺れるグローバル・サウス　いま世界をどう見るか』、ミネルヴァ書房

＊藤田和子／文京洙（編）［2016］『新自由主義下のアジア』、ミネルヴァ書房

＊福島香織著［2016］『SEALDs と東アジア若者デモってなんだ！』、イースト・プレス

＊ George, Susan ［1999］ The Lugano Report on Preserving Capitalism in the Twenty Century, Gillon Aitken Associates Ltd., London, UK（＝［2000］毛利良一（監訳）幾島幸子訳『ルガノ秘密報告　グローバル市場経済生き残り戦略』、朝日新聞社

＊ George, Susan ［2004］ Another World Is Possible, If…（英文書下ろし）（杉村昌昭／真田満訳『オルター・グローバリゼーション宣言』、作品社）

＊ George, Susan ［2010］ Whose Crisis, Whose Future?, Éditions Albin Michel, Paris（＝［2011］荒井雅子訳『これは誰の危機か、未来は誰のものか　なぜ１％に満たない富裕層が世界を支配するのか』、岩波書店）

＊五野井郁夫著［2012］『「デモ」とは何か』、NHK 出版

＊後藤政子／山崎圭一（編）［2017］『ラテンアメリカはどこへ行く』、ミネルヴァ書房

＊ Gould-Wartofsky, Michael A.［2015］ The Occupiers：The Making of the 99 % Movement, Oxford University Press, New York, USA

＊ Graeber, David ［2013］ The Democracy Project：A History, A Crisis, A Movement, Spiegel & Grau, New York, USA（＝［2015］木下ちがや／江上賢一郎／原民樹訳『デモクラシー・プロジェクト　オキュパイ運動・直接民主主義・集合的想像力』、航思社）

＊濱西栄司著［2016］『トゥレーヌ社会学と新しい社会運動理論』、新泉社

＊ Hanlon, Joseph ／ Armando Barrientos ／ David Hulme ［2010］ Just Give Money to the Poor, Lynne Rienner Publishers, Inc., London, UK

＊ Harvey, David ［2005］ A Brief History of Naoliberalism, Oxford University Press, UK（＝［2007］渡辺治監訳『新自由主義　その歴史的展開と現在』、作品社）

＊林和宏著［2007］「ベネズエラにおける“地域委員会の台頭”」『ラテンアメリカレポート』第24巻第２号、アジア経済研究所、pp. 28–38

＊ Hessel, Stéphane ［2011］ Indignez-Vous!, Indigene, France（＝［2011］村井章子訳『怒れ！　慣れ！』、日経 BP 社）

＊ Hessel, Stéphane ／ Edgar Morin ［2011］ Le Chemin de L'Espérance, Librairie Arthéme Fayard（＝［2012］林昌宏訳『怒れ！　若者よこれがきみたちの希望の道だ』、明石書店）

＊ Hessel, Stéphane ［2011］ The Power of Indignation：The Autobiography of the Man Who Inspired the Arab Spring, Skyhorse Publishing, New York, USA

＊廣田裕之著［2016］『社会的連帯経済入門　みんなが幸せに生活できる経済システムとは』、集広舎

＊廣瀬純著［2006］『闘争の最小回路　南米の政治空間に学ぶ変革のレッスン』、人文書院

＊廣瀬純／コレクティボ・シトゥアシオネス著［2009］『闘争のアンサンブレア』、月曜社

＊廣瀬純著［2010］「もう一つのオペライズモ　フランコ・ベラルディの場合」（フランコ・ベラルディ著『イタリア・アウトノミア運動史』、洛北出版）所収

＊廣瀬純著［2013］『アントニオ・ネグリ　革命の哲学』、青土社

＊廣瀬純編著［2016］『資本の専制、奴隷の叛逆　「南欧」先鋭思想家8人に訊くヨーロッパ情勢徹底分析』、航思社

＊市田良彦著［2012］『革命論　マルチチュードの政治哲学序説』、平凡社

＊ IFEJANT［1998］Niños Trabajadores： Protagonismo y Actoría Spcial, IFEJANT, Lima, Perú

＊五十嵐仁著［2017］『活路は共闘にあり　社会運動の力と「勝利の方程式」』、学習の友社

＊池田朋洋著［2015］「政治／経済危機下のスペインにおける15M運動の展開とその成果：オルタ・グローバリゼーション運動理論の批判的検討から」『上智ヨーロッパ研究』第6号、pp.77-94

＊池本幸生／松井範惇著［2015］『連帯経済とソーシャル・ビジネス　貧困削減・富の再分配のためのケイパビリティ・アプローチ』、明石書店

＊今井義夫著［1988］『協同組合と社会主義』、新評論

＊井上泰夫著［1996］『〈世紀末大転換〉を読む　レギュラシオン理論の挑戦』、有斐閣

＊ International Cooperative Alliance［1979］Co-operatives in the Year 2000; A Study of Trends and Prospects of Cooperative Development and Enterprise（＝［1989］日本協同組合学会（編訳）『西暦2000年における協同組合』、日本経済評論社）

＊石塚秀雄著［1991］『バスク・モンドラゴン　協同組合の町から』、彩流社

＊ Jones, Owen［2012］The Denomization of the Working Class（［＝2017］依田卓巳訳『CHAVS　チャブ　弱者を敵視する社会』）、海と月社

＊柄谷行人著［2000］『原理』太田出版

＊柄谷行人／浅田彰／坂本龍一／山城むつみ／村上龍／王子賢太／三宅芳夫／鈴木健／山住勝広著［2001］『NAM生成』、太田出版、

＊笠井潔／野間易通著［2016］『3・11後の叛乱　反原連・しばき隊・SEALDs』、集英社

＊ Kasmir, Sharryn［1996］The Myth of Mondragon: Cooperatives, Politics, and Working-Class Life in a Basque Town, State University of New York Press, New York, USA（＝［2000］三輪昌男訳『モンドラゴンの神話　協同組合の新しいモデルをめざして』、家の光協会）

＊北川眞也著［2010］「イタリア　1977年以後」（フランコ・ベラルディ著『イタリア・アウトノミア運動史』、洛北出版）所収

〈参考文献〉　261

＊木下ちがや著［2017］『ポピュリズムと「民意」の政治学』、大月書店

＊木田剛／竹内幸雄（編）［2017］『安定を模索するアフリカ』ミネルヴァ書房

＊工藤律子著［2016］「"怒れる者たち"は政治を変えたのか？」『世界』2016年89月号、pp. 272-279

＊栗本昭著［2007］「協同組合の連帯経済へのアプローチ」（西川潤編『連帯経済』明石書店）所収

＊日下部史彦著［2017］『新自由主義に抗して　スーザン・ジョージと世界市民運動』、SSBパブリケーションズ

＊羅永生著［2014］『香港現代思想史』（= 丸川哲史／鈴木将久／羽根次郎編訳『誰も知らない香港現代思想史』、Editorialrepublica）

＊ Lane-Poole, Stanrey［1890］The Story of the Barbary Corsairs, G.P.Putnam's Sons, New York, USA（= ［1981］前嶋信次訳『バルバリア海賊盛衰記　イスラム対ヨーロッパ大海戦史』、リブロポート）

＊ L'Association ATTAC［2004］L'Empire de la Guerre Permanente, Librairie Arthéme Fayard, Paris, France（= ［2004］コリン・コバヤシ／松葉祥一／星野秀明／椎名亮輔／羽生のり子／湯川順夫訳『アメリカ帝国の基礎知識』、作品社）

＊ L'Association ATTAC［2007］Le G8 Illégitime, Mille et une Nuits, Département de la Liberairie Arthéme Fayard, Paris, France（= ［2008］コリン・コバヤシ／杉村昌昭訳『徹底批判　G8サミット　その歴史と現在』、作品社）

＊ Lazzarato, Maurizio［2011］La Fabrique de L'homme Endetté-Essai sur la Condition Neolibérrale, Éditions Amsterdam（= ［2012］杉村昌昭訳『〈借金人間〉製造工場　"負債の政治経済学"』、作品社）

＊ Lazzarato, Maurizio［2014］Signs and Machines：Capitalism and the Production of Subjectivity,（= ［2015］杉村昌昭／松田正貴訳『記号と機械　反資本主義論』、共和国 Editorialrepublica）

＊ Lefebvre, Henri［1968］Le Droit a la Ville, Editions Anthropos, Paris, France（= ［1969］森本和夫訳『都市への権利』、筑摩書房）

＊ Lipietz, Alain［1989］Choisir L'Audace Une Alternative pour le Vingt et Uniéme Siéte, Éditions La Dëcouverte, Paris, France（= ［1990］若森章孝訳『勇気ある選択　ポストフォーディズム・民主主義・エコロジー』、藤原書店）

＊ Lipietz, Alain［2002］La Théorie Sociales de la Régulation, Paris, France（= ［2002］若森章孝／若森文子監訳『レギュラシオンの社会理論』、青木書店）

＊町村敬志／佐藤圭一（編）［2016］『脱原発をめざす市民運動　3・11社会運動の社会学』、新曜社

＊ Marcos ／ LeBot, Yvon［1997］Le Réve Zapatiste, Éditions du Seuil, Paris, France（= ［2005］佐々木真一訳『サパティスタの夢　たくさんの世界から成る世界を求めて』、現代企画室）

＊ Marcuse, Herbert［1964］One-Dimensional Man：Studies in the Ideology of Advanced Industrial Society, Beacon Press, Massachusetts, USA（= ［1974］

生松敬三／三沢謙一訳『一次元的人間』、河出書房新社）

* Marrazii, Christian［2001］Capitale & Linguaggio：Ciclo e Cristi della New economy, Rubbettino Editore, Universita della Calabria, Italy（=［2010］柱本元彦訳／水嶋一憲監修『資本と言語　ニューエコノミーのサイクルと危機』、人文書院）

* Marx, Karl Heinrich ／ Friedrich Engels［1848］Das Kommunistische Manifest（=［1951］大内兵衛／向坂逸郎訳『共産党宣言』、大月書店）

* Marx, Karl Heinrich［1852］Der 18,Brumaire des Louis Bonaparte（=［1971］村田洋一訳『ルイ・ボナパルトのブリュメール18日』、大月書店）

*松尾昌樹／岡野内正／吉川卓郎（編）［2016］『中東の新たな秩序』、ミネルヴァ書房

*松下冽著［2012］『グローバル・サウスにおける重層的ガヴァナンス構築 ── 参加・民主主義・社会運動』、ミネルヴァ書房

*松下冽／藤田憲（編）［2016］『グローバル・サウスとは何か』、ミネルヴァ書房

* Medina, Medófilo ／ Margarita López Maya［2003］Venezuela：Confrontación Social y Polarización Política, Ediciones Aurora, Bogotá, Colombia Lipi

*目加田説子著［2003］『国境を越える市民ネットワーク　トランスナショナル・シビルソサエティ』、東洋経済新報社

* Melucci, Alberto［1989］Nomads of the Present：Social Movementes and Individual Needs in Contemporary Society,Temple University Press, Philadelphia, USA（=［1997］山之内靖／貴堂嘉之／宮崎かすみ訳『現代に生きる遊牧民　新しい公共空間の創出に向けて』、岩波書店）

*港千尋著［1991］『群衆論　20世紀ピクチャー・セオリー』、リブロポート

*港千尋著［2014］『革命のつくり方　台湾ひまわり運動 ── 対抗運動の創造性』、インスクリプト

* Miraftab, Faranak ／ Neema Kudva（ed.）［2015］Cities of the Global South, Routledge, London（UK）and New York（USA）

* Mitlin, Diana ／ David Satterthwaite［2013］Urban Poverty in the Global South：Scale and Nature, Routledge, USA

*桃井治郎［2015］『「バルバリア海賊」の終焉　ウィーン体制の光と影』、風媒社

* Monge Lasierra, Cristina［2017］15M: Un Movimiento Político para Democratizar La Sociedad,Prensas de la Universidad de Zaragoza, Zaragoza, España

* Montemayor, Carlos［1997］Chiapas La Rebelión Indígena de México, Editorial Joaquían Mortiz, México

*村岡到著［2005］『〈帝国〉をどうする　世界社会フォーラム5日本参加者レポート』、白順社

*森岡幸二著［2009］『貧困化するホワイトカラー』、筑摩書房

*毛利嘉孝著［2009］『ストリートの思想　転換期としての1990年代』、NHK出版

* Mouronval Morales, Pierre Marie［2016］Adiós 15-M, DBA of On'

〈参考文献〉　263

Demand Publishing, USA

＊ National Intelligence Council [2012] Globa Trends 2030: Alternative World, The National Intelligence Council, Washington D.C., USA

＊ Negri, Antonio ／ Michael Hardt [2000] Empire, Harvard University Press, USA（＝ [2003] 水嶋一憲／酒井隆史／浜邦彦／吉田俊実訳『帝国　グローバル化の世界秩序とマルチチュードの可能性』、以文社）

＊ Negri, Antonio [2003] Guide, Cinque Lezioni su Impero e Dintorni, Raffaello Cortina Editore, Milano, Italia（＝ [2004] 小原耕一／吉澤明訳『〈帝国〉をめぐる五つの講義』、青土社）

＊ Negri, Antonio ／ Michael Hardt [2004] Multitude, Penguin Books, New York, USA （＝ [2005] 幾島幸子／水嶋一憲／市田良彦訳『マルチチュード（上）（下）』、NHK 出版）

＊ Negri, Antonio [2006] Goodbye Mr. Socialism, Giangiacomo Feltrinelli Editore, Milano, Italia（＝ [2008] 廣瀬純訳『未来派左翼　グローバル民主主義の可能性をさぐる（上）（下）』、NHK 出版）

＊ Negri, Antonio ／ Michael Hardt [2009] Commonwealth, Melanie Jackson Agency, NewYork, USA（＝ [2012] 水嶋一憲／幾島幸子／古賀祥子訳『コモンウェルス　〈帝国〉を超える革命論（上）（下）』、NHK 出版）

＊ Negri, Antonio ／ Mcichael Hardt [2012] Declaration, Melanie Jackson Agency, New York, USA（＝ [2013]）水嶋一憲／清水知子訳『叛逆　マルチチュードの民主主義宣言』、NHK 出版）

＊日本協同組合学会編訳 [1989]『西暦2000年における協同組合［レイドロー報告］』、日本経済評論社

＊西川潤／生活経済政策研究所編著 [2007]『連帯経済　グローバリゼーションへの対案』、明石書店

＊野間易通著 [2012]『金曜官邸前抗議　デモの声が政治を変える』、河出書房新社

＊野宮大志郎／西城戸誠（編）[2016]『サミット・プロテスト　グローバル化時代の社会運動』、新泉社

＊小熊英二著 [2012]『社会を変えるには』、講談社

＊小熊英二編著 [2013]『原発を止める人々　3・11から官邸前まで』、文藝春秋

＊小熊英二／内田樹著 [2016]『民主主義は止まらない　SEALDs』、河出書房新書

＊小熊英二／ミサオ・レッドウルフ／奥田愛基 [2016]「〈官邸前〉から〈国会前〉へ」『現代思想』青土社、2016年3月号、pp.30–55

＊小熊英二著 [2017]『首相官邸の前で』、集英社

＊小熊英二著 [2017]「弱者への攻撃　なぜ苛立つのか」『朝日新聞』2017年12月21日付け

＊奥田愛基著 [2016]『変える』、河出書房新社

＊奥田愛基／倉持麟太郎／福山哲郎著 [2015]『2015年安保国会の内と外で　民主主義をやり直す』、岩波書店

＊奥田愛基／牛田悦正／溝井萌子他著 [2016]『若者はあきらめない　SEALDs 東ア

ジア学生対話集』、太田出版

＊ Ogunami, Carlos［1986］Le Tiers Monde Dans la Crise　Essai sur les Transformations Récentes des Repports　Nord-Sur, Édition La Découverte, Paris, France（＝［1991］奥村和久訳『第三世界のレギュラシン理論　世界経済と南北問題』、大村書店）

＊小倉英敬著［2001］「シアトル、ジェノヴァで何が起きたか　拡大する「反グローバル化」運動」『世界』2001年11月号（694号）、pp.108-115、岩波書店

＊小倉英敬著［2002］『八王子デモクラシーの精神史　橋本義夫の半生』、日本経済評論社

＊小倉英敬著［2012］『マリアテギとアヤ・デ・ラ・トーレ　1920年代ペルー社会思想史試論』、新泉社

＊小倉英敬著［2015］『ラテンアメリカ1968年論』、新泉社

＊小倉英敬著［2017］『「植民地主義論」再考　グローバルヒストリーとしての「植民地主義批判」に向けて』、揺籃社

＊遅野井茂雄／宇佐美耕一（編）［2008］『21世紀ラテン・アメリカの左派政権：虚像と実像』、アジア経済研究所

＊大原裕嗣／成元哲／道場親信／樋口直人（編）［2004］『社会運動の社会学』、有斐閣

＊ Ramonet,Ignacio［2001］Marcos,La Gignité Rebelde, Éditions Galilée, Paris, France（＝［2003］湯川順夫訳『マルコス　ここは世界の片隅なのかグローバリゼーションをめぐる対話』、現代企画室）

＊ Ramonet, Ignacio ／ Ramón Chao ／ Jacek Wozniak［2003］Abécédaire Partiel et Partiel de la Mondialisation, Plon SA, France（＝［2006］杉村昌昭／村澤真保呂／信友建志訳『グローバリゼーション・新自由主義批判事典』、作品社）

＊ Reich, Robert B.［2012］Beyond Outrage, The Sagalyn Literacy Agency（＝［2014］雨宮寛／今井章子訳『格差と民主主義』、東洋経済新報社）

＊ Riquelme, María Fernanda［2011］Movimientos Sociales Contemporáneos y Movimientos Piqueteros: de Patria Libre a los Barrios de Pie, Editorial Académica Española, Berlín, Alemania

＊ Roitman Rosenmann, Marcos［2012］Los Indignados: El Rescate de la Política, Ediciones Akal S.A., Madrid, España

＊ Ron, James ／ Shannon Golden ／ David Crow ／ Archana Pandya［2017］Taking Root: Human Rights & Public Opinion in the Global South,Oxford University Press, New York, USA

＊ Rosanvallon, Pierre［2006］La Contre-Démocratie La Politique á L'áge de la Défiance, Éditions du Seuil, Paris, France（＝［2017］嶋崎正樹訳『カウンター・デモクラシー　不信の時代の政治』、岩波書店）

＊斉藤日出治著［1999］『ノマドの時代　国境なき民主主義』、大村書店

＊ Sandbrook, Richard［2014］Reinventing the Left in the Global South：The Politics of the Possible, Cambridge University Press, Cambridge, UK

〈参考文献〉　265

＊ Sanders, Bernie [2015] Outsider in the White House, Verso, USA (=［2016］萩原伸次郎訳『バーニー・サンダース自伝』、大月書店)

＊ Sanders, Bernie [2016] Our Revolution：A Future to Believe in, Profile Books, London, UK

＊三一書房編集部（編）[2012]『デモ！　オキュパイ！　未来のための直接行動』、三一書房

＊佐野誠著 [1998]『開発のレギュラシオン』、新評論

＊ Sassen, Saskia [1999] Globalization and Its Discontents, The New York Press, New York, USA (=［2004］田淵太一／原田太津男／尹春志訳『グローバル空間の政治経済学　都市・移民・情報化』、岩波書店)

＊ Sassen, Saskia [2014] Exclusions Brutality and Complexity in the Global Economy,, The Belknap Press of Harvard University Press (=［2017］伊藤茂訳『グローバル資本主義と〈放逐〉の論理』、明石書店

＊ SEALDs（自由と民主主義のための学生緊急行動）編著 [2015]『SEALDs　民主主義ってこれだ！』、大月書店

＊ Sen, Jai ／ Anita Anand ／ Arturo Escobar ／ Peter Waterman (ed.) [2004] World Social Forum: Challenging Empires, The Viveka Foundation, New Delhi, India (=［2005］武藤一羊／小倉利丸／戸田清／大屋定晴監訳『世界社会フォーラム　帝国への挑戦』、作品社) 同書に大屋定晴による日本語版解説『多様な矛盾と "「開かれた集いの場」』所収 (pp. 407–432)

＊ Schwab, Klaus [2016] The Fourth Industrial Revolution, World Economic Forum, Geneve, Switzerland (=［2016］世界経済フォーラム訳『第四次産業革命　ダボス会議が予測する未来』、日本経済新聞出版社)

＊重信メイ著 [2012]『「アラブの春」の正体　欧米とメディアに踊らされた民主化革命』、角川書店

＊ Sladogna,Alberto [2012] El Inconsciente es la Política：De AMLO a Yo Soy 132, Artefactos, México

＊ Smelser, Neil J. [1963] Theory of Collective Behavior, Routledge & Kegan Paul, USA

＊ Smith, Jackie ／ Marina Karides ／ Marc Becker ／ Dorval Brunelle ／ Christopher Chase-Dunn ／ Donatella della Porta ／ Rosalba Icaza Garza ／ Jeffrey S.Juris ／ Lorenzo Mosca ／ Ellen Reese ／ Peter Smith ／ Rolando Vázquez [2015] Global Democracy and the World Social Forums, Paradigm Publishers, London, UK

＊ Smith, Jackie ／ Scott Byrd ／ Ellen Reese ／ Elizabeth Smythe [2011] Handbook on World Social Forum Activism, Paradigm Publishers, Boulder, USA

＊ Standing, Guy [2011] The Precariat：The New Dangerous Class (=［2016］岡野内正訳『プレカリアート　不平等社会が生み出す危険な階級』、法律文化社)

＊杉山光信著 [2000]『アラン・トゥーレーヌ ── 現代社会のゆくえと新しい社会運

動』、東信堂

＊ Taibo, Carlos ［2011］El 15-M en Sesenta Preguntas, Los Libros de la Catarata, Madrid, España

＊田村徳子著［2013］「ブラジルにおける土地なし農民コミュニティに対する教育〜土地なし農民運動（MST）に着目して」『京都大学大学院教育学研究科紀要』第59号、pp.263-275

＊田中宏和著［2016］『SEALDsの真実　SEALDsとしばき隊の分析と解剖』、鹿砦社

＊ Todd, Emmanuel ［2011］Allah N'yest Pour Rien! Sur les Révolution Arabes er Quelques Aurres, Loubiana, Paris, France（＝［2011］石崎晴己訳『アラブ革命はなぜ起きたか　デモグラフィーとデモクラシー』、藤原書店）

＊ Toffler, Alvin［1980］The Third Wave. W. Morrow & Co., New York, USA（＝［1980］徳山二郎監修／鈴木健次／桜井元雄他訳『第三の波』、日本放送出版協会

＊ Tomas, Henk ／Chris Logan ［1982］Mondragon：An Economic Analysis, George Allen & Unwin, Ltd.,London, UK （＝ ［1986］佐藤誠訳『モンドラゴン　現代生産協同組合の新展開』、お茶の水書房）

＊富永京子著［2016］『社会運動のサブカルチャー化　G8サミット抗議運動の経験分析』、せりか書房

＊富永京子著［2017］『社会運動と若者　日常と出来事を往還する政治』、ナカニシヤ出版

＊ Torres López, Juan ／Alberto Garzón ／Aitor Rpmero Ortega ／Joel Serafín Almenara ／Marcos Roitman ／Gerardo Tuduri ［2011］Hablan los Indignados：Propuestas y Materiales de Trabajo, Editorial Popular, Madrid, España

＊ Touraine, Alain ［1969］La Société Post-Industrielle, Editions Gonthier, Paris, France （＝［1970］寿里茂／西川潤訳『脱工業化の社会』、河出書房新社）

＊ Touraine, Alain ［1976］Les Sociétés Déspendantes　Essais sur l'Amérique Latine, Édiotions J.Duculot S.A.,Paris,France （＝［1989］佐藤幸男訳『断裂社会　第三世界の新しい民衆運動』、新評論）

＊ Touraine, Alain ［1977］Un Désir d'Histoire, Édition Stock, Paris, France （＝［1979］杉山光信訳『歴史への希望　現代フランスの知的状況から』、新曜社）

＊ Touraine,Alain ［1978］La Vois et le Regard, Editions du Seul, Paris, France （＝［1983］梶田孝道訳『声とまなざし』、新泉社））

＊土田陽介著［2011］「スペインにおける不動産バブルの崩壊と貯蓄銀行」『上智ヨーロッパ研究』第3号、pp.93-109

＊土田陽介著［2012］「スペインにおける金融・財政危機と失業問題」『世界経済評論』2012年11/12月号、pp.54-60

＊土田陽介著［2017a］「高成長スペインが抱える調整圧力」『国際金融』第1295号、pp. 1 - 8

＊土田陽介著［2017b］「スペインの銀行危機と安定化政策」『上智ヨーロッパ研究』

第10号、pp. 207-219

＊津田大介著［2012］『動員の革命　ソーシャルメディアは何を変えたのか』、中央公論新社

＊ Van Gelder, Sarah［2011］, This Changes Everything, Berrett-Koehler Publishers, San Francisco, California, USA（＝［2012］山形浩生／守岡桜／森本正史訳『99％の叛乱　ウォール街占拠運動のとらえ方』、バシリコ）

＊ Virno, Paolo［2001］Grammatica della Moltitudine：Per una Analisi della Forme di Vita Contemporance, Rubbettino Editore, Catanzaro, Italia（＝［2004］廣瀬純訳『マルチチュードの文法　現代的な生活形式を分析するために』、月曜社）

＊ Virno, Paulo［2004-2005］Scienze Sociaali e "Nature Umana"（＝［2008］柱本元彦訳『ポストフォーディズムの資本主義　社会科学と「ヒューマン・ネイチャー」』、人文書院）

＊ Whyte, William Foote／Kathleen King Whyte［1988］Making Mondragon: The Growth and Dynamics of the Worker Cooperative Complex, Cornell University, New York, USA（＝［1991］佐藤誠／中川雄一郎／石塚秀雄訳『モンドラゴンの創造と展開　スペインの協同組合コミュニティー』、日本経済評論社）

＊ Wilson, Peter Lamborn［1995］Pirate Utopia: Moorish Corsairs and European Renegadoes, Automedia, Brooklyn, New York, USA（＝［1997］箕輪裕訳『T.A.Z. 一時的自律ゾーン』、インパクト出版会）

＊ Wilson, Peter Lamborn（Hakim Bey）［2003］TAZ:The Temporary Autonomous Zone, Automedia, Brooklyn, New York, USA（＝［2013］菰田真介訳『海賊ユートピア　背教者と難民の17世紀マグリブ海洋世界』、以文社）

＊World Bank［2013］Economic Mobility and the Rise of the Latin American Middle Class, The World Bank, Washington D.C.,USA

＊ Writers for the 99%［2012］Occupying Wall Street, OR Books, New York, USA（＝［2012］芦原省一訳『ウォール街を占拠せよ　はじまりの物語』、大月書店）

＊山田鋭夫著［1991］『レギュラシオン・アプローチ　21世紀の経済学』、藤原書店

＊山本純一著［2002］『インターネットを武器にした〈ゲリラ〉　反グローバリズムとしてのサパティスタ運動』、慶應義塾大学出版会

＊山本泰三編［2016］『認知資本主義　21世紀のポリティカル・エコノミー』、ナカニシヤ出版

—— あとがき ——

　本書で示したように、2010年以後、グローバル・サウスにおいて「クラウド型」の社会運動が登場し、定着してきた。これらの運動が「TAZ」を形成し、本来の直接民主主義を復活することで、我々は「近代」を、そしてポスト新自由主義段階にある「資本主義」を克服してポストモダンの時代へ進む可能性も出てきた。しかし、こうした流れを逆行させる、好ましからざる傾向も生じている。それが、ポピュリズムとトランプ現象である。特に、トランプ現象は、政治的理念も信念もなき人物が、国政政治および国際経済の双方において覇権を喪失しつつあるとはいえ、いまだ世界最大の国として影響力を持っている大国の大統領であることが最大の問題である。エルサレム問題、イラン問題、シリア攻撃問題など、トランプには整合性ある政治理念もなく、次々と国際社会の混乱を拡大している。この政権を、できる限り早期に終わらせることが、人類全体の歴史にとって望ましいだろう。

　であるなら、すでに米国においても、移民差別、人種差別、女性差別の犠牲者が散発的にトランプ批判の行動を起こしている。これらの米国国内でのトランプ批判の運動と連動して、世界全体で反トランプ運動を「クラウド型」運動によって拡大していくことが望まれる。

　歴史の流れは、脱「植民地主義」の方向と、ポスト新自由主義段階にある資本主義からの脱却を基軸としてポストモダンの方向に向かいつつある。これに逆流し、欧米支配を長らえさせるような、歴史の流れを損なう傾向は、人々が連携して阻止していくべきだろう。

　色んなアイデアがありうる。できるだけ多くのアイデアを出し合って、世界的な運動を創出していくことが望まれる。そして、各地に「TAZ」を創造し、それを足掛かりとして、よりよき未来の建設を目指して進むことが望まれる。

　最後に、本書の出版を引き受けてくださった揺籃社と同社の山﨑領太郎さんに感謝します。

　　2018年6月吉日

　　　　　　　　　　　　　　　　　　　　　　　　　小 倉 英 敬

小倉英敬（おぐら・ひでたか）
1982年、青山学院大学大学院博士課程中退
1986年、外務省入省。中南米局、在キューバ大使館、在ペルー大使館、在メキシコ大使館勤務を経て、1998年末退官
現在、神奈川大学外国語学部教授

著書
『封殺された対話——ペルー日本大使公邸占拠事件再考』（平凡社、2000年）
『八王子デモクラシーの精神史——橋本義夫の半生』（日本経済評論社、2002年）
『アンデスからの暁光——マリアテギ論集』（現代企画室、2002年）
『侵略のアメリカ合州国史——〈帝国〉の内と外』（新泉社、2005年）
『メキシコ時代のトロツキー——1937〜1940』（新泉社、2007年）
『マリアテギとアヤ・デ・ラ・トーレ——1920年代ペルー社会思想史試論』（新泉社、2012年）
『ラテンアメリカ1968年論』（新泉社、2015年）
『「植民地主義論」再考　グローバルヒストリーとしての「植民地主義批判」に向けて』（揺籃社、2017年）
『マーカス・ガーヴェイの反「植民地主義」思想　パンアフリカニズムとラスタファリズムへの影響』（揺籃社、2017年）

《グローバルヒストリーとしての「植民地主義批判」》第2巻

グローバル・サウスにおける「変革主体」像
——「21世紀型」社会運動の可能性

2018年6月15日　初版第1刷発行

著　者　小倉英敬
発行所　揺　籃　社
　　　　〒192-0056 東京都八王子市追分町10-4-101　㈱清水工房内
　　　　TEL 042-620-2615　URL http://www.simizukobo.com/

© Hidetaka Ogura 2018 Japan　ISBN978-4-89708-399-5 C3030
乱丁・落丁はお取替えいたします

シリーズ
《グローバルヒストリーとしての「植民地主義批判」》

　このシリーズは、旧植民地国のほとんどが独立した後になっても、旧植民地国・宗主国のポストコロニアルな状況に加えて、「植民地主義」が全世界に容貌を変えた形で継続しているとの問題意識から、現代にいたる植民地主義を歴史的に段階区分した上で、現在の〈新〉植民地主義的状況を含めて、「植民地主義論」の総論的な再構築を目指すものである。

第1巻
『「植民地主義論」再考
　グローバルヒストリーとしての「植民地主義批判」に向けて』
　　　　　　　　　　　　　（既刊・Ａ５判、280Ｐ、2800円＋税）
第2巻
『グローバル・サウスにおける「変革主体」像
　「21世紀型」社会運動の可能性』（本書・Ａ５判、270Ｐ、2800円＋税）
第3巻
『マーカス・ガーヴェイの反「植民地主義」思想
　パンアフリカニズムとラスタファリズムへの影響』
　　　　　　　　　　　　　（既刊・Ａ５判、260Ｐ、2600円＋税）
第4巻
『〈新〉植民地主義の諸様相』
第5巻
『反日思想の系譜』（次回配本）
第6巻
『ホセ・リサールの反「植民地主義」思想』
第7巻
『インドネシア独立革命：
　タン・マラカとスカルノ』
第8巻
『先住民反乱に見る
　スペイン「植民地主義」の犯罪性』
第9巻
『イスラム世界の反欧米「植民地主義」論』
第10巻
『アフリカ諸国独立の思想的系譜』

第1巻
『「植民地主義論」再考』

いずれも揺籃社発行。お問い合わせは……
・電　話　042-620-2615　・メール　info@simizukobo.com